典型国家和地区政府预算制度研究丛书

中国财政发展协同创新中心、中央财经大学政府预算管理研究所资助项目

丛书主编／李 燕

美国政府预算制度

肖 鹏／编著

MEIGUO ZHENGFU YUSUAN ZHIDU

经济科学出版社
Economic Science Press

图书在版编目（CIP）数据

美国政府预算制度/肖鹏编著. —北京：经济科学出版社，2014.3（2017.2重印）
（典型国家和地区政府预算制度研究丛书）
ISBN 978-7-5141-4391-1

Ⅰ.①美… Ⅱ.①肖… Ⅲ.①国家预算-预算制度-研究-美国 Ⅳ.①F817.122

中国版本图书馆CIP数据核字（2014）第040533号

责任编辑：高进水　刘　颖
责任校对：曹　力
版式设计：景　严
责任印制：王世伟

美国政府预算制度
肖　鹏　编著
经济科学出版社出版、发行　新华书店经销
社址：北京市海淀区阜成路甲28号　邮编：100142
总编部电话：010-88191217　发行部电话：010-88191522
网址：www.esp.com.cn
电子邮件：esp@esp.com.cn
天猫网店：经济科学出版社旗舰店
网址：http://jjkxcbs.tmall.com
北京汉德鼎印刷有限公司印刷
华玉装订厂装订
787×1092　16开　23印张　520000字
2014年3月第1版　2017年2月第2次印刷
ISBN 978-7-5141-4391-1　定价：46.00元
（图书出现印装问题，本社负责调换。电话：010-88191510）
（版权所有　翻印必究）

《典型国家和地区政府预算制度研究丛书》

编委会成员

顾　　问：姜维壮　李保仁　李俊生

主　　任：马海涛

副 主 任：李　燕

委　　员：刘玉平　杨　琼　姜爱华　白彦锋　曾康华
　　　　　马金华　肖　鹏　任　强　乔志敏　王小荣

丛书主编：李　燕

丛书总序

从世界范围来看，现代预算制度的产生发展历程与现代法治国家的建设如影随形，预算是控制和制约政府权力扩张的重要手段。从形式上看，政府预算是经过法定程序批准的、具有法律效力的政府年度财政收支计划，但从其实质而言，是社会公众对政府权力进行"非暴力的制度控制"的有效途径。同时，由于预算还决定着对有限的公共资源在不同利益主体之间如何分配的问题，因而，预算过程中也充满了各种利益集团为争夺有限预算资源的政治博弈。预算过程为各利益集团及公众提供了一个相对开放的平台和渠道，使它们可以通过法定的程序提出自己的预算诉求，了解预算配置的信息，监督预算资源的使用及政府承诺的兑现。因此，预算是实现政府自我约束和立法机构外部控制的重要制度安排与机制。

随着中国公共财政框架体系的逐步建立和完善，预算在保证政府对有限公共资源的配置及使用上的合规有效，强化人大对各部门、各单位使用财政资金的控制功能方面，正在发挥着越来越重要的作用。我国自2000年以来将财政改革及公共财政框架体系的建设聚焦于支出管理后，围绕预算制度的改革与创新就从未间断过：如部门综合预算改革旨在细化预算编制，实现部门预算的完整性；政府采购制度改革旨在将政府的支出管理纳入到"公开、公平、公正"的轨道，杜绝黑箱操作；国库集中收付制度改革旨在提升财政部门对预算资金收支流的控制功能，防止财政资金被截流挪用和提高其使用效率；预算外资金管理改革旨在将完整的政府收支纳入财政管理和社会监督视野；政府收支分类改革旨在使政府每一项支出通过功能和经济分类得到"多维定位"，以清晰地反映支出最终去向，等等。十八大以来，党和国家的重要会议、重要文件中均密集涉及政府预算问题，特别是从十八大报告中提出的"加强对政府全口径预算决算的审查和监督"到十八届三中全会决议关于财税改革总体框架中提出"透明预算"及"改进预算管理制度"等，可以说，预算改革已经成为中国当前行政体制改革、财政体制改革的关键突破口，受到决策层的高度关注。

从理论研究而言，近十年来中国的政府预算研究也呈现出"百花齐放"的繁荣景象。政府预算突破了传统财政学的研究范畴，政治学、社会学、法学、行政管理学等学科纷纷从各自的研究视角加大对政府预算的研究，跨学科的研究视角和国际化的研究视野也有力地推动了政府预算研究的广度和深度。

西方国家现代预算制度作为政府治理的重要手段，其建立与完善走过了几百年的历史，经历了新兴资产阶段力量与落后王权力量的斗争过程，经历了暴力式的革命路径和非暴力式的改良路径。一个国家预算制度的选择与该国的政治体制、政党政治、经济体制、经济发展阶段、历史文化等环境因素密切相关，各国预算制度的优化也始终与政府改革、政府效率的提高紧密联系在一起，但在发展与改革过程中越来越清晰的是预算已逐渐成为社会公众和立法机构控制约束政府权力扩张的有效工具，是给权力戴上"紧箍咒"的重要载体。

他山之石，可以攻玉。编纂《典型国家和地区政府预算制度比较研究丛书》的根本目的，在于全面、完整、系统地提供典型国家及地区预算管理的做法，归纳典型国家与地区在建立现代预算制度过程中的成功经验与教训，为预算理论及实际工作者了解他国及地区现代预算制度的建立历程、管理模式、关键改革等提供文献资料及经验借鉴，同时也可以为我国建立起现代预算制度及至预算国家提供参考依据。因此，本丛书定位于具有决策参考价值和研究文献价值的专辑，目的不在于说教，而在于为决策者和理论与实际工作者提供一种选择和借鉴的可能。我们也希望本丛书的出版与问世能引起各界和决策层对政府预算的广泛关注，为我国现代预算管理制度的建设与完善，为建设法治中国添砖加瓦。

《典型国家和地区政府预算制度比较研究丛书》首先选择俄罗斯、美国、英国、德国、日本、澳大利亚、印度、中国香港等国家和地区，内容根据各国和地区的特点，侧重梳理介绍其政府预算管理制度，主要包括组织体系、管理流程、管理制度、监督机制、法律法规以及预算改革的趋势等相关内容，重在诠释有关国家和地区预算管理的基本事实和最新改革动态，力图总结出可供我国借鉴之处。

本丛书是依托中央财经大学中国财政发展协同创新中心和政府预算管理研究所的力量组织编著的。中央财经大学政府预算研究团队集合了国内外高校、研究机构、实务部门构成的专兼职研究人员，主要从事政府预算管理理论与政策的研究，研究范围涉及政府预算理论、财政信息公开与透明度、预算监督与预算法治化、政府会计与政府财务报告等。研究团队还紧跟国际预算理论发展与我国政府预算管理改革动态，借鉴国际经验，加强对政府预算理论、预算政策、预算制度和预算程序以及中外预算的比较研究。研究团队的特色定位于倡导问题导向型的研究模式，强调研究成果的决策实用价值；随着学科交叉与融合，提倡对政府预算进行跨学科研究；推动研究方法的创新，提倡对政府预算问题开展实证研究。研究团队在运作模式上，提倡"学研一体"的运作模式，以期将科学研究与人才培养工作结合起来。

丛书编写主要基于有关国家和地区政府相关部门网站、政府预算报告、最新立法及政策方案、各种统计年报等所载大量一手资料和有关文献编纂而成，力图尽可能客观地反映有关国家和地区的政府预算制度体系及改革近况。但是，由于受各种因素及语言局限在资料收集上存在一定的难度，本丛书还存在一些缺憾与疏漏，希望广大读者理解，也欢迎批评指正，以利于我们不断总结，逐渐扩大丛书所涉国家及地区的范围，为广大读者提供更多更好的开展预算研究与指导实践的书籍。

丛书编委会

二〇一三年十一月

序　言

　　2013年11月党的十八届三中全会《关于全面深化改革若干重大问题的决定》（以下简称《决定》）中，将财政提升到国家治理的层面，财政是国家治理的基础和重要支柱，是实现国家长治久安的制度保障。《决定》首次提出建立现代财政制度，在财政法治、政府间财政关系调整、税收优惠清理、宏观税负调整、地方税体系构建、预算管理改革、财政透明度提升、财政支出绩效考评等方面均有所涉及。预算权力是国家公共权力的构成之一，也是国家治理体系中各种利益矛盾最集中的地方，预算也是现代法治国家控制政府权力扩张的有效载体。现代政府预算制度是现代财政制度的基础。预算编制科学完整、预算执行规范有效、预算监督公开透明，三者有机衔接、相互制衡，是现代预算制度的核心内容，现代财政制度的建立必须配合以现代预算制度的管理框架来保障落实。

　　公共预算，表面上看是政府的年度财政收支计划，但预算背后是通过一定的政治程序来对公共资源的合理配置。政府预算制度设计的核心是预算权的分配和制衡。美国作为世界上最发达的市场经济国家，在预算管理方面已形成一套较为完善、规范的制度。美国200多年的预算史，实际上也是以国会为代表的立法机构和以总统为代表的行政机构争取预算权力的历史。双方依托于自身的影响力，通过对法律、规则的修订来争取更多的预算权力，对预算权力的争夺也必然导致公共预算领域的制度性变革。美国的政府预算制度设计具有典型的法律至上、权力制衡的特点。在预算编制过程中，美国的行政部门和立法机构均发挥了重大的作用，两者履行各自的职能，相互制约，保证预算管理体系的完整性和效率性。行政部门和立法部门各有一套各自参与编制预算管理的系统，二者各有偏重。美国联邦政府内阁组成部门——财政部并不参与各部门支出预算的编制，而是交由总统直属的办事机构——管理与预算办公室（OMB）来完成。美国宪法赋予国会掌握国库的权力，即国会有权力支配、筹集国家收入，必要时可以进行借贷。美国国会每年通过授权法案和拨款法案控制政府预算，使立法监督预算成为一种长效机制。国会参众两院的预算委员会、筹款委员会、拨款委员会、财政委员会按照分工，参与到预算管理的事务中来。同时还有国会预算办公室（CBO）、国会研究局（CRS）来为国会议员们审查预算提供智力支持。国会会计总署（GAO）则发挥好"看门狗"的职责，审计政府财务，使政府财务活动限制在国会批准的范围内。美国上述预算管理的制度设计兼顾了行政预算的效率原则和预算的立法控制原则，将预算权力牢牢把握在国会手中，使预算成为制约和监督政府行政权力运行的有效工具。

2000年以来，国内介绍美国政府预算管理体系、预算过程中的政治博弈、美国公共财政框架的经典译著越来越多。代表作有美国阿伦·威尔达夫斯基著的《预算过程中的新政治学》、美国爱伦·鲁宾著的《公共预算中的政治：收入与支出，借贷与平衡》、美国罗伯特·D·李的《公共预算体系》等，这些多是站在政治学角度来研究政府预算问题。相对于国内介绍美国政府预算制度的著作而言，本书的特色在于站在财政学的研究视角，吸收政治学科、法学科、公共管理学科关于政府预算的理论与方法，以预算周期管理的流程为主线，梳理了美国政府预算的编制、执行、决算、审计、报告、信息公开的全流程管理制度，归纳美国政府预算制度设计的内容与特色。

结合中国政治、经济体制特征与历史文化因素等方面的影响，本书在预算编制制衡机制构建、中期预算改革、预算绩效管理、国库资金管理、人大审查政府预算能力提升、政府会计改革、预算公开制度建设七个方面归纳美国政府预算制度对我国未来预算改革的启示与借鉴价值。核心观点为：行政序列强化控制和绩效导向下的预算管理机制构建；强化预算与规划的结合，试点中期预算编制工作；立法序列提升人大审查监督政府预算的能力；最后，配合以政府会计对预算收支执行、财务状况的记录与反映，循序渐进地、有步骤地推进预算信息公开。实现"预算编制科学完整、预算执行规范有效、预算监督公开透明"三大目标，打造现代预算制度，使预算成为建设现代财政制度的重要支撑。

本书的写作得到中央财经大学副校长李俊生教授、财政学院院长马海涛教授的指导和支持，中央财经大学政府预算管理研究团队带头人李燕教授为本书的完善提出了很多有益观点，在此特表示感谢。同时感谢中国财政发展协同创新中心、国家社科基金项目（13CJY113）和北京市哲学社科规划项目（12KDB013）对本项目研究开展和出版所提供的资助。2012年，黑龙江省人大预算工作委员会与中央财经大学政府预算管理研究所建立战略性合作关系，作为"中央财经大学预算审查监督科研实践基地"，为中央财经大学师生的预算实践教学提供了平台。2012年年末，笔者有幸参与了黑龙江省人大预工委主持的部门预算审查监督会议，听取了黑龙江省民政厅等十多个部门2013年部门预算草案的汇报，并与黑龙江省人大预算工委及省审计机关相关领导一起到省人大预算监督审查网络中心、省环保厅、省农委、哈尔滨市人大等部门进行了实地访谈和调研，对中国人大审查监督部门预算工作的开展现状，有了深刻的理解，在此深表感谢。

本书的写作素材主要来源于美国联邦政府、国会的网站，国外介绍美国政府预算制度的专著、教材，美国年度预算报告，最新立法及政策方案以及国内介绍美国政府预算的相关译著论文等。笔者所在的政府预算研究团队前期的研究成果，包括课题、教材、研究报告等，也为本书的研究提供了很好的研究基础。因时间、精力及能力所限，本书还存在不少不尽如人意之处，还恳请各位读者不吝赐教，提出您宝贵的意见，以供我们进一步修改、完善与提高。

肖 鹏
二〇一四年二月十六日

目　录

第一章　美国政治经济体制概况 / 1
　　第一节　美国《宪法》关于国家权力结构设计 / 2
　　第二节　美国国家权力制衡机制设计 / 7

第二章　美国财政概况 / 18
　　第一节　美国财政收支概况 / 19
　　第二节　美国政府间财政关系 / 31
　　第三节　美国政府间转移支付制度 / 37

第三章　美国政府预算制度演变 / 42
　　第一节　1789~1921年美国政府预算制度 / 43
　　第二节　1921年以来美国政府预算制度 / 46

第四章　美国政府预算管理目标与原则 / 62
　　第一节　政府预算管理目标 / 63
　　第二节　政府预算管理原则演变 / 66

第五章　美国政府预算编制管理 / 74
　　第一节　美国政府预算编制程序 / 75
　　第二节　美国政府预算编制组织体系 / 88
　　第三节　美国政府预算编制中的收入预测 / 104

第六章　美国政府预算立法审查管理 / 114

第一节　美国立法预算管理组织体系与职责 / 115
第二节　美国立法预算管理程序 / 138

第七章　美国政府预算执行管理 / 147

第一节　美国政府预算执行的性质与目标 / 148
第二节　美国预算执行的拨款过程 / 155
第三节　美国政府采购制度 / 167
第四节　美国国库集中收付制度 / 177
第五节　美国国家金库制度 / 182
第六节　美国国库现金管理制度 / 191

第八章　美国政府债务管理 / 201

第一节　美国联邦政府债务规模演变与管理 / 202
第二节　美国地方政府债务管理 / 216

第九章　美国政府预算绩效管理 / 231

第一节　美国绩效预算的发展 / 232
第二节　美国政府绩效预算制度 / 241

第十章　美国政府会计管理 / 249

第一节　美国政府会计概况 / 250
第二节　美国政府会计准则 / 253
第三节　美国政府会计基础演变 / 262
第四节　美国政府财务报告 / 265

第十一章　美国政府决算与审计管理 / 274

第一节　美国政府决算管理 / 275
第二节　美国联邦政府审计管理 / 280

第十二章　美国政府预算信息化与公开 / 285

第一节　政府收支分类与预算信息化管理 / 286

第二节　政府预算信息公开制度 / 291

第十三章　美国政府预算制度的启示与借鉴 / 310

第一节　美国政府预算制度的特色 / 311

第二节　美国政府预算制度对我国建立现代预算制度的启示与借鉴 / 319

主要参考文献 / 350

第一章

美国政治经济体制概况

■ 本章导读

预算与权力的配置密切相关，预算行动者想获得更多的预算资源，必须首先拥有尽可能多的权力。美国200多年的预算史，实际上也是以国会为代表的立法机构和以总统为代表的行政机构争取预算权力的历史。本章梳理了美国《宪法》关于国家权力的设计及关于预算权力的相关条款，剖析了美国横向的立法、行政、司法的权力制衡机制设计及纵向的联邦、州和地方政府之间的权责划分。最后，介绍美国总统选举的"选举人团"，以及总统有关预算管理的权限，以对美国的政治经济体制有个初步认识。

财政是国家治理的基础和重要支柱。财政，顾名思义，有财就有政，以政控财，以财行政，财政与政治密不可分。国家的运行，政府组成部门的运转离不开财政的支持。财是政之基，政是财之本，一个国家财政制度的选择必须与其政治体制、经济体制相适应。公共预算，表面上看是政府的年度财政收支计划，但预算背后是通过一定的政治程序来对公共资源的合理配置。公共资源是稀缺性的，在资源配置过程中，预算与权力的配置密切相关，因此，许多学者都将预算与权力配置联系起来。如爱伦·鲁宾认为预算过程分配着决策权力，林奇也认为预算是权力的体现，预算过程如果不与权力相联系是难以理解的。因此，预算行动者想获得更多的预算资源，必须首先拥有尽可能多的权力。美国 200 多年的预算史，实际上也是以国会为代表的立法机构和以总统为代表的行政机构争取预算权力的历史。双方依托于自身的影响力，通过对法律、规则的修订来争取更多的预算权力，对预算权力的争夺也必然导致公共预算领域的制度性变革。因此，在介绍美国政府预算制度之前，先对美国的《宪法》、政治权力制衡机制、立法程序、总统选举制度等进行描述。

第一节　美国《宪法》关于国家权力结构设计

一、美国《宪法》简介

1787 年，美国《宪法》所确立的联邦制，是作为邦联制的对立物而出现的。所谓邦联制，一般是指由若干主权国家组成的政治或军事联盟。1787 年以前的美国，就是由十三个独立州组成的政治军事联盟。因为根据《邦联条例》规定，"各州保留其主权自由和独立"。州政府可以发行货币、征税、招募及维持军队，拥有除外交之外的一切权力。而作为中央政府的邦联国会，除拥有外交权、邮政权等之外别无什么重大权力。这种本末倒置的政治体制，最终导致了国家政局的混乱和分裂危机的出现。因为州政府可利用其"主权、自由和独立"，我行我素，自行其是，甚至割据称雄。而邦联国会对州政府的违宪行为，无力问罪，只能作壁上观。正是在这种背景下，美国统治阶级不得不重新调整中央政府与州政府之间的权力关系，促成了 1787 年美国《宪法》中联邦制基本原则的确立。

美国《宪法》在 1787 年起草，1789 年生效，是欧洲启蒙政治思想与美洲特殊条件相结合的产物，是世界上第一部成文宪法。美国《宪法》是美国的最高法律，被国家立法机构授予至高无上的权威，是所有政府权力的源泉，并且限制了政府权力，保护了美国公民的基本权利。从法律地位上而言，美国《宪法》是美国的根本大法，优先于美国各州的法律法规和美国议会制定的各种法律。美国《宪法》的导言中声明了美国《宪法》制定的目的是建立一个更加完美的联盟，维护公平正义，保持国家安宁，提供公共国防，改善公共设施，保护美国人民和他们子孙的自由。

美国《宪法》非常简明，总共只有七条，以后又产生了 27 个修正案。其中包括：

第一条——立法部门；第二条——行政部门；第三条——司法部门；第四条——各州的关系；第五条——宪法修正程序；第六条——州宪法法律与联邦宪法的关系；另外还有一条非常简短的序言。在两百多年以来，《宪法》引导了美国政府机构的发展，并且《宪法》为美国的政治稳定、经济发展和社会进步提供了法律保障。

专栏1-1 单一制与联邦制

单一制国家是指由若干不享有独立主权的一般行政区域单位组成的统一主权国家。复合制国家是指由两个以上国家组成的国家联盟。按其联合的程度又分为联邦和邦联。联邦是指由两个以上共和国或邦、州联合组成的统一国家。邦联则是指两个以上的独立国家为了某种特定目的而结成的国家联合。单一制与联邦制都是一种国家结构形式。而且在当代国家结构中，单一制与联邦制是主要形式。单一制与联邦制的主要区别见表1。

表1 单一制与联邦制对比

	单一制	联邦制
含义构成	由若干行政区域构成的单一主权国家	由若干成员单位组成的联盟国家
法律体系	全国只有一部宪法	有联邦宪法，联邦各组成部分也有自己的宪法
国家机构组成	全国只有一个中央政府	有联邦中央政府，联邦各组成部分也有自己的中央政权机关
国民国籍	公民只有一种国籍	联邦公民同时也是联邦成员国公民
权力授予	地方权力由中央授予	各组成部分的权力并非由整体所授予
对外关系	中央政府统一行使外交权	联邦是国际交往的主体，但有的联邦制国家允许其成员国有某些外交权
典型国家	中国、法国、意大利、日本、英国	美国、德国、俄罗斯、印度、巴西

二、美国《宪法》制定的原则

美国《宪法》的制定有六条基本原则：

1. 民众主权原则。这条原则声明政府的权力来源于人民，主张权力归人民全体所有，政府应由人民产生并服从人民的意志。政府的权力来自人民，目的在于保护人民的生命、自由、财产和追求幸福的权利。制定宪法的目的是确立政府，但政府并不为自身而存在，人民才是国家的主体和最终目的。

2. 有限政府原则。美国政府在权力、职能和规模上都受到宪法和法律的严格约束和限制。人民是主权者。政府的正当权力来自人民，人民是为了保障其天赋权利才建立政府的，所以在建立政府时既要授予权力又必须对其权力加以限制。政府的权力只能行使人民通过宪法授予它的,不能行使宪法禁止它行使的权力。

3. 三权分立原则。联邦政府是美国的中央政府,它被分成三个部门——立法部门、司法部门、行政部门。每个部门都有不同的权力配置。杰弗逊曾经说过:"自由政府是建立在猜疑之上,而不是建立在信任之上的。"① 制宪者们精明地设置障碍,使权力不能集中在任何一个人或一个部门之手,以避免胡作非为或盲动。控制的办法主要是使每个部门都在别的部门中发挥一定作用,有能力延缓甚至阻止其他部门的行动,从而使它们相互制约,形成权力间的各种平衡。

4. 权力制衡原则。立法、行政、司法三部门的权力相互制衡,每个部门的权力都受到另外两个部门的制约。比如国会的立法权受到以下的牵制:(1)法律须由国会参议院和众议院分别通过;(2)总统对国会通过的法律具有否决权;(3)最高法院具有法律复审权。总统的行政权力受到以下的牵制:(1)总统不能以行政支配立法和司法;(2)总统运用各项政府开支需要按照国会通过的预算和拨款法案行事;(3)国会以2/3多数可以取消总统的否决案;(4)国会有权弹劾总统;(5)总统签署的条约须经参议院的批准;(6)高级官员的任命须经参议院同意;(7)法院有权审查行政命令及协定是否违宪。司法机关的司法权受到以下的牵制:(1)联邦法官由总统任命,并经参议院同意;(2)国会有权弹劾法官;(3)国会有权规定法院的管辖权。美国国家机构概貌见图1-1。

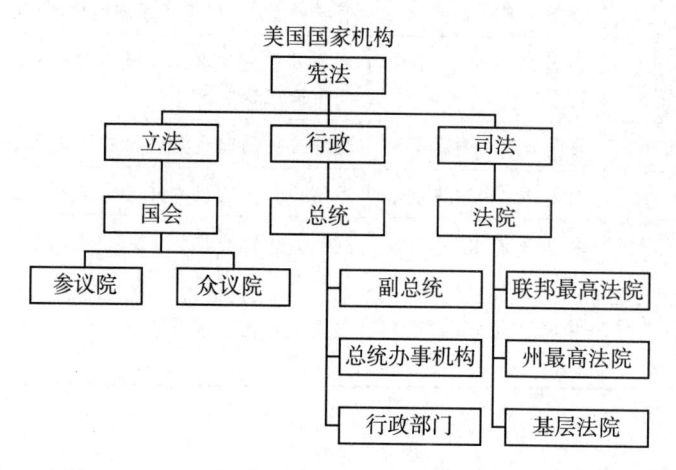

图1-1　美国《宪法》关于美国国家权力设计

5. 司法审查原则。亦称"违宪审查"原则,即最高法院通过司法程序来审查、裁决立法和行政机关是否违宪的一种基本制度。宪法是国家的根本大法,具有最高法律效力,是(议会、政府)立法执法的基础和根据,宪法至上,法律和法令从形式到内容都不得同宪法条文相抵触;司法机关(主要是最高法院)是保障宪法的机关,对宪法有最后的解释权,议会、政府的法律、法令如果违反宪法,司法机关可以裁决该项法律、法令违宪而无效。

---

① 转引自钱满素:《美国宪法:分权·制衡·民主化进程》,北大法律信息网。

6. 联邦制度原则。宪法具体区分了中央政府和州政府各自的权力。联邦政府的权力，列举于联邦宪法的前四项条款中，分别授予国会、总统和联邦法院。国会的权力主要是制定法律、发行货币、宣战、管理与外国及州际之间的商业贸易、邮政、监督行政和司法官员。总统的权力主要是执行法律、向国会呈交国情咨文、批准或否定法律、统帅武装力量、委任行政官员、负责外交等。联邦法院享有联邦司法审判权和各州上诉案件的终审权。关于州政府的权力分配，宪法第十条修正案才作出补充规定："本宪法既未授予合众国，又未禁止各州行使的权力，皆由各州或人民保留之。"主要有警察权、管理地方政府的权力、管理选举的权力、州内的工商业管理权、设置州法院、参与联邦《宪法》的修改权等。

三、美国《宪法》关于预算权力的规定

美国1787年联邦《宪法》没有制定具体的预算制度条款，但直接或间接地规定了中央政府、州政府和地方政府的课税权限等相关内容。

（一）美国《宪法》将征税权赋予国会

在美国《宪法》出台之前，英属北美各个殖民地联合成立的统一立法机构——大陆会议（Continental Congress）并没有课税的权力。但美国1787年《宪法》第一条第八款明确规定："国会有权制定和征收一般税金、关税、进口税和消费税等赋税，以此来偿还债务并为美利坚合众国的共同国防和公共福利提供经费。"该条文具体说明了美国国会的征税权力和征税目的。此外，联邦宪法第一条第八款第二项的规定"以美利坚合众国的信用举债"，说明举债也可以是联邦政府筹集财政收入的方法，而不仅仅是税收。

（二）美国《宪法》关于联邦政府课税权的各项限制

1. 立法程序方面。美国联邦宪法第一条第七款规定："所有的课税法案都应该在众议院提出，但是参议院可以参照处理其他法案的方法，以修正案的形式提出建议或者表示赞同。"

2. 政府制定税种、税率方面要遵循统一性规则。美国联邦宪法第一条第八款规定："所有的关税、进口税、消费税等赋税在美利坚合众国内应该是统一征收的。"

3. 税基方面遵循比例课税规则。美国联邦宪法第一条第二款规定："众议员人数和直接税税额应该根据联邦内各州的总人口数目分配。各州的人口数目应由该州所有自由人民数目（包括订有契约的多年仆役，但将不纳税的印第安人排除在外）加上其他全部人口数的五分之三得到。"此外，美国联邦宪法第一条第九款还规定："除非依照本宪法前文关于人口普查或统计数目所规定的比例征税，否则不得征收人头税或者其他直接税。"

随着美国社会的发展和法律体系的完善，国会于1913年2月3日通过了美国联邦宪法第十六修正案，针对原宪法第一条第九款进行了关于所得税的修正："国会

有权对以任何方式得到的收入制定和征收所得税，该税款不需按比例分配于各州，也不需要考虑任何人口普查或统计结果。"该项宪法修正案通过以后，所得税逐渐取代关税成为美国第一大税种。

4. 联邦公民私有财产神圣不可侵犯原则。美国联邦宪法第五修正案（1791）第三款规定："不允许不经过法律的正当程序，擅自剥夺公民的生命、自由和财产。不应该在没有公平合理的补偿的情况下就把私人财产充当公用。"该项关于财产权的修正案不仅针对联邦政府，同样适用于州政府及各级地方政府。

5. 拨款和信息公开方面的规定。联邦宪法第一条第九款第七项规定："不得从国库中提取任何资金，除非是经过法律允许的拨款行为；此外应该经常公布所有公共款项收支情况的报告和账户。"这里需要说明的是：第一，联邦政府一般以预算的形式请求拨款，而最终的成功实行则必须要让国会通过预算法案，进而成为法律。在《宪法》通过后的第二年即1789年，美国财政部向国会提交了组建联邦政府以来的第一份预算申请法案，所以联邦宪法在该方面的规定使得国会拥有主导一切有关财政收入和财政拨款问题的权力。第二，该项条款体现了预算管理体制中的透明性原则。美国人民对自己所缴纳税款的用途相当关心，所以他们认为必须要知道国库经费的流动状况以及相关款项的使用效率，这能够有效防止腐败、贪污等滥用公款的现象出现。

6. 出口税方面的规定。联邦《宪法》第一条第九款明确规定："对于从各州出口的物品，联邦政府不能对其进行课税。"虽然关税属于早期联邦政府的重要课税权之一，但出口税依然被禁止课征。

7. 协调各州利益方面的规定。联邦《宪法》第一条第九款第六项规定："任何有关贸易和税收的法规中所制定的优惠条款一律不能用于各州的港口，也不能强迫来自或去往某一州的船舶进入或离开另一州，或者向另一州缴纳关税。"该项条款说明各州的地位是平等的，联邦政府被禁止利用税权给予任意一州优惠，从而有可能损害其他州的利益，这体现了《宪法》的公平公正原则。

（三）美国《宪法》关于州政府课税权的规定

在美利坚合众国成立之前，美国各州就已经存在了。在归属联邦之后，各州仍然保留了各自的课税权。所以美国联邦《宪法》第十修正案规定："未经国会授权、也未禁止各州行使的权力，由各州政府或人民保留并实行。"由该修正案可知，州政府只要不制定和联邦宪法相抵触的法律或政策即可，享有充分的自主课税权。

但为防止州政府权力过大，联邦宪法对其课税权做了一定的限制：例如联邦宪法第六条规定："各州的州宪法和各项法律的任何内容与联邦宪法相抵触时自动失去效力。"联邦《宪法》第一条第十款规定：第一，各州未经国会允许，不得针对进口和出口货物征收任何关税，除非为了执行检验法律而有绝对的必要；第二，各州对于进口和出口货物征收的所有关税的净收益应该上缴国库，统一归国库管理使用；第三，各州所有的检验法律应当服从国会的修正和管理；第四，各州未经国会允许不得征收船舶吨位税。

（四）美国联邦《宪法》关于地方政府课税权的规定

各级地方政府的课税权划分范围应该在联邦《宪法》和州宪法所规定的范围之内，需要得到州政府的授权以及受到其监督，但地方政府仍然可以制订地方法律法规，具有较大的自主权。

总之，1787年美国联邦《宪法》以及后来的27项修正案中的相关规定基本划分了中央联邦政府、州政府以及各级地方政府的课税权和预算管理权限，其中主要对联邦政府的预算权、课税权做了详细的规定，同时州政府和各级地方政府所制定的法律法规只要不与联邦《宪法》相抵触，在财政及预算管理方面仍拥有较大的自主权。这样的规定为将来美国现代预算管理体系的建立奠定了基础。

第二节　美国国家权力制衡机制设计

预算从表面上来看，是政府的年度财政收支计划，是一份或一套文件，涉及一个组织（家庭、公司、政府）的财务状况以及未来的计划，包含了关于收入、支出、活动、目标的相关信息。但预算数字的背后是社会经济资源的再分配，预算过程则是由行政官员、立法官员、组织化的利益集团以及尚未组织化的利益集团集体行动博弈的过程。因此，预算文件的形成要受到不同利益集团权力配置的影响。美国权力分配最重要的特征是分权制衡，包括两个方面：一是纵向分权，即联邦政府与州政府实行分权，这种分权称之为联邦制。二是横向分权，即政府内部立法、行政、司法三个部门之间实行分权。

一、美国纵向权力制衡机制解析

从纵向的政治关系来看，美国是一个联邦制国家，一个中央政府（联邦），50个州政府，各州都是相对独立的政治实体，在50个州之下还有87 000个左右地方政府，如郡（县）、市（镇、村）等。各"级"政府只是事权范围、管辖地域的不同，而没有"上下级"关系，其各自的权力都是通过宪法等法律规定的，各"级"政府只需向本辖区的选民负责，而无须向"上级"政府负责。在下文的美国政府预算编制、审查、执行、决算管理中，如无特别说明，均是指美国联邦政府预算的编制、审查、执行、决算管理。

联邦政府与州政府的权力划分原则，是由宪法第十条修正案规定的"本宪法既未授予合众国，又未禁止各州行使的权力，皆有各州或人民保留之。"在联邦成立前，各州都是保持独立与主权的政治实体。制宪会议所确定的联邦政府的权限，实际上是各州把自己拥有的一部分权力让与联邦政府。所以，联邦政府的权力被视为各州及人民对联邦的授予权，以列举的方式载明于联邦宪法。各州没有让与联邦的权力，由各州保留使用，州政府的权力被称之为保留权。

联邦成立后，州丧失了作为主权地位，仅能行使其保留权——即未让与联邦政府又未被禁止行使的各种权力。概括起来，主要有以下几项：警察权、管理地方政府的权力和管理选举的权力。警察权是州政府为保护和促进公共健康、安全、道德、便利和福利而管理个人权利和财产权利的权力。

二、美国横向权力制衡机制解析

美国政体的基本组织原则是三权分立、分权制衡，也即是行政、立法和司法三种权力分别由三个不同的机构行使，实行分权的同时，三种权力和机构之间又互相制衡（见图 1-2）。三权分立的原则分别体现在宪法第一、第二、第三条的首句"本宪法所授予的全部立法权均属于由参议院和众议院组成的合众国国会"、"行政权属于美利坚合众国总统"、"合众国的司法权属于最高法院及国会随时规定并设置的下级法院"。

权力的分立，首先体现为三个权力部门在组织上各自独立。为使各部门独立，联邦宪法做出如下规定：第一，各部门通过不同方式产生。根据宪法规定，参议院代表各州，其成员由各州议会选举产生。宪法第十七条修正案出台后，参议员也改由选民直接选举产生。众议院代表全国人民，其成员由全国选民直接选举产生。总统由全国选民经选举人团间接选举产生。联邦法院法官则由总统提名经参议院同意任命。第二，各部门任期不同。国会参议员任期六年，每两年改选1/3；众议员任期两年，总统任期四年；法官一经任命，除经弹劾罢免之外终身任职。第三，国会议员、总统和法官薪金固定。三个部门的年薪由国会通过法律确定，任何一个部门不能随意变动，但可根据国家经济发展情况由国会通过法律作适当调整。第四，三个部门的人员分离，不得互相兼职。这也是保障各部门组织独立的有力手段。

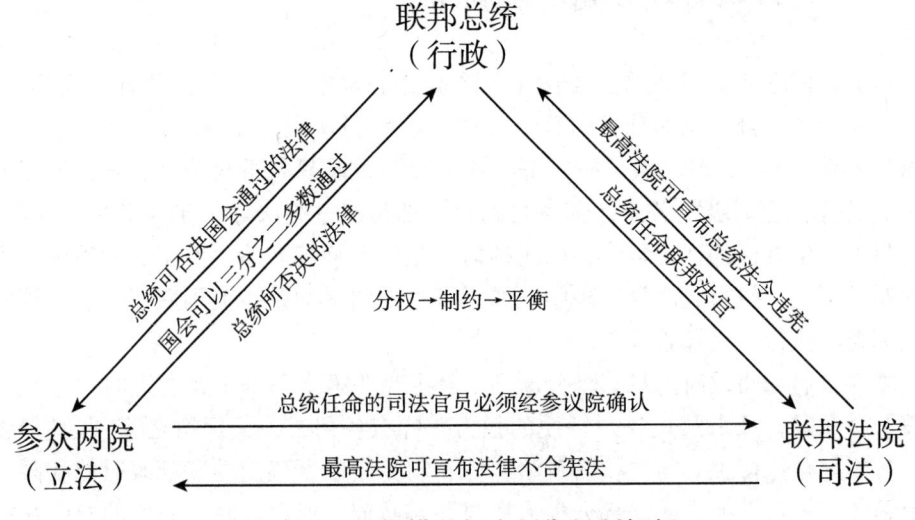

图 1-2 美国横向权力制衡机制解析

三、美国行政部门权力配置

总统是国家元首和行政首脑，拥有执行法律的权力。其行政权主要有：第一，联邦政府官员的任命权。总统组织内阁，并可任命联邦高级官员、外交使节和军事人员。第二，军事统帅权。总统是联邦武装力量的总司令，统率全国武装力量，军队的调动、任务的执行均由总统下令。第三，外交权。经参议院批准同意，总统有权与外国缔结条约。

总统确实有很大的权力，但是他的权力不是无限制的。总统的行政权力受到以下的牵制：(1) 总统不能以行政支配立法和司法；(2) 总统运用各项政府开支需要按照国会通过的预算和拨款法案行事；(3) 国会以2/3多数可以取消总统的否决案；(4) 国会有权弹劾总统；(5) 总统签署的条约须经参议院的批准；(6) 高级官员的任命须经参议院同意；(7) 法院有权审查行政命令及协定是否违宪。

在总统领导和直接指挥下有一个庞大的行政官僚体系，包括：内阁、总统办事机构和独立机构。① 内阁由主要部门的首脑和总统任命的一些人组成。他们主要针对一些重要的事务进行讨论，并为总统提出建议。总统办事机构中，白宫办公厅、国家安全委员会、国内事务委员会以及中央情报局都占有举足轻重的地位。独立机构直属总统领导，重要的有联邦储备银行、宇航局、原子能委员会等（美国行政序列机构构成见图1-3）。

四、美国立法部门权力配置

国会是国家最高立法机关，它主要拥有最高立法权、宪法修正权以及行政司法监督权等。凡重要的内政外交，如赋税、货币、拨款、筹建军队、宣战与媾和，在程序上均须经国会立法，否则就是违宪。美国联邦宪法规定了美国的立法机关实行两院制，即将一个立法机关一分为二。联邦宪法的制宪者们希望两院（众议院和参议院）能为不同的选区服务，并且参议员由州立法机关任命，任期六年，代表社会的精英分子。众议员和参议员都是由人民直接选举。435名众议员根据人口比例分配到各选区，而100名参议员则以州为选举单位，每州有两名参议员。相对于众议员，参议员任期较长，通常代表着更大和更广泛的选区。

众议院由435名选举出来的成员组成，在五十个州中依据各州人口总数划分成员比例，另外还有6名没有投票权的成员，分别代表哥伦比亚地区、波多黎各和其他四个美国的未成立州的领土地区。众议院的主管官员是众议院的发言人，由各代表选举产生。众议院的成员每两年选举一次，必须满足的条件是达到25岁、成为美国公民至少七年、是他们所代表的州的居民。众议院有一些专属的权力，包括创始税收法案、弹劾联邦政府官员和选举总统等权力。

---

① 联邦政府独立行政机构由美国国会通过各法例而成立的独立行政机构，直接向美国总统负责。

```
                        美国总统
        ┌──────────────────┼──────────────────┐
   总统办事机构          内阁各部           独立机构
```

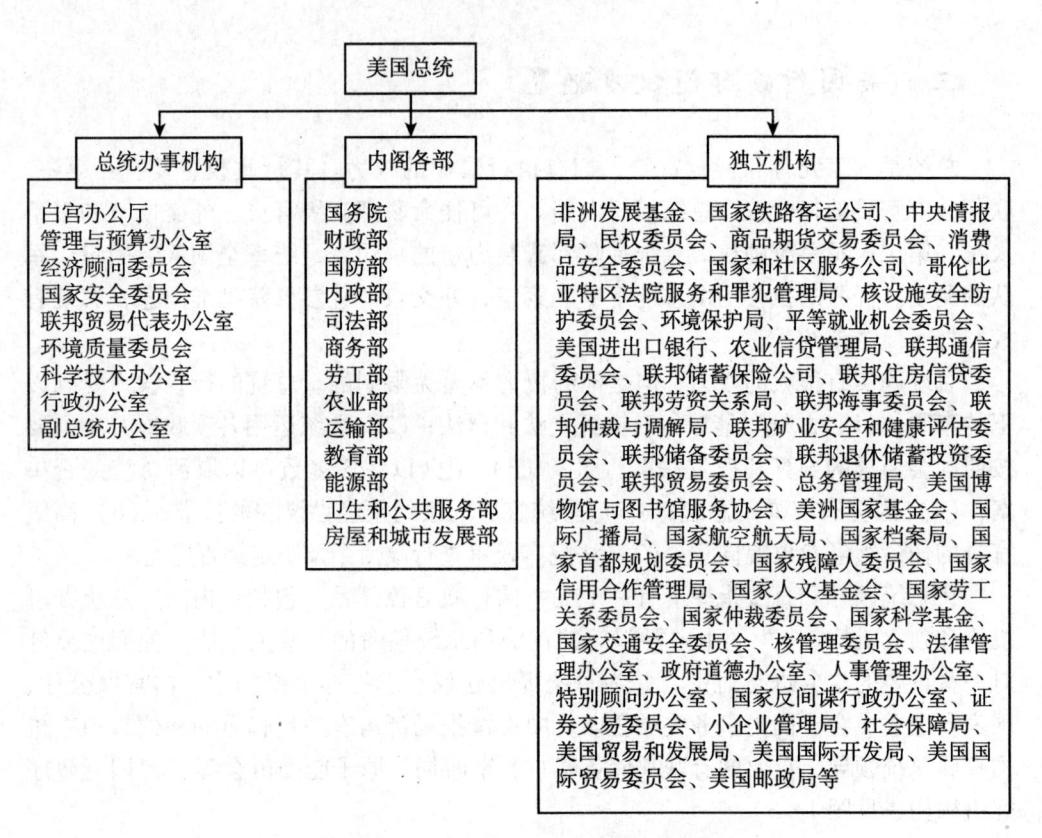

总统办事机构	内阁各部	独立机构
白宫办公厅 管理与预算办公室 经济顾问委员会 国家安全委员会 联邦贸易代表办公室 环境质量委员会 科学技术办公室 行政办公室 副总统办公室	国务院 财政部 国防部 内政部 司法部 商务部 劳工部 农业部 运输部 教育部 能源部 卫生和公共服务部 房屋和城市发展部	非洲发展基金、国家铁路客运公司、中央情报局、民权委员会、商品期货交易委员会、消费品安全委员会、国家和社区服务公司、哥伦比亚特区法院服务和罪犯管理局、核设施安全防护委员会、环境保护局、平等就业机会委员会、美国进出口银行、农业信贷管理局、联邦通信委员会、联邦储蓄保险公司、联邦住房信贷委员会、联邦劳资关系局、联邦海事委员会、联邦仲裁与调解局、联邦矿业安全和健康评估委员会、联邦储备委员会、联邦退休储蓄投资委员会、联邦贸易委员会、总务管理局、美国博物馆与图书馆服务协会、美洲国家基金会、国际广播局、国家航空航天局、国家档案局、国家首都规划委员会、国家残障人委员会、国家信用合作管理局、国家人文基金会、国家劳工关系委员会、国家仲裁委员会、国家科学基金、国家交通安全委员会、核管理委员会、法律管理办公室、政府道德办公室、人事管理办公室、特别顾问办公室、国家反间谍行政办公室、证券交易委员会、小企业管理局、社会保障局、美国贸易和发展局、美国国际开发局、美国国际贸易委员会、美国邮政局等

图 1-3　美国行政机构主要构成

参议院由100名参议员组成，每个州有2名。从1913年修正案通过后，参议员就被各自州的人民选举且任期为六年。参议员的任期是很长的，因此大约1/3的人每两年要面对重选，也就是说每两年就要换掉1/3数量的参议员。参议员必须达到30岁，成为美国居民至少九年，是所代表州的居民。

参议院拥有独立的权力批准总统的任命和正式批准条约。为了通过立法并送至总统处得到他的签字，众议院和参议院必须以大多数的选票通过议案。如果总统否决了议案，他们可以通过两院各至少2/3的支持来推翻他的否决。国会参众两院的主要功能是立法，立法的程序见图1-4。

美国参众两院都有权力提出除了关于税收法案之外的任何方面的法律法规（税收法案只能由众议院筹款委员会①提出），两个议院的代表也都有权力提出针对法案或立法的建议。当法案被提出后，被提出的法案马上被送到相应的委员会，其中每个委员会涉及不同的事务，如教育、农业、外交等。在对法案作出决定之前，委员会针对法案举行听证会，对法案感兴趣的人可以参加听证会并在听证会上提出自己

---

① 众议院筹款委员会（Ways and Means Committee），国会中历史最悠久的委员会之一，是美国国会众议院20个专门委员会之一，负责税收、贸易等事务。宪法赋予国会征税的权力，收入立法必须在众议院产生，再提交参议院审核。几乎所有的税收措施都是从众议院的筹款委员会（有的翻译成赋税委员会、方式与方法委员会）开始其立法旅程的。

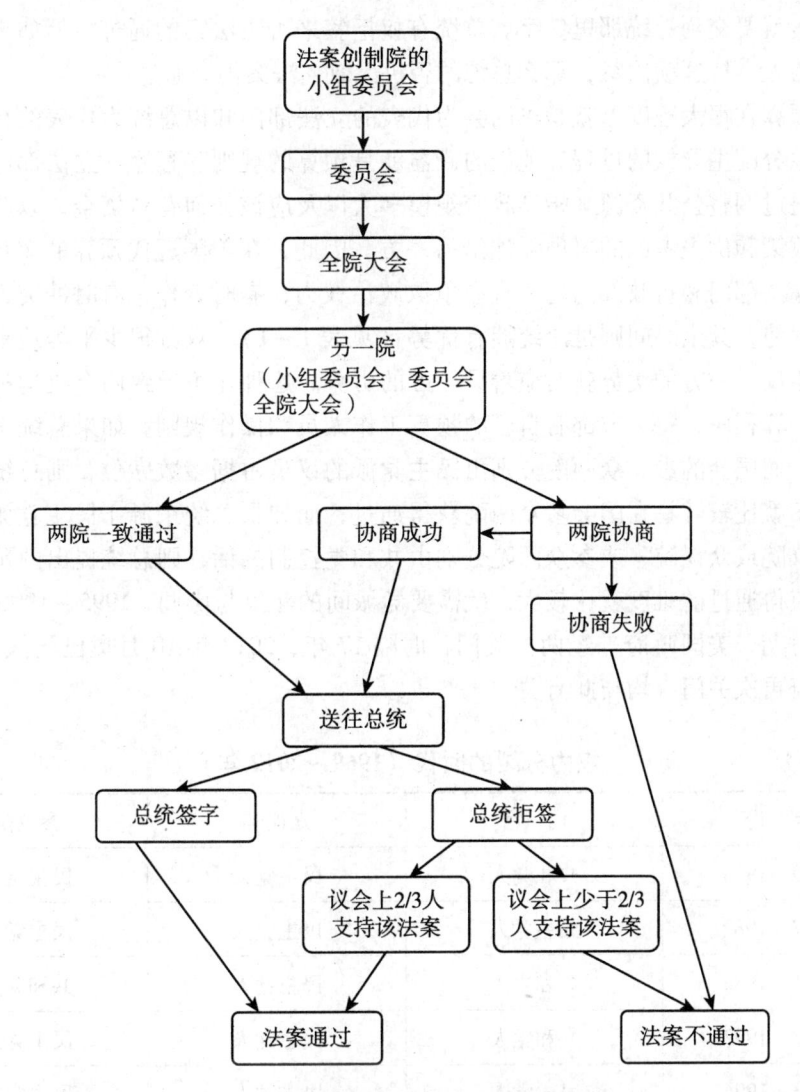

图 1-4　美国国会立法程序流程图

的见解和意见。委员会常常设立小组委员会来处理大量专门性议案和进行听证会调查。之后，委员会的成员们对法案投票决定法案是否在本轮通过还是被否决掉。

如果上一轮投票通过，那么在听证会之后，关于法案的建议被委员会报告给另一个议院。委员会关于法案的建议非常重要，因为立法者通常根据委员会关于法案的建议来投票。如果两个议院对同一个法案持有不同的观点，那么这些不同观点会在拿到议会上进行讨论，参议员和众议员代表在议会上协商，由各自院的协商代表团共同组成协商委员会。协商委员会有权就法案两院文本中的所有分歧进行协商，拟出修正案。对文本中两院一致的地方，协商委员会无权修改。对协商报告，如果两院代表团都投赞成票，即协商成功，双方成员在报告上签字，两院代表团各自向本院的全院大会提交协商委员会的报告。如果没有达成妥协，那么法案不能通过。

如果法案通过，那么被通过的法案被称为法令，只要一项法案被两个议院通过，该项法案就要交到总统那里签字。总统有权拒签来否决法案的通过，但如果议会上有2/3的人支持这项法案，那么总统的否决无效，法案仍会通过。

而预算在很大程度上就是以国会为代表的立法部门和以总统为代表的行政部门争取资源分配主导权的过程。他们的武器就是预算的规则和程序：立法部门和行政部门都通过调整公共资源来指导政府规模多大以及应该如何花费资金，以此寻求将自己的政策和优先考虑的事项强加给另一方。因此，在美国近代预算的200多年历史中，立法部门和行政部门均一直在争取政治权力，有时合作，有时冲突，有时国会拥有优势，其余时间则是总统拥有优势（见表1-1）。双方很少平等地享有预算权力，相反，一方的优势就对应着另一方的劣势。这种斗争导致两个机构都建立了自己的预算程序，每一方都有自己的预算工作人员和操作规则。如果总统来源于民主党派，而国会的参、众两院分别由民主党派的议员占据多数席位，则总统提出的预算草案就比较容易在国会参众两院获得通过；而如果总统来源于民主党派，而国会的参议院或众议院、或参众两院分别由共和党控制的话，则总统提出的预算草案在国会获得通过的难度就比较大，就需要党派间的斗争与协调。1995~1996年克林顿执政时期，美国政府曾经两次关门，时隔17年，2013年10月奥巴马执政时期，美国政府再次关门，均与此有关。

表1-1　　　　　　　　权力分裂的时代（1969~2012年）

年　份	白宫	众议院	参议院
1969~1976	共和党人	民主党人	民主党人
1977~1980	民主党人	民主党人	民主党人
1981~1986	共和党人	民主党人	共和党人
1987~1992	共和党人	民主党人	民主党人
1993~1994	民主党人	民主党人	民主党人
1995~2000	民主党人	共和党人	共和党人
2001	共和党人	共和党人	共和党人
2001~2002	共和党人	共和党人	民主党人
2003~2006	共和党人	共和党人	共和党人
2007~2008	共和党人	民主党人	民主党人
2008~2010	民主党人	民主党人	民主党人
2010~2012	民主党人	共和党人	民主党人

注：2010年11月3日，美国2010年中期选举揭晓。共和党在众议院435席中已获224席，超过半数，重新掌控众议院。民主党在参议院97个席位中已得到51席，获得参议院掌控权。"国会分裂"成定局。

五、美国司法部门权力配置

联邦法院拥有联邦司法权,享有终审裁决权。有权裁决联邦政府部门之间、个人与政府之间、州政府之间、个人与个人之间的诉讼案件。美国司法序列的成员是由总统任命、参议院批准的,而行政序列的总统和立法序列的参议员、众议员们均是民众选举出来的。司法部门包含了一系列的法院,如最高法院、上诉法院和地方法院等。

依照《宪法》规定,国会享有联邦司法结构的决定权。尽管最高法庭的法官数量由国会决定,但仍要求不得少于6个。宪法也授予了国会创立低于最高法庭的法院的权力,就是建立地区法庭和13个上诉法庭。联邦法庭享有独立的权力去解释法律,决定法律的合宪性,并将法律应用于个人案件。

最高法庭是司法部门中一部分,也是唯一由宪法规定的。宪法并不规定最高法庭的法官数量,数量是由国会制定的,所有的法官都是由总统提名、参议院确认,并且终身拥有职务,因此这些法官不需要为重选竞争,也就远离了政治压力。这些法官可以一直保留自己的位置直到他们辞职、去世或者被国会弹劾和宣布有罪。

(一)最高法院

美国最高法院,当前拥有一位首席大法官和八位大法官,大法官无失职行为的情况下实行终身任职制。每个法官都拥有投票权,他们都是在参议院的同意下由总统指任的,只有议会有权辞退他们,这要经过一个很复杂的控告程序。

最高法院的主要权力有:(1)监督解释宪法;(2)审理联邦法院案件;(3)审理涉及宪法或国家法律的州法院案件;(4)宣布违背宪法精神的法令无效;(5)宣布总统的行为不符合宪法规定。

最高法院的权力也受到总统和议会的限制。总统指任最高法院的法官,并且可以执行假释和缓刑。议会可以控告联邦的法官有罪,并且如果最高法院宣布一项法律不符合宪法的规定,那么议会可以提出对宪法修正的提议。

(二)上诉法院

成立的目的是分担最高法院的负担,整个国家被分成13个上诉地区,每个地区有1个上诉法院。

专栏1-2 美国上诉法院分布

美国的50个州、首都华盛顿特区同其境外领土被划分为13个审判区域,设有13个巡回上诉法院。其中11个巡回法院由数字命名,其余2个法院分别是哥伦比亚特区巡回上诉法院和美国联邦巡回上诉法院。在13个巡回法院中,第一巡回上诉法院拥有最少的法官,而总部设在旧金山市的第九巡回上诉法院则拥有最多的法官。

表2　　　　　　美国上诉法院分布及管辖区域

上诉法院名称及地点	负责地区
联邦巡回上诉法院（华盛顿）	
哥伦比亚特区巡回上诉法院（华盛顿）	华盛顿哥伦比亚特区
第一巡回上诉法院（波士顿）	缅因州、马萨诸塞州、新罕布什尔州、波多黎各、罗得岛州
第二巡回上诉法院（纽约）	康涅狄格州、纽约州、佛蒙特州
第三巡回上诉法院（费城）	特拉华州、新泽西州、宾夕法尼亚州、维尔京群岛
第四巡回上诉法院（里士满）	马里兰州、北卡罗来纳州、南卡罗来纳州、弗吉尼亚州、西弗吉尼亚州
第五巡回上诉法院（新奥尔良）	路易斯安那州、密西西比州、德克萨斯州
第六巡回上诉法院（辛辛那提）	肯塔基州、密歇根州、俄亥俄州、田纳西州
第七巡回上诉法院（芝加哥）	伊利诺伊州、印第安纳州、威斯康星州
第八巡回上诉法院（圣路易斯）	阿肯色州、艾奥瓦州、明尼苏达州、密苏里州、内布拉斯加州、北达科他州、南达科他州
第九巡回上诉法院（旧金山）	阿拉斯加州、亚利桑那州、加利福尼亚州、关岛、夏威夷州、爱达荷州、蒙大拿州、内华达州、北马里亚纳群岛、俄勒冈州、华盛顿州
第十巡回上诉法院（丹佛）	科罗拉多州、堪萨斯州、新墨西哥州、俄克拉荷马州、犹他州、怀俄明州
第十一巡回上诉法院（亚特兰大）	亚拉巴马州、佛罗里达州、佐治亚州

资料来源：http://www.uscourts.gov/courtlinks/。

（三）地方法院

50个州被分成了94个联邦司法地区，每个地区有1个地方法院。地方法院是联邦司法体系的最小单元，上诉法院可以修正地方法院的决定。

除了联邦司法体系外，每个州都有各自的司法体系、法院、警署和牢狱体系。各州发生的所有普通犯罪案件都在自己的司法权内，各州的法官和警局官员为维护州的法律而负责，所有美国法院使用陪审团体系和相同的法律。所有没被定罪的犯罪人被称作犯罪嫌疑人，原告和被告允许有自己的辩护律师。在听完证词之后，法官向陪审团解释相适应的法律。之后，法官私下里讨论达成陪审团的裁决。美国各州都有死刑，只有犯叛国罪或严重的谋杀罪等重罪时才会执行死刑。

六、美国总统选举制度

根据美国宪法的规定，美国实行总统制，行政权属于总统。国家元首和政府首脑职权集中于总统一人。总统兼任武装部队总司令，总统不对国会负责。总统由每四年举行一次的大选选出，任期四年，并可连任一次。美国总统选举的过程漫长而复杂，必须历经政党初选、提名、竞选活动、全民投票、选举人团投票等阶段，才能顺利入主白宫。总统的选举主要分为三个阶段：

（一）初选

对两党来说，选出正确的代表人去竞选总统是极其重要的。为此，两党每隔两年都会举行各自的代表大会，大会在普选前的夏天举行。在大会之前的几个月里，所有有抱负被提名的人在党内开始他们各党间的竞选，这个过程叫做初选。在一些州中，初选中各党的会员只能投票选举自己党派的竞选者；在另外一些州，初选中各党的会员可以投票选举两个党派中的任何一位竞选者。初选的目的是选出总统候选人，在初选中，代表必须获得一半以上的选票才能通过选票，如果在第一轮中没有人获得一半以上的选票，那么就会有第二轮选举，直到有人获得了一半以上的选票。

（二）政党提名总统候选人

在初选有了结果之后，民主党和共和党提名本党派的总统候选人，并帮助自己党的代表人在全国范围内竞选总统。总统候选人必须在全国范围内做很多的演讲来为自己赢取选票。为了当选总统，总统候选人要支付大量的开支，这些钱有一部分是候选人自己筹集的，有一部分是他们党派提供的，还有一部分是政府的拨款。

专栏1-3 美国民主党与共和党

美国共和党：（英语：Republican Party），又常被简称为 GOP（英语：Grand Old Party），是美国当代两大主要政党之一。共和党的前身为1792年成立的民主共和党。1825年，民主共和党发生分裂，其中一派组成国民共和党，1834年改称辉格党。1854年7月，辉格党与北部民主党和其他反对奴隶制的派别联合组建了共和党。

与民主党相比，共和党在社会议题上倾向保守主义，经济上主张自由主义，与企业界关系紧密，但很少获得工会组织的支持。共和党支持低税收，在经济议题上主张限制政府规模和支持商业发展；在一些社会议题如堕胎上共和党则支持政府介入。在对外政策和国家安全方面，共和党立场强硬。

共和党没有固定政纲，只有适应每次大选需要的竞选纲领。共和党员多数是不固定的，凡在选举中投票选举该党总统候选人的选民都被认为是该党党员。共和党全国代表大会每四年举行一次，主要工作是推选该党总统和副总统候选人，通过党的竞选纲领，选举党主席。共和党的常设最高机构是全国委员会，由主席领导，每年召开两次会议。

美国民主党：（英语：Democratic Party），与共和党并列为美国当代的两大主要政党之一。其前身是托马斯·杰斐逊在1792年创立的民主共和党，建党初期主要代表南方奴隶主、西部农业企业家和北方中等资产阶级的利益。19世纪初，民主共和党发生分裂，一派自称国民共和党，后来改称辉格党。以安德鲁·杰克逊为代表的一派于1828年建立民主党，并于1840年正式定名。

1992年，克林顿为民主党人夺回失去12年的总统宝座，1996年竞选连任成功。2000年美国总统选举一波三折，最后由法院裁定共和党人布什当选，民主党又一次失去执政党地位。2004年布什竞选连任成功。2008年，民主党人奥巴马成为美国历史上首位黑人总统，2012年11月连任。

民主党无固定纲领，只有适应大选需要的竞选纲领，凡在大选中投民主党票者均可被认为是该党党员。最高权力机构为全国代表大会，每四年举行一次，主要工作是推出总统、副总统候选人，通过党的政纲等。常设最高机关为全国委员会，负责召开全国代表大会。

（三）普选

普选在选举年份的十一月份的第一个星期二举行。普选分为两个阶段，第一个阶段是选出每个州的总统选举人，每个州被允许选出的总统选举人人数与本州在国会中的众议员和参议员的人数相等。总统选举人总共有538个，他们组成了总统选举团。

总统选举人会投票给属于他们党派的总统候选人。因此，一个人在投票选举总统选举人时实际上是在选总统。在总统选举中适用胜者得全票的规则，即赢得一州的简单多数选民票的候选人即赢得了该州全部选举人票。

在第二个阶段中，从各州选出的总统选举人投票选举总统。这个阶段只是一个形式，其实，第一阶段结束时，人们心中都已经清楚了谁会是下届的总统。

（四）选举人团制度

根据美国宪法，美国总统选举实行选举人团制度，总统由各州议会选出的选举人团选举产生，而不是由选民直接选举产生。这一制度于1788年第一次实行，现已经历了200多年的发展与演变。根据选举人团制度，选民投票时，不仅要在总统候选人当中选择，而且要选出代表50个州和首都华盛顿哥伦比亚特区（简称华盛顿）的538名选举人，以组成选举人团。总统候选人获得超过半数的选举人票（270张或以上）即可当选总统。

根据法律规定，全国选民投票在选举年11月份第一个星期一的次日举行。所有美国选民都到指定地点进行投票，在两个总统候选人之间作出选择（在同一张选票上选出各州的总统"选举人"）。一个（党的）总统候选人在一个州的选举中获得多数取胜，他就拥有这个州的全部总统"选举人"票，这就是全州统选制。全国选民投票日也叫总统大选日。由于美国总统选举实行选举人团制度，因此总统大选日实际上是选举代表选民的"选举人"。

美国各州拥有的选举人票数目同该州在国会的参、众议员人数相等。参议院由各州选举两名议员组成，众议院议员人数则根据各州人口比例来确定。人口多的州众议员人数相应就多，同时在总统选举时拥有的选举人票也多。例如，美国人口最多的加利福尼亚州所拥有的选举人票多达 55 张，而人口较少的阿拉斯加州只有 3 张选举人票。鉴于这种情况，在历届美国总统选举中，人口众多的州都成为总统候选人争夺的重要目标。

选举人票的数量，体现州权平等原则，根据各州在国会的议员数量而定。例如，每个州都在国会有 2 名参议员和至少 1 名众议员，所以，任何州都至少有 3 票。但人口多的大州，除了这 3 票以外，众议员人数越多，选举人票数也就越多。1961 年，美国宪法修正案批准华盛顿特区可以像州一样有总统选举人。这样，美国国会有 100 名参议员、435 名众议员，加上华盛顿哥伦比亚特区的 3 票，总统选举人票总共就是 538 票。

选举人团制度是美国共和制、联邦制和分权与制衡原则结合的产物，也是多种利益间妥协与协调的结果，存在其自身难以克服的缺陷与弊端。近年来，美国要求改革选举人团制度的呼声不断，但由于多种因素阻碍，改革始终无法进行。

第二章

美国财政概况

■ 本章导读

　　预算是经过立法机构审批通过的具有法律效力的政府年度财政收支计划，是财政分配资源的基本工具。美国作为世界上最大的经济发达、成熟的联邦制国家，其财政收入与支出如何分类，财政收支规模演变呈现什么规律，各级政府间事权与税权如何分配，政府间转移支付制度如何设计，是了解美国预算管理制度所必须具备的基础知识。本章介绍美国财政收支分类标准、财政收支规模演变的特征，财政支出结构特点，政府间事权与税权划分，政府间转移支付制度设计的相关内容。

美国是世界上最大的经济发达、成熟的联邦制国家，其政府体系是一个由联邦政府、州政府和地方政府（包括县、市、镇等）三个层次组成。从政府层级划分来看，州政府与联邦政府具有横向平等关系，政治关系比较松散，州以下的政府称为地方政府，[①]并按照各州的宪法组织起来，因此模式不一。美国地方政府分为一般性地方政府和特别区两类。一般性地方政府有县（Counties），自治市（Municipalities）、镇（Townships）三种基本类型。特别区有专区（Special districts）、学区（School districts）两种基本类型。在美国的50个州政府下，有8万多个地方政府，地方政府之间不一定存在隶属关系，比如县与自治市不存在领导与被领导的关系，自治市作为一个独立的城市法人，具有自治权力。地方政府大致可以分为县、市、镇、特别区和学区五大类。与三级政府相对应，美国财政体制也按联邦、州、地方三级划分，各级拥有各自的财政收入与支出范围，权力与责任各有偏重又互相补充。

第一节　美国财政收支概况

一、政府财政支出分类

按不同标准，从不同角度，对各项财政收支进行科学、系统地分类，是政府财政管理的客观需要。在一定程度上，体现着人们对政府财政的认知水平、管理水平，也反映着一个国家的政治、经济制度与国情。

（一）按政府支出与市场交换的关系分类，可分为购买性支出和转移性支出

按政府支出与市场交换的关系，政府支出可分为购买性支出和转移性支出。购买性支出，是指政府以购买者的身份在市场上采购所需的商品和劳务所形成的支出。政府购买性支出，遵循市场经济的基本准则，实行等价交换。对市场运行而言，购买性支出，对消费和生产具有直接影响，可广泛用于调节各项经济活动；转移性支出，是指预算资金单方面无偿转移支出，如社会保障支出、财政补贴等。转移性支出，由于是价值单方面无偿转移支出，就不可能遵循等价交换的原则，而是为了实现政府特定的经济社会政策目标。与购买性支出相比，转移性支出的重点在于体现社会公平，而对市场经济运行的影响则是间接的。这种分类方法的优点是，以此可以分析政府预算政策在公平与效率之间的权衡和选择，以及政府对市场运行干预的广度与深度。

---

① 在美国这样的联邦制国家中，地方政府的概念与单一制国家概念有所不同。单一制国家，比如我国，"地方政府"指的是中央政府下具有隶属关系的各级政府。而在美国，"地方政府"特指州以下的各级政府。

（二）按政府支出的职能分类，可以分为建设性支出、公共性支出、国防支出、补贴支出等

经济建设支出，包括用于经济建设的基本建设投资支出，支持企业的挖潜改造支出，拨付的企业流动资金支出，拨付的生产性贷款贴息支出，专项建设基金支出，支持农业生产支出以及其他经济建设支出。事业发展支出，是指用于教育、科学、文化、卫生、体育、工业、交通、商业、农业、林业、环境保护、水利、气象等方面事业的支出，具体包括公益性基本建设支出、设备购置支出、人员费用支出、业务费用支出以及其他事业发展支出。行政管理费用支出，包括行政管理费、外交外事支出、武装警察部队支出、公检法司支出等。国防支出，具体包括军费、国防科研事业费、民兵建设费等。社会保障和各项补贴支出，包括抚恤和社会福利救济支出、行政事业单位离退休支出、社会保障补助支出和政策性补贴支出等。其他支出，指除上述支出以外的一些预算支出。主要有对外援助、支援不发达地区支出、专项支出、其他支出等。

（三）按预算编制方法分类，政府支出可分为经常性预算支出和资本性预算支出

经常性预算支出，是指满足政府履行日常内外职能所需要的支出，这部分支出一般都是消费性支出。资本性预算支出，是指投入社会再生产领域，形成各类资本的支出。将预算支出分为经常性预算支出、资本性预算支出，可分析政府履行社会公共管理职能与国有资本所有者职能之间的关系。

（四）按政府支出范围分类，政府支出可分为中央预算支出和地方预算支出

中央预算支出，是指中央政府满足全国性和跨区域性公共产品服务的支出，体现中央政府职能实现的程度；地方预算支出，是指地方各级政府满足区域性公共产品服务的支出。这种分类方法，可以分析各级政府履行其职能的具体情况，以及政府间财政分配关系。

（五）按政府支出的经济性质上分类，可分为工资福利支出、商品服务支出等

支出经济分类是按支出的经济性质和具体用途所作的一种分类。在支出功能分类明确反映政府职能活动的基础上，支出经济分类明细反映政府的钱究竟是怎么花出去的。支出经济分类与支出功能分类从不同侧面、以不同的方式反映政府支出活动。支出功能分类和支出经济分类从不同侧面，以不同方式反映政府支出活动。有利于全面、完整、明细地反映政府资金的使用情况。支出功能分类反映政府职能活动，说明政府的钱到底干了什么事，如办学校、修水利等；经济分类反映政府支出的经济性质和具体用途，说明政府的钱是怎样花出去的，如办学校的钱究竟是发了

工资，还是买了设备、盖了校舍。从某种意义上讲，支出经济分类是对政府支出活动更为明细的反映。

世界范围内支出经济分类科目一般分为：工资福利支出、商品和服务支出、对个人和家庭的补助支出、对企事业单位的补贴支出、转移性支出、赠与支出、债务利息支出、债务还本支出、其他资本性支出等。

（六）按支出的强制性，分为法定支出和自主支出

按照支出是否有法律约束和保障，可以把政府支出分为法定支出（或强制性支出，mandatory expenditure）和自主支出（discretionary expenditure）。规定此类支出的目的在于建立一种法定支出的稳定增长机制，防止其他支出挤压法定支出的现象出现。所谓法定支出是指按法律规定或者客观实际必须安排的支出，一般具有刚性特点，如社会保险支出、退伍军人补贴和公务员工资等；自主支出是指政府可以选择、可以控制的项目支出，政府和国会对这类支出的调整余地较大，如研制或购买军事武器支出等。

二、美国联邦政府财政支出规模分析

（一）美国联邦政府财政支出规模和结构分析

1. 1948~2012 财政年度美国政府支出规模及占 GDP 比重总体演变。从第二次世界大战后美国财政支出的规模及占 GDP 比重的演变情况来看，美国财政支出保持一个平稳的增长态势。随着 GDP 的增长，财政支出的规模也不断增长，但财政支出占 GDP 的比重基本保持稳定在 30% 左右的水平。美国政府财政支出由 1948 年的 298 亿美元增长至 2012 年的 35 371 亿美元，占 GDP 的比重由 11.6% 提升至 22.8%。

表 2-1 1948~2012 年美国政府支出规模与占 GDP 比例演变表

财政年度	联邦政府财政支出（10 亿美元）	GDP（10 亿美元）	联邦政府支出占 GDP 比重（%）
1948	29.8	256.6	11.61
1950	42.6	273.1	15.60
1960	92.2	518.9	17.77
1970	195.6	1 012.7	19.31
1980	590.9	2 724.2	21.69
1990	1 252.99	5 734.5	21.85
2000	1 788.95	9 821.0	18.22
2007	2 728.69	13 861.4	19.69
2012	3 537.13	15 547.4	22.75

资料来源：Budget of the U. S. Government, Fiscal Year 2014, Appendix, Historical tables.

2. 国防支出所占比重有所下降，社会保险、社会福利支出增长很快。从 1962 ~ 2007 财政年度美国财政支出的用途分类来看，国防支出在全部财政支出中的比重有所下降，医疗保险、收入保障、社会安全支出所占比重上升很快。1962 年国防支出占据全部财政支出的 47% 的水平，截至 2007 年，这一比重已经下降至 20% 左右的水平。而医疗保险、收入保障、社会安全支出在全部财政支出中的比重在 2007 年已经上升至 47% 左右的水平。行政支出在财政支出中的比重一直很低，基本上占全部财政支出的 1% 左右的水平。

表 2-2　　1962 ~ 2007 年美国政府支出结构按功能分类　　单位：百万美元

功能分类	1962 年	1972 年	1982 年	1992 年	2002 年	2007 年
国防	52 345	79 174	185 309	298 350	348 482	552 568
国际事务	5 639	4 781	12 300	16 107	22 351	28 510
科学、空间技术	1 723	4 175	7 199	16 407	20 767	25 566
能源	604	1 296	13 527	4 499	475	-860
环境保护	2 044	4 241	12 998	20 025	29 454	31 772
农业	3 562	5 227	15 866	15 088	21 966	17 663
商业与住房信用	1 424	2 222	6 256	10 919	-406	488
运输	4 290	8 392	20 625	33 332	61 833	72 905
交通与地区发展	469	3 423	8 347	6 836	12 981	29 567
教育、培训与社会服务	1 241	12 529	26 612	42 751	70 581	91 676
健康	1 198	8 674	27 445	89 497	196 544	266 432
医疗保险	—	7 479	46 567	119 024	230 855	375 407
收入保障	9 207	27 650	108 155	199 562	312 720	365 975
社会安全	14 365	40 157	155 964	287 585	455 980	586 153
退伍军人事务	5 619	10 720	23 938	34 064	50 984	72 847
司法	429	1 684	4 842	14 650	35 061	41 244
行政支出	1 049	2 960	10 861	12 888	16 968	17 457
债务利息	6 889	15 478	85 032	199 344	170 949	237 109
总支出	106 821	230 681	745 743	1 381 649	2 011 153	2 730 241

资料来源：Budget of the U. S. Government, Fiscal Year 2009, Appendix, Historical tables. http://www.gpoaccess.gov/usbudget/fy09/hist.html。

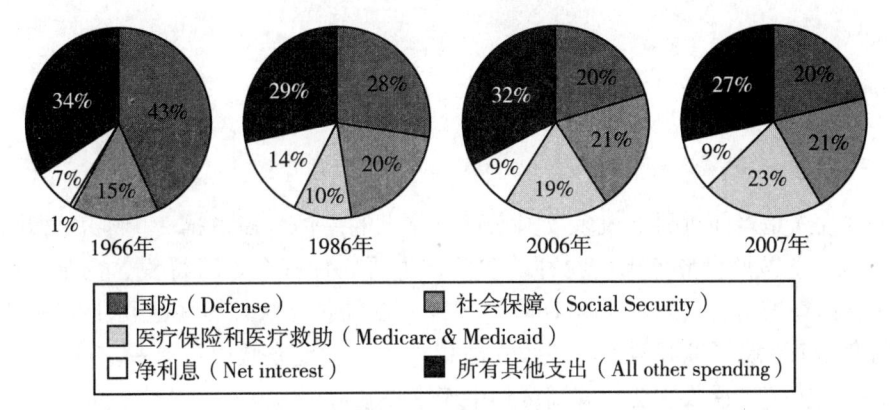

图2-1 1966~2007年美国联邦政府财政支出结构演变

注：由于四舍五入原因，数据加总可能并非100%。
资料来源：美国管理与预算办公室（OMB）和财政部。

图例：
- 国防（Defense）
- 社会保障（Social Security）
- 医疗保险和医疗救助（Medicare & Medicaid）
- 净利息（Net interest）
- 所有其他支出（All other spending）

（二）美国州政府支出结构分析

州政府主要负责失业救济，高速公路、公共教育、公共福利等项目。以伊利诺伊州2008财政年度支出功能分类来看，2008财政年度伊利诺伊州财政支出358.76亿美元，其中用于健康和社会服务支出137.6亿美元，占州财政支出的39%，教育支出103.76亿美元，占州财政支出的29%，此两项合计占据伊利诺伊州财政支出总量的68%。州政府部门行政支出6.86亿美元，占州财政支出总量的2%。另外用于地方政府的转移支付支出87.19亿美元，公共安全和司法支出19.15亿美元，分别占州财政支出总量的24%和5%。

表2-3　　　　　伊利诺伊州2008财政年度支出按功能分类　　　单位：10亿美元

总支出	健康和社会服务	教育	政府行政支出	其他支出	转移支付	公共安全和司法
35.876	13.76	10.376	0.686	0.42	8.719	1.915

资料来源：Budget for 2008 Fiscal year, 伊利诺伊州收入署, Illinois Department of Revenue, http://www.revenue.state.il.us/。

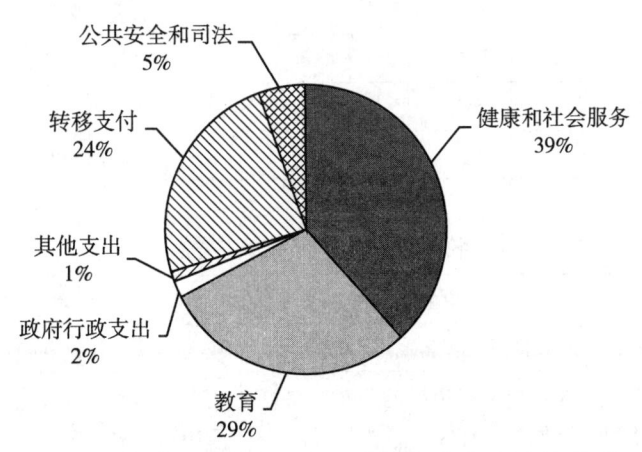

图2-2 伊利诺伊州2008财政年度支出功能分类

- 公共安全和司法 5%
- 转移支付 24%
- 其他支出 1%
- 政府行政支出 2%
- 教育 29%
- 健康和社会服务 39%

三、政府收入分类与来源

（一）税收收入

税收收入是当前世界上大多数国家财政收入的主体，多占据一个国家财政收入的 90% 以上。按照世界范围内税种的现状，主要税种有个人所得税、企业所得税、增值税、销售税、关税等。不同政体的国家，在税收立法权分配上可能有所差异，联邦制度国家，除了联邦政府有税收立法权外，州和地方政府也有一定的税收立法权，单一制国家，税收立法权多高度集中于中央政府。

从征税对象而言，世界各国多对财富、交易、财产、雇用、所得征税。对财富征收的税主要有遗产税、继承税和赠与税；对交易征收的税主要是消费税、销售税和使用税；对财产征收的税主要有不动产税和私人财产税；对雇用征收的税主要是社会保障税和失业保险税；对所得征收公司所得税和个人所得税。

美国各级政府都有一套相对独立的税制体系，除了联邦政府向全国统一征收的税收外，美国并不存在一套统一适用于全国的地方税制度。美国联邦、州和地方政府根据各自的权力、税收征收管理水平和经济发展水平等因素，选择了不同的税种作为各自的主体税种，形成不同的税制模式，体现了与美国的联邦制分权特征相适应的税制特征。联邦政府征收的税种主要有社会保障税、个人所得税、公司所得税、消费税等，州政府征收的税主要有销售税、财产税、个人所得税、公司所得税等。由于各州、郡、市（镇、村）的人口密度、经济活动内容、居民收入水平、财产占有状况千差万别，其税制体系具有很大的差别。国内有关文献以 OECD 财委会文献所介绍的美国税制大多为联邦税制，只介绍联邦税制，不足以反映美国税收制度的状况和特征，千差万别的地方税制，才是美国税制区别与我国税制的重要特征。

表 2-4　　　　　　　美国联邦政府统一征收的主要税种

税　种	纳税人	备　注
社会保障税	顾主、劳动者个人	按工资总额征收
个人所得税	个人	按个人所得征收
公司所得税	企业	按企业所得征收
特别消费税	企业	对特殊商品的消费征收

表 2-5　　　　　　　　各州政府普遍征收的税种

税　种	纳税人	备　注
销售税	货物和服务批发、零售商	按销售额征收，有的州叫"消费税"
使用税	在低于本州销售税税率的州购买商品而到本州使用的个人	用本州销售税减去它州销售税，所得差额即为使用税

第二章 美国财政概况

续表

税　种	纳税人	备　注
财产税	财产拥有者	按财产评估价值征收
个人所得税	个人	按个人所得征收
公司所得税	企业	按企业所得征收

（二）非税收入

非税收入是美国政府收入的重要来源。近年来，联邦、州（省）级政府税收收入增长困难，财政赤字扩大较快，对非税收入的重视程度日益提高，非税收入占比显著提高。

1. 不同层次政府根据其拥有资产、提供的服务以及实施的管制取得非税收入。美国是联邦制国家，联邦、州（省）、地方政府独立性较强，州（省）、地方政府在政府收入方面有较大的自主权，不同级别的政府可就本级政府拥有的资产、提供的服务以及实施的管制取得非税收入。

美国联邦的非税收入包括来自投资收益和收费，投资收益主要是美联储的储备收益和政府特别投资账户收益。收费包括使用费、[1] 规费、[2] 受益税、[3] 损害税，[4] 项目繁多，据美国国会会计总署（GAO）统计，联邦政府机构的使用费、规费项目超过 3 600 项。州级政府非税收入项目主要有交通许可收费、高等教育收费、公立医院收费、利息收入、彩票收入等。地方政府主要就市政服务收费。

2. 联邦和州级政府非税收入增长较快。近年来，美国联邦和州政府的非税收入比重提升明显，地方政府的非税收入比重总体稳定。1994 财年到 2012 财年，美国联邦政府非税收入由 1 517 亿美元增加到 4 578 亿美元，年均增长 6.3%，明显高于同期税收收入 3.7% 的增幅，占联邦政府财政资源的比重由 10.9% 提高到 16.3%。其中，记录在一般预算收入中的非税收入由 231 亿美元增加到 1 070 亿美元，年均增长 8.8%；以收抵支的非税收入由 1 286 亿美元增加到 3 508 亿美元，年均增长 5.7%。加利福尼亚州政府非税收入由 33 亿美元增加到 121 亿美元，年均增长 7.5%，显著快于税收收入年均 5.1% 的增速，占州自有财力比重由 7% 上升到 10%。

---

[1] 使用费（User fees）包括自然资源的使用费、过路、过桥、高速公路通行费、租金、联邦土地使用费、联邦设施、公园收费、服务收费等。

[2] 规费（Regulatory fees）包括管制和司法收费，移民、护照、领事费，海关收费，检查检疫评级费、专利、认证、版权收费，注册许可证件收费。

[3] 受益税（Benefit-based taxes）指将一些税收收入转让特定信托基金专款专用，如来自燃油税的高速公路信托基金，来自航空运输税收的机场和航线基金，来自燃油税的内部航道基金，来自对摩托艇等征税的水生资源信托基金等。

[4] 损害税（Liability-based taxes），指从消费税中提取的用于弥补损害的信托基金，如来自原油消费税的有害物质信托基金、the Leaking Underground Storage Tank（LUST）Trust Fund、the Oil Spill Liability Trust Fun，来自煤炭消费税的黑废病信托基金，来自疫苗征税的疫苗损害补偿基金。

洛杉矶郡非税收入由 15 亿美元增加到 30 亿美元,占郡自有财力比重由 47% 降到 37%。

3. 从非税收入结构来看,收费类非税收入比重较高。2012 年,美国联邦投资收益类非税收入为 829 亿美元,在全部非税收入中的比重为 18%;收费类非税收入为 3 748 亿美元,占 82%。加利福尼亚州收费类非税收入 120 亿美元,在全部非税收入中的比重为 98.6%,投资收益类非税收入仅占 1.4%。洛杉矶郡政府投资收益类非税收入在全部非税收入中的比重为 7%,收费类非税收入占比达 93%。

(三) 债务收入

美国法律规定,联邦政府和地方政府都可发行政府债券。联邦政府举债主要通过两种办法:一是向公众借债,二是向政府基金账户借款(按照法律规定,政府设立的大部分信托基金余额必须投资于联邦债券);州和地方政府发行的债券金额较小,但种类较多,而且只能用于公共建设项目投资,同时能给公众带来较稳定收益或具有偿还能力。

(四) 基金收入

美国政府预算中的基金是这样一些特定用途的基金(Earmarked Funds/Mandatory Funds),它们通过特定的方式来确认和筹集收入,通常还以一些其他融资方式作为补充,并且这些收入随着时间的推移不断累积并保持可用。法律规定这些特别筹集的收入和金融资源必须用于指定的活动或者利益,或者支出是为了那些与政府一般性收入的支出不同的目的。从政府预算会计的角度来看,政府把财政资源分配到不同的会计主体之中,这些不同的主体就是基金。每个基金的成立都是为了用来说明和记录某种资产、某种收入来源或者某笔支出的使用情况。基金预算是联邦预算(Federal Budget)的重要组成部分,是美国联邦预算中各项公共部门基金收入和支出计划的总称。

专栏 2-1 美国基金预算发展历程

美国联邦预算体系经过百年的发展,已经成为当今公共预算领域的典范。而基金预算也发展成为美国公共预算体系的核心部分。截至 1995 年,基金预算在美国联邦预算中占据了近 40% 的联邦收入总量,而在 1950 年,这一比例还不到 10%。

这里主要从有关基金税收立法的角度说明美国基金预算发展的主要历程(见表 1)。

第二章 美国财政概况

表1　1948~1988年从杜鲁门总统至里根总统时期的主要基金税收立法

政府届期	基金税收立法
杜鲁门	1948年财政收入法 1950年社会保障法 1950年财政收入法（朝鲜战争）、过分利得税法
艾森豪威尔Ⅰ	1954年国内税收法 1954年社会保障法 1956年残疾保险法 1956年联邦高速公路法
艾森豪威尔Ⅱ	1958年社会保障法 1959年高速公路汽油增税
肯尼迪	1961年社会保障法修正案 1962年财政收入法
约翰逊	1964年财政收入法
约翰逊	1965年消费税减税法 1965年医疗保险法 1968年收支控制法（越南战争）
尼克松	1969年税收改革法 1970年机场与航路信托基金 1971年财政收入法 1972年社会保障法修正案
尼克松—福特	1975年减税法 1976年税收改革法
卡特	1977年黑肺病信托基金 1978年内陆水道信托基金 1980年原油暴利税收法案 1980年超级基金法
里根Ⅰ	1981年经济复苏税收法 1982年高速公路收入法 1983年社会保障救援法案 1983年铁路员工退休收入法 1984年水生资源信托基金
里根Ⅱ	1985年、1987年综合预算协调统一法案 1986年主要超级基金扩充 1986年税收改革法案（直接增税，但5年收入中性） 1986年地下储油罐泄漏信托基金 1986年港口维护信托基金 1987年疫苗伤害信托基金 1987年机场与航路扩充 1988年医疗照顾大病保险法（1989年废止）

根据美国公允会计准则第二、第三、第四项以及 GASB（Governmental Accounting Standards Board，政府会计准则委员会）的修订，美国基金预算中的基金有三种一般性分类：政府性基金、权益类基金和信托基金。

1. 政府性基金（Governmental Funds）。包括：（1）一般基金，是政府性基金中最重要的一种。很多收入来源（如地方政府收缴的财产税和所得税）都会流入政府的一般基金。一般基金可以在合法授权范围内用于任何目的的购买支出。在政府分层内还有另一种基金可以用于政府一般运行开支，但这类基金有收入和支出的限制。（2）专项收入基金，是指从一些特定的资源中取得收入并制定基金用途的基金。比如燃油税收入是专项收入基金的一种，但它的用途会被限制用于交通领域，尤其是高速公路和道路建设。（3）资本项目基金（Capital Projects Funds），主要指与资本项目建设或者主要设备有关的基金收入和支出，比如新市政厅、新公园的建设等。这种基金的收入来源一般是债券的出售，而债券的偿还一般是来自一般基金的收入。（4）债券基金，是记录长期一般债务本金和利息的收支的一种基金。这类基金的收入一般来自一般基金。（5）永久基金，是一种只能动用基金收益，不得动用基金本金的基金。这些基金之前是所谓的信托代管基金的一部分。

2. 权益类基金。包括：（1）企业性基金，与那些为来自政府之外的客户提供商品、劳务服务的企业类似。建立这些基金的主要目的是用于各地的供水系统、桥梁以及收费公路的修建和维护。（2）内部服务基金，则与那些为政府内部客户服务的企业相似。这些基金也可通过出售债券来支持运作，但注意并不是资本项目基金或者债务基金。

3. 信托类基金（Trust Funds）。又被称为信托代管基金，这类基金由属于第三方的账户组成，主要有以下四种类型：（1）政府雇员养老信托基金，这是信托基金中最大的一部分；（2）投资信托基金，这类基金主要用于报告、追踪地方政府联合投资（Investment pools）的外部组成；（3）代管基金，是政府以为另一个组织筹资为目的所成立的基金，比如地方政府会为当地学区征税；（4）私人目的信托基金，包括所有政府可以动用全部基金本金和基金收益的信托基金。

四、美国政府收入规模与结构分析

（一）政府财政收入规模

1. 美国联邦政府收入增长演变。第二次世界大战以后，美国联邦政府财政收入保持一个稳定的增长态势，由 1948 年的 416 亿美元增长至 2012 年的 24 501.64 亿美元，联邦政府财政收入（不包含州和地方财政收入）占 GDP 的比重一直稳定在 20% 水平。联邦政府收入占据全部政府财政收入的主体，长期以来一直维持在 60%~70% 左右的水平，显示了在以美国为典型的联邦制国家，联邦政府收入在全国财政收入中仍然占据主导地位。

表 2-6　1948~2012 年美国联邦政府收入规模与占 GDP 比例演变表

财政年度	联邦政府财政收入（10 亿美元）	GDP	联邦政府收入占 GDP 比重（%）
1948	41.6	256.6	16.21
1950	39.44	273.1	14.44
1960	92.49	518.9	17.82
1970	192.81	1 012.7	19.04
1980	517.11	2 724.2	18.98
1990	1 031.96	5 734.5	18.00
2000	2 025.19	9 821.0	20.62
2007	2 567.99	13 861.4	18.53
2012	2 450.16	15 547.4	15.76

资料来源：Budget of the U. S. Government, Fiscal Year 2014, Appendix, Historical tables.

2. 美国财政收入来源以个人所得税和社会保险税为主体。美国联邦财政收入结构演变的历程分为三个主要的时期：（1）以关税为主的间接税时期（1789~1864年）。以关税为主的税制结构是美国联邦政府沿袭殖民地财政体制的一个重要部分。南北战争前的很长一段时间，土地出让收入是联邦政府另一项重要的财政收入来源。（2）关税、消费税并重的间接税时期（1865~1916年）。南北战争期间美国联邦政府的军费主要来自发行债券，因此南北战争对美国联邦收入结构的影响并不明显。关税仍然占据着重要地位，只不过随着商品经济的发展，以酒类消费税为代表的消费税比重逐步提高并开始与关税并驾齐驱。（3）以所得税和社会保险税为主的直接税时期（1917年至今）。第一次世界大战期间，美国国会多次出台增税法案。一战时期所得税作为一种收入筹集方式的效果给人们留下了深刻的印象，其地位开始逐渐升高，并逐步取代间接税，成为美国联邦政府最主要的财政收入来源。

在美国近 70 年的收入来源结构演变中，个人所得税和社会保险税的比例上升很快，占全部财政收入的比重分别由 1934 年的 14.21% 和 1.01% 上升至 2007 年的 45.30% 和 33.86%，2007 年个人所得税和社会保险税占据财政收入的 79.16%。公司所得税在全部财政收入中的比重比较稳定，维持在 20% 左右的水平上下波动。销售税占财政收入的比重逐年下降，已经由 1934 年的 45.81% 下降至 2007 年的 2.53%。

表 2-7　　　　美国 1934~2007 财政年度收入来源结构图　　　　单位：百万美元

财政年度	合计	个人所得税	占比（%）	公司所得税	占比（%）	社会保险税	占比（%）	销售税	占比（%）
1934	2 956	420	14.21	364	12.31	30	1.01	1 354	45.81
1940	6 549	892	13.62	1 197	18.28	1 785	27.26	1 977	30.19

续表

财政年度	合计	个人所得税	占比(%)	公司所得税	占比(%)	社会保险税	占比(%)	销售税	占比(%)
1950	39 443	15 755	39.94	10 449	26.49	4 338	11.00	7 550	19.1
1960	92 491	40 715	44.02	21 494	23.24	14 683	15.88	11 676	12.6
1970	192 807	90 412	46.89	32 829	17.03	44 362	23.01	15 705	8.15
1980	517 112	244 069	47.20	64 600	12.49	157 803	30.52	24 329	4.70
1990	1 032 094	466 884	45.24	93 507	9.06	380 047	36.82	35 345	3.42
2000	2 025 457	1 004 462	49.59	207 289	10.23	652 852	32.23	68 865	3.40
2007	2 568 239	1 163 472	45.30	370 243	14.42	869 607	33.86	65 069	2.53

资料来源：Budget of the U.S. Government, Fiscal Year 2009, Appendix, Historical tables. http://www.gpoaccess.gov/usbudget/fy09/hist.html.

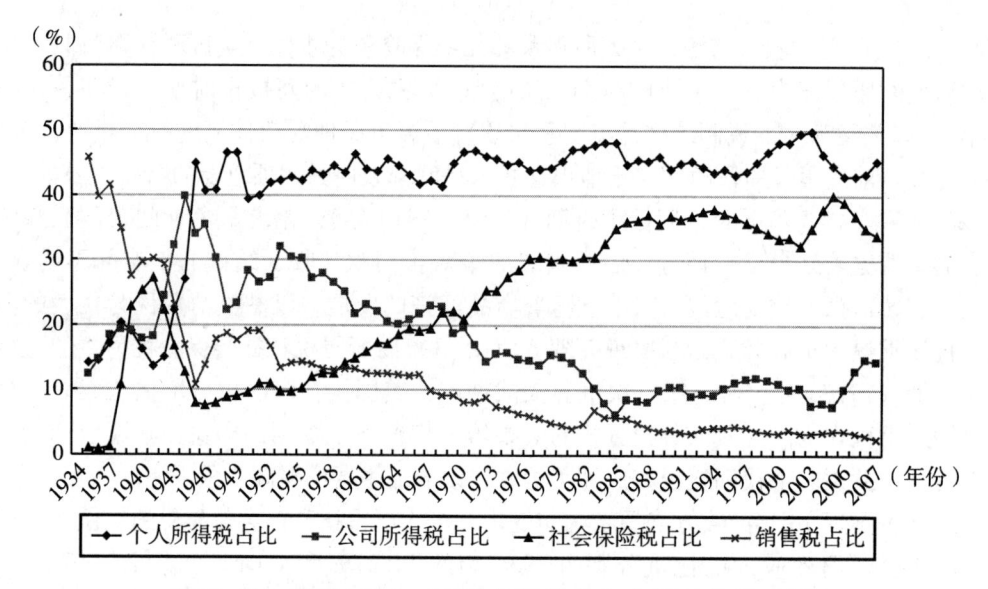

图2-3 美国1934~2007年税收收入来源结构演变图

（二）州政府收入分析

在美国，州一级政府的收入来源主要包括：属于本级政府的税收收入，征收的税种主要包括销售税（Sales Tax）、使用税（Exercise Tax）、财产税（Property Tax）、个人所得税和公司所得税，各个税种的税率由各州议会决定，因此，即使是相同的销售税、财产税，在不同的州税率是不同的；联邦政府的转移支付收入（Federal Grant）、公共使用费收入（User fee）、基金收入等。从伊利诺伊州2008财政年度收入来源来看，个人所得税和销售税分别为103.2亿美元和72.15亿美元，占据州财政收入的31%和22%。其他收入来源情况见表2-8。

表 2-8　伊利诺伊州 2008 财政年度收入来源情况　　　单位：10 亿美元

总收入	个人所得税	销售税	联邦转移支付	公司所得税	娱乐收入	公共使用费	其他收入
33.838	10.32	7.215	4.815	1.86	1.236	1.157	7.235

资料来源：Budget for 2008 Fiscal year，伊利诺伊州收入署，Illinois Department of Revenue，http://www.revenue.state.il.us/．

第二节　美国政府间财政关系

美国财政实行联邦财政、州财政和地方财政三级财政管理体制。联邦政府、州政府和地方政府之间的收支体系独立性很强，各级政府都有各自的收支名目和服务管理范围，独立编制、审批和执行本级预算，互不隶属，一般不相互影响。其中中央政府主要发挥经济稳定和财富再分配的宏观职能，州和地方政府则侧重自身职能区域内的管理和服务。美国的政府部门由联邦政府、50 个州政府以及 8.7 万个地方政府组成，其中地方政府超过半数是提供小学和中等教育的学区，每级政府实行独立的管理，职能划分较为清晰。州和地方政府虽然每年都能获得联邦政府大量的财政支持，但是它们仍有自己独立的收支范围，多数政府要遵循平衡预算法，并且禁止长期出现巨额赤字。上下级预算之间的主要联系为上级政府对下级政府的补助和拨款。

一、美国三级政府间事权划分

（一）美国联邦政府事权概述

美国是联邦制国家，政府体系由联邦、州和地方三级政府组成，各级政府之间事权和财权都划分得比较清晰、明确和规范。一般来讲，联邦政府负责对收入进行再分配和稳定国民经济，各州、地方政府的自主权也相对较大，主要负责有效配置资源、解决市场失灵和外部性问题。按照上述原则，国防、邮政服务、退伍军人福利、社会保障与医疗保险几乎 100% 由联邦政府负担。州政府主要负责失业救济，高速公路、公共教育、公共福利、监狱的大部分支出；地方政府主要负责火灾消防、排水、警察服务等项支出。值得一提的是，在美国的教育体制下，联邦财政主要向中小学的特殊学生提供部分资金，如特困生和残疾学生。至于高等教育，联邦政府不是直接提供教育经费，而是着重资助科学研究项目。联邦政府支出是全部政府支出的主体，基本上维持在 65% 上下的水平，州和地方政府支出占全部政府支出的比重维持在 35% 上下的水平。美国联邦、州和地方政府间支出责任见表 2-9。

表 2-9　　　　　美国政府间事权和支出的划分　　　　　　单位:%

		联邦政府	州政府	地方政府
事　权		国防；外交与国际事务；保持经济稳定和增长；保证社会稳定和促进社会发展	进行收入再分配；提供基础设施和社会服务；促进本州社会经济的发展	本地区教育、卫生；城市发展；财产保护
支出项目	国防；社会保障与医疗保险；退伍军人福利；邮政服务等	100	—	—
	教育	7.6	24.5	67.95
	高速公路	1.2	59.8	39
	公共福利	23.6	62.1	14.2
	自然资源	80.9	14.2	4.9
	警察	16.3	11.8	71.9
	监狱	7.8	59	33.2
	排水	—	6.9	93.1
	火灾消防	—	—	100
	政府职员退休金	42.3	45	12.7
	失业救济	—	99.3	0.4

资料来源:《2012年美国统计年鉴》；傅光明:《美英法三国财政体制及对我国的启示》，载于《宏观经济研究》2001年第8期。

(二) 美国州和地方政府事权概述

州和地方政府主要承担财政职能中区域性和地方性较强的事务，如公共教育、法律实施、公路建设、供水和污水处理等。州政府的职能范围为：收入的再分配、提供基础设施和社会服务，促进州范围内的经济社会发展。地方政府的职能相对来说更加细化，包括道路和交通维护，地区治安、消防、教育、家庭和社会服务等。美国联邦体制下政府间事权划分见表 2-10。

表 2-10　美国联邦体制下联邦政府、州政府和地方政府事权划分

联邦政府的事权范围	州政府的事权范围	联邦、州政府共同事权范围	地方政府事权范围
发行货币、联邦债券	建立地方政府机构	设立法庭	教育
对外宣战	办理许可证件（如驾驶执照、结婚证件等）	制定税法、征税	地方警务

续表

联邦政府的事权范围	州政府的事权范围	联邦、州政府共同事权范围	地方政府事权范围
成立陆军、海军军队	对本州内的商业行为进行系统性管理	高速公路建设	消防
外交事务	组织实施选举	借款	人力资源
对州之间、国际间的商业行为进行系统性管理	审批美国宪法修正案	制定法律并保证其实施	公共事务（如国有资产或者国家控制资产的建造和保值、下水管道建设、固体废弃物的处理以及对暴雨等灾害采取措施等）
成立邮政机构并统一邮资邮费	提供公共医疗服务、公共教育和公共安全	向银行和企业颁发特许执照	城市规划/城区分设
制定相关法律保证宪法的实行	行使联邦政府权力行使范围以外的、并没有禁止州政府权力行使的权力	居民一般福利的资金支持	经济的发展
国会课税权	建立州法律体系（如设定饮酒及吸烟的年龄限制等）	公共交通	公园及娱乐设施的建设

需要指出的是，自 2008 年金融危机爆发以来，由于州级财政遭受严重打击以及公共事务在联邦政府与州及地方政府之间的分工趋于模糊，特别是奥巴马执政以来联邦与州及地方政府之间事权分工呈现进一步交织的趋势。比如在奥巴马医改法案中，本应由联邦政府承担的责任和财政负担部分转嫁给州及地方政府，联邦政府对州及地方政府的财政支持和补助达到历史最高，美国 7 870 亿美元的紧急救助中，有 2 460 亿美元是直接或间接补助州及地方政府，这导致更加难以评估联邦政府与州及地方政府之间的责任，并对联邦政府与州及地方政府之间权力制衡产生不利影响。2013 年，美国政府预算总支出 6.2 万亿美元。其中，联邦政府共支出 3.7 万亿美元，转移支出 0.6 万亿美元，州政府直接支出 1.5 万亿美元，地方政府直接支出 1.6 万亿美元。在不同的项目上，各级政府有不同的支出结构，如表 2-11 所示。

表 2-11　　2013 年联邦制体制下的政府预算支出结构　　单位：10 亿美元

项　目	联邦政府	联邦政府转移支出	州政府	地方政府	共计
养老基金	866.3	0	190.5	43.5	1 100.30
医疗	882.2	-365.4	497.6	133.8	1 148.10
教育	98	-104.2	270.4	517	781.2
国防	856.5	0	1.2	0	857.7

续表

项　目	联邦政府	联邦政府转移支出	州政府	地方政府	共计
福利	430.4	-54.3	179.7	98.7	654.5
警察	60.6	0	90.8	188.6	340
交通	94.5	-60.8	111.4	143.7	288.8
政府行政支出	32.3	-0.8	31.6	54.5	117.7
其他	141.4	-49.1	86	354.7	532.9

资料来源：www.usgovernmentspending.com.

表2-11反映出各级政府职责和财政分权的情况。联邦政府财政几乎涵盖了所有的国防支出，绝大部分的养老基金、医疗和福利支出。州政府财政负责了部分医疗、教育、交通的支出，也有小部分的养老基金、福利支出。在地方政府财政支出中，地方警察服务支出占总警察服务支出的一半以上，交通占总交通支出的一半左右。教育和公共福利是州和地方政府支出的主要方面，除此之外，州和地方政府支出还涉及医院医疗、治安防卫、社区发展、娱乐设施建设等领域。

二、美国三级政府间收入划分

（一）联邦政府和州、地方政府财政收入概况

税收是财政收入最基本的表现形式，也是财政收入最主要的组成部分。对财政收入的划分主要表现为对税收收入的划分。联邦、州和地方政府的收入之间相对独立，各级政府都有对应的收入名目，一般不相互影响。根据2008年数据显示，全国财政收入中联邦政府收入占多数，但是州和地方收入总和也占总收入近一半的份额。美国财政收入由税收和其他杂项如外汇损益、使用费项目收入等构成，其中，税收为主要财政收入来源。在美国，发债收入不能列入财政收入，但是各级政府财政的经常项目中几乎不包含大型的建设项目，这些项目资金的筹集一般靠各级政府发债来弥补，所以说讨论政府资金的来源免不了要讨论政府债务。

表2-12　　　　　　　　2008年美国政府间财政收入

层　级	全国财政收入	联邦收入	州收入	地方收入
财政收入（亿美元）	48 404	25 243	12 766	10 395
占全国收入比重（%）	100	52.15	26.37	21.48

资料来源：U.S. congressional office (2009). the budget and economic outlook: fiscal years 2008-2017. washington, DC: U.S. government printing office, 50, 81.

(二) 税种和税收比例关系

美国各级政府的税收体系相对独立且自成体系，各级地方政府都有自身主要的税种。州和地方政府的收入来源相对于联邦政府更加丰富和多样，因为其多根据本地区具体情况设立税种并进行征收。联邦政府税收以个人所得税、社会保障税和公司所得税为主，辅之以遗产与赠与税、消费税和关税。州政府税收以销售税为主，占税收总额的一半以上，销售税是一种以商品为征收对象的税种，在美国，销售税几乎存在于所有零售的商品上。除了销售税，个人所得税、公司所得税、消费税等也是州政府的主要收入来源。地方政府的税收主要依赖于财产税，并辅之以销售税、消费税等。

但是应该说明，虽然联邦政府、州和地方政府分别具有相对独立、自治管理的财政收支体系，三级政府间的税收并不是完全独立的，一些主要的税种会由各级政府按比例共享。由联邦、州和地方政府同时开征的税种有个人所得税、公司所得税、工薪税、销售税、消费税等；由州和地方政府同时开征的税种有财产税等。下表为联邦、州和地方政府主要税种列表和 2011 年联邦政府、州和地方政府税收收入构成（见表 2-13、表 2-14 和表 2-15）。

表 2-13　　　　　　　　联邦、州和地方政府主要税种

联邦政府	州政府	地方政府
个人所得税	销售税	财产税
社会保障税	个人所得税	销售税
公司所得税	公司所得税	消费税
遗产与赠与税	消费税	个人所得税
消费税	财产税	公司所得税
关税	遗产与赠与税	社会保障税
	资源税	
	社会保障税	

表 2-14　　　　2011 年美国联邦政府各种税收收入及比例　　　单位：10 亿美元

	税收收入	所占比例（%）
个人所得税	956.0	44.0
企业所得税	198.4	9.1
社会保障税	806.8	37.1
消费税	74.1	3.4
其他	138.4	6.4
总税收	2 173.7	100

资料来源：《2012 年美国统计年鉴》。

表 2-15　　　　2011 年美国州政府和地方政府
　　　　　　　　　主要税种收入及比例　　　　　　　单位：百万美元

	州政府		地方政府	
	税收收入	所占比例（%）	税收收入	所占比例（%）
财产税	12 691	1.63	396 995	72.34
个人所得税	278 373	35.61	26 255	4.78
企业所得税	50 759	6.49	7 051	1.28
销售税	358 522	45.87	90 166	16.43
遗产和赠与税	5 101	0.65	244	0.04
其他	76 201	9.75	28 054	5.11
总税收	781 647	100	548 765	100

资料来源：《2012 年美国统计年鉴》。

（三）税收立法和征管体系

美国的税收体系是适应其国情的具有突出分权特点的三级税收体系，具体分为联邦税、州税和地方税，三级体制之间相对独立，形成各自完善的收入体系。但也存在相互影响，下一级政府需要遵守上一级关于本级的一些规定，但这些规定多是笼统的，不涉及下级政府具体的税法制定。联邦税的征收依赖于联邦级议会通过的税收法律。美国宪法授予联邦政府建立并征收税收的法律权力，同时规定任何筹集财政收入的提案只能由众议院提出。联邦税收法律还规定各州必须实行统一的无歧视性的税率，各州税收的征收由州政府对应的议会决定。各地方政府也可在符合州税收法律的前提下根据本级议会的税法征税。由于税收的特殊性质，所有关于征税的决定都需要经过法律的认同，而在各级政府则表现为由代表公民权利的各级议会决定是否可行并通过。在美国，除了联邦政府通过的税收法律适用于美国所有的地区外，各州之间、各地区之间的税收制度大相径庭。

美国的联邦税由美国财政部下的国内收入服务局负责征收。国内收入服务局在各州和美国较大的城市都设有办事处。美国各州政府的税收征管方式不尽相同，结合各州的特点，有些州采取委托国内收入服务部在各州的办事处代征收的方式，有的州有自己的税务局，并由州税务局负责征收。由于美国地方政府分权自治且效率至上的特点，在美国就没有设置统一的地方税务管理机构，地方税的征收由地方政府根据自身的特点决定是否设立独立的地方税收管理机构，有的地方政府则直接委托联邦或州政府税收管理办事处代征收。

（四）债务收入划分

在讨论财政资金来源时，免不了要讨论各级政府发债收入。各级政府如桥梁、公路、水库等重大建设项目大都采取发债筹款的方式。美国各级政府的债券发行一般无相互影响，主要取决于本级议会决议。美国州和地方政府通常以发行债券的方式筹集重大资本支出资金。普通支付责任债券是靠发行者的完全信用来支持的，以无限额的税收作为偿付债务和利息的抵押。收入债券则依赖政府企业某项特定的收入来偿付债务和利息。在资本市场筹资使美国州和地方政府接受信用评级机构的监督。州和地方政府在发行债券的时候不仅要向这些机构提供与特定债券发行相关的文件，还要定期提供预算和年度财务报告。

第三节 美国政府间转移支付制度

转移支付制度是财政分级管理体制中重要的组成部分，在一国财政收支关系中，由于较高级次的政府总是具有占有资源的优先性，政府间的转移支付制度的存在就成为扭转这种财政收支规模不均衡的关键，它是一种维护各层级政府间均衡发展的重要制度。

一、政府间转移支付的概念

政府转移支付也称为政府转移支出，是指与政府购买性支出相对应的一部分支出。根据西方财政理论，政府支出按是否获得等价的商品和劳务为标准，一般可分为购买支出和转移支出。政府购买支出是指政府为了满足实现其职能的需要，在市场上根据等价交换的原则购买商品和劳务的交易行为。而政府转移支出是政府为了实现社会公平目标单方面对居民或企业等微观经济主体或下级政府的无偿财政拨款，不以获得同等价值的商品或劳务作为补偿，受益者得到政府的转移资金后也不需要返还给政府。政府转移支出实质上是通过政府财政主要在各社会经济主体之间进行的收入再分配，通过这种再分配，政府能够对社会经济生活进行干预。政府转移支付是以政府为主体的转移支出，包括上下级政府间财力和资金的转移支出，政府对企业的转移支出，政府对居民（个人）的转移支出，如社会福利、社会救济、社会保险支出、公债利息支出、各种补助金支出等。

（一）政府间转移支付的概念

政府间转移支付，是指在一定的预算管理体制下，中央政府与地方政府之间或上级政府与下级政府之间财政资金的转移（包括下拨和上缴）。政府间的转移支付实质上是存在于政府间的一种补助。在分税制的框架下，由于政府之间既定的职责、支出责任和税收划分，在上下级政府、同级政府之间、普遍存在着财政收入能力与支出责任不对称的情况。这样，为平衡各级政府之间的财政能力差异，实现各地公共服务水平的均等化，就必须实行政府间的转移支付制度。这种转移支付，实际上是财政资金在各级政府间，特别是在中央政府与地方政府间的一种收入再分配形式，体现为各级政府间在财政资金再分配中所形成的一种内在的财政分配关系。

(二) 政府间转移支付的分类

虽然，各国在实行转移支付的具体做法不同，但从性质上来讲，政府间转移支付都可以归结为两类：无条件转移支付与有条件转移支付。

1. 无条件转移支付。无条件转移支付又称一般性补助，指中央政府向地方政府拨款，不附加任何条件，也不指定资金的用途，地方政府可以按照自己的意愿自主决定如何使用这些资金。由于无条件转移支付不影响相对价格，也没有限定用途，所以，中央政府向地方政府提供无条件转移支付的最主要目的是解决纵向的和横向的财政不平衡，即弥补地方的收支缺口，以保证每个地方政府都能提供基本水准的公共服务。一般来说，因为无条件转移支付增加了地方政府的可支配收入，因此，在一定程度上会降低地方政府对地方税的征收，同时能够有效地导致公共部门和个人消费的增加。而且，经验表明，地方政府以拨款形式获得的收入要比地方自有收入带来更多的地方支出，这就是"粘蝇纸效应"。

2. 有条件转移支付。有条件转移支付又称专项补助，指中央政府向地方政府指定拨款的用途，地方政府必须按指定的用途使用这些资金或中央政府在向地方政府拨款时，要求地方政府按一定比例提供配套资金。有条件转移支付的资金必须"专款专用"，适合于特定的支出目的，因此，能够有效地贯彻中央政府的政策意图，在一定程度上干预地方政府的自主权。有条件的转移支付又可分为配套补助和非配套补助。

（1）配套补助。指中央政府在向地方政府拨款时，要求地方政府必须自己筹集一定比例的款项作为配套资金。配套补助比起无条件补助和非配套补助能够更有效地鼓励地方政府投资于符合中央政府意图的方向，提供更高水平的服务。配套补助又可分为无限额配套补助和有限额配套补助。

（2）非配套补助。是中央政府提供一笔固定资金，并规定了资金的用途，但不要求地方政府提供配套资金。这种补助的作用与无条件补助相同，只相当于增加地方政府收入。

(三) 美国政府间转移支付演变

每年在各级政府预算中会把对下级的转移支付纳入考虑范围，预算中的许多规定都决定和影响着联邦政府对州和地方政府的财政支持和各级政府之间的财政收支关系。通过转移支付，联邦政府可以与州政府一起分摊费用，并分享一个更高水平的公共服务成果。联邦政府也会通过合并相似的转移支付资金、增加资金灵活性、扩大公共卫生转移支付的转移授权等方式来完善转移支付资金的管理和用途。

近几十年来，联邦政府对州和地方政府的补贴和直接转移支付已经构成下级政府某些职能的特定资金来源。联邦政府的援助计划可以追溯到国内战争时期，1862年通过的莫里尔（Morrill）法案开辟了土地赠款方式，并为各州接受该赠款设定了特定的限定和标准。联邦援助随着时间的推移慢慢地渗透到更广泛的领域如农业、公路、职业教育、更新改造、森林和公共卫生中。在经济大萧条时期，联邦援助还扩展到收入保障和其他社会服务方面。但是，直到第二次世界大战，联邦转移支付都没有成为联邦支出的重要内容。

20世纪50年代末，随着经济的发展对交通的要求提高，联邦政府开始投入资金帮助州政府进行州际公路建设，据统计1960年联邦对州政府交通建设方面的转移支付增加到30亿美元，占联邦转移支付总额的43%。到1970年，教育、培训、就业、社会服务和健康（多数为医疗补助）的数额大幅度增加。

20世纪70年代中期，联邦政府不断加大对州和地方政府的转移支付规模，更多的资金被投入到如自然资源和环境保护、社区和区域性发展、一般政府服务等项目中。20世纪70年代以来，联邦政府用于转移支付的赠款规模大致确定，之后主要表现为各扶助项目之间的金额比例变化，用于健康、收入保障的转移支付比例明显增加，其他领域转移支付比例相对下降。数据统计，2012年获得转移支付数额最多的功能包括健康、收入保障、教育、培训、就业和社会服务、交通，这几项的支出规模达到转移支付规模的93%左右。

二、联邦政府和州、地方政府间转移支付分类

不同于世界上其他国家以一般性转移支付为主的模式，一直以来，美国执行的是以专项拨款为主的转移支付制度，联邦政府超过98%的转移支付采取有条件转移支付的方式进行。但是20世纪60年代以来，美国转移支付体制开始进行大规模的改革，部分规模庞大、执行因条件限制从而影响到执行效率的专项转移支付被整合为分类拨款，这种趋势也将一直延续下去贯穿转移支付制度改革始终。美国的转移支付制度，按照使用条件不同分为四种类型：专项拨款、配套拨款、非专项拨款、税式支出。

（一）专项拨款

专项拨款是美国政府转移支付的最主要形式，是指接受拨款的下级政府必须依照拨款规定的用途和方式进行使用，下级政府拥有有限的资金使用决定权，或者说下级政府在专项拨款的运用中充当的更多是执行者的职能。专项拨款的特点在于能够最直接的体现联邦政府的拨款意图，达到资金的使用目的。美国采取专项拨款方式进行转移支付的项目主要有社会保障、医疗保险、教育培训以及交通运输等。

（二）配套拨款

配套拨款是指在转移支付的过程中，除了单纯的联邦政府对下级财政提供拨款，还要求接受拨款的州和地方政府按照规定的比例，从本级财政收入中拿出一定的配套资金用于项目支出，目的是引导州和地方政府按照联邦政府的目标进行工作，达到以少量的资金获得更高水平的公共服务成果的目的。

（三）非专项拨款

非专项拨款是指不指定用途和用款方式的拨款，州和地方政府获得资金后可自行决定资金的使用情况，非专项拨款的目的在于缩小各地区之间由于经济发展水平不同导致的公共服务水平之间的差异。

（四）税式支出

联邦政府还通过税式支出的形式来资助和补贴州和地方政府，1974年的国会预算法案就规定要把包括"税式支出"的明细表纳入预算体系。税式支出是指中央政府通过税收减免、税收抵扣、豁免、递延或特殊税率等方法减少税收来给州和地方政府以支持，是和直接补贴不同的另一种补贴方式。它的潜在含义就是，如果不实行这些减免，中央政府将获得更多的税收收入。

根据减免的途径不同可以把税式支出分为两类。一类是从常规税目中直接减免，比如个人所得税和财产所得税可以从总收入中抵扣；另一类是对州和地方政府为公共用途所发债券免税。将这些税式减免折算成直接补贴，2001年的规模为1 027亿美元，2002年为1 080亿美元。

三、转移支付制度举例——以美国政府间社会福利转移支付为例

社会福利支出是州和地方政府支出的重要组成，社会福利支出资金多来源于联邦政府对州和地方政府的转移支付拨款。美国社会福利制度的一个重要特点是各州和地区之间的社会福利发展水平十分不均衡，为了缩小各地区间福利水平的差异，美国在明确划分各级政府有关社会福利管理权责的基础上，建立了完整的政府间转移支付制度。

除了老年和遗嘱保险计划等项目是由联邦政府单独负责的外，多数社会福利项目都是由州或地方政府负责并执行的。从20世纪80年代开始，美国社会福利制度改革的趋势就是联邦政府向州和地方政府下放社会福利项目的权利，并代替以转移支付。1982年，地方政府的最大收入份额来自于联邦和州政府，其中联邦政府社会福利转移支付2.7亿美元，州政府社会福利转移支付116.34亿美元。

美国联邦政府对州和地方政府的社会福利转移支付计划主要包括TANF分类拨款计划、医疗补助计划、公共健康转移支付和失业保险转移支付计划。美国转移支付制度自20世纪60年代以来进行了大规模改革，表现为将专项转移支付整合成分类拨款以缓解联邦政府财政压力和加强地方政府财政自主权。比如说把AFDC专项转移支付计划（Aid to families with dependent children）改为TANF分类拨款（Temporary assistance for needy families），它改变了之前粗糙的补贴措施，对受益时间和粗放的受益方式进行了限制同时还对地方政府提出了激励和处罚措施，比如说对在规定资金内圆满完成任务的州给予奖励，跟踪追究政策执行过程中使用不当的资金。

美国社会福利转移支付制度的优点在于它客观的计算公式，不同于很多国家转移支付过程中较大的自主性，美国的转移支付在资金的拨付过程体现了有据可依。公式的优点具体体现在：第一，在确定转移支付金额的时候中把全国人均收入水平和地方人均收入水平纳入考虑范围，有效地缓解了地区之间经济水平差异造成的公共服务不均等。第二，引入了人均收入的平方，保证了财政薄弱的地区获得更多的补助，而财政雄厚的地区获得的资金大大减少，进一步促进了地区之间的均衡发展。

第三章

美国政府预算制度演变

■ 本章导读

  1789年美国组建联邦政府以来，以重大事件或重大法律的出台为分界点，美国的政府预算制度演变具有典型的阶段性特点。可以分为：1789年美国组建联邦政府至1861年美国内战爆发——国会主导预算过程；美国南北战争时期——行政主导预算力量提升阶段；1921年《预算与会计法案》至1974年《国会预算与扣押法案》——总统主导预算过程，大政府，财政赤字频繁出现阶段；1974年至今——国会、总统争夺预算控制权阶段。本章梳理了各个阶段关键法案出台的政治经济社会背景，及法案出台给政府预算管理所带来的影响与效果。

第一节 1789~1921年美国政府预算制度

公共预算通过列出政府收支来描述政府行为，预算把想要完成的任务目标与达成这些任务所必须的资源联系起来。虽然制定公共预算的多数活动都是技术性的，但是公共预算在本质上是政治性的——预算决定着政府的范围、资源的配置、财富的分配以及政府对于公众的责任。从现代预算制度的发展历程来看，公共预算是在西方国家新兴资产阶级限制王权滥用财权的斗争中诞生的，其实质是以"法治"代替"人治"，以"公权"代替"私权"，从而定义为公共预算。当然，政府运用预算工具来参与资源配置，对收入分配、消费、储蓄、就业、物价水平等有根本性影响，因而，预算的经济属性同样不容忽视，但预算发展史的本质是一部预算立法史。本节以美国预算史上的关键法律为节点，梳理美国组建联邦政府以来预算制度演变。

一、1789年美国组建联邦政府至1861年美国内战爆发：国会主导预算过程

从殖民地到南北战争时期，美国预算基本沿袭英国的预算制度，属于古典预算。在南北战争前，美国国会完全主导预算，财政部长和总统对预算的干预被排除在外。尽管在美国《宪法》中授予了国会征税和授权拨款的权力，但是，美国《宪法》并没有详细说明国会如何行使这些权力，也没有说明在联邦预算中是国会处于主导地位还是总统处于主导地位。国会掌管"钱袋子"的权力的主要目的在于限制政府的行为，《宪法》规定如果没有国会的授权批准，总统和行政机构是没权力进行预算支出的。《宪法》赋予了国会拥有掌控"钱袋子"的权力，但对于行政部门如何花钱的程序、规则并未明确，因此，此时的预算体制允许具体的行政机构直接向国会委员会申请财政拨款，这些行政机构在经费申领上不受总统的控制。

为了运用《宪法》赋予的财政权力，国会创建了一个委员会架构、制定了履行其财政职责的规则。在19世纪的前半叶，预算事项主要是由1802年成立的众议院的筹款委员会（the House Ways and Means Committee）和1816年成立的参议院的财政委员会（Senate Finance Committee）来管理的。国会的拨款分作两大类：一为军事开支，二为除军事部门以外的政府各部门的经费。二者均为一揽子拨款，无具体规定，政府享有很大的自由处置权，甚至将一部门的经费挪至另一部门使用。1809年以后，国会渐渐加强对政府开支的控制，禁止若干政府部门挪用款项，要求政府更具体地说明请款理由和拨款的使用。参众两院完全控制国家预算，财政部长实际的工作仅限于对预算数据的集中与统计，而不包括对预算的评价与决策，也并不完全了解预算的执行状况。虽然曾发生总统对预算的偶然干预，但国会的主导地位没有被撼动。在预算的统筹方面，国会制定了资金支付时间表与资金支出目标，规定

了总的预算限额。所以,在财政部长与总统几乎不干预预算的情况下,各行政部门实际上是受国会的直接领导。此时的预算制度与美国现代预算制度的预算权力划分还有一些差别。

在预算的编制状况上,美国在这段时期执行的是条目预算(Line-item Budget)。这种预算的编制方法要求行政部门必须尽可能详细地将资金的使用理由以及资金的使用方式以及资金的流向提交给国会,大到修建桥梁房屋,小到一个工人的工资都必须进行报告并获得国会的批准。预算条目十分细化,包含了各个收支项目。国会执行这种预算的编制制度的目的在于要重点反映资源的投入状况,并且细化预算的目的在于全面并且准确的反映资源如何被投入,但并不将资金或资源投入的效率作为预算的重点。作为控制型预算的代表,这种预算制度对行政部门的合规性有较高的要求,在事前要求行政部门符合预算的总体目标与各项要求。

1789年美国组建联邦政府至1861年美国内战爆发这段时期的预算与现代预算制度相比还有一定差距,虽然条目详细,但是对资金使用的效率,即投入产出比缺乏有效的监督与评价体系,预算目标没有细化到部门,财政部在预算的编制及执行中没有决策权,由国会直接领导行政部门的体系缺乏效率。同时,国会中处理预算的部门缺少专业性。

二、美国南北战争时期(1861～1865年)的政府预算制度

1861～1865年,美国爆发了南北战争,也称为美国内战,是美国历史上最大规模的一次内战。1860年,林肯作为奴隶主反对派的总统候选人参加竞选并成功当选。随即南部各州宣布退出联邦,准备内战,维护民主党政权。1861年2月,南部11个州组成"南部同盟",4月发动叛乱。1861年4月15日,林肯总统宣布其南部各州为叛乱地区,正式向叛军宣战,美国南北战争爆发。战争历时四年,最终以南部奴隶主的彻底溃败、北军的胜利而告终,1865年4月,美国南北战争结束。

由于战时的特殊情况,美国政府的预算制度也有了一些相应的改变。在1857年时发生的经济恐慌已经引起了经济的萧条,直接导致税收减少。而内战使状况又进一步恶化,林肯担任总统时,国债的数量比以往任何一届政府都高。1861年南北战争爆发,但是以当时联邦的财政状况和体系无法筹措到充足的资金。联邦的财政困境使北方在内战初期举步维艰。数据表明,在19世纪50年代,政府的年度预算规模仅占国民生产总值的2%。但由于内战的爆发,政府的预算占国民生产总值的比重迅速地上升到15%。但随着内战进一步地白热化,北方潜在的经济力量使联邦发展起更为健全的预算与财政制度。

战时的特殊性使得政府在调拨资金以及使用资金方面需要快速决策,但国会主导预算的固有体制要求一系列的申请报告和审批,不能适应战时的需要。总统作为战争的最高决策者,在这种情况下要求在没有法律授权的情况下,可以对预算资金进行调配。南北战争的爆发激发了总统对干预预算的权利的要求。这也成为美国历

史上第一波总统行政预算要求权的浪潮。

在1863年时,战争使联邦政府陷入困境,所以在战时预算的情况下,林肯总统运用宪法赋予他的权力,成为了暂时的预算主导者,同时,财政部也参与了部分军需物资的调配。由于北方具有良好的经济基础,资金及物资调拨的障碍较小,因此这样的预算制度在战时有着相较国会预算明显的优势,决策更为高效,落实更为迅速,手续更为便捷,适应战场上瞬息万变的情况。

总统在南北战争的催化下,在预算上有了一定的自由裁量权。而另一方面,国会的预算机构也做出了相应的调整。国家事务急剧上升,也要求国会在预算上的分工更为明确,参众两院开始逐步形成收入与支出两方面的分割与剥离,这样的预算制度有利于进一步对预算绩效进行考核,减少预算事务的繁杂程度,提高分工的专门化。虽然部门数量增多,但是预算的工作却变得更为简便。

虽然战时的美国预算有向行政预算发展的趋势,但是并没有彻底撼动国会的主导地位,这一波浪潮持续时间较短,随着林肯总统的遇刺,也渐渐平息。另一方面,这也是美国政府意识到了行政预算的优势以及国会预算的弊端,对日后美国行政预算的发展起到了极大的推动作用。

三、后南北战争时期美国预算制度的发展

内战以后,由于战争开支的巨大以及战争对生产的影响,政府的财政收入急剧减少,财政赤字大量出现,国会空前加紧控制政府的钱袋子,在1865年成立众议院拨款委员会(the House Appropriation Committee),1867年成立参议院拨款委员会(Senate Appropriation Committee)来管理支出事项。对政府各文职部门的拨款一笔笔明确用途,规定数额,甚至对陆海军的拨款也增加了分项目评估,以备国会监督。在此期间总统对于国会预算权的影响仅限于他对国会制定其他法案那样,行使否决权。为进一步加强对联邦政府财政赤字的控制,国会在1905年、1906年度制定了《反赤字法案》(Anti-deficiency Act)来管理预算的执行过程。该法案规定,拨款或财政款项的划拨要分期进行(如分季度进行),以防止过度支出。该项法案还禁止政府官员在预算拨款之前做出财政支出的承诺,超出预算拨款的额度进行支出或者违背预算拨款的初衷进行支出都是违法的,这些禁令至今仍然约束着联邦政府官员和其他雇员的日常财政行为。

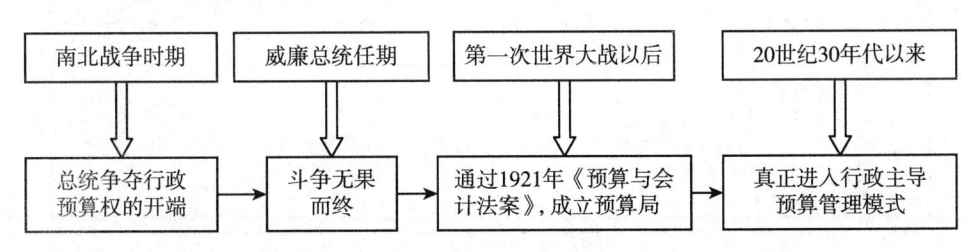

图3-1 美国南北战争以来行政预算管理模式的确立

可以看出后南北战争时代，美国的预算制度为适应经济发展的需要，进入了快速发展成熟的阶段。南北战争时期预算制度的转变对美国预算制度发展的推动作用是十分明显的，正是这种转变为美国现代预算制度的进一步发展打下了坚实的基础。

第二节　1921 年以来美国政府预算制度

美国现行的预算过程主要源于两部法律：1921 年的《预算和会计法案》，以及 1974 年的《国会预算和扣押控制法案》。除此之外，20 世纪八九十年代还开展了一些与赤字相关的预算改革，比如 1985 年"格兰姆—鲁德曼—霍林斯法案"和 1990 年《预算执行法案》的颁布等。1921 年以来美国现代预算制度构建过程中几次里程碑式的立法见图 3–2。

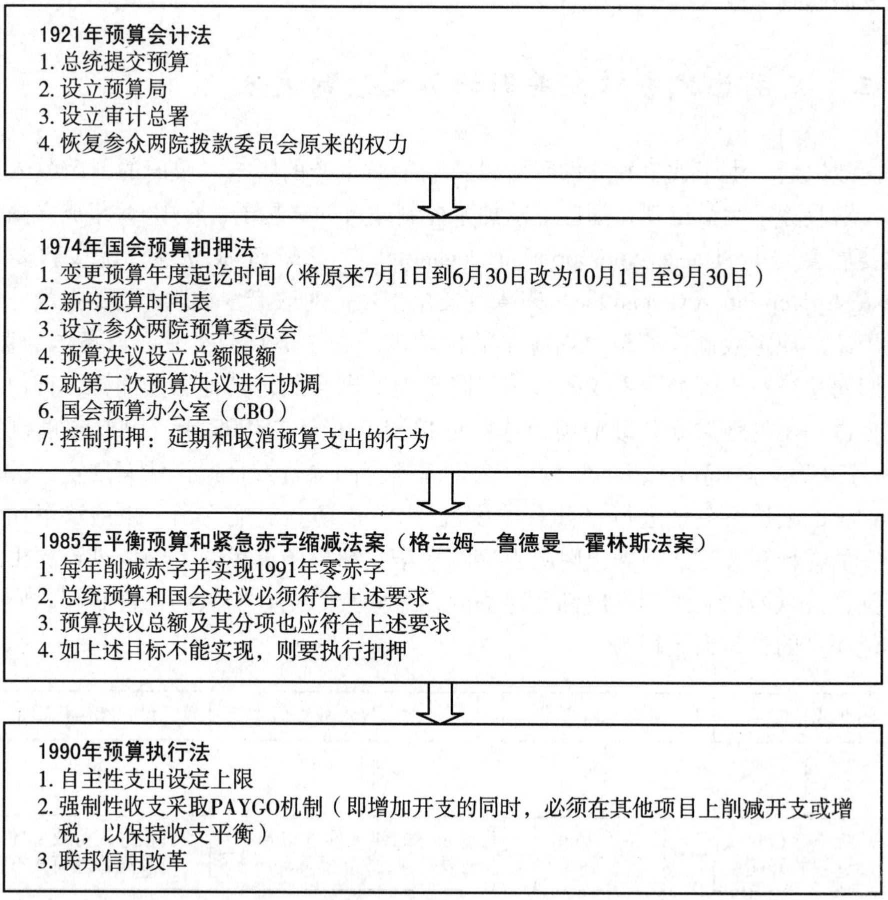

```
┌─────────────────────────────────────┐
│ 1921 年预算会计法                    │
│ 1. 总统提交预算                      │
│ 2. 设立预算局                        │
│ 3. 设立审计总署                      │
│ 4. 恢复参众两院拨款委员会原来的权力  │
└─────────────────────────────────────┘
                 ↓
┌─────────────────────────────────────────────────────────────┐
│ 1974 年国会预算扣押法                                        │
│ 1. 变更预算年度起讫时间（将原来7月1日到6月30日改为10月1日至9月30日）│
│ 2. 新的预算时间表                                            │
│ 3. 设立参众两院预算委员会                                    │
│ 4. 预算决议设立总额限额                                      │
│ 5. 就第二次预算决议进行协调                                  │
│ 6. 国会预算办公室（CBO）                                     │
│ 7. 控制扣押：延期和取消预算支出的行为                        │
└─────────────────────────────────────────────────────────────┘
                 ↓
┌─────────────────────────────────────────────────────────────┐
│ 1985 年平衡预算和紧急赤字缩减法案（格兰姆—鲁德曼—霍林斯法案）│
│ 1. 每年削减赤字并实现1991年零赤字                            │
│ 2. 总统预算和国会决议必须符合上述要求                        │
│ 3. 预算决议总额及其分项也应符合上述要求                      │
│ 4. 如上述目标不能实现，则要执行扣押                          │
└─────────────────────────────────────────────────────────────┘
                 ↓
┌─────────────────────────────────────────────────────────────┐
│ 1990 年预算执行法                                            │
│ 1. 自主性支出设定上限                                        │
│ 2. 强制性收支采取PAYGO机制（即增加开支的同时，必须在其他项目上削减开支或增税，以保持收支平衡） │
│ 3. 联邦信用改革                                              │
└─────────────────────────────────────────────────────────────┘
```

图 3–2　美国现代预算建立过程中里程碑式的立法

一、1921~1974年：总统主导预算过程，大政府，财政赤字频繁出现

20世纪以前，美国联邦政府预算采取的是联邦各部门和机构直接向国会要求预算拨款的形式，预算制度缺乏统一性。进入所谓的进步时代（the Progressive Era）之后，美国立法和行政机构都认为有必要对预算程序和财政政策采取更加集权的解决方案，因此制定了《1921年预算与会计法案》（The Budget and accounting Act of 1921）。这部法案主要有三个目的。首先，它做出了一项规定：要求总统每年都要向国会递交预算。而在《预算与会计法案》出台之前，都是联邦机构直接向国会递交他们的预算估计。其次，它创立了预算局，即如今的管理与预算办公室（OMB）来协助总统编制预算。最后，它创建了国会会计总署（GAO），真实的会计总署只负责协助联邦机构控制支出，之后其职能转变为对联邦各机构以及它们开展的项目的程序和绩效进行审计。[①]

（一）第一阶段：1921~1940年

1. 1921年《预算与会计法案》（Budget and Accounting Act）出台的背景。

（1）专业化程度不足以支撑庞大的预算任务。1787年的《宪法》对预算所做的规定主要是由国会负责制定与审批，然而对具体的方法、措施以及具体的政策并没有做出相关要求，后来预算还被交由财政部管理过一段时间，虽然最终被国会收回，不过可见，对于预算的具体规范化的措施，国会做的工作显然不足。并且在19世纪时期，按照美国联邦预算相关法律的规定，行政机构有权力不通过总统的授权直接向国会申请财政资金，并且其筹资活动也并不受总统的政策管理，具有很强的独立性，而且部门上报给国会的预算也只是一个总体数字，缺少明细内容。这种缺少相互制衡的独立机构很容易滋生部门腐败的情况。在处在"进步时代"初期的19世纪末，这种制度的弊端也日益显现，当时的新闻报道称，美国当时财政税收繁重、杂乱且低效，垄断行为和腐败之风横行，面对这种混乱的社会秩序，民众向政府提出了对政府预算制度改革的呼声。

（2）1861年的南北战争成为了预算改革的催化剂。为了确保战争的胜利，快速而准确的决策是领导者必须要具备的能力，由于在1921年预算与会计法案实施之前，预算的权力主要掌握在国会手中，总统在战争中需要紧急而且快速的调用资金，这就与国会所主导的预算权力产生了巨大的冲突，这也为之后预算法案的颁布埋下了伏笔。其次，战争支出的后遗症。战争自古以来打的就是钱，战争的消耗给美国带来了巨大的债务，而负责预算编制的国会首当其冲成为了巨大支出的替罪羊，美国民众害怕国会依旧延续战争时期大手笔花钱的陋习，希望出现新的制度约束国会

[①] [美]罗伯特·李、罗纳德·W·约翰逊著，苟燕楠译：《公共预算体系》，中国财政经济出版社2011年版，第200~201页。

的预算，因此旧的制度必然被新制度所代替。

（3）经济现状的巩固。20世纪30年代，美国经历有史以来最严重的一次经济危机，这时，高效的总统预算制度在一定程度上有利于人民应对危机。总统预算制度使得罗斯福新政实施的更加高效，大规模的支出在刺激经济方面取得了一系列成果，也巩固了总统预算制度的基础。

2. 1921年《预算与会计法案》的主要内容。为了结束各行政部门分别向国会申领财政拨款的局面，全面反映联邦预算的全貌，强化总统的权威，国会于1921年通过了《预算与会计法案》，该法案的通过奠定了美国现行总统行政预算管理模式的基本框架。该法案规定：只有总统才有权向国会提交政府的预算草案，各个行政部门不得直接向国会提交本部门的预算草案。该法案使总统获得了宪法并未赋予他的预算主导权。总统可以通过其预算报告，提出联邦年度财政政策，提出联邦征税与开支之间的战略安排，提出各笔征税、各笔开支的总体计划。这个法案同时还在财政部内部建立了预算局（Bureau of Budget）来帮助总统协调各行政机关在预算编制过程中的各种事务。在1939年，富兰克林·罗斯福总统意识到预算局的重要性，将它从财政部移到总统行政办公室（Executive Office of the President），1970年，尼克松总统拓宽了该局的范围并重新命名为管理和预算办公室（Office of Management and Budget，OMB），成为总统办事机构的一个重要组成部门。

1921年《预算与会计法案》并没有直接改变国会制定收入和支出的程序，其影响主要在行政部门。法案赋予总统在国会进行拨款运作之前进行预算的职责，法案给予总统代表国会各个政府行政分支部门提出预算和支出要求的权力与责任，形成了一个集中完整的联邦政府预算，此后被称之为总统预算。但国会为了体现制衡的原则，总统提出的预算受到立法机构控制，立法机构可以通过简单多数票原则对预算进行更改，这种情况一直延续至今。

（1）预算权力的转移以及主要机构。1921年《预算和会计法案》的颁布，从预算的主导权方面来讲，该法案的颁布是美国行政预算的开端，也就是预算的权力由国会逐步向总统倾斜。该法案主要设立了两个机构，总统预算局（BOB）也就是我们现在所熟知的总统管理与预算办公室（OMB），另一个就是美国会计总署（GAO），即政府问责办公室的前身。

（2）预算管理的主要机构。管理与预算办公室（OMB）的设立使得行政部门必须将预算报告交由OMB之后再提交国会审核批准，而OMB又是总统直接行使权力的地方，国会无法再直接批准和制定部门的预算，因此，预算的制定以及建议权悉数落到了总统的手里。另外，OMB也汇集了大量的预算方面的专业人才，对有效的编制预算，提高行政效率起到了至关重要的作用。

会计总署（GAO）主要行使会计和审计的职能，在GAO成立之后，美国财政部便不再行使审计权和会计权，而专门负责国库事务。预算法案明确了GAO不属于三权中的行政权，然而它也不具备其他两项权利，是一个相对特殊的独立的机构。GAO的审计长由总统提名总统任命，然而任期却达15年之久，是总统任期时间的3倍多，表面上GAO是总统的内部机构，实际上，从管理者的任期角度来讲是保持很

第三章 美国政府预算制度演变

强的独立性,一定程度上独立于总统的权力范围之外。

(3)预算管理流程。联邦政府预算编审的流程分为自上而下以及自下而上,而管理与预算办公室(OMB)就是预算管理的中枢机构。自下而上也就是,各预算部门首先要制定本部门的预算报告,然后交由 OMB 进行审核,修改以及一些相关事项的说明,自下而上也就是总统要将一些符合其政策或偏好的项目预算交由 OMB 进行具体的预算编制。OMB 再进行具体的一系列复杂的协调工作,再交由总统呈交国会。

3. 该阶段预算的主要特点。1921 年到 1940 年左右的初期预算的特点主要仍是以控制为主,这一阶段的预算制度主要是为了避免决策失误以及规避之前所发生的一系列问题,预算制度还在进一步完善当中。该阶段的预算主要是分项目进行编制预算(Line term budget),以各项开支的成本为依据进行资源的再分配。实行这样的特点的预算主要还是为了控制政府部门的腐败以及擅自挪用财政经费等问题,推广廉政建设,限制官员权力。预算机构接受公众的信任委托进行预算的编制,这样一来预算部门接受公众的监督进行预算的编制,使得权力运行更加透明,相应的也降低了政府官员腐败的机会。

另一个特点就是预算的调整是渐进性的而非全面的调整。这一特点也就是说,当年的预算是在前一年的基础上进行一定的调整,主要的调整也是在少数新项目和可能削减支出的老项目上进行的,所以行政部门的基础预算也就是基数是很重要的,一般而言,基数是不需要进行详细审查而可以直接支出的项目等。

4. 1921 年《预算与会计法案》实施的成效。1921 年的法案可以说是总统主导预算的法律基础。在改革过程中,国会并没有得到额外的预算权力,因此,国会也没有额外的方式来建立和执行在支出和税收立法方面的预算优先权和协调行为。国会既没有能力也没有法定权限将预算分析与经济信息独立于其收到的总统和行政部门的预算提案。尽管改革的最初目的是为了总统能够帮助国会控制政府部门支出,但是当大萧条发生之时,情况发生了改变,在富兰克林·罗斯福任职期间一个巨大而持久的政府开支增加开始出现,罗斯福通过运用预算这种政府管理经济的主要财政工具,保证了其"新政"的成功,使美国成功地渡过了经济危机,在第二次世界大战期间,国会将个人所得税转变为了大众税种,并且建立了从薪水中扣除税金的新体系,这些新的资金将总统从一个预算控制者的角色转变为了计划制定者的角色,总统的权力得到了很大的提升。

该法案对国会要求的预算信息在总的和细节方面都有很详细的规定。细节方面包括:要求的拨款和被提议的收入措施,预算年和当前年的收支估计,当前年的拨款、负债水平,国库过去、现在和预计的财政状况,以及有关政府财政状况的其他信息。总统被要求解释他将如何处理盈余和赤字,总统也可以要求额外拨款,各政府部门必须遵从通过预算局发布的预算信息要求。1921 年法案通过的后 50 年,由于罗斯福新政的实施和福利国家的建立,联邦政府预算快速增长。总统开始频繁使用财政收支作为调节经济的工具,使经济保持一个高增长、低通胀的良好格局。预算收支要求调节经济运行的指导原则也就背离了平衡预算的理财方针,也就导致出现了多年的财政赤字。联邦预算对罗斯福总统的新政和美国在第二次世界大战中的开支给予了资金，它同样支持了约翰逊（Johnson）总统的反贫穷之战和越南战争，国会要为一场不受人支持的战争提供资金，面对政策分歧，总统依然扣押了很多资金。随着越南战争和权利性支出项目的增长，美国联邦政府的债务更加严重，水门事件的发生后，导致国会对总统的不信任加强，从而使国会更改法案以建立自己的独立的预算分析机构和工作人员，强化国会在预算中的主导地位。

（二）第二阶段：1940~1962年，控制为主的预算向管理为主的预算转变

1. 主要内容。1940年之后大约到1962年左右，随着政府预算逐步步入正轨，财会人员的不断完善以及管理效率的不断提高，美国的预算开始由以控制为目的逐项预算（Line term budget）逐步向以管理为目的的绩效预算（Performance Budget）转变。

进行转变主要有以下几个原因，首先，就是之前控制预算时期建立起来的坚实的人力物力基础，20年左右的以控制为目标的预算改革为美国预算部门积累了大量的财力，人力，以及强大的政府采购管理机制，为预算的转变提供了强有力的保障。其次，1939年之后财政部下属的预算局（Budget of Bureau）被划归到新成立的总统办事处，成立直属总统的管理与预算办公室（OMB），规模也在不断加大，工作人员将近是原来人数的10倍，新招纳的大多是行政人员而非财政人员，另一方面，美国政府的规模和职能也在不断加大，各个部门的管理也需要进一步的完善。在对每项预算都关注的控制型预算已经发展到了一定的程度，其专业化程度已经不再是预算部门主要关注的问题。在完善了逐项预算（Line term budget）之后出现了一系列的潜在问题，比如一些预算资金的运用问题，又或者是在分配方法方向上出现的不科学，这都要求预算部门在编制预算的同时又要为了加强其效果来管理预算。在这样技术和物质基础都不断发展的情况下，原有的预算制度必然要进行新一轮的升级。1940年之后，管理与预算办公室（OMB）开始制定预算的绩效评价，不断地完善预算的管理职能。此时期的预算主要注重的是各部门的预算效率提升问题，效率是重中之重。多个预算方案之间比较的也是效率问题，效率高的方案自然成为所推崇的方案。然而各个部门之间却缺乏具体的比较，也就是横向比较基本没有，各部门专注于提高自己的效率，不断地扩大自身部门的规模也是这一时期的一大特点。这段时期预算管理目标的转变主要还是在不断探索中前进的，并且所实施的具体内容也是体现在预算制定者在制定预算之时在考虑逐项编制预算的同时，更多的考虑了如何在下属部门之间分配资金以及如何实施行之有效的政策来加强对预算的管理。

1949年，第一届胡佛委员会在其报告中首次定义了绩效预算（Performance Budgeting，简称PB），提出了以功能、活动以及项目为基础的预算，产出（Output）在预算编制中的地位超过了投入。管理与预算办公室（OMB）对绩效预算的定义是：绩效预算是这样一种预算，它阐述请求拨款是为了达到某种目标，为实现这些目标而拟定开支的计划，以及使用量化指标来衡量其在实施每项计划的过程中取得

的成绩和完成工作的情况的一种预算制度。绩效预算的产生标志着政府开始由对政府预算执行过程控制的关注转向对预算执行产出效果的关注，使得财政资金的产出得以最大化，并能够通过工作量、生产能力、工作成果等指标对预算执行的效果进行量化评估。但由于立法以及技术上的诸多不足之处，该种预算制度在进行了短短的十余年之后，就在20世纪60年代被规划项目预算（PPBS）所取代，直到1993年国家绩效评论的发布和《政府绩效与结果法案》实施以后，绩效预算才重新回到历史舞台。

1961年，规划项目预算（Planning-Programming-Budgeting System，简称PPBS）在美国防部首先得以应用，当时背景处在苏美军备竞赛以及越战时期，美国国防开支日益增大。在当时，军事计划一般采取五年制计划，而预算计划则为一年制，两者之间期限的差距使得预算资金的利用不够充分。时任美国国防部长采用对军事设计上各种可行方案进行成本效益分析，从而起到节省国防预算的作用，据称采用规划项目预算（PPBS）的美国国防部一年军费可以节省几十亿美元。1963年林登·约翰逊总统上任后，认为美国国防部的这种做法能够有效地解决资金供给与需求间的巨大矛盾，所以在1965年约翰逊宣布在整个联邦政府实施极富革命性的制定项目计划和预算的制度，借此通过现代管理工具以低得不能再低的代价让每一个美国人过上更好的生活，使得规划项目预算（PPBS）在政府的其他部门也得以实行。规划项目预算制度以计划为中心，将项目规划、计划制定以及预算安排三者加以统一，把支出按照方案进行划分，并让各类方案紧密联系政策计划。这种预算管理模式可以冲破部门界限，进行统一规划，有利于提高预算的效率，并且很好地将政府预算安排和中长期计划合二为一，对于政府活动的开展有一定的帮助。同时这种预算制度重视成本效益，为完成目标提供了多种选择，并通过对不同的项目进行成本效益比较，使得项目的执行成本降低，相应资金的利用率获得较大的提升。

但规划项目预算（PPBS）的局限性也使得其从执行开始就暴露出了各类弊端。首先，相比军事计划而言，社会问题的更具有复杂化，追求较长时期计划安排的结果带来的就是预算安排的僵化，降低了政府对于社会问题的反应速度。其次，实行该种预算模式降低成本的期望并未达成，进行大规模对各项替代方案进行成本效益分析的行为必须以庞大的资料与数据进行支持，这将造成巨大的人力资源支出。另外，规划项目预算（PPBS）的计划选择仍然难以摆脱利益集团的影响。由于为了针对项目进行分析，所以对于项目预算的决议大多由执行项目的部门本身来进行，这样国会和预算局等部门的权力就受到了很大程度的限制，从而导致国会对预算执行所存在的干预。

2. 成效及影响。这段时期预算目标的转变还是在不断探索中前进的，并且所实施的具体内容也是体现在预算制定者在制定预算之时，在考虑逐项编制预算的同时，更多地考虑了如何在下属部门之间分配资金以及如何实施行之有效的政策来加强对预算的管理。以管理为目的的预算使得整个预算体系以及行政部门与预算部门之间的关系更加明晰，预算部门批拨的资金是为了让行政部门更好地行使政府所赋予的权力，为每位美国公民提供更好的服务，从而也催生了行政部门的绩效评价，从而使得政府的管理更加完善。

(三) 第三阶段：1962~1974年，总统国会预算战争的年代

1. 背景。1962年到1974年，这一时期战争又一次改变了美国的预算进程。1921年的《预算与会计法案》确定了以总统为主导的预算体制，预算大权集中于总统一家，缺少了国会的有效约束，总统对预算绝对的控制权必然导致预算制度由一人的偏好而决定国家支出的走向，权力的高度集中也会导致决策上的片面。而战争的消耗也使得总统的一家之言受到民众和国会的质疑，国会和总统权力的博弈也就导致了1974年《国会预算与扣押法案》等一系列法案的颁布。20世纪60年代的越南战争使得美国的预算制度再一次遭受到了挑战，约翰逊与尼克松总统为了支持越南战争，以此为背景，大量的批准一系列的国防以及军事支出，而国会则希望更多的支出是用在社保等国内建设当中，这就自然产生了巨大的分歧，这也就是所谓的"7年预算战争"。严重的分歧使尼克松政府拒绝开支国会拨出的资金，甚至在连任后开始全面撤销国会已经通过的支出授权。因此，国会为了再次在预算权力上夺回主动权，而颁布了一系列的法案，在此之后美国便进入了国会与总统在预算权力上相平衡的阶段。

2. 预算改革具体内容。1974年的《国会预算与扣押法案》使得国会也同样拥有了制定和提交预算草案的权力，而不再依赖于总统预算办公室，最终使得在预算提案上国会与总统处于同等的地位。国会新成立的组织叫做国会预算办公室（Congress Budget Office，CBO），这个组织是在原有的收入委员会和拨款委员会的基础之上又增加了一个预算委员会而成立起来的。它拥有与OMB近乎相同的职能，只不过它所属于国会，加强了在预算角度立法和行政之间的权力制衡。从程序上来讲就是参众两院的每个常设的委员会都要对总统提交的预算决议进行审议并提出意见，然后，预算委员会对预算进行联合决议，确定收入支出总额，从而达到控制赤字与债务的目的。另外《1974年国会预算与扣押法案》的颁布也进一步限定了预算的时间表，以保证预算在会计年度开始时如期完成，同时对总统提交预算案的时间，以及初审的时间也都作了相关的规定，从而进一步达到一种约束的作用。

3. 改革的成效以及影响。1974年所出台的一系列法案与1921年的出台的法案有着同样的目的，都是对预算权力的争夺，只不过在结果上还是存在很大的差别的，1921年《预算与会计法案》可以说是将国会完全关在了预算的核心权力之外，总统完全获得了预算的权力。而1974年《国会预算与扣押法案》的颁布与实施就使国会与总统的权力达到了一个平衡点，双方是相互制约的，这样的情形一直持续到现在。从权力的制衡角度讲，这样的改革有利于避免由于个人好恶而导致国家来承担后果，也避免了由于繁琐的批复程序而不能及时行使预算的权力。然而，在权力制衡的条件下也会导致行政效率的相对低下，作为不同阵容的双方，出于政治或是感情原因，达成一致的情况或许是符合所有人的利益。但是，大多数情况下，两者的出发点以及落脚点是不同的，因此，要想达成统一的意见也就难上加难。国会对总统权力的不满也日益加深，从1966年到1973年，众议院和参议院的拨款、授权以

及税务委员会多次面临总统在支出和税收上所具有的优先权,国会没有方法和权威来发展一个收入和支出的独立预算制度,而只能对总统提出的预算进行响应。这种系统最终不得不进行修复,艾伦·希克称这段时期为"7年预算战争"。随着尼克松"水门事件"对国会的直接挑战,1974年国会为重新取得预算权的预算改革应运而生。

二、1974~2008年:国会、总统争夺预算控制权,赤字膨胀、消失、再出现

(一) 1974年《国会预算与扣押法案》

1. 立法背景及核心内容。1973年第四次中东战争爆发,引起了全球性的石油危机,美元不断贬值,布雷顿森林货币体系宣告瓦解,美国经济陷入了滞胀,政府财政收入增长缓慢。经济的衰退造成了美国国内贫困率的提高,面对严重的通货膨胀和工资增长缓慢,政府的社会福利支出大幅度增长。与此同时,美国深陷越战泥潭中,战争和国防经费支出给财政带来了沉重的负担。

从20世纪70年代起,美国国会逐渐意识到联邦预算程序存在两大问题:一方面,国会缺乏研究预算的手段和资源,预算审查只是每年对总统预算所含的各项支出及收入建议进行逐案研究,无法形成一个总体政策框架;另一方面,由于总统对国会拨款具有一定的截留权,使得某个项目的预算虽已在国会通过,但总统在执行中以向国会提议取消项目或推迟项目执行的方式将项目拨款暂时冻结,从而影响项目实施。当时的美国总统尼克松频繁使用截留权,截留了高达150亿美元的已经国会批准的高速路建设和污染防治项目的资金。陡增的政府支出和缓慢增长的财政收入导致了美国政府的预算赤字不断攀升,再加上水门事件的发生,总统权威受到挑战,为解决上述问题,国会制定了1974年《国会预算与扣押法案》(The Congressional Budget and Impoundment Control Act of 1974),也称为1974年预算法。

1974年的《国会预算和扣押法案》(Congressional Budget and Impoundment Control Act)意在通过国会产生一个全面的预算和增强分析能力来加强立法机构的角色。在支出上,1974年法案并没有改变总统在预算上的主导权,只是国会有了其自己的预算蓝图、预测方法、项目评估程序和支出优先排序等。国会在现有的收入和拨款委员会的基础上,国会两院各增加了一个预算委员会(Budget Committee),并为整个国会设立了国会预算办公室(Congressional Budget Office, CBO)。国会预算程序的核心环节是预算决议(Budget resolution),它会确定预算规模的上限(Budget aggregates)。从程序上讲,该法案要求参众两院的每个常设委员会都要对总统提交的预算提案进行审议,并向参众两院中的预算委员会就预算水平和审议计划提出建议。然后,由预算委员会启动对预算的联合决议(Concurrent Resolution on the Budget),该决议会确定预算收入和预算支出的总额,并对其按职能用途进行分类(如用于国防、农业等方面的支出项目等)。预算决议常常包括所谓折中指示(Reconciliation instructions），这些指示要求各部门项目的授权委员会（Authorizing Committee）更改影响税收和其他收入以及法定社会福利（Entitlement Programs）的永久性法律，以配合包含在预算决议中的预算目标。

1974年《国会预算与扣押法案》的核心内容是其第三篇国会预算程序。该法对年度预算过程规定了明确的时间表（见表3-1），并建立了控制截留的制度体系，是美国预算法律制度中的支柱性法律，主要内容被编入美国法典第31卷第2篇"预算程序"中。该法规定设立众议院和参议院预算委员会（Budget Committee），工作重心是联邦预算政策事务。参众两院预算委员会专门负责起草国会年度预算计划、预算决议和与预算相关的法律修改，并监控联邦政府在预算方面的行动。同时，为了提升国会预算研究能力，该法规定设立国会预算办公室（CBO）。其主要职责是进行年度经济形势预测，制定预算底线，审议总统年度预算建议，评估国会各专门委员会涉及支出的立法，评估国会已通过的支出立法对预算和经济的影响。根据未安排资金委托事权法的规定准备报告等预算相关工作，为国会预算委员会、拨款委员会和其他专门委员会有关预算的工作提供支持。

表3-1　　　　　　　　　　国会预算过程表

时间（之前或当日）	需完成的事项
2月第一个周一	总统向国会提交预算
2月15日	国会预算办公室向预算委员会上交报告
不晚于总统提交预算后六周	国会各委员会向两院预算委员会提交意见和预测数，两院预算委员会起草预算决议案
4月1日	参议院预算委员会就预算共同决议案作报告
4月15日	国会两院表决通过预算共同决议案
5月15日	众议院开始审议年度拨款法案
6月10日	众议院拨款委员会就上年年度拨款法案作报告
6月15日	国会两院完成有关调整现行法律的行动
6月30日	众议院表决通过年度拨款案
10月1日	财政年度开始

2. 有关国会预算工作分工的规定。根据1974年预算法的规定，国会在收到总统预算请求后，国会参众两院预算委员会要举行听证会，接受行政机构官员、学界和工商界的专家、国家社团的代表、国会议员及社会公众的证词、证言。同时，国会其他委员会根据职能划分，就总统预算请求中与之相关的项目进行审议。这些委员会需要在国会收到总统预算请求后六周内就相关项目的拨款或收入水平提交"观点和预测"（Views and Estimates）。2月，国会预算办公室（CBO）要向两院预算委员会提交有关预算和经济展望的年度报告。3月，国会预算办公室（CBO）要向两院预算委员会和拨款委员会提交对总统预算请求的分析报告。

国会截留控制法规定了推迟使用和提议取消的适用条件和国会回应的程序。国会截流控制法规定，推迟使用只有在应付意外情况、或更高的运作效率来实现节省、或者法律特殊规定的条件下才可以使用，除了这些情况，美国的任何官员或雇员不能为了其他原因而推迟任何预算授权。总统提议取消预算授权，必须是在他认为对于特定项目的预算授权不是实现项目目标所必需的，或该预算授权由于财政政策或其他原因（包括已提供了预算授权的授权计划或活动）应当被废止等，总统应向两院递交一份特别通知申请废止。截留控制法的实施限制了总统在预算管理中权力的扩张，平衡了国会和总统在预算管理中的权限，加强了国会对预算管理的监督，对美国预算管理的完善起到了积极的推动作用。

（二）1985 年的《平衡预算和赤字控制法》（Balanced Budget and Emergency Deficit Control Act）

在 20 世纪 70 年代早期，国会已经有了对"不可控制的"（Uncontrollable）法定社会福利和津贴支出影响的担心，里根总统执政期间的大量减税和不断增加军费把联邦政府的预算赤字推向了前所未有的高度。20 世纪 80 年代后，美国经济逐渐从衰退中走出，通货膨胀得到了控制，但是财政赤字却有增无减，越来越大。政府每年大量的发行国债以弥补巨额的财政赤字，这严重的引起了民众的不满。连年的债务使民众认为政府已经失去了"自我约束"能力，政府为了偿还债务必定会增加税收，给民众的生活造成更大的负担。大量的财政赤字还会对投资形成挤出效应，影响国民经济的正常发展。鉴于民众的担忧与不满，共和党和民主党都公开许诺要削减财政赤字，控制政府的支出。在里根总统治下，国会于 1985 年通过了《平衡预算和赤字控制法》（Balanced Budget and Emergency Deficit Control Act），开始向赤字宣战。

《平衡预算与赤字控制法》在运用强制手段控制与削减预算赤字方面是史无前例的：在一个固定的日程表内，当时高达 2 100 亿美元的联邦预算赤字到 1991 财政年度要实现预算平衡。该法确立了一系列递减的年度赤字目标，并为保证这些赤字目标得到实现，创造了一套自动的支出削减过程。如果计划的预算赤字预定超过了允许的数额，就会引发预算资源的取消，这项措施叫做取消预算支出权利（Sequestration）。1987 年对该法律进行了修订，延迟到 1993 年实现联邦预算的零赤字目标。

《平衡预算和赤字控制法》的目的是量入为出，控制政府财政预算规模。该法案规定了政府财政预算赤字的上限，联邦政府要逐年削减支出，直到零赤字为止。如果政府在预算执行过程中，预算赤字超过了控制线 100 亿美元，国会办公室（CBO）就要负责削减支出。国防支出和非国防支出要在被削减支出中各占一半，但非国防支出中的社会保障支出不得削减。1985 年平衡预算和赤字控制法还对 1974 年国会预算法规定的预算程序进行了修改，以加强预算执行和最高赤字额的控制，其中最重要的变化是将某些议程限制的豁免投票由简单多数提高至 3/5 绝大多数。

《平衡预算和赤字控制法》在执行过程中存在许多问题，例如预算削减要求苛刻，许多必要支出被削减，影响到了政府的正常运行。各州通过各种方式规避法案的控制,州政府的预算赤字仍达到了 400 多亿美元。法案在五年内依然未能控制住政府的预算赤字,因此最终被彻底抛弃了。

(三) 1990 年《预算执行法案》

1985 年,《平衡预算和赤字控制法》实施后,仍然未能有效控制联邦赤字的增加。1990 年春季,联邦赤字已明显会超出 1985 年平衡预算和赤字控制法规定的最高限额近 1 000 亿美元。管理和预算办公室(OMB)预计要消除超出最高限额的赤字,需要对联邦支出进行高达 850 亿美元的扣减。由于国会对大部分预算支出予以了扣减豁免,意味着扣减令需要对防务项目进行 32% 扣减,对非防务项目进行 35% 的扣减。为了应对不断增长的联邦赤字,1990 年 5 月,布什总统与国会领导同意就预算问题进行协商。1990 年 11 月,布什总统签署了 1990 年预算综合调整法(the Omnibus Budget Reconciliation Act of 1990)。该法是总统和国会间就预算问题的协定,其第十三篇即为预算执行法(The Budget Enforcement Act of 1990),作为协定的执行条款。

1990 年,预算执行法将 1985 年平衡预算和赤字控制法有关赤字控制的制度分为两个独立的体系,即对自主支出进行上限控制(Discretionary Spending Caps),对定向性支出和收入立法实行量入为出(Pay-as-you-go)制度。许多的法定性拨款项目,如社会保险、老人和穷人的健康医疗(Medicare and Medicaid),立法上都有直接或强制性的规定,因为这些项目是由法律授权供给合格的个人享受这些利益,国会对这些项目不必经过每年拨款程序的详细审查。1990 年《预算执行法案》(BEA)并没有禁止任何项目的增加,但是坚持这些项目的增加不能增加总赤字,即增加的部分要由在其他项目的减少或增加税收来补偿。这个补偿性的机制(Offsetting Mechanism)被描述为"随走随付"(Pay as you go)规则。相同的权衡要求同样也适用于收入,即立法减少一种收入必须要完全通过增加另一种收入来补偿,或强制性支出的减少。

对于自主支出总水平,有两种控制方法,分别是国会限额(Congressional Caps)和法定支出限额(Statutory Spending Caps)。国会限额由预算共同决议案所设定,通过议程限制来执行,并对不同项目采取差别政策,即所谓防火墙规定。法定支出限额则由 1990 年预算执行法及后继法律修改所规定,根据支出分类(防务支出、外交支出和非防务自主支出)设置了不同的支出限额和相应的执行措施,如扣减程序或议程限制等。

对于法定支出,也有两种执行机制,即预算决议案中规定的国会执行机制和 1990 年预算执行法规定的法定执行机制。(1) 国会执行机制,是指预算决议案规定的由参议院执行的"量入为出"规则。这一规则最初由 1994 年预算决议案所规定,对任何可能导致未来十年赤字水平增加的立法议案设定了议程限制,要求任何导致定向性支出增长的法定项目,都必须通过减少其他法定项目的支出或增加财政收入的方式来抵消。"量入为出"议程限制适用于除拨款法案以外的所有立法活动,国会预算办公室(CBO)负责对立法项目对赤字的影响进行评估。但参议院的"量入为出"规则于 2002 财年结束时已到期失效。(2) 法定执行机制,是指 1990 年预算执行法规定的由管理和预算办公室(OMB)对定向性支出和收入实行"量入为出"管理。行政部门执行的"量入为出"规则与国会执行的议程限制有同样的效果,国会应当就任何导致定向性支出增长的法定项目变化采取抵消措施,不然就面临扣减的风险。法律规定,当管理和预算办公室(OMB)预测到所有定向性支出总额和 1997 年 8 月 5 日以后的收入立法会导致年度预算赤字净增长时,总统就应当颁布扣减令,对所有非豁免的定向性支出按统一比例进行扣减,以消除净赤字的增长。但是,实际执行中多数定向性支出,或是豁免于扣减令,或是由于按照特殊规则运行而有扣减上限。例如,社会保障项目(Social Security)就免于"量入为出"扣减,医疗补助项目(Medicare)则根据特殊规则运行,扣减不得超过 4%。

(四) 1990 年《财务总监法案》

为加强对联邦政府预算赤字的控制,在 1990 年国会通过《财务总监法案》(The Chief Financial Officers Act)。此法案指派总统管理与预算办公室(OMB)的一名副局长作为整个美国联邦政府的财务总监,并规定在 23 个联邦主要机构中设置首席财务官职位,成立首席财务官理事会,加强财务管理人员配置,整合财务管理工作,加强财务管理制度和财务管理计划,制定会计和审计标准,提高财务信息质量。由会计长(Controller)领导的联邦财务管理办公室同样在管理与预算办公室建立充当执行此法律的先锋。CFO 负责财务管理所有的方面,特别是发展和维持完整的系统和收集可靠的财务信息。1990 年《财务总监法案》的内容被编入美国法典第 31 卷第 1 篇"总则"下的第 9 章"机构财务总监"中。

(五) 1993 年《政府绩效与结果法案》

为提升政府部门活动的绩效水平,1993 年美国国会通过《政府绩效与结果法案》(Government Performance and Result Act-GPRA),该法案要求需要部门上交部门战略性计划和绩效报告,政府"预算提供所有的预算信息以备国会制定政策和支出决策时所用",它被通过后迅速得到了执行层的广泛支持和全国绩效评估委员会的认同。该法案在计算机网络系统的支持下,取得了巨大的成功,美国也因此在政府绩效评价方面走在了世界的前面。这标志着最早产生于企业的新绩效预算开始在联邦政府层面运用。新绩效预算试图将预算过程与决策过程有效结合起来,并希望使用新技术以更好地回应公众的需求和利益,从而提供更有效的公共服务。因此,新绩效预算同时得到了政府和立法机关的支持,这也是此次改革与以往绩效预算乃至所有改革的不同之处。1993 年政府绩效和成果法的主要内容被编入美国法典第 31 卷第 2 篇"预算程序"下第 11 章"预算和财政、预算和项目信息"中第 1115 节至第 1119 节。

(六) 1997 年新的《平衡预算法案》

美国的民主党在 1994 年的中期选举中败给了共和党,失去了对参众两院的控制。1995年，由共和党控制的国会通过了《平衡预算法案》，但是身为民主党的克林顿总统认为新法案在社会福利支出方面的削减计划过于激进，于是否决了该法案。为了避免国会与总统之间的矛盾进一步激化，克林顿总统和国会达成妥协，在1997年7月通过了新的《平衡预算法案》。

新的《平衡预算法案》从减税和削减支出两方面平衡政府预算。联邦政府要对税收进行结构性调整，大幅减税，刺激经济发展，将资本利得税率由原来的28%降至20%，5年内削减税收收入950亿美元。政府对社会福利开支适当缩减，医疗支出5年内削减1 150亿美元。预算的削减主要在国防支出和行政管理费支出上完成。至此，国会与总统在预算控制上达成了一致，国会赋予总统对于预算的部分否决权。

表3-2　　美国联邦预算史上里程碑事件（法案）归纳（1789~2006年）

时　　间	法案内容及改革事项
1789年	美国《宪法》，给予国会征税和借款的权力，要求支出必须经国会批准后才可从财政部支出。
1802~1867年	成立国会委员会。在1802年成立众议院筹款委员会，1816年成立参议院财政委员会，1865年成立众议院拨款委员会，1867年成立参议院拨款委员会。
1837年、1850年	众议院和参议院规则； 众议院和参议院禁止没有经过授权批准的支出。
1870年、1905~1906年	《反赤字法案》（Anti-deficiency Act）； 要求财政资金使用要避免过量支出，产生赤字。
1921年	《预算与会计法案》。授权总统在预算编制中的主导权，在财政部成立预算局和政府会计办公室。
1939年	将预算局由财政部移至总统行政办公室，并扩大其职责权限。
1967年	总统预算概念委员会（President's Commission on Budget Concepts）； 采取统一的预算，包括信托资金。
1974年	《国会预算与扣押法案》； 建立国会的预算审议流程，成立参议院和众议院预算委员会，成立国会预算办公室。
1980年	综合修正过程（Omnibus Reconciliation Process）； 在国会预算过程中第一次使用修正议案。
1985年、1987年	格兰姆—鲁德曼—霍林斯法案； 《平衡预算和紧急赤字控制法》； 设立预算赤字减少的目标，制定拨款扣押的程序。
1990年	《预算执行法案》； 建立自主支出上限，为收入和直接支出设置量入为出规则，为直接和担保贷款设置新规则。

续表

时间	法案内容及改革事项
1991年	《财务总监法案》； 各主要行政部门配备一名财务总监来对本单位的预算有个整体控制，参与本部门会计和预算全过程。
1993年	国会制定政府绩效和成果法，规定自1999财年开始，政府所有项目开支要制定绩效措施并进行绩效评价。
1995年	国会制定未安排资金委托事权法，对1974年国会预算法进行了修改，限制联邦政府未经国会的充分研究和审议，向州、地方和部族政府或私人部门委托不提供资金的事权。
1997年	从减税和削减支出两方面平衡政府预算，联邦政府要对税收进行结构性调整，大幅减税，刺激经济发展；对社会福利开支适当缩减，预算的削减主要在国防支出和行政管理费支出上完成。国会赋予总统对于预算的部分否决权。
2002~2006年	《预算执行法案》（BEA）的终止和财政赤字的重现； 在1998~2001年间出现四年的财政盈余后，预算执行法案终止。赤字重现，名义值达到创启示的水平，在2004年达到4 130亿美元的历史高位。在过去10年间，参议院在一些法定性支出的"随走随付"原则上有一套内部规则。在2007年，众议院采取了其自己的法定性支出的"随走随付"原则，参议院也相应调整其原则以与众议院保持一致； 2009年达到1.4万亿美元。2010年美国财政赤字1.3万亿美元，赤字率8.9%；国债余额13.5万亿美元，债务率92.5%。

资料来源：Allen Schick, The Federal Budget, Politics, Policy, Process. (third edition), Brookings Institution Press. 2007, P15.

第四章

美国政府预算管理目标与原则

■ 本章导读

  目标管理理论认为确定目标是现代管理的首要任务和最基本的环节，管理的各环节都是以目标为中心展开的，目标决定着整个管理的方向和基本任务，政府预算管理的目标和财政管理的目标既有联系，又有区别。政府预算的原则是一个国家选择预算形式和体系的指导思想，是一国预算立法、编制及执行所必须遵循的。本章梳理了美国政府预算管理的目标，介绍了美国政府预算管理原则演变，以及美国政府预算管理原则演变的政治、经济、社会背景。

第一节 政府预算管理目标

目标管理是现代管理中的一种有名的管理技术,也是管理上的激励技术。目标管理理论告诉我们,确定目标是现代管理的首要任务和最基本的环节,管理的各环节都是以目标为中心展开的,目标决定着整个管理的方向和基本任务,如果没有目标就成为盲目的管理。政府预算管理目标是政府预算管理活动的基本方向和要求,也是检验考核预算管理成效的标准。预算管理目标分为总体性目标和具体性目标。总体性目标是要通过严格的科学的财政管理,实现生财、用财的良性循环,达到尽量满足社会公共需要的目的。具体性目标一般也包含着阶段性目标,它是要根据不同的经济社会发展阶段,国家宏观调控中的突出矛盾及其解决的核心任务,或确保国家预算的完成,或维持财政的平衡,或促进结构的优化。

基于纳税人和政府间委托代理关系的认识,政府作为受托方,代为向纳税人提供公共服务,政府如何向纳税人提供公共服务,提供效果如何,理应向纳税人有所交代。政府通过预算的资源配置功能,来达到向社会公众提供公共服务的目的。因此,政府预算管理的最高目标是解释政府公共受托责任。具体到政府预算管理业务而言,政府预算管理有三大目标:财政纪律合规性目标、资源优先性配置以及执行绩效目标。其中执行绩效主要通过下放预算管理权和实行绩效预算的方式达到改善,而前两个目标则是预算管理中处于宏观或者中观层面的目标,需要通过技术层面的改革,建立政策目标和预算之间的激励相容,使预算能自觉地以政策目标为导向。

一、解释政府的公共受托责任,有利于监督政府活动

政府预算管理的最高目标是帮助政府解释政府公共受托责任。在政府官员向纳税人提供公共服务的链条中,存在三种水平的委托代理关系:政府官员和首席行政官员的关系、行政机构和立法机构的关系以及政府和人民的关系。公共预算实质代表着委托代理关系,公众是委托人,通过法律程序,委托代理人——政府,按照公共利益要求,筹集公共资源,提供公共产品和服务,满足公共需要的过程。公民与政府间有着多重委托代理关系:公民→政府→财政部门→职能部门(见图 4-1)。因此,政府预算要能如实反映各级政府的受托责任(包括政府、项目、业绩、过程、政治性与合法性受托责任)的履行情况,向委托人提供能够评价代理人业绩的信息,同时也可以对政府机构和官员的作为进行有效的约束。

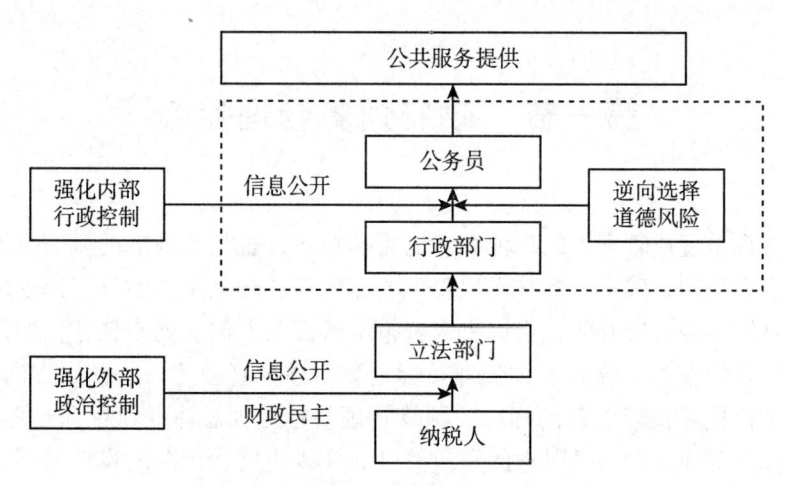

图 4-1　三个层次的委托代理关系

二、构建良性循环的财政运行机制，确保预算资源的优化配置

财政运行机制是财政收支组织行为和方式的总称。财政收入的具体形式，如各项税收、收费、国有资产收益、国债等；财政支出的具体形式，如公共支出、财政投资、财政补贴等，它们之间相互影响、相互作用，共同维持财政的收支运行，便形成了良性循环的财政运行机制。同时，预算是政府配置社会经济资源的载体与工具。在公共预算管理的资源配置决策中，代表不同集团利益的预算资金使用者因彼此的目标取向并不完全一致，会展开相互竞争的博弈，使得预算过程充满激烈的竞争与交易。在预算总规模既定的条件下，这种此消彼长的竞争关系更加明显，一方的所得往往以另一方的损失为代价。政府预算是在总体资源有限的前提下，基于增进整个社会资源配置使用效率或改善社会公平的目标，对可支配资源的安排、配置与调整，提高政府预算配置决策水平和公共资源使用效率。

三、确保财政资金合规使用和绩效产出的财政纪律目标

政府预算管理的基本目标是防止政府和政府机构的贪污腐败和渎职等问题，保护国民的公共财富。随着资本主义生产方式的产生和不断地发展，社会生产力迅速地发展起来，财政分配的规模也就随之扩大，这伴随着财政收支项目的增加和关系的日益复杂，为贪污腐败提供了一个平台。国民需要用一种有效的手段来制约政府官员的行为，而财政预算就是这种有效的手段。从现代预算史产生发展历程可以发现，预算是社会公众控制政府权力扩张的非常有效的"非暴力工具"，是社会公众控制政府权力扩张的有效载体，政府预算是人大代表和全体人民监督政府收支运行的一个途径和窗口。通过政府预算，社会公众可以评价政府收支运行的成本，考核

政府工作的绩效。政府必须按照立法机构批准通过的预算来施政，不得随意调整预算或追加预算，预算资金的使用首先必须符合合规性目标。作为必须经过各级人代会审查批准才能生效的一部具有法律效力的文件，政府预算是控制政府权力扩张的一个有效手段。由各级人代会审议批准的政府预算，实质上是对政府支出规模的一种法定授权，只有在授权范围内的支出，才是合法的，才是有效的，如果要调整预算，就要重新报批。因此，政府预算管理的目标也呈现阶段性特点，即首先使用了财政资金使用的合规性目标后，开始向财政资金使用的绩效性目标转变。即将绩效观念融入到政府预算管理中来，树立"用钱必问效、无效必问责"的理念，实现"预算编制有绩效目标、预算执行有绩效控制、预算产出有考评、考评结果有应用"的全流程预算绩效管理机制。

四、强化财政收支平衡的有效监控机制

预算通过确定政府在若干年内的预算支出总额、收入总额、赤字总额和债务总额，从而实现了对财政总量的控制。确保财政收支平衡，是克服财政收支矛盾的重要手段。首先在编制预算时，要坚持"收支平衡、略有结余"的方针，做到收支指标稳妥可靠、留有余地。这要做好两个方面的工作：一是要积极稳妥地确定收入计划，对各种增收和减收的因素进行全面分析，防止片面或盲目；二是确定支出计划时，预算安排要量入为出，分别轻重缓急，不留缺口，并留有适当机动灵活余地。其次是在预算执行过程中，一方面要硬化预算约束，防止随意追加收支指标，加强预算的法律严肃性；另一方面又要主动地发现积极因素，全面落实增收节支各项措施，提高经济效益，确保完成和超额完成收入计划，并尽力提高资金使用效率，对预算执行中的新情况，要及时按程序调整，组织新的平衡。再次是正确核算收支的需要与可能，保证预算收支平衡的真实性、准确性，防止出现虚假平衡。对弄虚作假或乱挤乱摊成本，甚至偷漏税者，要进行必要的经济制裁，甚至追究当事人的法律责任。

五、促进健全的财务体系和财政监管体系

政府预算管理的第五大目标就是促进健全的财务体系和财政监管体系。政府的财务监管工作涉及范围广，包括征税及国家其他收入、职工薪酬支付、借债和还债行为等。在一个运行良好的政府中，以上这些行为是有预算或者说是有计划的。它们的执行是需要通过财政预算系统的。美国的预算管理者改革家们都希望政府可以为财务活动提供一个经济、有效又有效率的环境。因此，政府就需要一个系统反映政府的花费——最好是用最少的钱来提供政府服务。

大约在五十年前，赫伯特·西蒙提出了"决策是管理的中心，决策贯穿着管理的全过程"。西蒙认为，在开始任何作业之前都要先做决策，制定一个计划就是决策，组织、领导和控制都离不开决策。这为一个政府进行财政预算提供了基础理论。

在财政预算管理过程中，征税及国家其他收入、职工薪酬支付、政府的借债还债行为在预算中真实地反映出来。通过预算，政府才能够有效地进行财政资金的分配，满足社会的公共需要。同时，也只有通过预算，政府才能不断地发现在财政收支方面的问题，进而改善政府财务体系和财政监管体系。

第二节　政府预算管理原则演变

政府预算的原则是国家选择预算形式和体系的指导思想，是一国预算立法、编制及执行所必须遵循的。预算原则是伴随着现代预算制度的产生而产生的，预算制度的建立和完善，又需要遵循一定的原则，并且随着社会经济和预算制度的发展变化而不断变化。

一、西方古典预算原则

（一）西方古典预算原则的形成

西方古典预算原则产生于18世纪末和19世纪初的欧洲。在此之前，欧洲各国基本处于君主专制时期，预算控制权完全掌握在君王手中。为了限制以至于剥夺封建君主的财政权，一些学者提出一系列古典预算原则，致力于将政治上的可靠性和有效的行政控制引入到政府预算当中。

1. 历史背景。19世纪初之前，欧洲各国基本处于专制君主制时期。这种君主专制的财政管理有以下特征：（1）连续性（continuousness）。即没有年度预算的概念，政府根据资金流量和资金的可获得性来进行管理。（2）分权化（decentralization）。即没有中央财政控制，由各种不同的收入获得者和支付者分别进行收支。（3）私有化（privatization）。即大量的政府财政管理由私人商人承担，私人账户和国家账户经常是混淆在一起的。（4）权宜性（expediency）。即由于政府经常陷于资金短缺，加上人们对于政府的收入汲取行为常常不予合作，所以，各种各样的权宜手段经常被用来筹集收入，例如，短期债务等。（5）各种各样的财政腐败行为盛行。其中，"私有化"和"权宜性"是这种财政管理模式的两大重要特征，两者都是滋生腐败的温床。这些特征都表明，这种财政管理模式是以最大限度地汲取收入为目的，然而，其代价是极低的预算管理可靠性（或负责程度）和行政控制程度：具体表现为：政府收支不受任何其他机构和部门制约，在政府内部，集中型的财政部门要么没有，要么形同虚设。不能有效监督政府各个部门的收支。其结果是，政府可以随意地征税和支出政府各个部门也可以随意地支出。由于财政管理私有化的存在，许多财政活动常常在政府财政管理的控制之外。

君主专制政府之所以采取该种预算管理模式，一是由于政治上的原因。这一时期的政治体制都是专制政体,君主政府对于国家的预算资源有着绝对的垄断权力。因此,对于君主政府的收支活动是缺乏制约的。二是经济和技术发展水平19世纪以前的经济和技术发展水平比较低,因此,在预算管理领域实行严格行政控制的交易费用信息成本、协调成本和测量成本是非常高的;例如在没有发达的金融信贷体系的情况下,实行集中型的财政控制是非常困难的;在交通和通讯落后的情况下,实行严格的预算控制也将面临很高的信息成本和协调成本。

随着越来越多的欧洲国家过渡到民主政府,预算资源不再是由君主或某一政治团体垄断,预算资源的分配权通常由议会和政府来分享,并主要控制在议会手中:对预算收支进行控制往往是议会控制政府部门的重点。在这种情况下构建一种加强预算控制的预算体制就是非常必然的。而且,为了更好地实现议会对于政府的预算控制,也有必要加强政府内部的预算控制。同时,19世纪的工业革命和经济发展所带来的金融和技术上的进步,也大大地降低了实行严格预算控制所面临的交易费用。正是在这样一种新的历史需要和技术条件下,古典预算原则逐渐发展起来。

2. 主要内容及其特点。古典政府预算原则形成过程当中,欧洲学者的研究占有相当重要的地位,其中具有代表性的有以下一些预算原则:

(1) 尼琪(Nitti)预算原则。尼琪是19世纪的意大利财政学者。他所提出的预算原则包括以下六个方面的内容:①公开性原则。即预算的内容,应该力求详尽通俗,使社会公众能够据以了解预算收支的全部情况。全部预算收支必须经过议会审查批准成为公开性的文件,并向社会公布。②确定性原则。即预算编制时,应该认真收集各种相关资料,依据社会经济发展的趋势,做出准确切实的预测,以谋求预算的稳定确实。③统一性原则。即同一预算内,各项收支编列的标准应力求一致,所有收支,均应列入同一预算之内。④总括性原则。即所有财政收支都应列入预算,避免预算外收支。此原则与统一性原则相似,所不同的是,统一性强调预算收支标准一致。总括性反映了预算完整性的思想,即所有财政收支活动都应通过预算程序的批准才能进行,所有政府财政收支均应列入预算,不得进行预算以外的预算资金收支活动。⑤分类性原则。即政府收支预算,应根据其性质分门别类,清晰列示,以利于社会公众据以了解政府预算资金活动情况和政府活动内容。⑥年度性原则。即预算必须按规定的预算年度编制和执行,不能逾越预算年度。

(2) 纽玛克(Neumark)预算原则。德国学者纽玛克(1927)划分了静态和动态的预算原则。具体而言,纽玛克所提出的预算原则包括以下内容(见图4-2)。

① 全面性(Comprehensiveness)原则。即一切政府开支和收入,必须完全计入预算。如果将应计入预算开支的经费不列入预算,要么会削减政府必要的行政计划,要么会为预算外列支提供口实。如果将能收上来的收入不计入预算,就会发生不正常的预算盈余。

② 收入的非专用性(non-assignment of revenue)原则。该原则是指在预算收入项目与支出项目之间,不能设置特别的相互隶属关系。也就是说,一般不能指定某项收入作为某项支出之用。这个原则,法国财政学者称之为:"Non-affection",即收支不相属原则。预算收入应该作为一个整体,再根据整个政府财政活动的轻重缓急,

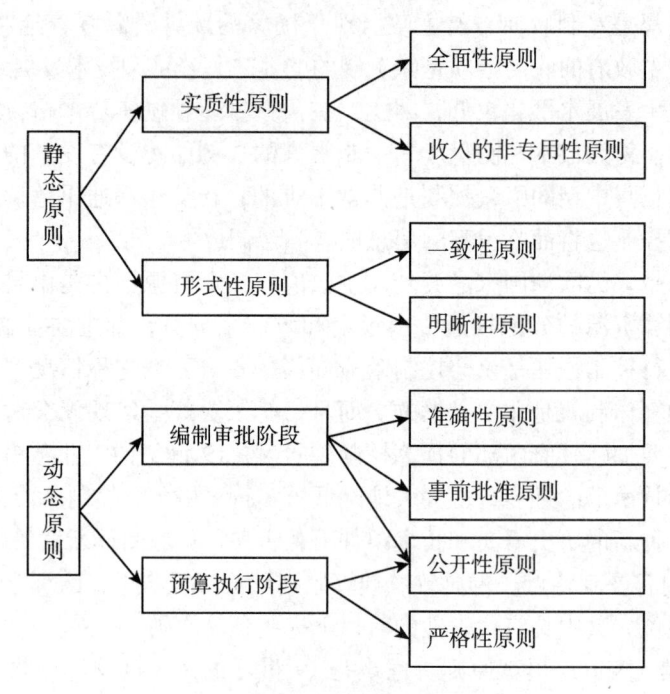

```
                    ┌─────────┐         ┌──────────────┐
              ┌────→│实质性原则│────┬───→│  全面性原则   │
              │     └─────────┘    │    └──────────────┘
    ┌─────┐   │                    │    ┌──────────────┐
    │静态 │───┤                    └───→│收入的非专用性原则│
    │原则 │   │                         └──────────────┘
    └─────┘   │     ┌─────────┐         ┌──────────────┐
              └────→│形式性原则│────┬───→│  一致性原则   │
                    └─────────┘    │    └──────────────┘
                                   │    ┌──────────────┐
                                   └───→│  明晰性原则   │
                                        └──────────────┘

                    ┌─────────┐         ┌──────────────┐
              ┌────→│编制审批阶段│───┬──→│  准确性原则   │
              │     └─────────┘    │   └──────────────┘
    ┌─────┐   │                    │   ┌──────────────┐
    │动态 │───┤                    └──→│  事前批准原则 │
    │原则 │   │                        └──────────────┘
    └─────┘   │     ┌─────────┐        ┌──────────────┐
              └────→│预算执行阶段│──┬──→│  公开性原则   │
                    └─────────┘   │   └──────────────┘
                                  │   ┌──────────────┐
                                  └──→│  严格性原则   │
                                      └──────────────┘
```

图 4-2　纽玛克的静态与动态预算原则

将财源予以合理配置，收入与支出项目各不相属，也不相关。否则就会将财政收支割裂成无数个独立的基金，与预算的完整性原则相违背。

③一致性（unity）原则。此原则包含两层意义，其一是财政收支应统一编列，维持一个完整的体系；其二是一项预算内限定同一项目的内容不得分散于两个项目之内。这实际上与尼琪预算原则的统一性与总括性两项原则意义相同。

④明晰性（clarity）原则。所谓明晰，是指预算收支的项目内容，预算收入的来源与支出的用途，明白概括，分类表示，有条不紊，清晰一致，便于审议与执行预算，进而提高政府行政工作效率。但是，在实行明晰性原则时，因既要做到预算的详细编列，又要达到简单明了，可能存在实际操作上的困难。所以一般预算在编制时，既有概览全局的总预算，也有某项收入或支出分列的详细预算，以达到预算明晰的目的。

⑤准确性（accuracy）原则。所谓准确，是指预算预计的收入应与实际可能筹集的收入基本相符，如低估收入就会使预算不平衡，如高估收入会不适当地加重民众负担。同时，所有预算支出也不能估计过高或过低，以免引起奢靡浪费、增加民众负担和导致预算失衡。为达到准确性原则，在编制预算前应收集足够的相关资料，充分估计未来情况的变化，使预算尽量接近实际。准确性原则的另一个含义是指除非不得已不能有预算外的财政收支活动，否则预算就失去了完整性。

⑥事前批准（prior authorization）原则。这是指预算必须在预算年度开始前决定。预算是财政活动的准绳，也是立法机关制衡行政部门的工具。政府活动是不能一日中断的，如果预算在年度开始前未能决定，但财政收支活动仍在进行，则可能

侵犯立法机关的职权和产生财政舞弊现象,所以预算必须在年度开始前决定。为了达到这一目的,要在法律上规定预算编制、审批的期限。如有特殊情况,不能完成法定预算程序,法律也应规定相应补救办法,以免扰乱财政秩序。

⑦严格性(specification)原则。这个原则包含三层含义:其一是预算科目的设立应力求明确。以免这个科目的费用,可拿到另一科目报销。也就是要避免隐性、不恰当的科目之间的流用。其二是预算以外的支出项目应予禁止。包括预算中原来没有该项支出而安排支出,或是超过某项支出预算数安排支出,或是将应在预算内列支的项目转入预算外。其三是禁止提前支用下年度的经费,或将本年度的经费不经法定程序,结转到下年度使用。

⑧公开性(publicity)原则。是指预算内容必须对社会全面公开,包括:预算审议程序公开、正式批准的预算公开,以及预算执行结果(政府决算)的公开。社会公众根据预算所列示的内容,能够全面了解政府各项活动及财政状况。

(3)舍德(Seidel)的预算原则分类。另一位德国学者舍德(1933)将预算原则重新进行了分类。他认为,预算原则有四个基本问题,作为对这些问题的回答,每个问题下又分别形成了一些预算原则。图4-3列出了这四个问题,以及分别与之相对应的预算原则。第一个问题:什么应该被纳入预算?从预算范围来看,有"全面性原则",而从预算特点来看,有"准确性原则"。第二个问题:预算将通过何种方式展示其所包含的支出和收入项目?针对这一问题,发展出"一致性"、"清楚性"、"公开性"和"可比性"等原则。第三个问题:何时提交预算?对此,有"事前批准原则"。最后一个问题:预算规定在何种程度上约束着各个政府部门的行动?与这一问题相对应的是"严格性原则"。

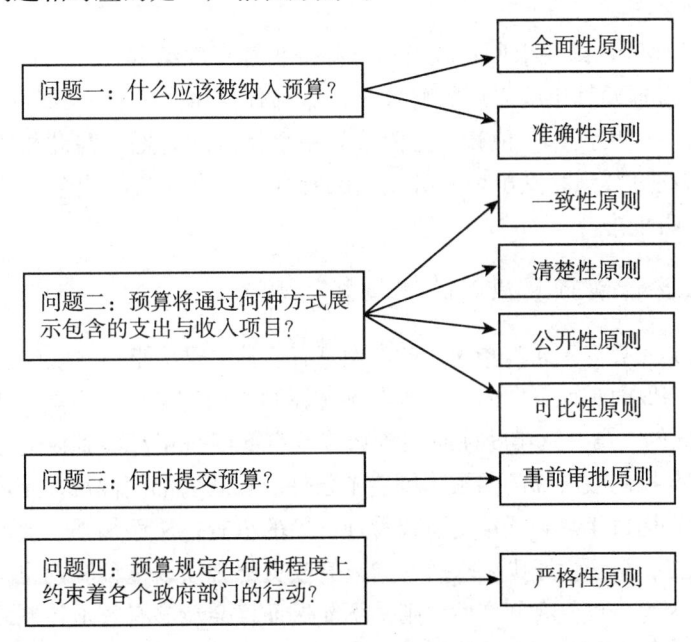

图4-3 舍德的预算原则分类

（二）西方古典预算原则的一般概括

西方预算理论界对上述原则加以总结归纳，形成了一套为多数国家所接受的一般性预算原则。主要包括以下六条：

1. 全面性原则。这就是要求政府预算应该包括其全部的财政收支，反映政府的全部财政活动。不允许有预算以外的政府收支活动，也不允许有在政府预算规定范围以外的财政活动。任何政府部门的收支都要以总额列入预算，而不应只列入收支相抵后的净额。

2. 一致性原则。这就要求预算收支按照统一的程序和标准来计量和编制。该原则强调对所有的政府收入和支出应该同等对待。纽玛克的"收入的非专用性原则"实际上可以视为达成预算一致性原则的途径之一。因为，收入的非专用性原则强调应该从"一般性收入"（general revenue）来为各种支出提供资金，而不能将某项收入变成某项支出的专项收入。

3. 可靠性原则。这就是要求政府预算的编制和批准所依据的资料信息必须可靠。在此基础上，政府预算所编列的收支数据必须符合实际。

4. 严格性原则。该原则强调预算一经做出后就必须严格执行，并能有效地约束各个政府部门的行动。该原则又包括定性和定量两个层面的内容。在定性层面上，预算拨款只能用于预先规定在预算中的目的。禁止将拨款从某一个项目（或部门）转移到另一个项目（或部门）。在定量层面上，该原则规定只有当政府决定在预算中提供某笔资金后才允许进行支出。

5. 公开性原则。即各级政府的全部财政收支都必须经过立法权力机关审议批准，并向社会公布。

6. 年度性原则。即要求所有政府预算都按预算年度编制，列出预算年度内收支总额，不应该对本预算年度之后的财政收支做出任何事先安排。该原则意味着每年都必须重新进行一次预算，预算只能覆盖某一个特定的时期。与此相联系的是事前批准原则，即在进行预算支出前，必须确保所有的支出（有时也包括收入）都必须通过投票并获得批准。

（三）西方古典预算原则的"控制"取向

美国的公共预算专家希克指出，政府预算有三种主要功能，进而有三种预算取向：控制取向、管理取向和计划取向。从古典预算原则的内容来看，古典预算原则都是以"控制"为取向的。第一，年度性原则意味着政府部门每年都要到议会去争取政治支持，从而为议会控制政府部门的预算创造了条件。在政府部门内部，年度性原则也意味着各个政府机构每年都必须接受财政管理部门的审查，从而加强了政府部门内部的预算控制。第二，全面性原则要求所有的政府收支必须放进预算内也是以实现预算控制为目的：因为，仅仅有年度性原则并不能保证议会能够有效地控制政府部门的预算，也不能保证财政部门能有效地控制各个政府机构的预算。如果政府或政府各部门有其独立的不受议会或财政部门监督的预算外资金来源，那么，议会对政府的预算控制和财政部门对各个政府部门的预算控制就会形同虚设。第三，一致性原则同样也是以预算控制为目的。如果预算体系内有某些收入或支出是按照某种不同于其他收入和支出的方式来处理的，那么，即使这些收入和支出已经被列入预算内，对它们的预算控制也会相对弱化。最后，严格性原则的控制导向就更加明显：在预算过程当中，政府部门常常有不按预算规定的目的和方式使用资金的倾向，为了控制政府或支出机构的这种机会主义行为，就逐渐发展出了预算的严格性原则。

因此，古典预算原则是与自由资本主义时期的"健全财政"的最高原则相一致的，即制定预算原则的指导思想是控制预算收支以达到预算平衡。这些传统的预算原则对实现政府对预算收支的计划管理与执行，以及立法机构对政府财政活动的控制与监督这样两大传统预算目的都具有重要的指导意义。

二、古典预算原则挑战与美国预算管理原则发展

从20世纪30年代起，在预算实践中，以预算控制为取向的古典预算原则受到越来越大的挑战。尤其是在20世纪后半期，由于预算外财政和赋权型预算等现象的出现，各国的预算实践越来越偏离古典预算原则。

（一）古典预算原则面临挑战与原因

20世纪30年代世界经济大危机后，凯恩斯主义盛行于西方国家，各国政府对经济逐步进行了全面和深入的干预；与此相适应，西方各国政府在预算上明显地表现出其主动性，传统的古典预算原则已经不再适应新的经济形势和政府职能的变化，于是，各国便开始对古典预算原则进行修改和补充，进而提出了一些与以前不同的预算原则。预算实践偏离古典预算原则的原因很多、也很复杂，并且会随着国家和政治经济体制的不同而不同。但主要有以下两个原因：

第一，预算管理的重点由"控制"转向"管理"和"计划"。传统预算主要是以控制为主的，这样的预算体制虽然有力地约束了预算领域内的腐败、资金滥用和误用，但是，过度地强调预算控制也在很大程度上限制了支出机构的自主性和积极性，从而降低了效率。从20世纪30年代开始，随着政府职能范围的扩大，通过不断的预算改革，现代政府的预算活动越来越强调"计划取向"和"管理取向"。例如在美国，从1935年开始，特别在"罗斯福新政"时期，政府预算开始转变为"管理取向"，并在绩效预算改革时期达到高峰。从20世纪60年代开始，随着规划项目预算（PPBS）的引入，政府预算开始强调计划性。当政府预算的重心转向管理绩效和计划目标的合理性时，传统的以控制为主的预算原则就不再能够满足预算者的全部需求。

预算管理取向的这种转变最明显地体现在预算部门（如财政部门）的职能转变上。正如塞缪尔（Thurmaier）和魏劳比（Willoughby）所指出的，主要有四种取向的预算部门：控制、管理、计划和政策。其中，控制取向的预算部门，主要致力于迫使支出机构削减支出和限制它们在内部重新配置资源的能力。管理取向的预算部

门主要致力于促使支出机构改进管理。计划取向的预算部门主要致力于帮助机构预测和建立多年的项目计划。政策取向的预算部门的关注点则从支出转移到了政策变化,主要致力于鼓励支出部门在它们的支出项目之间进行权衡;控制职能是预算部门最早的职能,产生于现代预算形成之时。所以,长期以来,在预算研究中,预算部门都是被看成支出的"削减者"和"财政的看守者"。例如安东(Anton)认为,无论支出机构在准备预算时是否真的是扩张性的,预算审查者都认为它们是这样的,从而,都会很自然地扮演起支出削减者的角色。然而,从20世纪30年代开始,在许多国家,预算部门开始逐步地摆脱完全以控制为主的模式。从20世纪70年代开始,伴随着"规划—项目—预算"模式的产生及其在各个国家的推广,预算部门开始在政策过程中起着越来越大的作用,预算部门的官员变得越来越像政策分析家。

第二,为克服政治不确定性的预算制度安排。从政治的角度讲,"政治产权的不确定性"将使得每一个政治家都无法确保他所支持的预算合同将会得到未来具有控制权力的政治家的支持。政治市场上的高强度激励和竞争将诱导政治家采取机会主义行为,正如在经济市场上将交易"非市场化"可以克服机会主义行为和降低交易费用一样,在政治市场上将预算交易"非政治化"将有助于克服政治家之间的机会主义行为。在预算领域,有很多预算制度安排都是为了克服政治家之间的机会主义行为:例如"专款专用"的基金和预算外收支等。"专款专用"的基金是单独以一种特殊的预算模式来管理,违反了政府预算的一致性原则。但从交易成本政治理论来看,基金收支的存在可以减少政治不确定性,也能降低制定预算合同的事前交易费用以及确保预算承诺具有时间延续性的事后交易费用。此外,由于预算环境和预算过程存在着不确定性,财政部门承诺划拨给支出机构的资金可能难以兑现,为了减少这种不确定性,支出机构就会建立起独立的、由自己支配的资金——预算外资金,从而违反了政府预算的全面性原则。由于这些制度安排的出现,预算实践就开始逐渐偏离古典预算原则。

三、美国预算管理原则

1945年美国联邦政府预算局局长史密斯(H. D. Smith)提出八条预算原则,代表了在当代社会经济条件下,美国行政机构谋求预算主动权的一种倾向性要求,反映了当代西方国家预算原则变动的一种趋势。史密斯的预算原则与古典预算原则最大的不同点在于:其更强调政府行政机构在预算上的主动权。而且,史密斯提出的这些原则并非美国一国的现象,也反映了西方国家的预算原则变化的某些共同趋势。由于这些原则的提出和实践,古典预算原则被逐渐打破和修改。

史密斯(H. D. Smith)提出的八条预算原则包括以下内容:(1)反映行政计划原则。认为财政承担着实现政府行政计划的作用,所以预算必须为实施行政计划提供便利,即政府预算必须反映和支持政府行政首脑的计划。总统所提出的重要计划一旦为国会所通过即成为施政纲领,预算的制定必须为之服务。(2)加强行政责任原则。预算实施必须赋予行政部门必要的权力和责任。立法机构通过立法程序使正式预算成立后，预算的执行权力属于行政部门，行政部门应当具有有效地执行预算的责任。（3）以政府预算报告为依据原则。在预算的编制、批准、执行、监督过程中，政府应提供预算报告及与之相关的各项资料，以此作为预算立法和管理的基础。（4）执行中的弹性原则。为适应社会经济形势的变化，预算要有一定的弹性。预算中应包括随经济形势的变化作适当调整的内容，应该有适当的弹性条款的规定，授权行政机关在预算执行期间，可以根据实际情况作必要的调整。（5）适度权力原则。预算的"工具"必须充分，在政府行政机构中应具有编制和执行预算的专职机构和人员。行政首脑应具备调节预算资金的权力和手段，行政首长有权规定月度和季度的拨款额，有权建立预算预备费，并有权在必要时动支预备费。（6）预算程序多样化原则。即现代政府职能日益复杂化，针对政府的行政活动、经济建设活动，以及公共事业活动的性质不同，而采取不同的预算管理程序，采取多种管理形式来适应各种财政活动的需要，不宜强求一致，技术手段也应适应多种管理形式的需要。（7）适当加强行政主导原则。为了使预算管理经济节约具有效率，对预算支出项目不宜作过分苛刻的限制，国会可以原则规定资金使用的范围、方向和目的，在不违背立法机构基本政策方针的前提下，具体方式和途径应允许行政机构灵活调整以实现预算的目标。（8）机构协调原则。预算机构必须在预算的编制及执行上相互联系和协调，充分发挥各自的作用。在预算编制、执行过程中，中央预算机关与地方各级预算机关之间，以及预算机关与主管部门、单位之间，都应相互协调合作。以实现相互沟通、相互监督的效果。

在20世纪70年代以后，各国的预算实践对古典预算原则提出了更大的挑战。第一，虽然古典预算原则强调预算的非连续性或年度性，20世纪70年代以来，预算越来越具有连续性，过去形成的预算承诺，比如各种社会保障项目，常常不能随意终止。美国联邦政府的支出就分为两类：年度拨款和强制性支出（即法定支出）。因此，许多预算决策就变成连续的而非年度性的。凯顿将其概括为"预算的非弹性"（Budgetary Inflexibility）。第二。由于长期性的预算承诺所导致的支出每年都在变化，并取决于不可改变的上一财政年度的决策、涉及的受益人数和部门、经济波动等不可控制的因素，因此，预算变得越来越不可预测。凯顿将其概括为"预算的不可预测性"（Budgetary Unpredictability）。第三，虽然古典预算原则强调预算的全面性或完整性，20世纪70年代以来，预算常常被各种隐蔽的方法拆散、某些领域逐渐形成供自己自由支配的资金，预算外活动逐渐出现。预算外项目和基金的大量存在，以及复式预算的引入，致使预算的完整性原则逐渐被打破。因而凯顿将其概括为"预算的零碎化"（Budgetary Fragmentation）。第四，由于公共和私人部门之间的区别越来越模糊和各种准政府组织参与到公共产品和服务的供给当中，一些私人部门和准政府组织实际上介入了政府收支活动，但是却常常不受政府预算控制。凯顿将其概括为"预算的私有化"（Privatization）。

第五章

美国政府预算编制管理

■ 本章导读

政府预算的编制是政府预算管理的起点,预算编制意味着要考察资源过去的使用情况,分析已经实现的目标及其成本,并通过为将来的预算年度分配新的资源,描绘出新的发展战略。一个完整的美国政府预算周期长达33个月,可以划分为4个阶段:预算草案的编制、国会的审议、预算方案的执行、对预算执行情况的监督审核。美国联邦政府预算编制中涉及美国总统、经济三角和总统管理与预算办公室(OMB)。本章分别介绍了美国联邦政府预算编制流程、相关机构在预算编制中的职责,在预算编制中如何进行收入预测及美国中期预算管理的相关内容。

联邦政府每年通过预算过程收入和支出的数额超过 2 万亿美元，这一联邦预算过程以其复杂、费时和神秘而闻名，其中充满了争吵、纠纷和拖延。① 作为世界上最发达的市场经济国家，美国在预算管理方面已形成一套较为完善、规范的制度。美国的预算管理由行政部门和立法部门共同参与完成，政府负责预算的编制和执行，议会负责预算的审批和监督。美国的政府预算，是以预算法案的形式，由国会审议通过的，履行的是立法程序，因此，预算一经国会审批通过，即具备法律效力，必须得到严格执行，从而形成美国独特的预算法治环境。

第一节　美国政府预算编制程序

一、关键预算概念和术语

完全理解联邦预算过程需要熟悉数十个、甚至是数百个概念和术语。下面分别介绍与基本预算单元、预算范围和分类、预算行为的时间、预算基数等相关的关键概念和术语。

（一）基本预算单元（Elementary Units of Budgeting）

就像任何复杂过程一样，联邦预算可以分解成若干基本的行为和度量。

1. 支出（Spending）。支出过程包括三个独立的阶段，即预算授权、支付义务和开支。预算授权是预算经国会和总统制定为法律，它为联邦机构以支付义务的形式产生约束性的财政承诺提供了法律基础。支付义务产生于这些机构订立合同、雇佣人员、订购产品和服务等行为。但支付义务被清偿后，就变成了开支。一般来说，开支表现为支票、电子账户转移或其他财政部的支付方式。

机构每年获得的大多数新预算授权都是以往国会制定的法律所自动产生的。这部分资金无须国会采取任何立法行动就可使用。比如支付社会保障津贴所需要的资金是根据 20 世纪 30 年代制定的一部法律自动提供的，该法为这一项目提供了永久性的拨款。其他形式的无须经过年度立法行为的预算授权还包括借款授权和合同授权，机构首脑根据这些授权可以在拨款行为之前就借入资金和订立合同。

机构每年可用的其他授权来自当期制定的法律，主要采取提供年度拨款的议案形式。许多机构还可以使用以前年度制定的预算授权，作为未支出余额它们仍然是有效的。

预算授权的一个最重要特征就是它能用于支付义务的时间。绝大多数用于联邦政府日常运行费用的预算授权都是"一年期"资金，也就是说它只能在被提供的那

---

① 下文中的美国政府预算管理流程，如无特别说明，均是指美国联邦政府的预算管理流程，不包括州和地方政府。

个财政年度中用于支出。在此之后，资金则过期，不能再用于支出了。但另一方面，为了采购、建设和其他类似的长期活动所制定的授权常常"多年期"或"无年限"地提供资金。不论哪种预算授权，在支出资金的授权过期后的几个财政年度中，都常常还有可能产生开支。

2. 收入（Revenues）。联邦政府的收入来源于多个方面。个人和公司所得税占了联邦政府收入的50%以上的水平，社会保障税在税收来源中的地位也日益重要。另外，联邦政府还从各种消费税、关税、赠与和杂项收入中获得其他收入。

偏离"正常"的税法的变更（如豁免、抵扣和特殊规则）被称为"税式支出"，属于政府放弃的财政收入，这类活动为实现政策目标提供了一种类似于支出项目的手段。比如联邦政府为了促进房屋拥有，规定了抵押利息成本的税收折扣额度，通过与之类似的贷款等支出项目，同样也可以为实现该目标提供资金。

3. 赤字和盈余（Deficit and Surplus）。赤字和盈余由开支相对于收入的情况决定。开支超过收入是赤字，收入超过开支是盈余。

4. 账户和基金（Accounts and Funds）。联邦预算中的支出和收入水平以账户为基础进行记录。比如对于年度拨款，每个账户通常对应于法律中的一个单独条目。分配给每个账户的资金被进一步划分给项目、计划、活动和与该账户相关的支出对象。在预算编制中，账户通常根据管理它们的组织单位（如部门或机构）集中在一起。有些类型的账户，如信用融资账户，包括在预算编制中，但只用于审计目的，它们不反映预算交易。

联邦支出和收入也可以根据所涉及的基金类型来划分。预算基金的两个基本类型，一个是信托基金，它是根据法律规定用于实现特定政策意图的；二是联邦基金，源于联邦政府的主权，主要用于政府的日常活动。

（二）预算范围和分类

1. 预算内与预算外单位（On-Budget and Off-Budget Entities）。根据1969财政年度首先实行的统一预算方法，信托基金和联邦基金合并在一个预算编制中。国会和总统后来逐渐对这一方法规定了具体的例外内容，包括在统一预算中的单位称为"预算内"单位，在此之外的内容称为"预算外"单位。目前，社会保障依托基金和邮政服务基金是仅有的预算外单位，预算中的合并预算总额包括了预算内的交易和预算外的交易。

2. 运行基金和资本基金（Operating and Capital Funds）。联邦政府与州政府不同，不设单独的运行预算和资本预算。用于运行的费用和资本项目的资金合并在一起，但总统提交的年度预算中包括一个对预算中这类资金的分析。

3. 自主支出和法定（定向）支出（Discretionary and Mandatory Spending）。这是历史较短的一种联邦支出分类方法，产生于《1990年预算执行法》中的程序要求，根据的是支出是自主性的还是定向性的。自主支出在年度拨款法中加以规定，在两院拨款委员会的权限范围之内。法定支出，也称为定向支出，由实质性立法所规定，属于两院各个授权委员会的权限范围。大多数法定支出都包括由永久性拨款提供资金的权利性支出项目。某些权利支出项目尽管由年度拨款法提供资金,但这些支出项目也被认为是定向支出。

(三) 预算年度与预算周期(Fiscal Year and Fiscal Year Cycle)

美国联邦政府的预算年度为每年的 10 月 1 日到下年度的 9 月 30 日。一般来说,在一个预算年度内,政府既要执行本年度财政预算,又要审核上一财政年度的预算,还要编制下一年度的预算。美国的预算编制程序较为复杂且持续时间较长,从各部门编制预算开始,到联邦预算执行后的审计结束,一个预算周期历时约 33 个月。其中政府预算编制阶段一般要包括 12 个月,国会审批阶段包括 8 个多月,期间对每个阶段、每个部门的任务和权力都有明确的规定。大多数州政府的预算年度是从每年的 7 月 1 日至次年的 6 月 30 日。

(四) 预算基数(Budget Baseline)

年度预算周期中重要的第一步是准备预算基数。预算基数是根据当前情况对未来年度收入、支出和赤字或盈余水平的预测。预测建立在技术假设(如人口模式和项目数量的变化)和经济假设(如经济增长率、通货膨胀率、失业率的变化)的基础上。它们假设与现行法律一致的政策将保持不变。因此,基数是评估预算建议所内含的政策变动的重要工具。

行政机构和立法机构都会提出自己的预算基数。为总统预算准备的基数称为"当前服务估算",国会使用的则是国会预算办公室提供的"基数预算规划"。

二、美国政府预算编制流程

政府预算的编制即政府预算收支计划的预测及确定,政府编制预算是组织战略的一种表现,预算编制意味着要考查资源过去的使用情况,分析已经实现的目标及其成本,并通过为将来的预算年度分配新的资源,描绘出新的发展战略,这一过程被称之为预算编制。

(一) 美国联邦政府预算管理流程

一个完整的美国政府预算周期长达 33 个月,可以划分为四个阶段:预算草案的编制、国会的审议、预算方案的执行、对预算执行情况的监督审核。美国预算编制、审批过程实际上是一个立法过程,程序相当严格,这主要表现为预算审批过程中以国会为代表的立法机构和以总统为代表的行政机构之间的分权制衡。美国总统将预算草案提交国会,国会审批后,总统仍有权对预算草案进行部分否决。若国会仍坚持自己的审议方案,就必须重新审批预算草案。同时,政府预算严格遵守先审批后执行的原则,如审批未通过,即使新的财政年度已经开始,预算草案也不能执行,这种情况下需编制临时预算,在经立法部门的审批后作为过渡期的政府预算,直到新年度财政预算草案获得通过为止。由于预算的法制化程度较高,权威性较强,执

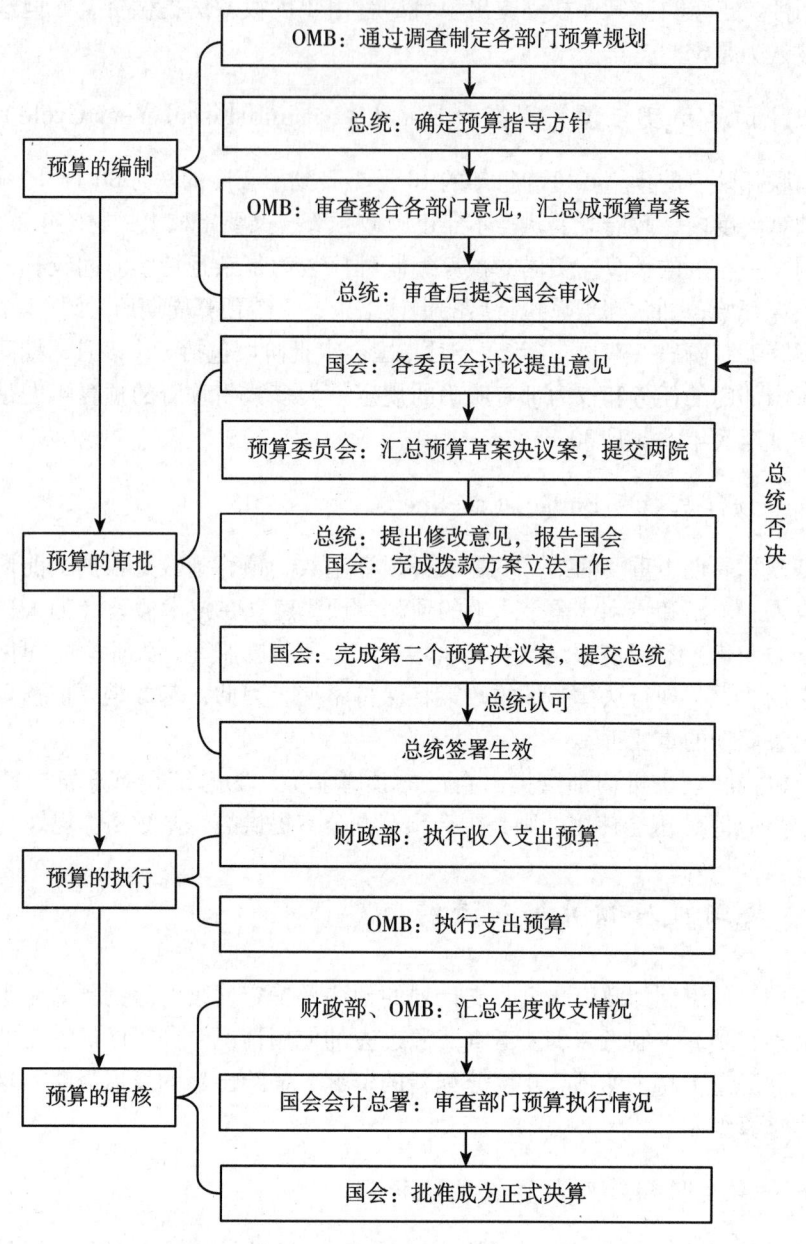

```
预算的编制 ┬─ OMB：通过调查制定各部门预算规划
          ├─ 总统：确定预算指导方针
          ├─ OMB：审查整合各部门意见，汇总成预算草案
          └─ 总统：审查后提交国会审议

预算的审批 ┬─ 国会：各委员会讨论提出意见 ←──┐
          ├─ 预算委员会：汇总预算草案决议案，提交两院  │
          ├─ 总统：提出修改意见，报告国会            │总统否决
          │  国会：完成拨款方案立法工作              │
          ├─ 国会：完成第二个预算决议案，提交总统 ────┘
          │              │总统认可
          └─ 总统签署生效

预算的执行 ┬─ 财政部：执行收入支出预算
          └─ OMB：执行支出预算

预算的审核 ┬─ 财政部、OMB：汇总年度收支情况
          ├─ 国会会计总署：审查部门预算执行情况
          └─ 国会：批准成为正式决算
```

图 5-1 美国联邦政府预算管理流程图

行中未经法定审批程序一般不得进行调整。

在此过程中，美国的行政部门和立法机构均发挥了重大的作用，两者履行各自的职能，相互制约，保证预算管理体系的完整性和效率性。行政部门和立法部门各有一套各自参与编制预算管理的系统，二者各有偏重。行政部门的预算管理系统主要由财政部、总统经济顾问委员会（Council of Economic Advisers，简称 CEA）、国家经济委员会（National Economic Council，简称 NEC）组成的"经济三角"和总统管理与预算办公室（OMB）组成。简单来说，"经济三角"主要参与联邦收入预算

的编制，以对财政总额（预算总量）的中期预测为基础，阐明政府所关注的财政政策目标及其优先性、当前财政政策对未来年份的影响，以及中长期财政状况。管理与预算办公室（OMB）具体负责与各部门进行支出预算的编制，最后，经由"经济三角"和 OMB 确定的预算内容，经总统确定签署后，再提交给国会进行审议。参议院和众议院均会参与预算的审议，参议院和众议院各自在自己院里表决预算草案的内容。若两院的最终决策不一致的，需要两院进行协商处理。形成的最终预算案将由总统签字，才能实施。若总统不同意此预算，则需要以国会 2/3 的赞成率才能继续执行此项预算案，或者修改预算让总统满意。

（二）美国 2013 年联邦预算编制

下面以 2013 年美国联邦政府预算为例，说明其预算程序。2013 财年联邦政府预算于 2011 年 2 月开始着手编制，各政府部门最迟必须于 2011 年 9 月向总统管理与预算办公室（OMB）报送本部门的预算开支需求。总统管理与预算办公室（OMB）按照支出重要性和紧迫程度对各预算项目进行排序，提出预算建议，最迟于 2011 年 11 月底提交总统。总统根据财政部、总统经济顾问委员会、联邦储备委员会等部门提供的财政收入、经济发展前景预测和货币、汇率等资料，制定 2013 财政年度政府预算草案。

按法律规定总统应于 2012 年 1 月的第一个星期一将 2013 年预算草案提交国会，最迟也不能超过 2 月的第一个星期一。国会收到预算草案后将举行听证会，会上相关政府部门的负责人须对草案做具体说明。国会一般要在收到总统提交的预算草案 8 个月时间内，即 2012 年 9 月中旬左右完成预算审批和立法程序，经过总统认可和签署后，2013 年预算于 2012 年 10 月 1 日开始生效。在此期间，总统、总统管理与预算办公室（OMB）、各政府部门以及国会参众两院各委员会不断就各自掌握的信息，对预算内容、具体政策等进行交流和反复论证，目的是使政府预算能够更好地协调各方利益，最大限度保证资源配置的有效性和可行性。

在预算工作中，日程表就非常关键，因为它告诉了预算参与方应该做什么以及什么时候做。即使规定期限错过时，日程表也将引导活动和期望，并明确那些制定预算和花费资金的人的角色与行为。预算日程表中最重要的日期是 10 月 1 日，即新的预算年度开始的日子，各部门从这一天开始执行本部门的预算，各部门以 10 月 1 日为起点，开户或封闭它们的账户。

表 5-1　　　　　　　　　美国 2013 财政年度预算周期时间表

日　历	活　动
2011 年	
3~6 月	制定预算指导方针和初步政策，各部门预算办公室要求下属单位开始进行预测
7~9 月	各部门形成详细的申请，提交给管理与预算办公室（OMB）
10~12 月	管理与预算办公室（OMB）审查各部门申请并做出反馈；各部门向管理与预算办公室（OMB）或总统进行申诉，形成最终决策

续表

日历	活动
2012 年	
1 月	国会预算局（CBO）发布 2013~2022 财年《预算和经济展望》
2 月	在 2 月的第一个星期一之前，总统向国会提交 2013 财年总统预算
3 月 15 日	国会各委员会将其对预算的看法和预测提交给预算委员会
4 月 15 日	预算规则要求国会在这个日期之前采纳 2013 财年的预算决议
5 月 15 日	如果预算决议仍未被采纳，众议院可能会考虑拨款事宜
6~8 月	参众两院审议 2013 财年常规拨款草案；管理与预算办公室（OMB）和国会预算局（CBO）发布新的关于 2013 财年收支的预测
9 月	会议报告和常规拨款规定
10 月 1 日	2013 财年开始；如果常规拨款法案尚未制定成为法律，通过持续决议
2012 年 8 月至 2013 年 9 月	各部门开支并落实国会授权的活动；国会可能要为 2013 财年制定补充拨款法案
2013 年	
2 月	新的 2013 财年收支预测包括在 2014 财年的预算之中
9 月 30 日	2013 财年结束
10~12 月	各部门、财政部以及管理与预算办公室（OMB）关闭 2013 财年财务账簿
2014 年	
1~12 月及以后	各部门编制财务报告；开展事后审计和评价工作
2 月	2013 财年实际收支数据将包括在 2015 财年预算之中

资料来源：[美] 艾伦·希克著，苟燕楠译：《联邦预算——政治、政策、过程》，中国财政经济出版社 2011 年版，第 43 页。

1. 预算编制阶段（12 个月）。预算的编制过程主要由以总统为首的行政部门负责。2011 年 2 月，美国财政部在上一年度的财政收支基础上，根据相关部门掌握的统计资料和新财政年度的实施方针，估算出该财政年度的财政收入水平，将财政收入报告上交总统。与此同时，各政府部门制定出本部门的预算开支计划，并报送国家经济委员会和总统管理与预算办公室（Office of Management and Budget，OMB）。2011 年夏，OMB 通过对各部门预算的整合制定出预算规划，提交总统。总统以财政部上缴的收入报告为基础，结合"经济三角"（财政部、国民经济委员会、经济建议委员会）提出的经济发展预测、财政政策、货币政策等资料，确定 2013 预算年度政府预算的基本框架。该框架不仅反映了在 2013 预算年度里政府各部门的预算开支情况，更突出体现了财政政策的基本导向和经济发展的宏观政策目标。

通常，管理与预算办公室（OMB）会在编制年的 7 月份颁布名为《概算的编制与提交》的 A-11 号通知，对各部门财政支出概算的形式、工作日程、文件内容等做出相应的技术性规定,提供涉及《政府绩效与结果法案》(GPRA)如何实施的指导性说明。A-11号通知的内容十分详尽,它包含大量的细节指导、计算方法以及相关法律的辅助说明等。为了加强对预算申报活动的管理,A-11号通知一般还会制定一个时间表,解释各部门应该何时向OMB提交预算申请,以及各部门要在哪一时段被OMB通知前去进行相关问题的陈述。

表5-2　　联邦机构预算申请所必须提交的部分材料

管理与预算办公室A-11公告的章节标题	说　明
需求概要	联邦机构必须提交的材料综述
绩效信息需求	将用于战略计划和其他活动的项目信息与预算和绩效整合倡议相匹配
服从行政政策和其他一般要求	确保预算符合总统的支出水平、总统管理议程以及其他要求
人事、薪资、补助金及相关支出	评估雇佣员工的支出和补助金
对某些具体项目和支出的评估	评估关于建筑物、资本资产、医院、咨询委员会和税务方面的支出
基础性的说明材料	简要说明项目、雇员规模、机构调整、项目拨款和绩效指标及目标
财务管理信息	提交内部财务活动、合同、补助金和审计信息
信息技术和电子政府	报告信息技术支出及通过技术(电子政府)拓展公众获取信息的努力
空间和土地的租用费	报告办公场所、其他建筑和土地的支出
预算数据系统	概述为预算过程提供计算机支持的MAX预算系统
建立基准评估	概述基准评估编制
政策和预算授权、支出以及收入的基准评估	基于现有法律计划未来年度(当前服务计划)的预算授权、支出和收入
项目和财务	根据项目活动报告预算授权、法定开支、支出、撤销遵从和其他财务活动
目标分类	提交有关人事、合同服务、资产购置、补助金以及固定收费的信息
特征分类	报告支出(它们是投资性的还是非投资性的,以及它们是否为州和地方政府提供资金)
雇佣水准评估和人员概况	根据项目活动预估全时当量(the full-time equivalent, FTE)
特别表	提供概括财务交易的资产负债表
预算附件和打印材料	显示经费说明,提供项目活动的叙述性说明

资料来源:http://www.whitehouse.gov/sites/default/files/omb/assets/a11_current_year/a11_2013.pdf。

管理与预算办公室（OMB）负责预算管理和分配资金，根据各部门以及各单位提供的资金申请，OMB 在核实之后，按项目类别分配并且按进度分级拨付资金。在预算的执行过程中，发现需要追加资金时，应该上报国会，经国会批准后通过立法修正案执行。若有特殊情况需要推迟预算的执行的，同样需要报告国会，国会表决通过与否，经费超支或者滞留都违法。因此，国会会计总监督局负责核实预算的执行情况，调查实际发生的收支是否与预算相符，同时对部门的收支效益进行评估，具体的拨付由财政部负责执行。在提出建议的时候，OMB 要求在分析、规划、评估和预算的基础上得出。而年度计划的制定则需要同战略计划相一致并且要能如实反映总统的优先顺序安排。所谓战略计划是指机构在一个财政年度里需要完成的任务以及各项指标等。

管理与预算办公室（OMB）还要求所有的资金预算必须建立在各部门机构提供的经济假设的基础上进行。在目前的联邦政府的部门预算中，人员费用主要根据各类人员的国家工资规定，并在考虑雇佣成本指数和本地工资率的基础上来决定真实的人员费用。资本预算则主要根据资本的单位成本，考虑价格指数的变化情况来决定。此外，OMB 还要求各机构提供相关项目的单位成本信息，以如实反映特定成果的项目的平均成本。这类成本可以分为固定要素和可变要素，这样则能更清晰地显示出边际成本信息。单位成本和边际成本信息的提供有助于 OMB 在各相似项目之间进行效率比较；并为各机构预算资源的分配供了可信的基础。

在管理与预算办公室（OMB）对各部门的支出概算进行审核时，可安排审核人员对各部门提交的概算进行详细的咨询。必要时，可要求对应的项目负责人回答审核人员的疑问以核对信息。同时，OMB 还可以举行听证会。通过听证会，审查人员可以与各部门负责人直接对话，对于概算不清晰的地方，各部门负责人需要提供可信的资料依据。在此之后，审查人员应该提醒 OMB 官员需要注意的问题以及存在的偏差，并及时做出调整。最后，各部门的预算管理机构根据总统的意见来核定年度的财政计划。

在 OMB 和财政部分别向总统提出预算支出和预算收入报告之后，收入和支出合二为一，总统则对收入和支出进行最后的平衡工作和进行预算决策。在管理与预算办公室（OMB）主任的帮助下，总统需要对全局有一个直观的掌握，做出最后的决策。这要求一方面要综合考察各项目对资源的需求情况，并根据其施政目标和政治需要在各政府部门之间合理地分配资源；另一方面也要根据现实经济状况和对未来经济发展的预测，在有关法律约束下确定适当的总支出与总收入的规模。

接下来，总统将预算指导方针通过 OMB 下放给各政府机构负责人。各部门的预算机构结合年度发展目标，将本部门 2013 预算年度的预算建议提交 OMB，OMB 与各部门政府官员进行讨论或安排听证会提出初审意见。各部门对审议结果有异议时，可对 OMB 提出申诉，经过双方协商仍未达成一致意见，可交由总统决定。

最后，OMB 整合各部门提交的预算，汇总成联邦政府预算草案，提交总统审查。总统必须在 2012 年 2 月底将预算草案交由国会审议，并在全国范围内公布。美国联邦政府预算编制流程见图 5–2。

第五章 美国政府预算编制管理

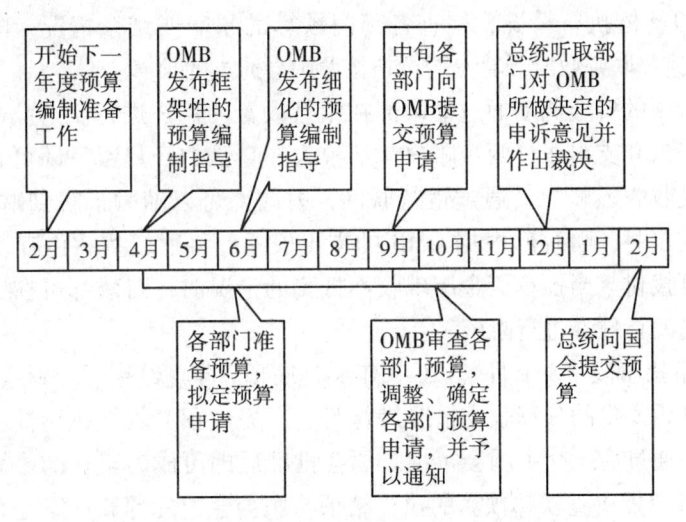

图 5-2 美国联邦政府预算编制流程图

2. 预算审批阶段（9个月）。预算审批阶段的参与者主要是国会代表的立法机构，参、众两院参与预算管理机构有国会拨款委员会（Appropriation Committee）、国会筹款委员会（Ways and Means Committee）、国会预算委员会（Budget Committee）、国会预算办公室（Congressional Budget Office）以及国会会计总署（Government Accounting Office）。

国会在收到总统提交的预算草案后，将预算草案同时提交相关预算管理机构和其他对支出有管辖权的委员会以及两院筹款委员会审议。同时，国会就预算问题举行听证会，总统和各政府部门的负责人需要到场对预算草案作详细解释说明。在收到预算草案的6周内，国会各预算管理机构根据听证和实际调查对预算提出修改意见。4月份，预算管理委员会综合考虑其他委员会的修改意见后，提出第一次预算草案决议案，并提交总统。

2012年4~6月，总统对第一次提出的预算决议案提出修改意见，并报告国会。在此期间，国会筹款委员会和国会拨款委员会应根据决议案上规定的标准额度，起草征税和拨款法案。国会必须在6月底前完成所有的拨款方案的立法工作，并在9月完成规定预算收支总指标的具有约束力的第二个预算决议案，提交总统。如果总统对预算方案没有异议，则签署即可生效；如果总统否决或部分否决了国会的预算方案，则国会必须对预算草案进行重新修改，并重复上述审议过程。当以2/3多数国会议员同意预算草案时，总统的否决才无效。

3. 预算执行阶段（12个月）。预算由国会通过并经总统签署后即以法律的形式规定下来。自2012年10月1日起，联邦政府开始实行2013预算年度的财政预算。财政部负责执行预算收入部分，负责国内税收法律的执行和各种税赋的征收。OMB负责执行预算支出部分，按进度分季度拨款，按项目类别客观分配资金，在执行过程中需要变更支出，必须经过国会的立法修正方可实行。在某些特殊情况下，可以推迟或取消某些项目的支出，但必须向国会报告并得到国会的批准。国会预算办公室（CBO）负责调控预算的整体执行情况，检查各部门预算的超额或结余情况。国会会计总署（GAO）负责监督联邦政府预算是否严格按照国会通过的预算法案进行。

预算执行中的资金流动通过财政部在银行设置的账户进行。财政部在每个银行均设有收入账户和支出账户两个账户。纳税人在自己的开户银行即可直接将应纳税额划入财政税收收入账户，通过银行联网，财政部可以随时了解到财政收入情况。当发生预算支出时，财政部根据OMB的支出安排，将财政拨款由存款户划入支出户，用于预算拨付。当预算资金出现收不抵支的情况时，财政部可在国会规定的债务额度范围内发行债券进行融资。

4. 预算审核阶段（3个月）。2013年9月底预算年度结束后，财政部和OMB将对本预算年度内发生的预算收支情况进行汇总，完成预算收支执行情况的汇总。经审计机构审核通过后，交由国会审批。国会批准后即可成为正式的决算。国会会计总署（GAO）负责审查联邦预算的执行结果与国会通过的预算法案是否一致，对各部门的预算执行结果进行核查。

联邦政府的监督体系由内部控制和外部控制两部分组成。内部控制由本部门的财务首长负责，OMB直接对总统负责，也可以执行内部控制职能，有权检查联邦机构的账目。国会会计总署（GAO）是国会对联邦政府预算进行外部控制的专门机构。国会会计总署（GAO）在每个政府机构内都设有一个总检察官，有权审查被检察部门的所有相关文件，对其提出质疑，部门人员必须回答总检察官提出的问题。总检察官必须每六个月向国会提交一次日常报告，反映预算的整体执行情况。当遇到特殊情况或发现预算执行过程中的问题时，总检察官可以向国会提交专项报告。

三、美国政府预算编制收支预测

（一）宏观经济和财政收入中期预测

美国联邦政府的收入预算由美国财政部提出，主要由财政部税收政策司（Office of Tax Policy）完成。在对联邦政府下一年度的预算进行估计尤其进行长期预算预测时，要基于一定的宏观经济假设，包括国内生产总值、个人和公司收入、消费品价格指数、失业率和利率等指标预测。

这些宏观经济假设由美国联邦政府中所谓的"三驾马车"，即总统经济顾问委员会（CEA）、总统管理与预算办公室（OMB）和财政部联合进行预测提出的。其中，总统经济顾问委员会（CEA）负责提供5年的经济预测，每年进行两次预测。第一次预测在当年夏季，根据截至6月底的信息对宏观经济进行预测，并作为政府新财年预算中期调整的经济假设予以公布。第二次预测在当年年底，根据截至11月底的信息进行预测，并作为政府新财年后一财年预算的经济假设予以公布。

总统管理与预算办公室（OMB）和财政部参与经济预测，但总统经济顾问委员会（CEA）负责决定最终预测结果，由总统管理和预算办公室（OMB）公布。该预测以总统在预算报告中的政策建议被采纳为前提。这与国会预算办公室（CBO）的经济预测不同，后者假设现行的法律和政策保持不变；也与私营机构的经济预测不同，它们一般以最可能的政策变化为基础。

（二）财政支出中期预测

美国的财政支出项目主要分为固定支出、授权支出、贷款和财政担保支出以及偶然性支出四类，分别对应不同的具体支出项目，进行预测时所考虑的主要影响因素也不相同。固定支出项目主要包括那些支出变动较小、弹性不大的项目，如气象服务支出等；授权项目主要是指那些支出随着其他指标的未来变动情况而变动的支出项目，比如社会保障支出等，需要结合未来人们的寿命预期、医疗保障支出水平的变动等因素进行预测；贷款和担保项目主要随着违约率和利率的变动而变动；偶然性项目则要根据历史统计的各种灾害发生的频率，估算未来可能需要的支出。

（三）美国财政收支预测方法

在预算编制中，收入预测的准确性和科学性发挥着至关重要的作用。如果一个政府被要求平衡预算，就像州政府和地方政府那样，那么精确的收入估计便非常重要了。如果估计过高，预算执行阶段会造成重大危机，那里就必须削减支出，从而将支出控制在收入的范围之内。如果估计过低也会带来问题，因为那样的话项目在财政年度之初就会遭到不必要的削减。

1. 确定性模型。进行收入预测最简单的方法就是确定性模型，即依据期望的收入水平调整税基和税率。财产税预测是确定性的，因为政府可以调整估价和税率，从而带来预计的收入。这种预测方法存在的主要问题包括：（1）总的财产价值会上升或者可能会下降；（2）新的财产将被加入到税单之上；（3）老旧和质量下降的财产将从税单上清除。确定性于那些行政辖区可以实质性掌控的收入来源而言非常有用。而个人所得税和零售税都取决于经济状况，因此确定性模型对于这类税种作用不大。

2. 简单的趋势线外推法。正式的和非正式的趋势线外推法都被应用于收入估计。在非正式的情况下，人们可能假设特定的收入来源可能增长 5%，因为近几年都是这种情况。当然，大多数情况下收入不会以一个特定的比例或者常数增减。收入的平均增长率可能为 5%，但某些年份下其增长率将会达到 10%，而其他年份可能仅有 1%～2%。考虑到这种情况，那么下一年预算年度应该使用何种增长预测呢？

处理此类问题的方法之一就是简单的线性回归，这是一种将某条直线与一系列历史数据相契合的统计方法。其公式为 $Y = mx + b$。在等式中，期望收入 Y 是一个函数，它等于系数 m 与已知的值 x 的乘积再加上常数项 b。公式中的 m 值是直线的斜率，x 是上一年度的实际收入，而 b 是调整两个变量之间差距的调整量。电脑软件已经可以针对这个公式进行恰当的计算，但是这一推断也可以通过简单的计算器来完成。

然而，这种线性回归的直线计算可能无法与实际的历史序列完全对应。回归的契合度可以通过计算相关系数 R 来测量。当数据不相关时，$R = 0.00$。R 值越趋近于1.00，回归就越有可能精确地预测收入。

除了线性回归，还存在其他将历史序列的波动抚平为直线的方法。该方法被称为移动平均，它可以计算历史序列中每个点的平均数值。例如，最初有8个年度数据，第1、第2、第3年的数据被平均了。均值是第2年的新的平均值。接下来的第2、第3、第4年的实际值也会被平均，从而产生新的、"平滑的"第3年数据。剩余年度的数据也以相似的方法计算平均值。对于该方法的改进则是赋予最近的年份在计算移动平均值中更多的权重，其依据是最近的年份是更好的预测指标。

3. 计量经济学模型。计算经济学中有几种预测收入的方法，其中最常见的方法之一就是多元回归。在多元回归模型中，自变量是可以预测收入的因子。该模型假设在每个因子和预测收入的因变量之间存在线性关系。另一个假设是各自变量之间互不相关。一个预测销售税收入的模型可能包含的自变量有人口、个人收入以及消费物价指数。随着每个变量的增加，收入也会增加。

联立方程模型使用多个预测变量（多元回归模型只使用一个等式）。在联立方程模型中，单个议程将每个自变量和待预测的收入联系起来。这些单方程同时被解出。与多元线性回归模型不同，联立方程模型的优点在于它并不要求每个自变量之间相互独立。因为预测收入的各个变量之间一般都是相关的，所以联立方程模型更符合实际，且其计算结果也更有效。

也可以使用微仿真模型来预测收入，该模型是以电脑操控的大型数据库为基础的。单个纳税人和公司都被纳入模型中，并通过对经济状况、税法、价格水平、个人收入以及相关因素进行预期的调整来演示其行为的变化。模型使用的是基于辖区内实际纳税人的历史行为而建立的数据库。

所有这些模型都需要使用那些对经济状况的改变很敏感的变量。销售税和所得税的收入都随着经济趋势的改变而起伏。很多使用费也同样受到影响。当人们失业时，他们会缩减自己对公共交通、公园设施、博物馆以及动物园的使用。因此，针对未来经济走向的假设对于这些模型非常重要。一些基本的人口统计上的变动也很关键。即便有些模型在先前的预测中表现得非常精确，出生率和人口迁移导致的人口模式的改变还是会削弱其预测的有效性。预测全国的趋势极其困难，对于州和地方的预测也不轻松，尤其当每个行政辖区表现出自身的经济特征并且受到全国趋势的影响时。

（四）财政收入预测中的政治因素

收入估计中还有其政治性的一面。总统、州长和市长都不愿意预测经济困难和收入降低。政客们都倾向于通过承诺将为经济发展而努力的方式来为选举造势。总统所面临的另一个问题是，对于经济衰退的预测可能成为自我实现的预言，州和地方政府的行政官员必须量入为出。悲观的预测迫使行政官员就削减项目降低总支出而做出艰难的抉择。总体来说，似乎低估收入水平的倾向要大于高估的倾向。很显然，政客们感到低估收入并在年末产生盈余的政治风险要好于高估收入而不得不削减项目或者增加税收的政治风险。由于收入估计很少准确，因此建立应急准备金或预备费是应对可能出现的资金不足以及随之而来的政治问题的有效方式。①

四、美国中期预算管理

(一) 中期预算的概念

美国联邦预算包含较多的中期因素。比如政府预算里包含对下一年以及往后几年的支出与收入预测，一般要对以后40年的财政收支进行预测，对个别项目如社会保障支出进行70年的预测，一些中期拨款包含在特定资本项目的预算中等。为确保政府政策建议不超出未来几年预测的支出限额，总统预算议案包含反映未来几年的政府项目与政策的中期支出预测，以及反映基于当前税收政策的税收和收入预测结果。

中期预算（Medium-term budget framework，MTBF），也称中期财政规划、中期宏观经济框架和财政战略或多年度预算等，是一个为期通常3~5年（有些国家更长）的滚动和具有约束力的预算总量框架，它为政府和政府各部门提供每个未来财政年度中支出预算（申请）务必遵守的预算限额，其核心是支出限额。它们通常指的并不是法律上的多年拨款，而是一种滚动计划或者政府对其支出的估测。中期预算已成为20世纪中期，特别是20世纪90年代以来世界上很多国家为实现财政可持续发展而对年度预算管理制度实施的一项改革，构成了西方国家新型财政管理模式的基本组成部分。目前，编制中期预算已成为国外很多国家、特别是OECD国家的通行做法。

世界银行（1998年）把这种跨3~5年的预算规划称之为"中期支出框架"（Medium-Term Expenditure Framework，MTEF）。它的目标包括："一是通过建立一个在时间上连贯的资源规划框架，增进宏观经济平衡；二是通过确定不同项目或者产业部门的支出优先权，改进资源配置；三是强化资金和政策的可预见性，促使各部门提前规划，确保项目的连续性；四是为下属部门提供一个总体硬预算约束和足够的自主权，鼓励资金的有效使用。"

(二) 中期预算编制管理的内容与方法

根据世界银行（WB）和国际货币基金组织（IMF）等机构的研究，中期预算的关键内容和编制要点包括：（1）中期预算应根据中期宏观经济框架、财政（与经济）政策目标报告书以及正式的财政约束（如赤字相对于GDP的比率）编制；（2）包含一份财政、经济政策报告书；（3）包含一份中期宏观经济和财政预测；（4）包含支出部门/机构在下一个预算年度以后2~4年的支出估计数，并需要按照功能（如教育与医疗领域）和经济性质（如资本性支出和经常性支出）分类；（5）中期预算的准备过程应与年度预算准备过程（六个阶段）相对应，特别是需要

---

① 罗伯特·D·李、罗纳德·W·约翰逊著，苟燕楠译：《公共预算体系》，中国财政经济出版社2011年版，第91~93页。

根据年度支出限额加以构造;(6)中期预算由政府整体层面编制,但所有政府部门都应遵循中期预算为各部门确立的支出限额。不难看出,与传统年度预算相比,在实现预算管理的三个目标上,中期预算表现出了两个明显的特征:一是以宏观经济规划/框架为出发点,通过中期宏观经济与财政预测,实现财政纪律所要求的总体层面的控制;二是通过良好的中期支出规划或中期支出框架(政府或部门层次),实现预算资源的战略性配置。

第二节 美国政府预算编制组织体系

美国行政部门和立法部门分别各有一套参与编制和审核预算的系统,二者共同配合、相互制约、各有侧重地履行政府预算的职能。参与预算编制的主要行政部门有:总统管理与预算办公室(OMB, Office of Management and Budget)、总统经济顾问委员会(CEA, Council of Economic Advisers)、国家经济委员会(NEC, National Economic Council)、财政部组成的"经济三角"以及总统。美国行政序列预算管理机构与职责见图5-3。

```
                    美国行政序列预算管理机构
                              |
         ┌────────────────────┼────────────────────┐
         │                    │                    │
      美国总统          管理与预算办公室      由财政部、总统经济顾问委员
                           (OMB)           会(CEA)、国家经济委员会
                                            (NEC)组成的"经济三角"

   汇总联邦政府预算,向国   主要职责是编制支出预算;   主要职责是以财政总额的中
   会提交联邦预算草案;    根据各政府部门以及各单位   期预测为基础,阐明政府所
   修改预算;            提交的各项报告和资金申请   关注的财政政策目标、当前
   否决国会预算;         等,统一编制政府预算草案,  财政政策对未来年份的影
   取消或延迟某些项目支出   然后交由总统进行审议     响,以及中长期财政状况
```

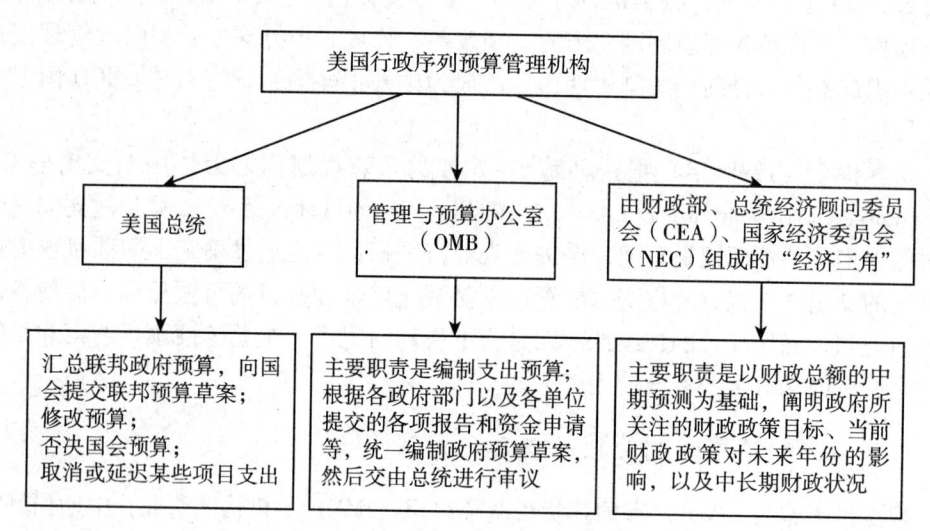

图5-3 美国行政序列预算管理机构与职责

一、美国总统预算管理职责

美国总统在编制预算的过程中,可以随时向国会提交增加预算的内容,或者修改预算并且陈述具体的理由。再则,总统可以拒绝签署与预算内容不符的相关法案,必要时,可以取消某些一般预算收入的征收。同时,在此过程中,总统还可以向国会通报取消或延迟某些预算的支出。

总统以三种形式向国会提交预算,分别是基线预算、机构预算以及功能区域预算。基线预算又被称作"当前服务预算",即表明在随后的一个财政年度里如果政策没有变化,预算会是什么样的。基线预测是预算管理框架的核心技术,首先,确定在未来将持续的当前政府服务,并对其成本进行测算;其次,综合考虑物价水平、技术条件等因素,测算当前服务的未来成本,形成基线;再次,论证新政策或政策调整对基线在总量和结构上的影响。基数定天下,基线预测在微观预算领域由来已久,用款部门将基线作为争取资源的起点,财政部门将基线作为预算平衡的基础。而在财政紧张时期,基线预测的应用则转向宏观预算领域的总量和结构控制,预测财政收支的可持续性,论证政策实施和调整的影响,为宏观决策提供支持。[①] 机构预算主要是包括部门和部门内的预算要求。功能区域预算可跨部门、跨区域进行编制,所谓功能是指有具体的统一的目标或最终的目的是服务于国家性的需求,比如国防。而功能区域预算就是根据功能和国家性的需求进行编制的。

二、经济三角

在编制年度预算的准备中,提供一份清晰的关于经济和财政政策的报告是非常重要的。在许多国家的年度预算文件中,除了列示有对未来一年中政府财政收支和债务方面的信息外,还有一份清晰的政策报告书,它以对财政总额(预算总量)的中期预测为基础,阐明政府所关注的财政政策目标及其优先性、当前财政政策对未来年份的影响,以及中长期财政状况。美国预算编制过程中的未来经济预测主要由美国总统经济顾问委员会(Council of Economic Advisers,简称 CEA)、国家经济委员会(National Economic Council,简称 NEC)和美国财政部(United States-Department of The Treasury)组成的"经济三角"来完成。三者的职责划分如下:

(一)总统经济顾问委员会(CEA)

总统经济顾问委员会(CEA)是由美国国会于 1946 年依据《就业法》成立的,主要是经济学家组成的智囊团,侧重宏观经济分析、研究和预测,以及经济政策建议。对总统和国会参众两院负责,并负责国内经济领域的公共关系。CEA 的主要作用是根据国内经济状况的实证证据,利用现有的最佳数据去分析和建议来支持总统制定经济政策。

总统经济顾问委员会(CEA)的职责和功能有:(1)每年一月发表年度报告,对总统交给国会的经济报告的编制提供协助和建议。(2)收集及时和权威的信息,关于当前的经济发展和未来经济发展趋势,分析和解释这些信息。确定即将制定的政策是否干扰发展和趋势,不干扰,就实行这样的政策,编制并提交给总统有关的

---

① 荀燕楠:《预算管理体制改革:国际经验与未来构想》,载于《中国行政管理》2013 年第 8 期。

研究结果。(3) 评估联邦政府的各种经济政策和活动，并就有关问题向总统提出建议。(4) 深入研究国家经济政策并提出建议，促进和推动自由竞争的企业，以避免经济波动或减少其影响，并维持就业，生产和购买力。(5) 制作和提供各种经济方面的研究，报告和建议，总统需要的联邦经济政策和立法方面的事宜。

总统经济顾问委员会（CEA）的主要工作方式有：(1) 开展会议；(2) 提交书面材料，包括备忘录，年度报告和每日简报等；(3) 提供专业的咨询；(4) 通过媒体对公众讲解国家的经济政策。

总统经济顾问委员会（CEA）在联邦政府的预算管理中的职能是向总统提供建议，主要是关于税收政策还有需要财政支出的重点领域的方面。

总统经济顾问委员会（CEA）只是顾问机构，并不是职能机构。所以CEA在联邦政府的预算管理中的职能体现在预算编制的最开始阶段，也就是筹备预算方案的阶段。每年的三月到六月，CEA会与财政部、国民经济委员会以及总统管理与预算办公室一起协助总统确定预算年度的政策目标。虽然CEA在预算管理中要做的事看似不多，但十分重要。有了CEA的经济分析和建议，预算的制定才会更加合理。

（二）美国国家经济委员会（NEC）

美国国家经济委员会（National Economic Council，简称NEC）创建于1993年1月25日，作为总统行政序列的一部分，隶属于总统政策规划办公室（the Office of Policy Development）。创建该委员会目的在于制订国家经济战略和经济政策，为总统提供国民经济政策，美国国家经济委员会中，内阁各部门均有人员参加，以协调各经济部门之间的关系，并就美国及全球经济政策的有关事务为总统提供政策建议。

通过行政命令，NEC有四个主要功能：为国内、国际经济问题协调决策，为总统协调经济政策建议，确保政策决策和程序符合总统的经济目标，监控实施总统的经济政策议程。NEC涉及领域包括：农业、商业、能源、金融市场、财政政策、医疗、劳动和社会保障。

（三）美国财政部（United States-Department of The Treasury）

美国财政部建立于1789年，当时其职能是管理国内收入、组织预算执行和进行一些其他财政金融活动。其后财政部的职能和规模不断扩大，目前其基本职能主要是：拟定和建议经济、金融及财政政策；办理国库业务；执行有关预算法令；印铸货币；管理公债、国家政策性银行和国家金库。

1. 美国财政部组织机构。美国财政部是负责促进经济繁荣和确保美国财政金融安全的政府行政部门，由部门办公室、八个业务分局和三个总监组成。部门办公室主要是负责政策规划，而各分局主要是组织的运作单位。通过2007~2012年度战略框架（见表5-3），可以更好地理解美国财政部的职责和任务。

表 5-3　　美国财政部 2007~2012 年度战略框架

	战略目标	战略任务	成　果
财政	目标1：有效的管理美国政府财政。	现金资源能够使政府运转。	1. 通过一个公平及统一的法律申请来收取到期税款。 2. 在可能的最小成本下，及时和准确地支付款项。 3. 政府筹资处于可能的最小成本。 4. 有效的现金管理。 5. 精确、及时、有效、透明以及可查询的财政信息。
经济	目标2：使美国和世界的经济表现完全的经济潜力。	伴随国内外强有力的、切实的和可持续的经济增长，改善经济机会、流动性和安全性；世界范围的美元信赖和自信。	1. 增强美国经济竞争力。 2. 有竞争力的资本市场。 3. 自由贸易和投资。 4. 防止和减轻金融、经济危机。 5. 缩小全球生存标准差距。 6. 通过安全可靠的美国纸币和硬币激活商业。
安全	目标3：通过巩固国际金融体系来防止恐怖主义以及促进国家安全。	先发制人地消除对国际金融体系的威胁以及增强美国国家安全。	1. 排除或降低来自恐怖主义、大规模杀伤性武器的扩散、毒品非法买卖，以及部分流氓政权、个人以及他们的支持网络的其他犯罪活动对美国国家安全的威胁。 2. 更安全、透明的美国和国际金融体系。
管理	目标4：卓越的组织管理。	激活的和有效率的财政部。	1. 一个以公民利益为核心，结果导向型的和战略上均衡的组织。 2. 优秀的问责制和透明度。

（1）部门办公室。包括以下办公室：①国内金融办公室。②国际事务办公室。③反恐和金融情报办公室。④经济政策办公室。⑤税收政策办公室。⑥美国司库。⑦社区发展与金融机构基金（CDFI）（为美国弱势群体和贫困地区增加经济机会及促进社区发展投资）。⑧其他办公室。各部门办公室负责本部门的全面管理；管理办公室和首席财务官负责管理部门的财政资源和监督财政部范围内的项目，包括人力资本信息和技术，以及少数民族和妇女事务；其他办公室还包括总顾问、立法事务与公共事务。

（2）三名总监察长。总监办公室（OIG），税务执行总监（TIGTA），以及不良资产救助计划总监（SIGTARP）——提供对美国财政部及其项目的独立的审计、调查和监督。不良资产救助计划总监置于财政部，但并不由部长监督。

（3）分局。分局雇用了98%的财政部员工，负责执行分配给各部门的具体运转工作。共有八个分局：①酒类烟草税收和贸易局（TTB）。②美国雕刻及印刷局（BEP）。③国债局（BPD）。④金融犯罪执法网络（FinCEN）（保护金融系统免受金融犯罪的伤害，包括恐怖分子融资、洗钱和其他非法活动）。⑤财政管理局（FMS）（为联邦项目机构提供中央支付服务，经营联邦政府的捐款和储蓄系统，提供政府

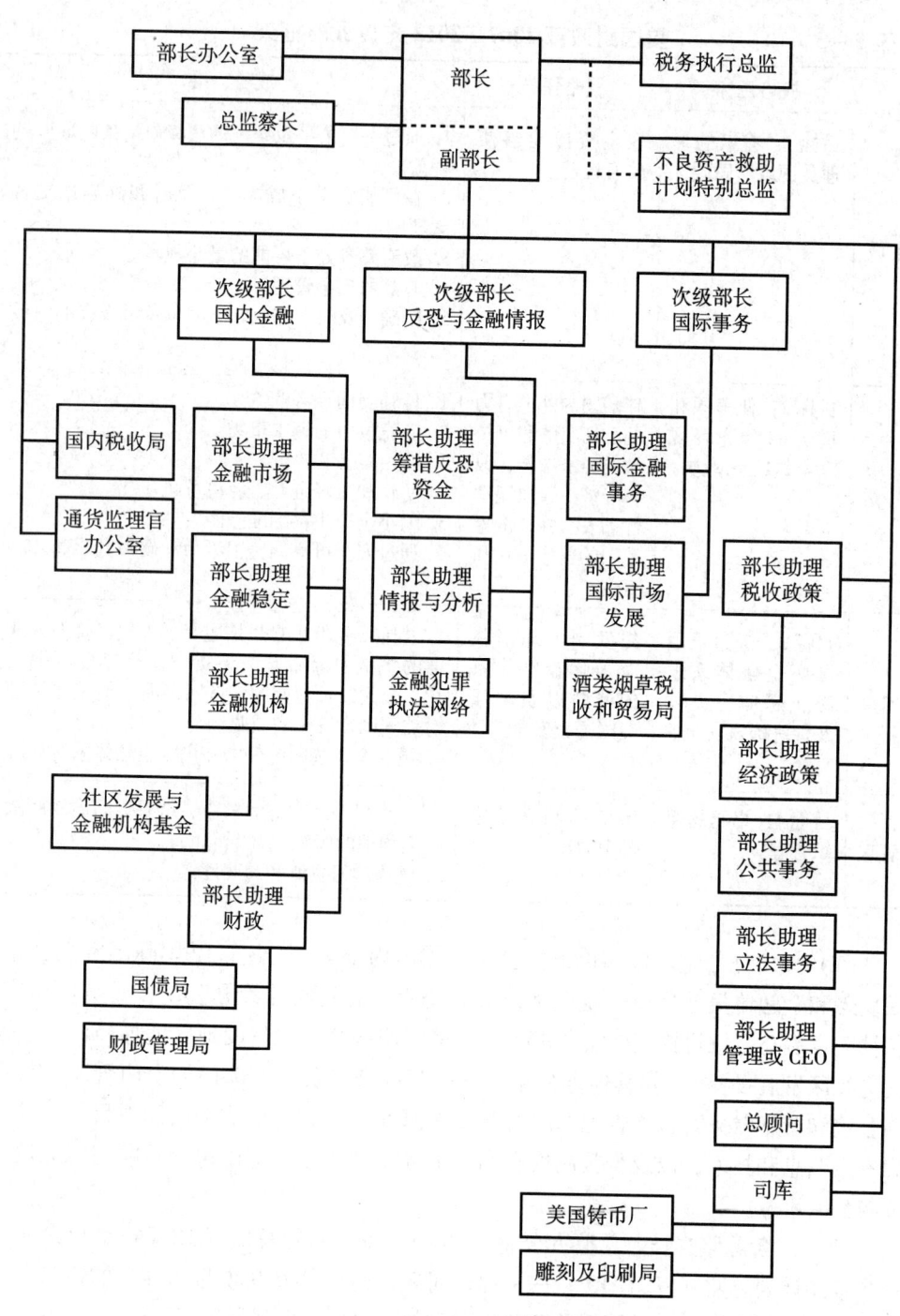

图 5-4 美国财政部组织结构

范围的会计和报告服务,并管理收取美国政府的逾期债务)。⑥国税局(国内税收局,IRS,是最大的分局,为联邦政府确定、评估和收集税收收入)。⑦美国造币厂。⑧通货监理官办公室(OCC)(许可、管制和监督国家银行和联邦储蓄协会,确保其遵守消费者保护法律法规,建立良好的银行体系)。

2. 美国财政部的职责。美国财政部通过促进经济增长、建立一个综合的金融规范框架以及有效辨别国内和国际的经济威胁，支持着一个强大的美国经济；财政部还担负了许多关乎政府财政信用本质的职责，如征税、管理联邦财政、分配税款和制造货币等。为支持这一使命，总统预算总共提供了 140 亿美元的预算资源，包括项目整合资金，这高于 2012 年法定水平的 6.9%。这些增加的资金主要是由于加强国税局（IRS）税务执法活动的投入。这些活动对一个公平的、讲究成本效益的税收制度至关重要，也大大减少了赤字。除了国税局（IRS），财政部的预算相对于 2012 年法定水平减少了 2.7%。节省的资金是通过项目的减少和管理改革获得的。

（1）强化金融市场稳定，促进经济增长和支持房主。

① 保护消费者和支持继续执行华尔街改革法案。在通过制定华尔街改革法案一年多后，政府继续支持金融监管机构努力有效地执行该法案的要求，以提高市场的透明和可操作性、金融竞争力和消费者的公平。

② 鼓励小企业贷款。截至 2012 年 1 月 1 日，15 亿美元的小企业信贷发起基金已经核准发放，并有望至少引致 150 亿美元新贷款。财政部正在与国家基金合作共同使这类小企业援助效率最大化。

③ 支持陷入困境的房主。政府继续积极地实施正在进行的不良资产救助计划（TARP），帮助对象是由于丧失抵押品赎回权而受威胁的房主，包括失业房主和负家庭资产者。截至 2011 年 12 月 31 日，通过家庭可支付减缓方案（HAMP），将近 91 万的借款人已经获得永久的减缓，这总共估计给这些房主实现了 100 亿美元的救援。政府已经分配了 76 亿美元给有资格的州来执行革新的住房项目，给当地住房市场带来稳定和满足他们社区的特殊需求。

④ 负责任地减少不良资产救助计划（TARP）。总统预算继续支持有效的、透明的和负责任的减少不良资产救助计划（TARP），此计划已经帮助稳定了金融系统，保护了美国汽车行业的工作和重新开启了对美国家庭和企业非常重要的金融市场。

⑤ 要求华尔街偿还美国纳税人。总统预算提议了一份 610 亿美元的强加于最大的金融公司的金融危机责任费用，为的是弥补美国人民对华尔街的特别援助，以及阻止过度承担风险。总统预算要求这些公司补偿美国人民和补偿不良资产救助计划（TARP）的成本。

⑥ 投资于社区发展。总统预算继续保持给社区发展金融机构融资，包括健康食品筹资倡议，其促进了在服务水平低下社区的健康食品经销店的发展。该融资也促进了给可能没有银行账号或其他基本金融服务的个人和家庭提供可支付的、高质量的金融服务。

（2）在约束的财政环境中做必要削减。

① 削减行政管理费用。通过信息技术结合、远程工作执行、效率倡议和其他组成总统竞选的削减来减少浪费，政府提出超过 1 亿美元的财政部行政花费的削减。此预算还包括将在五年内节省大约 5 亿美元的无纸化倡议，使用电子付款而不是纸质的社会保障支票支付给新的受益者。

② 使美国货币现代化。财政部已增加使用电子金融交易来满足商贸需求，同时

采取更多的措施来提高硬币和货币的生产效率,包括在 2013 年预算中提出的节省超过 7 500 万美元的举措。

(3) 节省纳税人的钱。

① 投资于现代化税收管理来防止逃税和骗税。此预算给国税局(IRS)提供将近 128 亿美元资金,大约高于 2012 年法定水平 9.5 亿美元。该预算也继续大量投资于国税局商务系统现代化项目,该项目将给纳税人和 IRS 都产生巨大的利益,将彻底改革 IRS 服务纳税人的效率和有效性。

② 提高努力征收债务。此预算提议普遍意义的债务征收改革,该改革将会从那些不能缴税或不能偿还政府贷款的个人和企业大量增加联邦税收,以及帮助各州政府征收相当大部分的以前居民所欠的州所得税债务。

③ 通过各局的合并简化核心操作。2014 年国债局(BPD)和财政管理局(FMS)合并为国库局(Fiscal Service)。这将允许财政部采纳更多创新战略和简化其核心职能,也强化了财政部对联邦金融管理问题的领导权,减少成本和提高了效率。

三、总统管理与预算办公室

(一)总统管理与预算办公室概述

总统管理与预算办公室(Office of Management and Budget,简称 OMB),隶属于总统行政办公室而不是美国财政部,不在经济三角的范围内。管理与预算办公室(OMB)协助总统履行相关的法案、政策、立法、预算以及管理和政府采购的职责。其组成成员包括一名局长,两名副局长和几个项目负责人。所有这些人都是由总统提名并且都是总统的内阁成员。OMB 总共有 500 名职业雇员来协助工作,进行分析问题,草拟草案,提供指导性的建议和支持。

管理与预算办公室(OMB)的主要职责是编制支出预算。根据各政府部门以及各单位提交的各项报告和资金申请等,统一编制政府预算草案,然后交由总统进行审议。总统在核准之后,提交国会,最后由国会决定是否通过此项预算草案。在通过以后,国会监督预算的执行情况,按资金的需求合理分配资金,并监督行政部门的执行。保障各部门与各机构之间的协调合作以及相互促进,保证其达到预算目标。除此此外,OMB 还负责制定有关政府采购的政策、程序和规章、定员定额管理、常规预算的审查等。总统管理与预算办公室分由预算部门和管理部门两部分组成。

管理与预算办公室(OMB)由 4 个资源项目管理办公室组成,根据支出性质划分并且涵盖全部政府活动内容,它们分别负责管理预算开支中的自然资源项目、国家安全项目、人力资源项目以及一般政府项目。也就是说,这些资源项目办公室需要在各自相关的领域范围内,独自负责有关预算的编制、管理预算活动、制定相关进度计划,并且负责解释可能出现的相关的政策问题。

专栏 5-1　管理与预算办公室（OMB）组织机构

一、OMB 概述

总统管理与预算办公室 OMB（The Office of Management and Budget）的主要职责是协助总统监督管理联邦政府的活动。明确的来说，OMB 的使命是帮助总统制定政策、进行预算管理和功能目标调控，并且履行它的法定义务。

OMB 是美国总统维持对政府财政计划控制的机构。在美国，对财政的控制具有分散性的特点，国会、政府各部门都有各种不同的手段来保持他们最大限度的财政自主权。这一定程度体现在美国财政部对各部财政并不严厉的监督上。一般来说，各个部门把各自拟定好了的部门预算计划提交给国会审议，财政部部长的职责只是把这些预算计划拟定成册。

（一）OMB 发展史简介

（1）1921 年，预算局成立。《预算和会计法案》规定总统应向国会提交美国年度预算为此成立美国预算局以协助其工作。预算局设在财政部，但局长直接对总统负责。

（2）1939 年，预算局划归总统直属机构。

（3）1970 年 7 月，预算局合并到新成立的行政管理和预算局。该局被认为是供美国总统使用的一个最有权威的协调机构。它具有修改概算计划的权力，局长可以直接晋见总统。但是该局的权力也有一定的局限性，美国联邦政府结构的松散的特点决定了它必须善于同政府各部和国会各委员会主席打交道并施加影响，而这方面起作用的往往不取决于局长本身，而是总统的决心和所赋予该局的权力。

```
1921年，预  →  1939年，划   →  1970年7月，合并至行
算局成立        归总统直属       政管理和预算办公室
```

图 1　管理与预算办公室（OMB）机构简史

（二）OMB 主要组织结构

1. NSIA：国家安全与国际事务部：（1）国家安全；（2）国际事务。

2. NRES：自然资源、能源科学部：（1）自然资源；（2）能源科学。

3. GGF：行政与财务部：（1）交通、商业、司法、服务；（2）房地产、国库、财政。

4. HR：人力资源部。

5. HP：保健与人事部：（1）保健；（2）人事。

6. OFFM：联邦财政部管理办公室：（1）财政标准及报告；（2）联邦财政体系；（3）管理体系。

7. OFFP：联邦采购政策办公室：（1）采购革新；（2）采购法及采购立法；（3）成本会计准则委员会。

8. OIRA：信息与规章事务办公室：（1）信息政策；（2）信息技术；（3）商业及土地；（4）人力资源及住宅；（5）统计政策。

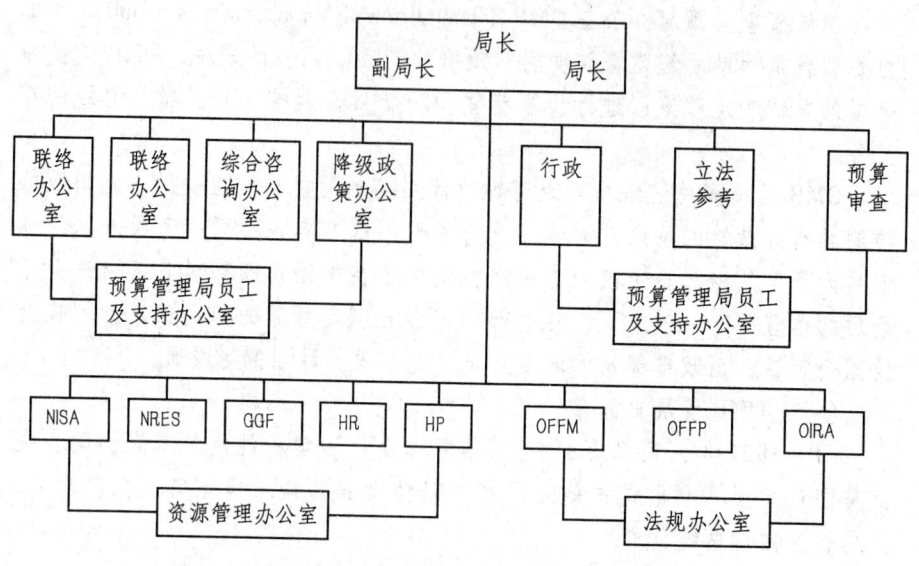

图 2　管理与预算办公室（OMB）组织机构图

（二）管理和预算办公室的职责

管理和预算办公室（Office of Management and Budget，OMB）是美国总统行政办公室（Executive Office of the President of the United States，EOP）下辖最大的机构，OMB 的主任也是美国总统内阁的成员之一。OMB 的核心职能是协助总统编制预算草案，同时负责考评联邦政府中各个行政部门及机构的政策制定及计划执行情况以确保总统的政策意图得到贯彻。这些职能在以下五项工作得到体现：

1. 联邦预算的制定、颁布和执行。

（1）预算草案制定。每年，OMB 的工作人员都会全过程地参与新项目措施的制定中：从最初的发掘政策选项到各选项的评估，再到最后形成预算草案、国情咨文等。每一个新的项目或政策的制定都需要 OMB 的密切参与。

（2）预算颁布。OMB 协助各部门官员游说国会及应对国会质询以确保总统预算草案和相关法案得以通过。此外，OMB 还会检查包括预算草案在内的各项立法提案、国会证词和报告以保证它们不偏离联邦政府的政策。

（3）预算执行。OMB 会监控重大项目的实施及政策的执行情况以进行政府绩效考评，同时发现并协助解决在项目规划指导、项目实施管理、数据报告分析、长期评估等环节出现的问题，不断改进以使得未来的政策制定更为有效。

2. 日常管理。包括联邦机构绩效考评、联邦政府采购管理、财务管理及行政信息化管理（如推进电子化政务，关注隐私权及信息安全性问题）等。

3. 协调及审查所有重要的联邦法规执行机构。机构决策审查的内容包括总统的政策意图体现及经济和其他各方面的影响。

4. 立法整理及协调。整理并审查所有联邦机构与国会间的立法交流（如国会证词和立法草案）以确保这些机构的立法建议及意见与总统政策的一致性。

5. 向各联邦机构的首脑和官员发布行政命令和总统备忘录。

（三）管理与预算办公室（OMB）的组织结构

1. OMB在总统行政办公室序列的地位。管理与预算办公室是总统行政办公室（the executive office of the president，EOP）的组成部分。与白宫隔街相望，毗邻旧行政大楼，这样的地理位置很好地解释了管理与预算办公室在总统行政办公室这个更大的总统资讯机构中的地位。总统行政办公室包括几个部门：白宫、副总统办公室、管理与预算办公室（OMB）、国家安全委员会、经济顾问委员会、国家麻醉品指控政策办公室、美国贸易代表办公室和另外几个部门（见图5-5）。管理与预算办公室（OMB）有5 600万美元的预算和518个行政人员的员工规模，使得其成为年度预算2.12亿美元、拥有1 600个职员的总统行政办公室中享有拨款最多、员工规模最大的部门。

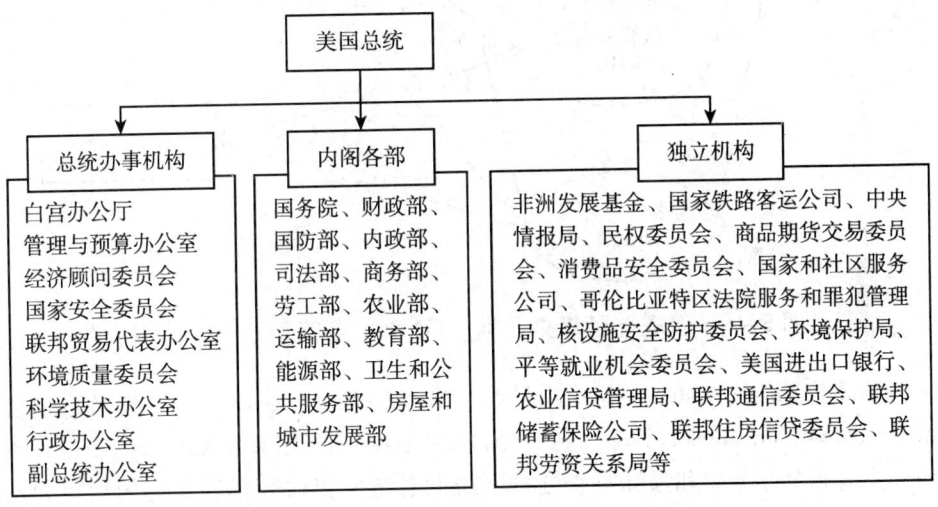

图5-5 美国总统行政序列部门构成

宾夕法尼亚大街将管理与预算办公室所在的新行政大楼和总统行政办公室的其他员工所在的旧行政大楼分隔开来，这具有特别重要的象征意义：原行政大楼的员工几乎都是接收政治任命的人员，这其中也包括管理与预算办公室的大约20名政治人员；而新行政楼的员工则几乎全是管理与预算办公室公务员。

2. 管理与预算办公室（OMB）的内部组织架构。内部组织架构上，OMB分别设立办公室负责联邦预算的制定和执行、各联邦机构管理改革及自身的职能监管（见图5-6）。

在联邦预算的编制及执行方面，OMB下设五个资源管理办公室（Resource Management Offices，RMOs），按管理的机构和项目划分为自然资源项目办公室（Natural Resources Programs）、教育、收入维持和劳动项目办公室（Education，Income Main-

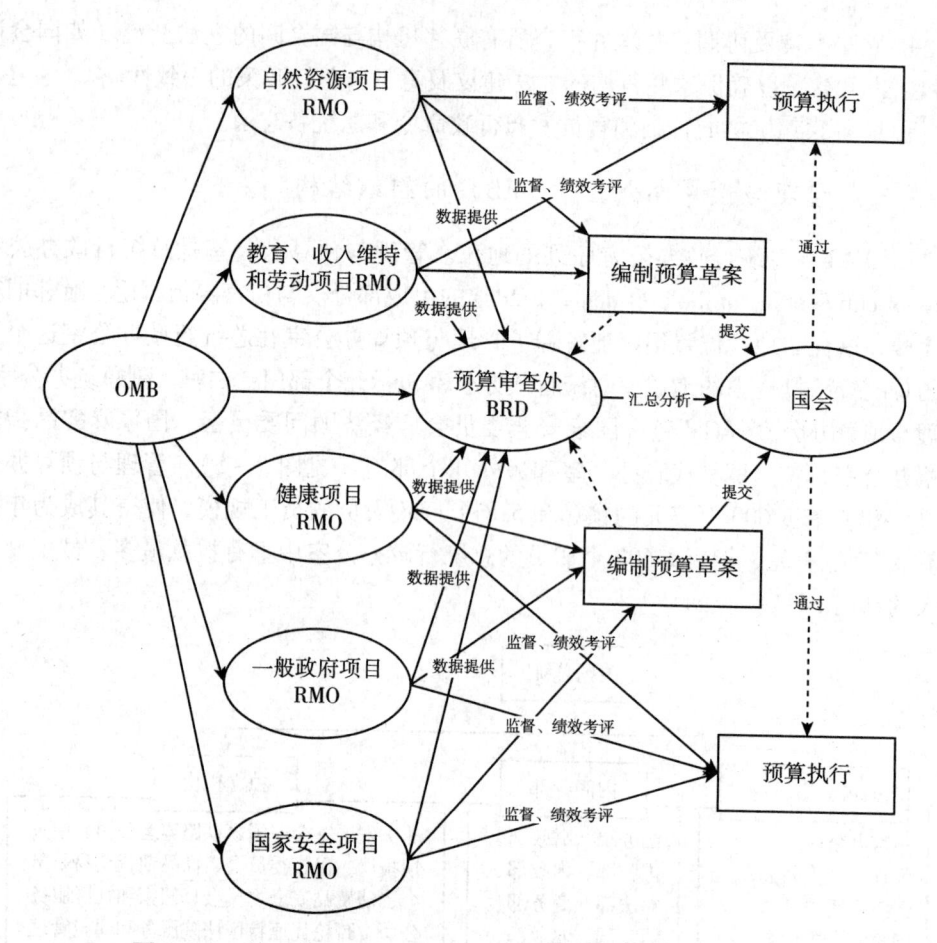

图 5-6　管理与预算办公室（OMB）预算管理架构简图

tenance and Labor Programs）、健康项目办公室（Health Programs）、一般政府项目办公室（General Government Programs）、国家安全项目办公室（National Security Programs）。这五个办公室和预算审查处一同协助总统监督联邦预算草案的编写和预算通过后在各机构的执行情况。

（1）资源管理办公室（The Resource Management Offices，RMOs）。资源管理办公室作为机构特别规划信息的储备库，充当着管理与预算办公室内负责预算、立法与管理等部门的智囊库。1994 年以前，资源管理办公室被称作"计划部"。现在资源管理办公室中"计划审查员"这一职位，也由当时的"预算审查员"更名而来。这些变化反映了管理与预算办公室的改组，旨在将计划和管理方面的因素整合到预算决策的制定过程中去。

计划部/资源管理办公室成为整个预算局机构的核心，可以追溯到 20 世纪 40 年代末。当时行政管理办公室取代了预算局的预算部门，在罗斯福执政的第二次世界大战期间发挥了支柱性的核心作用。计划部的首要工作是处理预算需求，努力改进管理和对公众的服务水平。

按照功能，资源管理办公室分为五个主要的功能性机构：国家安全与国际事务部,一般行政与财务部、人力资源部、自然资源部及卫生部。而其中的三个部门又细分为若干个子部门。每一个分支都针对来自几个内阁级别的行政部门或独立机构的预算及立法议案进行审核。

资源管理办公室的每一部分都由五位非职业（Noncareer）的副局长中的一位负责,他们都是通过行政正式任命的,通常被管理与预算办公室员工称作计划副局长（PAD）。这些办公室又进一步细分为直接受助理副局长（Deputy Associate Director）领导的子单元,这些领导被称为"部门主管",或者用管理与预算办公室的说法是助理副局长。一些部门也设有作为协调人员的副手。资源管理办公室进一步划分成几个分支机构,各分支机构由5~10名计划审查员和最多8名专家组成。部门主管的职位与其下属（分支主管和审查人员）一样,不是政治任命的,而是职业上的地位。部门主管和计划副局长之间的区别在于前者是国家公务员而后者是政府人员。因此,部门主管的任职期通常跨越几届政府,而计划副局长则随着每一任新总统同步更换。

管理与预算办公室（OMB）的组织结构和内部决策过程为计划审查人员在其每年一次的立法及预算周期中扮演一个整体角色提供了可能性。这些计划审查员负责并处理他们所审查领域的所有预算、立法及计划问题,提供关于机构信息的口头或书面分析,并且分析这些信息与行政政策之间的关系。他们在其各自负责的机构和管理与预算办公室之间传递信息,起到前沿信息通道的作用。因此,计划审查人员承担了三个主要的机构职能：信息搜集职能、分析职能、信息传递及交流职能。在此基础上,为了能够向行政机构解释总统的政策,也为了能够使他们提供给总统的分析和建议有助于总统的议事日程,计划审查人员必须做到将总统的基本政策熟练地应用于特定计划。审查人员负责一些进展中的问题,涉及构建其负责领域的预算议案,一旦国会向该领域拨款,他们将负责拨款的执行工作。在提议送交国会之前,管理与预算办公室的审查人员在清查立法议案方面也发挥着极其重要的作用。另外从不同程度上,在行政分支机构的政治任命人员和公务员的证词递交国会委员之前,审查人员要对其进行审查。

审查人员有时会接到来自管理与预算办公室（OMB）上级或者白宫的短期信息咨询。这种咨询通常围绕一些舆论或国会事务所涉及的突出问题。审查人员的一部分时间用来回复与其审查领域相关的信函。此类信函主要源于三个方面：国会委员会、国会选举人的信息咨询,以及向总统或白宫询问特定机构相关预算细节问题的信件。信息咨询量与白宫和国会是否受同一党派支配有关。若是,信息咨询量就可能增加,正如同卡特政府时期和克林顿总统执政的头两年一样。

最后,如果审查人员在计划审核过程中表现出独到的体制记忆（Institutional Memory）、见解和洞察力,他们也可能会被要求参加部门间的任务组（Task Forces）、研究委员会或总统的任务组和委员会。

支出计划制定过程中,RMOs将考核所列项目的绩效、政策意图和执行程序,同时权衡各机构间和机构内部的资金需求竞争,为各机构确定各项目的资金优先级别提出建议。预算草案生效后,RMOs将负责执行所辖领域的联邦预算政策并为各联邦机构提供持续的政策和管理建议。在履行以上职能时，RMOs 还需对各种政策选项加以分析和评估，以帮助政府选择最优政策措施。

（2）预算审查部（The Budget Review Division，BRD）。资源管理办公室之后，管理与预算办公室内最大的单独部门是由 70~75 人组成的预算审查部。预算审查处（The Budget Review Division，BRD）在总统预算草案的编制过程中扮演了中心角色。BRD 领导对总预算政策执行的导向及最终结果的跨机构综合分析。通过对 RMOs 提供数据的总结，BRD 为总统预算决策及旨在为预算草案争取支持的国会游说提供策略和技术性的支持，并向总统及时通报议会在拨款等支出立法问题上的新动向。此外，BRD 还需在预算制定思路和具体执行过程中进行指导和技术支持。

预算审查部包括两个子部门：预算分析部门与预算审查部门。这两个办公室负责协调整个执行部门的预算过程，并且负责编辑和搜集须由总统提交给国会的预算提案。

对预算审查部四个分支相关职责和员工情况的分析将大致说明预算审查部的职责返回。预算分析部在 20 世纪 90 年代以前称为财政分析部，大约 20 位金融和财政经济学家及政治分析家在此供职。该部门进行总量经济和财政分析，评估相互交叉的个体计划并提出准确无误的经济预测。这些预测随后将有助于对赤字、经济形势和预算的预测。预算分析部和隶属于管理与预算办公室且受政府领导的经济政策办公室一起，作为管理与预算办公室的核心成员，参与到由管理与预算办公室、财政部和经济顾问委员会组成的"三人组"中。由"三人组"服务于总统，多年来从事经济政策的制定工作（在克林顿政府时期，国家经济委员会也加入进来，现在被认为是第四个主要参与者）。当执行部门和国会的经济和预算评估还处于讨论阶段时，预算分析部也会成为总统和国会工作的主要参与者。近几年，总统和国会之间的预算协议"似乎"经常被两方在经济预测上的分歧所左右，预算分析部也因此变得更加重要。此外，在管理与预算办公室（OMB）和国会预算办公室（CBO）、白宫及参议院预算委员会之间起到联络的纽带作用，也是预算分析部的职责之一（见图 5-7）。

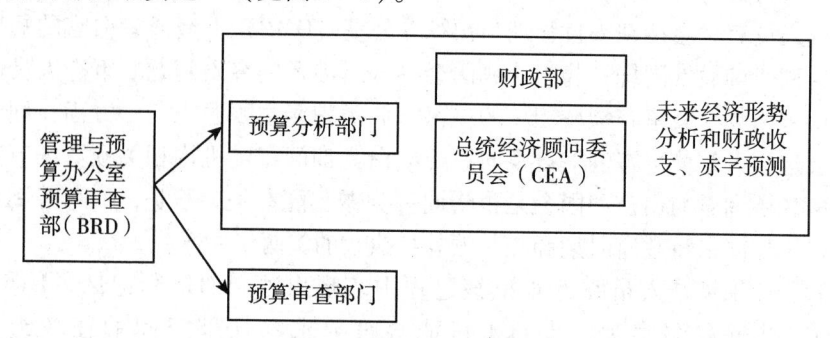

图 5-7 管理与预算办公室预算审查部（BRD）职责分配

预算审查部的预算审查部门大约有 18 名"预算编制专家"，他们主要承担两项职责：一是在总统将预算递交之前，负责对预算进行后期整理；二是对国会的拨款进程进行追踪。预算审查部门的另一个职能是监督国会拨款程序的各个阶段，并且为管理与预算办公室和总统行政办公室的行政官员准备意见书。预算审查部门编制预算过程指南，以确定行政机构向管理与预算办公室（OMB）提交预算申请时必须使用的形式。它还负责审查拨款账目，以确保它们与会计和预算准则及法令方针相一致。

预算系统部门拥有管理与预算办公室的中心计算机系统——MAX系统，并且拥有约10名信息管理和计算机专家。MAX系统于1994年建立，由管理与预算办公室早先的两个中心计算机系统——预算编制系统和中央预算管理系统——二者整合而成，它通过一个系统追踪监察行政机构的预算形成过程和美国国会的预算活动。

（3）立法参考部（LRD）。

——立法清查。管理与预算办公室（OMB）一直行使着三项立法职能。一是立法清查，目的在于使行政机构提出的立法建议与总统的政策相一致。二是针对国会上下院通过的法令，向总统提供信息和建议，总统必须在10日之内处理这些已登记的法令。在以上两种情况中，立法参考部都承担了核心的协调职责。三是在总统立法提案的形成方面，立法参考部在不同时期的影响力不同。

立法参考部一直与计划部/资源管理办公室协同工作。近年来在立法清查决策上大量使用计划性信息时，资源管理办公室承担了主要职责，而立法参考部在这方面的工作主要是协调性的。

立法清查程序一般是这样进行的：计划审查员从立法参考部获得计划提案，这标志着这些提案正式进入管理与预算办公室体系。之后审查员对这些提案进行批注、修改，并为它们准备说明文书，或者直接核准提案。接着，通过会议或电话会谈的形式，审查员们将它们做出的修改意见送交相关机构的员工。经过预算审查员提交立法清查意见、做出修正，必要时同监管员共同审查等一系列程序之后，这些计划最终又回到立法参考部，等待正式核准。尽管大多数情况下这些计划都经过预算审查员和机构官员的共同讨论，但各个机构最终是通过立法参考部获得管理与预算办公室对各项计划的正式处理意见的。获得管理与预算办公室同意后，机构部门会将计划呈交国会。一些更为重要的立法提案，将由白宫呈交国会。在这种情况下，管理与预算办公室会将一份总统转送公文和"一份应由白宫发言人发布的事实表单"，与立法议案一同递交白宫。

除特别立法议案以外，立法参考部不负责处理国会委员会对行政分支机构活动进行调查的证词。这些证词将通过立法参考部转送或直接送至预算审查员。当有多家机构对议题提出意见，或者证词可能导致提交一项立法议案时，立法参考部才出面干预。

——登记法案。已登记的法案是指那些由国会上下议院通过、等待总统在10天之内审查批准或反对的法案。管理与预算办公室通过准备登记法案备忘录为总统提供针对登记法案的建议。备忘录的内容包括所有与这些法案有利害关系的机构的否定或肯定意见，管理与预算办公室针对重要问题所做的分析和摘要，以及管理与预算办公室给总统的建议等几部分内容。

立法参考部先于白宫收到原立法文件的副本,然后将其分别送至所有与该项法案相关的行政分支机构和计划审查官员,他们将针对这些法案提出意见。接着,立法参考部将所有的意见汇总整理成一份文件呈交总统,并就是否签发法案提出正式建议。如果建议否决该法案,还须在最终呈交的文件中附上一份起草好的否决书。

(4) 管理部。1997 年,专门负责政府范围内管理事务的管理与预算办公室机构由两部分组成,分别是联邦财政管理办公室和联邦采购政策办公室。然而,由于管理部的职能总是重组和变更,其内部组成部分的部门名称也随时可能改变。除了这两个部门之外,成立于 1981 年的信息与规章事务办公室也被认为是管理与预算办公室管理部的一部分。

(5) 立法事务办公室(LA)。管理与预算办公室内有一个很小的立法事务办公室,只有大约 5 名员工,几乎都是非职业员工,只有一个为多届政府工作过的公务员例外。这个职位发挥着相当重要的作用,它使得有关国会内部关系和工作程序的体制记忆得以在不同届政府存续下去。立法事务办公室由政治上任命的副局长负责。

立法事务办公室的工作是和众参两院拨款委员会一起,协调管理与预算办公室同国会之间的关系。这项工作的内容包括国会联络拨款委员会和白宫官员,针对拨款程序为管理与预算办公室的局长和其他政治任命的官员提供分析,以及在管理与预算办公室和白宫一同与国会进行磋商时,为它们提供支持。

(6) 经济政策办公室。经济政策办公室在机构上同预算审查部相分离,它也通过建立经济模型取得经济指标和假定,管理预算局可以据此对经济和财政情况进行预测。经济政策办公室很小,由 7~8 位高级经济学家组成,受政治上任命的管理与预算办公室副局长直接管理。由于负责对诸多错综复杂的经济规划的决策,经济政策办公室在管理与预算办公室内部地位很高。

管理与预算办公室内部有一个大约由 15 位专业官员组成的行政管理办公室,他们负责处理内部管理事务、常规事务和人事事务。另外还有一个综合咨询办公室,大约有 5 位律师,在必要时为管理与预算办公室(OMB)官员们提供法律服务。

专栏 5-2 2014 财年美国预算支出分析

2013 年 4 月 11 日,经济学家金伯莉·阿玛迪欧(Kimberly Amadeo)发表《美国 2014 财年预算支出》("Current US Federal Government Spending"),对美国 2014 财年预算支出中的强制性支出和自主性支出分别进行了分析,重点阐述了美国 2014 财年预算支出中各组成部分的变化情况,主要内容如下:

一、财政支出增幅超过经济增幅

2014 财年,美国政府预算支出 3.778 万亿美元。其中 60%(约 2.3 万亿美元)以上为强制性支出,包括社会保障、医疗保险和军人退休金支出等,也包括 16 万亿国债的利息支出(2230 亿美元)。剩余不到 40% 的部分为自主性支出,由奥巴马总统和国会协商确定,主要由政府开支构成。

2014年预算案中1.24万亿美元为自主性支出,其中大约一半(6 180亿美元)为军费支出。

金融危机以前,美国行政管理与预算办公室(the Executive Office of Management and Budge, OMB)将每年预算支出控制在当年GDP 20%以下水平,也即财政支出与经济增长基本同步,每年增幅约为3%。

然而,金融危机以后,财政支出一直处于较高水平。2012财年,财政支出占GDP比例达到最高点,为24.3%。2014财年财政支出占GDP比例为22.4%,略低于2012财年。随着经济形势不断好转,OMB预计2018年,财政支出占GDP比重将下降到21.2%。

财政支出增长加快的原因有四点。首先,为促使经济复苏,政府刺激性财政支出大幅增加。其次,阿富汗和伊拉克的国防支出增长。再次,人口增长使社会保险和医疗保险等支出增加。最后,经济衰退使更多人生活贫困,医疗保险及其他社会救助项目支出增加。

为提振居民消费,刺激性支出必不可少。数据显示,美国经济衰退后,70%的经济增长由政府刺激性支出支撑。但是,经济复苏以后,政府应逐步减少财政支出,使其恢复至GDP 20%或以下水平,从而防止通货膨胀,减少政府债务。

二、强制性支出持续增加

强制性支出是由国会通过的各项法案所法定的,包括四项主要内容:(1)社会保障(8 600亿美元)和医疗保险(5 240亿美元)等市民项目;(2)医疗补助计划(3 040亿美元)、粮食救济、失业补助、儿童营养补助、儿童税抵免、盲人及残疾人保障收入、助学贷款等收入支持项目;(3)其他针对公务员、海岸警卫队队员和军人的退休补助和残疾人补助项目;(4)2011年出台的各项不良资产救助计划、就业刺激计划和医疗改革后的各项免税项目等。2014财年强制性支出再创新高,为2.308万亿美元,占预算支出61%。

强制性支出中,社会保险和医疗保险支出正不断增加,主要原因是婴儿潮年代出生的人员正逐渐达到退休年龄。未来30年,工作人员与退休人员的比例将不断变小。这意味着从工资中提取的社会保险基金减少,而支用的社会保险基金增加;而两部分相抵的不足部分须由财政支出补足。社会保险和医疗保险支出由1988财年占预算总支出的28%提高至2014财年的37%;OMB预计,2023财年社会保险和医疗保险占预算支出比例将提高至40%。

强制性支出中,国债的利息支出是增长最快的预算支出之一。虽然2014财年,利息支出仅占总预算支出的6.5%,但支出额高达2 230亿美元,是司法部财政支出的10倍。到2023年,利息支出将翻两番,增至7 630美元,并成为继社会保险(14 240亿美元)和医疗保险(8 640亿美元)支出之后的第二大财政支出项目。

三、自主性支出减少

预算支出中仅39%是自主性支出，由美国总统和国会商议决定，包括除强制性支出外的所有其他支出。2014财年，自主性支出被削减至1.242万亿美元。其中，国防支出（6 180亿美元）占自主性支出近一半，与其他各项支出总额（6 240亿美元）基本持平，但是国防支出总体而言有所下降；如果计入其他政府部门对国防事务的资金支持，国防支出将接近7 452亿美元。除国防部的国防支出外，其他各部门预算支出总额有所增加，具体情况如下：卫生与公共服务部支出增加至783亿美元；教育部支出增加至712亿美元；住房与城市发展部支出减少至331亿美元；司法部支出减少至163亿美元。

2011年债务最高限额被提高后，国会赤字削减委员会一直致力于消除美国赤字危机。然而，法定的强制性支出很难被削减，因此近年来美国主要通过削减自主性支出防止财政赤字进一步大幅增长。各方均指责刺激性财政支出推动美国财政赤字不断增长，但实际上国防支出才是赤字增长的主要原因。

通过亚太再平衡战略，优化军备配置效率等，国防部确实削减了部分开支，但国防部可以更加高效。一方面，国防部应降低军人的工资和福利支出。过去十年，国防部支付给每个军人的平均工资和福利支出由7万美元上升至11万美元，具有削减空间。另一方面，国防部应关闭不必要的军事基地。据国防部统计，其运营的所有军事设施中，有21%是不必要的。

综上所述，美国2014财年政府预算支出有所增加，主要是由强制性支出大幅增加引起，自主性支出则有所降低。短期来看，要削减赤字只能通过削减自主性支出，尤其是国防支出实现。但由于自主性支出占预算支出比例较小，而且如果上述趋势持续发展，自主性支出占比进一步降低，自主性支出的削减空间将十分有限。因此，长期来看，减少财政赤字首先需要平衡财政预算支出的内部结构，也即国会应修改或废除某些法案以减少强制性支出，避免自主性支出被过分压缩。

第三节 美国政府预算编制中的收入预测

收入预测，是预算过程的起始环节，其准确性将直接影响预算的可靠性，关乎预算方案的整体公信力与可靠度。预测不准确的表现是收入被高估或者低估，无论表现如何，都将降低公共部门的效率。其中，高估（也称收入短收）的后果更加严重。因为高估意味着真实财政收入小于预测值，在此情况下，联邦政府要保持预算平衡，必须增加新的收入或者降低原有支出，或者将二者结合起来消除预算赤字。在财政收入不足之后削减支出是一种保守的做法，其结果很难达到最优资源配置。

低估真实收入意味着实际财政收入超过预测值,由此带来预算盈余(也称收入超收)。虽然预算盈余比预算赤字让人愉悦,但是如果出现一贯的、频繁的预算盈余就会令公众怀疑政府的财政管理能力。公众会非常关心频繁低估收入的真正原因。是政府故意低估收入,还是政府能力不足?如果是前者,政府对盈余资金又打算如何使用?如果明确规定了,没有得到立法机关批准政府就没有权力使用盈余资金,上述问题就不会存在。因为,预算盈余可以累计到下一年度。但是,如果政府对预算盈余有使用自主权,就要非常小心政府低估财政收入的目的了,因为这样政府就有更多动力创造预算盈余,以逃避立法机关对财政资金的合理监督。如果政府低估财政收入是因为管理能力不足,那么应该提高政府能力以做出更精确的收入预测。不论高估还是低估真实收入,都会降低预算过程的效率。收入预测的根本目的,在于强化政府的财政行为,因此准确的收入预测,是整个预算过程中的起点,也是至关重要的一步。

一、美国政府预算收入预测过程与负责机构

美国联邦政府预算是总统就政府资源优先配置的财政建议,包括支出水平、结构和政府融资方式。预算的核心是本财政年度(fiscal year,以 2013 财年为例)需要国会评估的财政水平。同时,预算还包括最近财年(2011 财年)的结算、当年(2012 年)和下一个财年以后至少四年(2014~2017 财年)的财政水平的预测(projections)。

(一)收入预算的准备

美国联邦政府的收入预算是由美国财政部负责准备,其中主要由财政部内设的税收政策办公室负责。税收政策办公室(Office of Tax Policy)又有 5 个办公室,而该司的税收分析办公室(Office of Tax Analysis,以下缩写为 OTA)又由收入估计处(Revenue Estimating Division)、企业税处(Business Taxation Division)、个人所得税处(Individual Taxation Division)、国际税收处(International Taxation Division)、经济模型和计算机应用处(Economic Modeling and Computer Applications Division)共 5 个处组成。税收政策办公室的职责之一就是具体负责美国联邦政府预算和预算中期调整中收入和税式支出的预测和估计,并就备选的税收政策建议和税制改革的经济、分配和财政收入效应进行模拟和分析。

税收分析办公室在进行预算收入估计时,要利用其研制和维护的几个主要的模拟模型(由经济模型和计算机应用处负责),进行企业所得税和折旧补贴(由企业税收处负责)、个人所得税、工薪税、特许权税、不动产和礼品税(由个人税收处负责)和国际税(由国际税收处负责)的经济、分配和收入的影响估计和预测,由收入估计处综合估计总统和国会税收建议相对于基线的预算收入影响,预测美国联邦政府年度预算和中期调整中的所有收入。经济模型和计算机应用处主要的精力放在开发新的数据源、改善模拟方法上,可以满足税收分析办公室的所有需要。

(二) 宏观经济假设和预算估计

美国联邦政府的预算估计尤其是长期预算预测要基于一定的宏观经济假设，包括国内生产总值、个人和公司收入、消费品价格指数（CPI）、民间失业率、联邦军人及民间支付和利率共六方面的假设。这些宏观经济假设（assumptions）是由美国联邦政府中所谓的"三驾马车（troika）"联合进行预测的。这"三驾马车"即总统经济顾问委员会（Council of Economic Advisers, CEA）、总统管理与预算办公室（OMB）、财政部。总统经济顾问委员会（CEA）负责提供5年经济预测，每年发起两次预测过程。第一次预测在当年夏季，根据截至6月底的信息进行预测并作为政府新财年预算中期调整的经济假设予以发表。第二次预测在当年年底，根据截至11月底的信息进行预测并作为政府新财年后一财年预算的经济假设予以发表。也就是说，政府2013财年预算所依据的经济假设是根据2011年年底的宏观经济预测而在总统于2012年年初提交给国会的政府预算中予以发表的。在每次预测前，一般要邀请各界（包括私营预测部门，如 Aspen Publishers, Inc.）就经济现状和前景发表意见。总统管理与预算办公室（OMB）和财政部参与经济预测，但总统经济顾问委员会（CEA）负责最终预测结果，由总统管理与预算办公室（OMB）予以公布。该预测以总统在预算报告中的政策建议被采纳为前提假设。这与国会预算办公室（CBO）的经济预测不同，后者假设现行的法律保持不变；也与私营机构的经济预测不同，它们的经济预测一般都以对最可能的政策结果的评价为基础。

(三) 地方政府预算估计

美国地方政府的预算过程和负责机构与联邦政府的预算格局虽然有一定的相似，但并非完全一致。比如，联邦政府的收入预算需要就财政年度及其后至少四年进行估计，而德州政府的收入预算只需要就财政年度及其后两年进行估计。

从美国政府的预算过程来看，美国进行预算收入预测的特点之一，就是有良好的分工与协调。财政部税收分析办公室的收入估计处在负责进行预算收入预测时，既有总统经济顾问委员会等"三驾马车"提供宏观经济预测，又有财政部税收分析办公室的企业税收处、个人税收处和国际税收处负责进行主要税种的收入估计和政策模拟，还有经济模型和计算机应用处的技术支持；而且，更重要的是，这些预测和分析都是建立在相同的假设基础上，可以相互比较和补充。

二、政府预算收入预测时的模型应用

美国政府预算至少涵盖7年，即去年（2011年）、当年（2012年）、预算年（2013年）及预算后四年，以反映预算决策的长期影响。因此，美国政府的预算收入不可避免地需要就正在进行的财年（2012年）及自预算年开始至少5年的期间进行估计和预测。在进行新财年收入预算时，不仅需要应用预算收入模型就收入预算基准（pre-policy Baseline）进行校正，需要应用宏观经济模型预测收入预算所依据的体现了总统政策建议的宏观经济假设的变化并模拟其对预算收入的影响,而且需要应用微观模型估计预算收入相关的立法变化和政策变动对预算收入的影响。可以讲,从美国政府的预算过程来看,收入预算的过程也就是应用模型进行经济预测和预算收入预测的过程,收入预测在收入预算管理中起着基础性作用。

美国政府的预算以对不考虑政策建议的基准为基础,并综合考虑宏观经济假设变化、技术因素变化、立法变化和预算政策变化对预算的综合影响。表5-4表明了这种预算的形式。由于这些变化交互作用,因此,很难精确估计它们对预算收入的单个影响,这些变化对预算收入的综合影响也不是这些变化对预算收入影响的简单加总。

表5-4　　　　　　　　　　预算总额变动来源　　　　　　单位:10亿美元

	2012年	2013年	2014年	2015年	2016年	2017年
(1) 2012年预算基准						
收入	2 221	2 324	2 438	2 569	2 698	2 836
支出	1 938	1 991	2 051	2 130	2 182	2 250
综合盈余	283	334	387	439	515	585
(2) 立法变动影响						
收入变动	-33	-83	-104	-102	-126	-137
支出变动	61	62	70	76	86	95
综合盈余变动	-95	-145	-174	-179	-212	-232
(3) 经济假设变动影响						
收入变动	-82	-91	-81	-87	-100	-109
支出变动	-7	-15	-13	-12	-11	-8
综合盈余变动	-76	-76	-67	-75	-89	-101
(4) 技术因素变动影响						
收入变动	-94	-29	-19	-14	-10	-9
支出变动	27	32	18	3	8	3
综合盈余变动	-121	-61	-37	-17	-19	-12
(5) 2013年预算政策变动影响						
收入变动	-65	-73	-59	-28	-6	-9
支出变动	32	59	63	80	103	126
综合盈余变动	-97	-132	-122	-108	-110	-136
(6) 2013年预算(政策)						
收入变动	1 946	2 048	2 175	2 338	2 455	2 572
支出变动	2 052	2 128	2 189	2 277	2 369	2 468
综合盈余变动	-106	-80	-14	61	86	104

资料来源:《2013财年美国政府预算:分析展望》。

(一) 宏观经济假设对预算的影响

宏观经济假设是政府预算的依据,在政府预算过程中必须确定宏观经济假设及其对政府预算的效应。宏观经济假设是在宏观经济预测基础上进行经验调整的结果。宏观经济假设需要反映总统的政策建议,以美联储的货币政策在控制通货膨胀的同时会支持经济稳定增长为前提。通过设定和计量估计必要的宏观经济关系,如产出增长在短期内伴随着失业率下降,在长期内则与生产率变动和劳动力增长相伴随,可以应用这些关系进行宏观经济预测,为政府预算提供宏观经济假设。另外,预算估计对宏观经济假设比较敏感,经济假设与预算收入效应之间存在比较简单的规则关系(rules of thumb),这些规则关系组成预算模型,可以帮助估计宏观经济假设及其变动如何影响预算。

无论是美国联邦政府,还是纽约市和德州等地方政府,他们在进行收入预算估计时都很重视基于宏观经济预测基础上的宏观经济假设,并通过模型将这些假设反馈到预算收入估计;而且,在设定和应用反映经济与预算收入关系的模型时都以简便实用为原则。这种原则的一个表现就是,在进行短期预算收入预测时一般设定自回归和移动平均(ARIMA)关系,通过极大似然法(maximum likelihood method)技术进行估计;在进行中长期预算收入预测时一般设定结构模型,并通过协整(cointegration)技术进行估计,以反映宏观经济与预算收入之间稳定均衡的因果关系。

(二) 预算立法和政府政策对预算的影响

预算立法和政府政策直接影响着政府预算,而且还间接地通过影响宏观经济而对政府预算发挥作用。因此,需要将现行和建议的预算立法和政府政策转换成模型的输入参数(如税率),应用模型预测预算立法和政府政策单项或综合的预算效应。但是,由于现行和建议的预算方面的立法和政府政策越来越复杂,于是美国和墨西哥近年来在政府预算过程中比较强调应用微观分析(Microanalytic)技术,根据微观截序(Panel)数据而非仅仅总量数据,进行预算立法和政府政策的预算效应的模拟(Simulation)。

美国财政部税收分析办公室(OTA)开发和维护着许多这样的微观模型。目前,OTA 的经济模型和计算机应用处有 5 个主要的微观模型系统,即个人所得税模型、公司税模型、面板数据(panel)模型、折旧模型和不动产税模型。OTA 还有另外一些专门模型,如公司收入模型、银行模型、生命保险计数器(Calculator)、资本利得截序(Panel)研究和不动产调整和所得税收入模型等。

美国财政部税收分析办公室(OTA)应用这些微观模型,根据不同的经济假设,可以将微观所得、税收和税式支出等数据库外推(Extrapolate)到政府预算所涵盖的预算时期。根据美国财政部提供的1994年"个人所得税模拟模型(12版)"介绍,在进行数据库外推时,首先要根据宏观经济预测估计的人均收入的实际增长率调整其实际值,并据此重新计算微观模型的内生变量,确保每一项数据都内在一致;然后,要调整各项收入的权重,确保选定变量达到目标值,从而最终使外推的数据库与宏观经济预测达成一致，方便确立预算基准和具体政策评价。美国财政部详尽的收入建议就是这样应用微观模型产生的。

（三）预算基准

预算基准是政策中性（policy neutral）的预算估计，是在假设现行立法不作调整的条件下机械地应用预算模型就收入、支出和预算盈余进行的估计，代表了政府在预算期间按照现行立法可使用的资源。预算基准既不是对财年预算的最终预测，也不是一个预算建议。预算基准只是提供了政府预算的起点和预算政策评价的参照标准（Benchmark）。预算基准的设定（specification）不同，经济假设、技术因素、立法和政策等变动对政府预算的相对影响不同；而且预算基准的设定对确定和估计税式支出至关重要。

从美国政府的预算过程来看，模型在经济预测和预算收入估计中发挥着不可或缺的作用。但是，美国和墨西哥负责进行预算收入估计的专家也强调：模型预测只能提供讨论基础，无论宏观经济模型、预算模型还是微观税收模型，任何模型预测都必须与经验调整相结合；而且，在广泛应用模型进行预测时，应该以简便、实用为原则。可以讲，美国和墨西哥进行预算收入预测的特点之二，就是在模型预测基础上进行经验调整，在广泛应用模型的同时注意简便实用。

三、政府预算收入预测的数据基础和技术支持

应用模型进行预算收入预测需要良好的数据基础。宏观经济模型的数据基础是国民收入和产出账户（NIPA），预算模型的数据基础是财政决算数据和基准数据，微观税收模型的数据基础是按概率样本统计的代表性纳税个人和公司所得和税收（returns）数据库。美国的数据基础设施建设比较完备，宏观数据比较系统、一致，微观数据比较全面、完整，总体而言数据比较稳定、可靠、协调性好、透明度高。政府数据基本上都可以从相关的政府网页上下载使用，另外还有私营机构从事经济数据库（如DRI、Datastream、WRDS等）建设。特别是，美国国内税务局（Internal Revenue Services）隶属财政部，税收分析办公室可以通过监视国内税务局的收入统计研究而从其个人和公司所得税收入样本中抽取需要的数据。

无论是数据基础建设还是模型应用，都与硬件和软件两方面的技术支持分不开。美国和墨西哥财政部在自己开发软件的同时，普遍使用计量分析软件SAS和EVIEW，纽约市长管理和预算办公室和德州公共账户审计署使用的则是与数据库DRI相配套的DRI-WEFA软件，这些软件为数据管理和模型应用提供了必要的现代经济计量工具，保证了模型在收入预算中的广泛使用。更重要的是，收入预算专家具有基本的现代经济计量知识与技术人员交流，而技术人员也在合理的制度协调下与收入预算专家配合，这保证了在收入预算过程中收入预算专家和技术人员的优势互补和协同合作。而且，白宫和国会的专家也具备一定的现代经济计量基础，无论是进行新财年预算还是进行预算中期调整，大家对新信息及其预算效应估计方法具

有基本的共识，保证了预算结果的合理解释和理解。

专栏5-3　美国联邦预算的基线预测与经济计算

美国国会在进行收入和权利性项目立法时，必须考虑影响收支数量的因素：包括经济绩效、物价变化、参保率以及受联邦政策影响的各方行为。收入立法产生的收入主要取决于未来经济绩效和纳税人对税制改革的反应。权利性项目立法的支出取决于经济变量、人口增长趋势以及符合补助标准的人利用补助的程度。各项目都有各自因素使其对立法变化作出预算回应。

在编制预算时，需要对未来进行假设，以此估算现行法律下的收支额，并决定对这些法律的调整。国会立法时，依据以下假设估算立法行为的预算影响：（1）没有新立法情况下可能发生的收支额；（2）立法行为可能改变的未来收支额。当前预算中，第一组数字是所谓"基线"，第二组是所谓"计算"。

管理与预算办公室和国会预算局都会准备针对预算总数（包括总收入、总预算授权及其他）、预算的特定项目（如国防、收入补助等）、特定项目或账户的其他预测。管理与预算办公室的估算报告称为当前服务估测报告，涵盖未来5年的情况。国会预算局制定的估算报告称为基线预算预测，涵盖未来10年的情况。基线预算预测假定现行政策将继续生效，支出水平完全根据通货膨胀调整。强制性项目的基线根据预期任务的改变而调整，如享受社会保障和医疗保险服务人数的增加。

一旦基线确定，任何立法变动均视为政策变动。也就是说，对立法的计算和对预算影响的衡量均依据基线变化。

对未来经济绩效的假设是建立预算基线的主要变量之一。预算与基线一样，是基于假设所做出的预测，预期的收入和支出能在多大程度上实现，主要取决于所假设的经济状况是否发生。假设与实际状况的差异可能导致预期和实际预算结果之间的显著差异。现实中，并不是所有的经济影响都会被衡量。一是因为某些影响难以测量；二是这也给机会主义的计算体系打开了方便之门。

资料来源：艾伦·希克（2012）。

四、政府预算收入预测方法与技术

收入预测要求区别对待每一收入来源。标准的方法是：首先，确定每一收入来源的类型。其次，必须确定基础，然后可以以假设和确定的类型为基础进行预测。预测不过是凭良好数据和良好判断的一种复杂的猜测方式，通常随着经验的增加而不断精确。预算工具从简单到复杂都有，但所有的工具都应该在保守主义原则（低估收入，高估支出）的基础上使用。

尽管这一建议被普遍认可，政府部门并不总是采用这一原则。在威廉姆·E·

克雷和格劳瑞·A·格瑞泽（1986）对州销售税收入预测所做的一项研究中，他们发现平均而言有高估收入的趋势。

信息对收入预计相当重要，所以应当保留某些背景信息。这包括各种立法的副本，法律史，与税收有关的管理因素或税率变化图中的任何变动，月度收益，并对趋势线的任何不正常变动做出解释；以及影响收入量的任何重要变量的有关数据。

三种收入预测的方法是定性法、时间序列法和因果分析法。从本质上看，定性（亦称判断）法主要建立在人的判断的基础上，但也会用到数学。佛罗里达州立大学的威廉姆·E·克雷（1983）考察了所有50个州的收入预测工作，发现其中30个州在收入预测时利用了专门小组、部门内部的工作委员会或讨论会。通常，经济学家们建立他们的专家预测小组，但偶尔也会包括政治学家。当关键的收入因素高度可变，无历史资料，或政治因素对收入影响很大时（例如政府间的转移支付），专家的判断最有用。

时间序列法（例如趋势分析）建立在可以按年代顺序排列在图上的多年数据的基础之上。此类方法之一是将上一个完整的年度作为收入预计的基年，假定存在经济增长和相应的收入来源。另一个简单的工具——平均数法——是对过去三年到五年内的数据进行平均。该方法还假定税收来源有一个增长的趋势，而非下降或不稳定的税收收入。一个更为复杂的方法包括使用移动平均，并将更大的权重归于较近年份的收入产出。还有一个更为复杂的方法称为博克斯—吉金斯法，该方法用来选择最适当的 ARMA（自回归移动平均）模型并确定适当的预测模型的系统性排除程序。首先，通过各种统计测试和价值判断选择模型。其次，一个使用统计预测工具的试错法被用于确定具有最小平方差的数据序列。最后，在建立了一个符合条件的模型后，从中选择一个反映当期数据的预测方程式。这一工具的另一个好处在于它不仅预测，还在预测时描述了置信度。通常，该税收来源的增长趋势以算数图的方式说明，但有的分析人员更倾向于半对数图，因为它们更清晰的反映了税收产出量的变动率。

当使用时间序列法时，预测人员对一年内季节性波动的性质，多年周期的性质，以及任何可能意味着季节性和周期性波动的长期趋势感兴趣。这种方法的主要弱点是不易确定经济的特点。趋势分析应被用于预测变动幅度不大而且收入仅占预算的一小部分、或者收入不依赖于经济或者政治因素的收入项目。

因果分析法并非应对一个变量的历史，而是两个或更多变量的相互关系的历史。一个或多个预测变量通过首先预计未来的税基来直接或间接地预计税收收入。例如，将每一纳税人预计缴纳的平均税收与预计的纳税人数量相乘即可得出预计的所得税收入。不同的调查工具可用于决定这两个预测变量的估计值。有的社区使用一项工薪税。为预测这项收入，他们预测该地区的薪资总额和税率并将它们相乘。一个变动是利用在职团体来计算税率。第三种方法是首先确定个人收入和主要的经济指标之间的关系，接下来用主要指标来确定个人收入。税收收入由个人收入来决定。对于销售税，预测该地区或州内的销售额，然后根据销售水平来计算税收收入。

这些因果预算法取决于选择正确的预测变量，正确的界定它们与税收收入之间的关系,以及收集准确的数据。这些方法的一个附加优势是它们有助于决策者考虑各种有关税收和其他政策的"如果……就会……"问题,因而他们能够更好的测定其政策选择的含义。这些方法的弱点在于需要收集广泛准确的数据,建立因果模型的成本,以及高昂的计算机成本。

五、政府预算支出预测方法与技术

(一)协议和单位成本方法

预测支出的责任通常在部门,但所有的工具与收入预测中用到的相似。在某些情况下,当部门的项目预测受到经济或政治气候包括预算要求指导的影响时,会用到讨价还价法(部门预测可以建立在需耗费数月准备的详细工作计划之上,也可以建立在只需几分钟的快速判断之上)。核心预算部门审查申请,对部门的判断进行改进、削减和增加,这一过程可能还有政治、行政和立法官员的参与。最终获得通过的支出预算代表着许多官员和雇员的共同判断。

另一套支出预测工具建立在使用单位成本数据的会计信息基础之上。这个方法与财政影响分析相似,它通过使用单位资本成本乘数,提供一定水平或标准服务的平均成本,以及其他简单的计算来确定计划中的地方不动产发展的市政成本。单位成本法的三个主要步骤:(1)选择一个分析的基准;(2)分析单位和单位成本;(3)做出必要的假设和计算。

在选择分析基准时,预算分析人员将常常使用目标编号基准,但也可以采用次一级编号和功能基准。一个次一级编号基准运用的例子就是在弗吉尼亚州的阿灵顿镇,在这里每一个雇员的周年纪念日、工资率、级别、寿命增长(如果有)、附加福利成本以及其他数据都被记录下来。运用这些信息,计算机对每一位雇员的工作和附加成本以及其他数据做出年度预测,并将这些成本汇总到适当的目标编号、分支单位、部门和基金中。一个采用功能——部门基准的例子就是在纽约州的赛莱克斯市,在那里部门的支出被分解为劳动力支出、非劳动力支出、附加支出和各种不同的支出。这些相关项目的汇总即构成了一个预测。

对单位和单位成本进行分析的第二个步骤通过审查过去和当前的单位和单位成本来进行。例如,目标编号为306的建设管理部对取暖燃料的需求。当某人计算具体的未来年度预测时,一个更为复杂的方式是将单位成本与价格指数相乘。

第三个步骤是把对未来年度的假设包括进来,并进行简单的相乘。例如,在取暖燃料的例子中,假定在预算年度中要以每加仑2美元的价格消耗50 000加仑,50 000乘以2等于100 000美元,这就是目标编号为306的建设管理部的预算。该结果是一个特定支出项目的年度或多年度预测,它可以加总以便得到一个总的支出预测。

(二)时间序列法

许多部门在支出预测时使用增量法或趋势线法。历史数据界定了趋势线,它显示了历年来的支出模式。线的斜率即变动率。一条线的公式是 $Y = a + bX$，其中 Y 代表因变量，X 是自变量，b 是该线的斜率。趋势线建立了一个历史模式，预测人员只需要选择下一时期（例如预算年度），便可以通过趋势线得到支出水平。

另外两个时间序列法是移动平均法和指数平滑法。在移动平均法中，人们将过去时期的支出加总并予以平均。该方法假定平均值将减少数据的随意性和季节性。因此，用到的数据点越多，预测便越平滑。这个方法的局限性在于：(1) 它需要足够多的观察值因而对新项目没有多大用处；(2) 它只适用于包括 1~3 个时间段的短期预测；(3) 它不能预测基本趋势的变动。在指数平滑法中，人们使用最近的预测值和取值为 0~1 之间任意数的 X 权重（比如 0.1，0.5，0.9），并求得最近时期的预测值和现实值之间的差额。例如，当年支出了 5 000 美元而去年预测是 4 500 美元，用 0.3 的 X 值来计算预算年度支出，我们计算 5 000 美元 + 0.3 × (4 500 美元 − 5 000 美元)，预算年度的预测结果是 4 850 美元。如果预测人员期望数据随机性较小，那么将使用一个小的 X 值；相反，如果 X 值较大，则数据的随机性也较大。这项工具与滑动平均法相比，优势在于需要的数据点较少并且能够更好地反映近期的快速趋势变动。这项工具的内在缺陷在于必须任意确定一个 X 值。

第三种时间序列法是适应性滤波法。这项工具的四个步骤如下：(1) 通过采用先前观察值的一个加权平均值来建立一个预测值；(2) 将预测值和认识到的实际值进行比较并计算误差；(3) 调整加权平均值的权重以减小计算误差；(4) 运用一套新的权重预测接下来的时期。在取得新数据后再重复这一过程，这项工具通常用一台计算机来进行许多计算。在有大量历史数据并且那些数据表现出较大的随机性时，这项工具相当有用。

第四种工具是自回归移动平均（ARMA），该模型有两种类型：自回归模型和移动平均模型。自回归模型（AR）假定未来值是过去值的线性组合，移动平均模型（MA）假定未来值是过去误差的线性组合。回归模型通过在不同的时间间隔内使用相关波动的历史数据来建立预测。移动平均模型通过在可以得到一个新数据时排除一个历史观察值的方法来减少数据的随机性。[1]

---

[1] 资料来源：thomas D. lynch, Public budgeting in America (04 ed), 1995.

第六章

美国政府预算立法审查管理

■ 本章导读

按照美国《宪法》的规定，国会牢牢掌握着"钱袋子"的权力。美国联邦预算管理的过程，实质上也是一个立法过程。1974年通过的《国会预算与扣押法案》，成立了参众两院的预算委员会和国会预算办公室（CBO），建立了国会的预算管理程序。本章介绍美国国会相关专业委员会的产生背景、在预算管理中的职责分配、专业委员会的工作流程、专业委员会的决议效力等相关内容，以及国会预算办公室（CBO）和国会会计总署（GAO）在联邦政府预算审查管理中的职责与工作流程。

第六章 美国政府预算立法审查管理

美国宪法赋予国会掌握国库的权力，即国会有权力支配、筹集国家收入，必要时可以进行借贷。1789年到1921年的整个时期，联邦预算管理都是国会立法主导的。随着1921年《预算与会计法案的实施》，总统预算管理模式的确立以及总统预算权力的扩张，使得预算权力的平衡开始偏向于总统行政一方，国会开始考虑立法层面的预算规则和实践管理方面的立法。1974年通过的《国会预算与扣押法案》（Congressional Budget and Impoundment Control Act of 1974），成立了参众两院的预算委员会和国会预算办公室（CBO），建立了国会的预算管理程序，使预算成为控制和约束总统行政权力扩张的有效载体。

国会每年通过授权法案和拨款法案控制政府预算，使立法监督预算成为一种长效机制。美国预算支出包括自主性支出和强制性支出两类，国会通过制定授权法案和拨款法案来控制自主支出，通过制定或修改相关法律来控制强制支出（如修改社会保障法则可以改变社会保障方面的强制支出）。其中的授权法案和拨款法案是每年制定，这就形成了预算监督的长效机制。

第一节 美国立法预算管理组织体系与职责

国会进行财政预算监督主要在委员会和全院大会两个层次进行，重点是委员会层次。参众两院每一个委员会、每一个小组委员会都有明确的职责，两院各有4个委员会与预算程序有关：一是根据1974年国会《预算与扣押法案》成立的参众两院各自的预算委员会。二是有权授权支出的委员会和两院的常务立法委员会。三是有权在行政机构之间分配预算额度的拨款委员会；在理论上看它们只是建议如何分配，但实际上拥有真正的分配权。参众两院的拨款委员会由13个小委员会组成，在考虑税收收入和经济形势的基础上，建议各行政机构和联邦政府项目的预算额度。四是两院的筹款委员会，是最早成立的委员会，拥有广泛的税收立法权。

表6-1　　　　　　　　　　国会委员会的预算职能

预　算	授　权	拨　款	收　入
◇ 编制预算决议 ◇ 起草协调指南以及汇编协调草案 ◇ 把新的预算授权、支出以及其他总量分配给各委员会 ◇ 监管预算并就立法的预算影响向国会提出建议	◇ 编制授权支出和直接支出的立法 ◇ 监管执行机构的工作 ◇ 向预算委员会提交对自己管辖范围内事务的意见和评估 ◇ 根据协调指南对法律的修改提出建议 ◇ 在其立法报告内加入国会预算局的成本估计	◇ 编制定期以及补充性拨款法案 ◇ 审查提议的撤销案和延期案 ◇ 向预算委员会提交意见和评估 ◇ 在其小组委员会之间进行预算授权和支出的再分配 ◇ 建立联邦机构的账户框架、制定重新立项的规则 ◇ 为行政机构使用资金提供指南	◇ 编制收入立法 ◇ 编制关于社会保障以及其他权利性项目的立法 ◇ 向预算委员会提交意见和评估 ◇ 根据协调指南对法律的修改提出建议 ◇ 报告对公共债务法定限制的立法调整

资料来源：Allen Schick, The Federal Budget, Politics, Policy, Process. (third edition), Brookings Institution Press. 2007.

起作用比较大的是众议院的预算委员会(Committee on Budget)、拨款委员会(Committee on Proporation)、筹款委员会(Ways and Means committee)和参议院的预算委员会(Committee on Budget)、拨款委员会(Committee on Proporation)、财政委员会。两院的助理机构国会预算办公室(CBO)、国会会计总署(GAO)和国会研究局(CRS)也发挥重要作用(见表6-2)。

表6-2　　　　　　　　　国会支持部门的预算职能

国会预算办公室(CBO)	国会会计总署(GAO)	国会研究局(CRS)
◇ 颁布十年预算规划和经济趋势报告 ◇ 预测报告草案的5年和10年期成本;编制预算基线预测,维护财政记录数据库 ◇ 为预算、拨款和其他委员会提供帮助 ◇ 发布改变联邦收支政策选择性方案的报告 ◇ 审查总统预算和其他议案	◇ 颁布会计指导条例以及审查行政部门的会计系统 ◇ 审计联邦机构的运作情况;评估项目并提出改进建议 ◇ 颁布资金使用的法定意见 ◇ 审查延期和废除,确定它们是否得到适当报告,以及资金是否按要求拨付 ◇ 应国会委员会要求对行政机关的运作及支出情况进行调查 ◇ 解决某些索赔和债务筹措问题及争议	◇ 分析立法议题和会对部门、项目产生影响的提案 ◇ 通过提供一些数据和有关他们立法责任的分析来协助委员会和议员的工作 ◇ 编辑特定立法和项目的立法记录 ◇ 颁布关于立法情况的报告 ◇ 分析改变联邦预算实践的提议

资料来源:Allen Schick, The Federal Budget, Politics, Policy, Process. (third edition), Brookings Institution Press. 2007.

一、众议院筹款委员会

(一)众议院筹款委员会产生背景

众议院筹款委员会(Ways and Means committee),作为国会中历史最悠久的委员会之一,现在仍然活跃在政府中。这个委员会已经存在超过200多年,并且有着国家中最重要的货币问题的审判权。国会众议院筹款委员会在1800年年初变成一个永久性的委员会,为众议院提出所有能够提高收入的法案。

宪法赋予国会征税的权力,但却很少提及如何运用这种权力。其为数不多要求中的一点就是收入立法必须在众议院产生,再提交参议院审核。几乎所有的税收措施都是从众议院的筹款委员(有的翻译成赋税委员会、方式与方法委员会,英文是Ways and Means committee)开始其立法旅程的,这个委员会广泛的管辖权包括了社会保障、贸易立法、失业救济和某些医疗项目。众议院20世纪70年代进行的广泛改革极大地影响了该委员会的委员,相对于改革之前,它的独立程度与权力大小都大打折扣。其中的一些变化体现在表6-3中,这个改革前与改革后的赋税委员会进行了比较。

表 6–3　　　　　　　　　　　改革前与改革后的筹款委员会

改革前（1975 年前）	改革后（1975 年后）
赋税委员会的民主党人任命民主党人进入其他委员会	委员的任命由民主党调控与政策委员会决定，赋税委员会不再参与此项事务
赋税委员会对医疗保险和医疗补助有完全管辖权	对医疗保险 B 部分的管辖权要与能源与商业委员会共享，同时该委员会还享有医疗补助的全部管辖权
不设小组委员会，所有立法都是经过全体委员讨论并通过，因而将存在争议的事务避开国会日程	虽然主要的税收立法还是经由全体委员会讨论，但赋税委员会被要求设置至少 6 个小组委员会
委员会规模很小，只有 25 个委员，并被共和党人与保守的南方民主党人联盟控制	委员会扩大到 37 个委员，民主党人和共和党人的比率从 15∶10 上升至 25∶12。在第 110 届国会中，比率又变成 24∶17。
几乎所有审议工作均封闭进行，工作人员数量较少，并由主席控制	大多数审议工作均公开进行（虽然之前的党内决策会议仍旧封闭进行），工作人员数量增加，但基本上仍由主席控制
大多数委员会的提案都会在禁止议会修正案的情况下经由众议院讨论	大多数委员会的提案都会在考虑国会修正案的情况下经由议议院讨论

　　筹款委员会有很大一部分权力源自州宪法，州宪法声明：所有筹集国家收入的议案必须由众议院首创。而美国联邦《宪法》同时规定，所有关于税收的议案必须由众议院拟订。又因为此过程是所有关于税收的议案必须经由众议院筹款委员会检查，所以此委员会就跟美国参议院的财政委员会一样，非常有影响力。筹款委员会起初的责任不仅是税收，还有政府开支。但随着参议院拨款委员会控制开支后，这一点职能随后而改变。之后的责任包括考虑所有的财政立法对联邦财政的影响，以及对其他可能涉及的事项的影响。

　　由于具有广泛的权力，国会众议院筹款委员会已经成为在影响政府政策方面最重要的委员会之一。虽然它不像参议院拨款委员会那样在选举中具有好的前景，但是依旧有两个原因使得它被视做一个有价值委员会。其一，因为它的管辖范围非常之广泛，每个成员所处的部门位置都涉及大量的政策问题，所以它能很容易的影响政府政策的抉择。近来筹款委员会审议了很多重大的议题，包括了政府福利改革、医疗保险处方药福利、社会保险改革、乔治·W·布什的减税政策和一些贸易协定，其中包括了北美自由贸易协定（NAFTA）和中美洲自由贸易协定（CAFTA）。其二，该委员会能够影响到政府的广泛利益，这是一个能够很简单便募集到政治赞助的部门。

（二）国会众议院筹款委员会职责定位

　　该委员会拥有税收和大部分强制项目（例如，社会安全、医疗和医疗补助等）的管辖权。是国会中专门负责税收法案审议的常设委员会。国会众议院筹款委员会是国会中专门负责税收法案审议的常设委员会，同时也是众议院首席税收编写委员会。众议院筹款委员会在政府年度预算编制中的主要责任是：确定国家税务管理政策。该委员会的立法范围包括：所有的税收、关税、贸易（包括国际贸易）和其他的一些筹款手段与许多其他影响到国家财政状况的问题，社会或政府补助包括以下一些项目：社会保障、失业救济、医疗保险、儿童抚育法的执行、贫困家庭临时救助计划（一个联邦福利计划）、寄养和收养程序。所有关于税收的措施必须在众议院提出，并且必须遵循宪法。该委员会有权力提高和削减税收，在宪法指标参数范围内，把关税、生产收入调节在联邦政府认为合适的标准范围。

一些在筹款委员会管辖范围内的项目和机构包括了事业、医疗补助计划、国家老年人医疗保险制度、食品救济和其他的家庭福利项目，如儿童抚养费的募捐，儿童保护（包括寄养和收养）和社会保障。但随着很多项目的有效性被质疑，以及典型的官僚主义并发症，该委员会的职责包括不断寻找方法来重组和简化程序，提高效率。除了出台法律和规范这些项目外，筹款委员会还负责监督。除非存在严格的监督，否则欺诈、挪用侵吞、浪费和滥用将会产生极大的破坏。委员会还有着很大的权威来影响联邦和各州的政策导向，这是一些关于包括贫困地区在内的地区的社会问题和金融事务、医疗保险的提供和其他重要问题的政策。

国会众议院筹款委员会（Committee on Ways &Means）的成员由全职的无党派人士组成，主要为国会提供以上方面及其他对国家有财政性影响的事务的信息，协助国会成员做出决策，该委员会也会审查和分析立法对财政的影响和进行收入及预算的研究。[①]

全体委员会通常致力于形成主要的税收立法，其下属的小组委员会负责处理其他的琐碎事务。赋税委员会曾经通过关门立法的方式来防止其他利益团体的游说。现在众议院的规定则要求它（以及其他委员会）公开处理事务，除非它明确投票要求进行秘密会议。过程公开使赋税委员会遭遇更大的政治压力，但是，主席会先在私下进行交易，然后再召集委员会通过那些已经达成的交易。该委员会曾经盛行两党合作；而两党也曾经联盟形成压倒性优势，从而在参议院通过立法。但两党合作受到了改革者的攻击，他们认为这样的两党合作成为共和党与南部民主党人联盟控制税收立法以及打压自由派民主党人偏好政策的手段。最终，改革者们通过扩大赋税委员会的规模以及改变两党在委员会中所占比例的方式拆散了这一联盟。从20世纪70年代起，赋税委员会的两极分化就日益明显（虽然在众议院内部还是一个整体），其投票也因为正常立场的不同而出现分歧。

二、参议院财政委员会

参议院的税收立法工作始于财政委员会，它的立法范围甚至比众议院赋税委员会还要大。虽然参议院理应等到众议院完成行动之后，但它有时也会废止某项众议院通过的较小的草案（如更新一类即将到期的关税）除说明制定经过的条款以外的

---

① 美国国会众议院筹款委员会网站：http://democrats.waysandmeans.house.gov/。

全文，然后代之以自己的条款，以此绕过上述规定。专栏6-1描述了参议院主动采取的最突出的措施之一：在总统尚未提案、众议院没有立法批准的情况下，增加了1982年的税收。虽然这项行动并不符合宪法设定程序的精神，但它确实在名义上严格遵循了要求。联邦法院一直拒绝通过对国会程序合法性的判决，因此，参议院提出的税收立法也就变成了有效的法律。

专栏6-1　参议院发起的税收立法：1982年增税

就在立法通过大规模的税收削减仅仅一年后，里根总统又签署了税收公正与财政责任法案（TEAFRA，下文简称税收公正与财政责任法案），据估计，此法案将令联邦收入在三年内增加980亿美元。税收公正与财政责任法案是一次不同寻常的政策逆转，它绕过了正常的立法程序，在协商报告前，其内容没有经过任何众议院审议。税收公正与财政责任法案在参议院被临时拼凑，然后就进入协商，在众议院几乎没有对最后条款产生影响的情况下被通过。

通过税收公正与财政责任法案的国会也分裂出不同的政党阵营。民主党在众议院中占据大多数议席，而共和党则控制了参议院和白宫。在1981年，这种政治局面促生了众议院的民主党人与总统之间就大规模税收削减提案展开竞争。当竞争结束时，里根获胜。但他的凯旋却很快使自己陷入政治上的左右为难：怎么处理远高于他前一年预期的日益增长的财政赤字。在1981年9月24日，里根提出了解决方案，在电视演讲中他建议通过废除"简洁中滥用或是过时的措施"来筹集220亿美元的资金。

由于这个提议在立法季中出台得太晚，国会并没有通过。在下一个会期中，里根又早早地继续提出增加税收的口号，但时任众议院赋税委员会主席的丹·罗斯腾科斯基拒绝通过。他担心众议院的民主党人会反对，而且他也不想与白宫再次展开一场竞争。

如果不是参议院财政委员会主席罗伯特·道尔处理赤字的决心，这一问题本应该就此打住。道尔在委员会共和党人与白宫之间进行了磋商，达成了妥协，而后白宫授权他起草一份会以一边倒态势获得通过的法案。

但这份法案应该怎样提交呢？众议院还没有通过，而宪法要求收入立法必须在那里产生。道尔的解决办法是把财政委员会的增税法案附加在众议院上次会期期末通过的一个小型收入法案中。在没有民主党支持的情况下，这项扩大后的法案获得了参议院的通过。

紧接着，行动转到了众议院，众议院本希望生成自己的法案，这样就可以为自己在接下来与参议院进行协商时争取立场。但赋税委员会中的民主党人担心自己会被称作增税支持者，所以他们选择直接召开会议。基本上完全按照参议院提交的版本，与会者很快制定出了最终的法案。

截至此时，在共和党的各阶层中已经出现了深深的裂痕（尤其是在众议院中），那里的换届选举数月后即将举行。因为共和党人的分裂，法案若想在众议院内获得通过，就需要民主党人足够的支持。众议院中的民主党人不能再袖手旁观，但在他们得到三项政治保护之前，他们也不会提供足够的票数。第一，众议院要在封闭性规则下完成协商报告，这一规则排除了对争议条款的分散投票；第二，里根承诺向支持这项法案的民主党人发出感谢信；最后，每个党派都要在其众议院成员中达成对协商报告的多数支持。

作为一项增税政策，1982年法案对于赤字基本没有造成影响，而赤字随后就达到了2 000亿美元。不过该法案却对此后的立法工作和政治机遇产生了滞后的影响。这项法案为此后充斥着整个20世纪80年代的政治手段的运用开创了先例，收入的提高也不再简单地被视作税收的上涨，税收公正与财政责任法案与为参议员道尔赢得了"福利国家征税员"的称号。但在他于1996年竞选总统之际，这项称号反倒成了他在共和党选民心目中洗刷不去的污点。至于罗纳德·里根，他在没有发表任何意见的情况下签署了1982年的增税法案，又以卸任之由签署了七八份类似的增税法案。但他今天仍然被视作一位削减税收的总统。

在大多数情况下，只有众议院行动后，参议院才可以对税收法案采取行动。数十年来这个先后次序区分了两院的行动。众议院要先对法案进行审议，因此需要严格限制其议员投票支持减税或为迎合某方面利益而支持减税。众议院通过的税收立法也很少有修正案，并且基本不包含与之无关的条款。在参议院财政委员会及其院内，参议员们增加了许多鼓励减税和其他利益的修正案。有时，会添加数以百计的修正案——即所谓的对法案进行"圣诞树装饰"的过程。参议院把增加收入的众议院法案转为减少收入的法案，这种现象并不常见。

三、参众两院预算委员会

（一）为什么要成立国会预算委员会？

美国宪法赋予国会掌握国库的权力，即国会有权力支配、筹集国家收入，必要时可以进行借贷。国会并没有建立预算相关的立法程序，相反，国会表明每个部门都可以自行确定对其收入支配的规则。因此，国会的预算编制方式在美国建立的200年来一直是破碎不完整及权力分散的，随着时间的推移，国会开始考虑预算规则和实践管理方面的立法。直到1974年，国会特定的预算程序不能有效地与财政收入支出政策协调，导致了负面结果。一方面是延迟拨款，资金缺口，过度依赖于继续决议形成的临时拨款法案；另一方面是持续增长的预算赤字在当时的预算公约下难以控制。另外，由于国会与总统间争夺联邦预算的冲突不断持续以及面临着长期项目如社会保险以及医疗等方面的挑战，使得国会开始建立自己的预算程序。

当白宫1970年年初实施扣押权，行政机关扣留国会批准的资助，国会将这一行为视作破坏立法机构的"财政权"。为应对这些挑战，国会通过了1974年的《国会预算和扣押法案》（Congressional Budget and Impoundment Control Act of 1974），该法案确定了将预算作为一种用来处理整体支出、收入，盈余或赤字的共同决议，设立了众议院和参议院的预算委员会，授权预算委员会采用年度预算的方式公开管理国家财政并建立具体的财政目标。

（二）国会预算委员会管辖权和责任[①]

国会预算委员会的管辖权来源于预算法案和国会规则 X（House Rule X）。该预算管辖权受到预算法案的保护。预算法案声明，在预算委员会预算管辖权内的一切提案、决议、修正案、提议或会议报告都不应当在国会讨论，除非这些请求来自预算委员会本身。国会规则 X 第一款（d）项表明，国会预算委员会对预算拥有共同决议权，其他事项也需要按照预算法案的规定来执行。预算委员会有权对联邦预算的设立、扩展和执行特殊控制进行管理，有权对一般预算过程进行管理。

经过多年的发展，国会预算委员会的职责和责任已经形成了法令，同样在国会规则（House Rules）中也有体现。预算委员会的职责包括以下范畴：预算决议、调解、预算流程改革、国会预算办公室监督、资源分配和调整，记录保管。

1. 预算决议。预算委员会负责创建年度预算决议（Annual Budget Resolution）。预算决议是一种机制，用于设定总量支出、收入，财政赤字或盈余及公共债务。它的目的是在国会考虑立法处理支出和收入时，创建可参考的预算。预算委员会可以将预算决议作为对调整税收和支出政策的手段，其他对该事项有管辖权的众议院委员会负责将这些调整通过法律程序。因此预算委员会并不像其他大多数委员会执行的起草程序或者机构定向立法。预算委员会更类似于众议院法规委员会（House Rules Committee），将大部分时间用来准备国会在立法时需要考虑的问题。

在预算决议过程中，预算委员会将审查预算前景预测报告（Budget Outlook Report），该报告包括通过国会预算办公室（Congressional Budget Office，CBO）提交给国会的基线预算。

预算委员会也受理和审查由总统提交的预算请求，然后举行听证会，听取官员的证词和对总统预算建议的解释。这些官员包括管理与预算办公室（OMB）主任、联邦储备委员会主席、各部部长以及总统顾问。此外，国会预算办公室（CBO）将发布一份报告，用来分析总统预算的合理性，并将考虑该预算是否符合国会预算办公室（CBO）的经济技术假设。

预算委员会不能用一般的立法方式来审议预算决议。尽管决议是一份简短的文件，但它实际上触及众议院和参议院所有委员会的利益。尽管决议是预算委员会的工作，但它有时也会碰巧成为收入、拨款以及大多数授权委员会的事情。预算委员会仅仅理解预算及其政策含义是不够的，他们必须同样了解对于其他委员会来说什么是重要的。他们会举行听证会，并且依靠国会预算办公室（CBO）的数据和报告，还有其他委员会提交的关于"意见和评估"的报告。但他们最重要的信息资源

[①] 资料来源：http://budget.house.gov/about/。

来自于政党领导人、各委员会主席以及普通议员的非正式、幕后谈话。

2. 预算调整（Reconciliation）。预算决议有时包括调整指令（Reconciliation Instructions），指导委员会开展改变目前收入或支出的立法程序，以使其符合预算决议中的政策建议。预算委员会可以选择在预算决议中包括这个部分，然后将其报告。如果被采用的预算决议包括调整指令，预算委员会将起草能满足特定目标的法律文本。预算委员会负责将"没有任何实质性修订"的立法语言进行包装，并将其融入一个或多个调整法案（Reconciliation Bills）。预算委员会是不被允许对调整法案做实质性修改，然而，预算委员会有时可能会与国会领导人一道制定可替代的调整法案。

3. 预算流程改革（Budget Process Reform）。自1995年以来，国会规则赋予了预算委员会对预算过程的一般管辖权。这项权力包括持续研究改革预算程序并做出建议，这些建议可以覆盖某个具体的或者全面的预算过程。这些建议可以在预算决议中展示出来，也可以作为一个独立的披露。当考虑预算改革时，预算委员会可以创建一个专门小组（预算委员会没有小组委员会，但有时通过创建临时小组去解决具体问题）来研究潜在的改革问题。该工作组可以举行听证会，听取当前和过去的国会成员以及代表政府的意见，以帮助确定改革的需要。例如，第105届国会预算委员会创建了一个研究预算过程的工作小组，专项研究预算改革问题。这个工作组举行听证会并最终提出了一些建议。这其中就包括了将预算决议确定为一个联合决议的想法。

4. 监督国会预算办公室（CBO）。1974年国会《预算与扣押法案》除了创建众议院预算委员会（House Budget Committees）和参议院预算委员会（Senate Budget Committees），预算法案还建立了国会预算办公室（Congressional Budget Office，CBO）。国会规则要求预算委员会负责监督国会预算办公室，具体来说，预算委员会应当在连续年度对国会预算办公室职责履行情况做出监督。该监督可以包括举行听证会以审查国会预算办公室（CBO）的行为。例如，第107届国会众议院预算委员会举行了名为"国会预算办公室的作用和性能：在预算和经济估算提高精度、可靠性和有效回应"的听证会。

预算委员会也在选择国会预算办公室主任的过程中扮演了一个重要角色。预算法案规定，众议院议长和总统指定的参议院主管应当在众议院和参议院预算委员会的建议下任命国会预算办公室主任。

5. 预算修订和调整（Revisions and Adjustments）。预算法案规定赋予预算委员会在某些情况下修改或调整年度预算决议中预算水平和其他事项的权力。例如，国会通常会在年度预算决议中提出"储备基金"（"reserve funds"），以使众议院和参议院预算委员会在符合特定条件的情况下有权调整委员会支出分配。通常情况下，这些条件产生自处理特定政策或修正案的报告立法。一旦这个动作发生，预算委员会主席将其修改计划提交至预算委员会各部。

6. 预算记录。预算委员会至少每月要对预算做出总结记录报告，并将此报告提交给国会成员。为协助预算委员会的预算记录，国会预算办公室（CBO）局长被要求至少每月向预算委员会提交一个最新的国会预算行动总结表格。具体地说，这份报告提供了收入或税收支出增加或下降的走势或新的预算授权方面的细节。

预算委员会规定，其预算记录报告的准备有预算委员会人员完成，并以国会状态报告（Parliamentarian's Status Report）的形式传送至演讲者，最后在国会记录（Congressional Record）中存档。

（三）国会预算委员会的成员和结构①

国会对预算委员会成员的产生做出了硬性要求，其中由众议院筹款委员会（Ways and Means committee）产生5名，由参议院拨款委员会（Committee on Appropriations）产生5名，最后一名由法规委员会（Committee on Rules）产生。另外，国会还要求预算委员会必须包括一个指定的成员多数党的领导人和一个成员指定的少数党领导人。其中，众议院筹款委员会对财政收入的筹集拥有唯一的管辖权，参议院拨款委员会对收入的支配行使唯一的管辖权。在预算委员会中为这两个委员会保证必要的席位，有利于使它们参与预算决策。国会预算法案最初仅允许23名成员进入参议院预算委员会，随着时间的推移，参议院预算委员会成员的数量发生了变化，目前已达到39名。

根据国会规则，众议院预算委员会的成员不得在连续六年选举中服务超过四年。由于成员资格的轮换制度的存在，众议院议员对预算委员会活动的参与度不断提高。众议院民主党党团会议（House Democratic Caucus）对于民主党议员在预算委员会中的服务设定了额外的限制。这一限制表明，除了被党魁直接指定的除外，没有议员可以在连续五年中服务超过三年。

民主党和共和党议员在预算委员会中的地位势均力敌。一般来说，这意味着对预算委员会成员除了不能在常务委员会中连续服务两届的规定外，对预算委员会委员在预算事务上的限制是非常有限的。

尽管预算法案并不禁止创建小组委员会，预算委员会从来没有尝试设立小组委员会。然而，预算委员会有时通过建立特设工作组来研究具体问题。例如，预算委员会曾设立税收政策、经济政策和预算改革等多方面的研究主题。

四、参众两院拨款委员会

根据美国联邦《宪法》，国会行使立法权，掌握着控制联邦政府收入与支出的"钱袋"，其中支出部分的拨款立法直接关乎政府的运行与政策的实施，被称为"钱袋的拉链"。资金拨款是国会行使的最古老的支出权，也是唯一写入宪法的权力："除非是法律规定的拨款，否则不得从国库拨款。"拨款委员会一直被认为是国会中最有权力的单位之一，而众议院拨款委员会由于在资金法案中的主动性，一般比参议院更受尊敬。② 从第1届国会开始，国会两院议员们组成了"全会委员会"（committee of the

---

① 资料来源：http://budget.house.gov/about/。
② 在第89届国会所在的20世纪80年代，只有1个国会议员离开了众议院拨款委员会，有27个人转入众议院拨款委员会。参见 Richard F-Fenno Congress in Committee (Boston: Little, Brown and Company), P.17。

whole），所有决策都通过这个委员会机制加以审议，以多数通过为原则进行立法。由于议员人数的增加，"全会委员会"变得拥挤起来，而议员专职化的程度加深也使其陷入了某些低效率、政策意见难以达成一致等立法困境。1789年以来，国会拨款制度历经三次重大改革，国会拨款委员会的地位也随之起伏，发生了由"守财者"到"散财者"的变迁。在现今的国会里，拨款、预算和筹款三大委员会分享着拨款权力，这一制度安排在世界范围内可谓鲜见，堪称"美国例外"的又一体现。

（一）国会拨款委员会的历史演变

自首届国会以来，财政的拨款权力一直是美国政府和国会内各委员会争夺的焦点。因为"钱袋子权"是美国《宪法》赋予立法机构的关键权力，是延伸其他立法权力的基础，因此美国制宪者明确将钱袋权视为确保政府平衡的主要武器。国会拨款委员会在历史中的各个时期扮演了不同的角色，其权力、运作方式、领导理念的不同，造成了其在预算管理中的职责随着历史的变迁不断变化的特征。因此，要理解国会拨款委员会在预算管理中的职责，还必须纵观美国国会拨款制度的历史变迁和改革。拨款制度变迁的完整图景，既植根于不同历史阶段美国联邦财政的现实需要，又与府会关系、国会政治的妥协与博弈相呼应。国会内部拨款权力的拆分与整合参见图6-1。

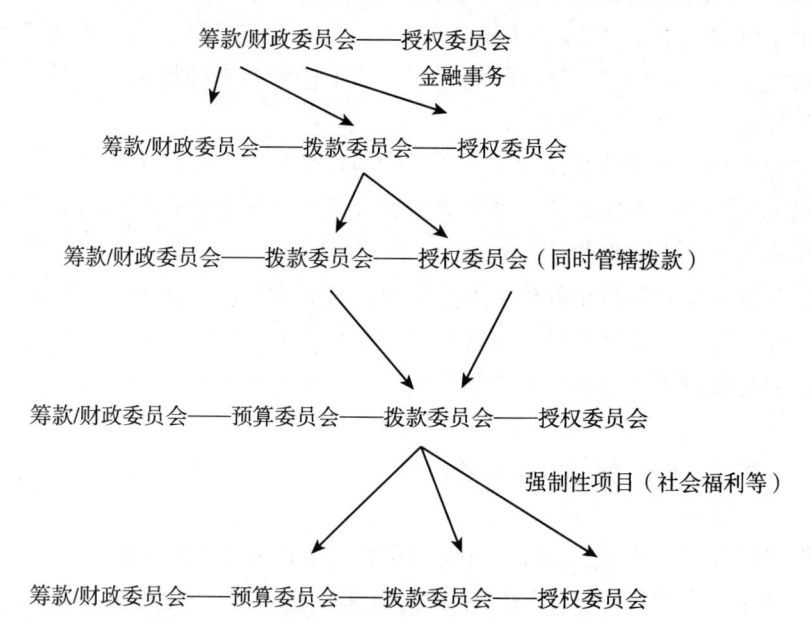

筹款/财政委员会——授权委员会
　　　　　　　　　　金融事务

筹款/财政委员会——拨款委员会——授权委员会

筹款/财政委员会——拨款委员会——授权委员会（同时管辖拨款）

筹款/财政委员会——预算委员会——拨款委员会——授权委员会
　　　　　　　　　　　　　　　　强制性项目（社会福利等）

筹款/财政委员会——预算委员会——拨款委员会——授权委员会

图6-1　国会内部拨款权力的拆分与整合

资料来源：刁大明：《国家的钱袋：美国国会与拨款政治》，上海人民出版社2012年版第79页。

1. 1789~1800年：财政部主导拨款权。"钱袋权"是宪法赋予立法机构的关键权力，是延伸其他立法权力的基础。美国制宪者明确将钱袋权视为确保政府平衡的主要武器，并在联邦宪法第一条第九款中明确规定"除依据法律规定拨款外，不得从国库支款"。行使此权力的最初设计是，由国会监督行政机构的预算细节，并在必要时予以修正，从而满足政策与项目的需要。

在1789年开幕的首届国会上，钱袋权就引发了激烈争论。争论的焦点有二：一是国会应以何种方式控制国家财政，二是财政部应如何设置。严格讲，美国组建联邦政府之初尚无政党，国会议员以是否支持时任政府而分为两派。在首届国会内居少数地位的政府反对派不同意财政部完全管辖财经事务，而呼吁建立若干行政委员会分别管理财政金融，进而维护国会财政权。争论悬而未决之际，反对派联合了部分支持派，推动国会于1789年7月24日批准建立"筹款特别委员会"（Select Committee Ways and Means），负责当年余下的财政请求。每州各一位议员加入该委员会，并推举反对派代表人物埃尔布里奇·杰里（Elbridge Gerry）任主席。此举很快招致支持派的反攻。9月2日，在支持派代表人物亚历山大·汉密尔顿（Alexander Hamilton）的主导下，国会批准成立财政部，令其全权负责准备并报告国家收支预算。两周后，汉密尔顿的同党们动议撤销"筹款特别委员会"，并将其权限转交给新任财长的汉密尔顿本人。

1789年9月20日，美国首部联邦预算在汉密尔顿的办公室里诞生了。该预算案仅涵盖四个领域，即政府支出、国防、偿还革命债务，以及给予退伍军人抚恤金，涉及总额为63.9万美元，尚不足今天联邦政府一个小型行政机构的月度开支。1789年9月29日，国会迅速通过了预算案、批准拨款。

在第一届至第三届国会（1789~1794年）期间，汉密尔顿领导的财政部按习惯逐年准备预算，国会则按年度履行批准权。具体而言，国会的批准大多从众议院开始，众议院通过后再由参议院审议，最终以两院通过为准。1794年年初，国会分别通过了两个不同用途的拨款法案，分别支付政府运行和军队建设。按政策领域分别拨款的立法习惯就此确立，并被沿袭至今。

财政部主导预算的制度安排遭到了政府反对派的激烈抨击。反对派代表人物宾夕法尼亚州参议员阿尔伯特·加勒廷（Albert Gallatin）坚称这种"英国模式"的预算将彻底令美国沦为英国的翻版，国会也将成为部长而非人民的代表。面对加勒廷的反对，汉密尔顿阵营指控其不具备宪法规定出任参议员的公民资格，参议院以14票比12票的投票结果支持了指控，将加勒廷逐出国会山。1794年年底，汉密尔顿因丑闻辞去财长职务，其中也涉及擅自挪用国会拨付款项的嫌疑。

开始于1795年的第四届国会是美国首届具有正式党团组织的国会，联邦党（Federalist）和民主共和党（Democratic Republican）成为国会两大党，前者掌握参议院，后者成为众议院多数党。不久，在民主共和党的推动下，国会众议院重建了"筹款特别委员会"，以民主共和党人身份当选众议员的加勒廷也被安排进入该委员会。特别委员会成立5天后，接替汉密尔顿担任财长的奥利弗·沃尔考特（Oliver Wolcott）将1796财年预算拨款法案交给委员会审议，从而部分重申了国会财政控制权。就国会审议的具体程序而言，预算案涉及的具体项目，需先提交给相关领域的委员会授权，筹款特别委员会只审查获得授权项目的相应拨款，即"先授权、后拨款"。授权与拨款分"两步走"，有助于避免国会对较差决策项目的财政拨款，维持了联邦政府财政运行的效率，这一分权性质的程序一直被沿用至今。

筹款特别委员会的建立并不意味着争议的平息。财政部仍恪守以往的做法，即向国会提出拨款请求时，只分大类，从不具体说明款项用途，使国会难以实现较为微观的审议。第四届国会期间，筹款特别委员会几度要求财政部提供预算细节，以阻止拨款的擅自挪用。

1796年，华盛顿不再谋求连任，首度白宫之争以联邦党人约翰·亚当斯（John Adams）的胜出落幕。行政与立法分支的宪政互动转变为受政党政治影响的府会关系。1797年，亚当斯上台，沃尔考特留任财长。在亚当斯任期内的第五届和第六届国会（1797~1800年）中，联邦党成为两院多数党，主导了立法。虽然身为联邦党人，但亚当斯却尽量效仿前任，尝试超然于党争，而财政部和国会联邦党人皆与汉密尔顿保持密切联系，甚至听命于后者，因而财政部与国会之间、国会内部两党之间的紧张关系毫无缓解之势。

客观地讲，加勒廷与汉密尔顿两派的分歧只存在于对财政拨款的控制程度与幅度上。加勒廷自己也承认，国会不可能预见行政机构的所有需求，因而令其完全控制全部财政支出也是不现实的。

专栏6-2 美国联邦党和民主共和党

联邦党（Federalist Party 或 Federal Party）是在1792年到1816年期间存在的一个美国政党。由美国首任财政部长亚历山大·汉密尔顿成立。联邦党是美国在1801年之前的执政党。主张增强联邦政府的权力。主要的支持者来自新英格兰和一些南方较有钱的农民。其竞争对手为民主共和党。联邦党是后来辉格党和共和党的前身。

美国联邦党成立过程

美国第一任总统乔治·华盛顿在任期内委任其前军事助理亚历山大·汉密尔顿为财政部长。汉密尔顿在任内提倡一个强大而具有财政可信性的国家政府，并提出一系列经济计划（后世称为"汉密尔顿式经济计划"），包括由联邦政府继承众多州在独立战争时欠下的债务，创立国债系统和偿还国债的办法，和创立国家银行。詹姆斯·麦迪逊（当年与汉密尔顿并肩作战，提倡通过美国宪法的政客），与汉密尔顿倒戈相向，联同托马斯·杰斐逊反对汉密尔顿的经济计划。

在1790年，汉密尔顿就开始建立一个全国政治联盟。汉密尔顿深深知道他需要在州的政治的层面得到大力的支持。所以，他于志同道合的民族主义者建立关系，并利用了财政部的财政探员在大城市里结合政府的国内盟友，尤其是银行家和商家。不久，汉密尔顿就开始在国会利用他的政治影响力，务求令到他的经济计划得到通过。最终，汉密尔顿式经济计划的辩论在全国得到强大的回响，并将一个国会支派摇身一变成为一个全国支派，进而成为国家党。

到1792年或1794年，美国报纸已经开始把汉密尔顿的支持者称为"国家党员"（Federalist），也把汉密尔顿的反对者称为"民主党员"（Democrats）、"共和党员"（Republicans）、"杰斐逊党员"（Jeffersonians，适用于

第六章 美国政府预算立法审查管理

支持杰斐逊的人)和"民主共和党员"(Democratic-Republicans)。当时,联邦党深受商人和新英伦地区的市民支持。相反,民主共和党则受农夫和反对强大中央政府的市民支持。

资料来源:维基百科。

2. 1800年至1865年:从筹款委员会到拨款委员会。1800年总统大选实现了联邦政府的首次政党轮替。谋求连任的亚当斯因竭力超然而招致汉密尔顿等人的反对并引发内讧,民主共和党人托马斯·杰斐逊(Thom-as Jefferson)当选总统。1800年的国会众议院选举也使民主共和党再度成为多数党。

1801年,杰斐逊提名加勒廷出任财长,给财政部带来了全新的财政理念。在加勒廷的建议下,杰斐逊致信国会,希望财政拨款应"明确界定特定需要的特定数额",消除临时款项,禁止擅自挪用拨款。在民主共和党掌握的府会中,预算案被分解为细目,各行政部门追加的拨款请求也不断增加,这直接加大了筹款特别委员会的审议负担。由于筹款特别委员会仍属于特别委员会(Special Committee),每个国会会期(即每年)之初皆须重组,很难保证拨款审议的延续性与专业性,更难以应对众多细化的拨款请求。1802年,众议院将筹款特别委员会常设化,并赋予它审批税收与拨款法案、对公共债务进行监督,以及对行政机构的支出与经济活动进行监察的综合职能。由一个委员会同时控制收支,意在保证"收支相抵"的财政平衡理念。1816年,参议院也做出相应调整,设立了常设的"财政委员会"(Finance Committee)。

集绝大部分财政权力于一身的筹款委员会很快就陷入了新困境。虽然当时联邦财政规模仍旧较小,但筹款委员会需要同时掌管国家收支,工作量极大。而当时行政机构擅自挪用款项的行为屡禁不止,也增加了筹款委员会立法监督的压力。1814年,众议院试图通过建立"公共支出委员会"(Public Expenditure Committee)来专门监督行政拨款,缓解筹款委员会的压力。虽然公共支出委员会在名义上保留至1880年,但因它只有监督权而没有立法权,所以未能发挥实际作用。事实上,虽然繁重的审议工作已令筹款委员会捉襟见肘,但其成员显然并不情愿将财政大权拱手让人。

19世纪的三场战争深刻地影响着美国。1812年之前,联邦政府收支基本持平,1812到1815年由于美英战争才短暂出现赤字。1846~1848年的美墨战争使联邦政府支出从每财年2700万上升至4500万美元,再度导致短暂赤字。而在南北战争期间,联邦政府赤字加剧。截至1865年战争结束时,联邦政府支出首次突破10亿大关。在美国内战中,国会的立法效率无法满足瞬息万变的战事需要,时任总统林肯绕开国会拨款程序,自由调拨联邦资财。在国家深陷危机之际,国会不会提出反对意见,但当危机逐渐平息,面对巨额赤字,国会酝酿拆分收支两个关键的财政环节,为筹款委员会和财政委员会减负,并改善国会控制财政的效率与效果。

从本质上讲,拆分筹款委员会的做法除了提高效率、控制支出外,还直接体现了分权制衡的原则与观念。虽然对拨款本身的监督相对乏力,但众议院筹款委员会(Ways and means Committee)已成为国会内最具权势的组织。筹款委员会不仅独揽收支大权、不允许其他议员和委员会染指,而且几乎控制了全会的立法步骤与程序,其主席甚至挑战议长等国会领袖的权威。这就直接招致了国会上下对筹款委员会的一致反感，一致主张拆分。

1865年3月2日，在第39届国会众议院领导层的主导下，筹款委员会最终被拆分为三个委员会，即管辖税收收入的筹款委员会、管辖拨款支出的拨款委员会（Appropri-ations Committee），以及管辖金融事务的银行与货币委员会（Banking and Currency Committee）。至此，拨款委员会走上历史舞台，筹款委员会前主席赛迪斯·史蒂文斯（ThaddeusStevens）因支持拆分而被党团任命为拨款委员会首任主席。1867年，参议院也对财政委员会做出了相应的调整，建立了参议院拨款委员会。

3. 1865年至1921年：拨款委员会的掌权与分权。拨款委员会的出现，使授权和拨款事务完全交由不同类型的委员会负责，使授权委员会与拨款委员会之间展开紧张的竞争。1876年即第44届国会期间，时任众议院拨款委员会主席的印第安纳州民主党人威廉·霍尔曼（William Holman）要求修改拨款规则，赋予拨款委员会通过缩减联邦政府各机构的编制和薪金、削减法案中拨款数量等方式以节约开支的权力，史称"霍尔曼规则"。这意味着拨款委员会将手伸向了国会处理的所有领域。占据多数的民主党出于党争考虑支持了该提议，使之作为规则最终被众议院接受。"霍尔曼规则"的实施直接导致了拨款委员会的集权，激化了授权委员会和大多数议员的不满情绪。

在党团的支持下，各授权委员会向拨款委员会发起了挑战，试图分享拨款权。1877年，众议院商业委员会（Commerce Committee）率先管辖了河流与港口项目的授权和拨款。第46届国会（1879～1880年）的规则委员会将由商业委员会管辖河流与港口的拨款项目写入众议院规则，并将农业与林业项目的拨款转交给农业委员会负责。第48届国会（1883～1884年）众议院拆分商业委员会，建立专门的河流与港口委员会管辖该项授权与拨款事务。到1885年，众议院拨款委员会仅管辖14个大类拨款中的6类及全部追加拨款。1899年，国会参议院通过类似规则变动，仅保留4类及全部追加拨款的管辖权。

拆分拨款委员会管辖权的动因与拆分筹款委员会的动因如出一辙。从国会政治环境上看，议员希望分享特权，委员会希望扩展影响力，而国会党团领袖们则希望弱化拨款委员会、平衡各委员会，从而维持自身权威。同时，19世纪末的美国正处于"镀金时代"，联邦政府职能扩张，支出规模自然随之膨胀，拨款委员会需要担负更为繁重的审议压力，造成了立法效率不高的问题。为了更为专业、及时地进行拨款立法，对两院拨款委员会管辖权的拆分便被提上日程。此外，此次拆分也存在着某些历史偶然：时任筹款委员会主席威廉·莫里森（William Morrison）与拨款委员会主席萨缪尔·兰德尔（Samuel Randall）之间的私人恩怨起到了加速器的作用。

事实证明，将拨款管辖权拆分给授权委员会的做法，导致了极为严重的财政后果。1860年以来，由于经济飞速发展，美国联邦财政状况转好，出现了大规模盈余。但1890年代之后，国家在和平时代罕见地出现了大量赤字。究其原因，除去物价变动、经济复苏、人口增加、疆域扩展、战后重建等经济因素外，国会拨款过程的制度变化具有关键影响。对比拨款委员会管辖权拆分前后的联邦支出可知：1867～1879财年，年均支出增长率为0.21%，而1880～1915财年这个数字上升为2.62%。分享拨款权力的众多授权委员会，既掌握某一领域的立项授权，又控制着本领域大多数机构的拨款权力。各委员会之间展开竞争，每个委员会以"预算最大化"倾向为本领域谋求更多的财政资源。大多数行政机构则可以自由地向对应的国会委员会申请拨款，无须通过总统和财政部。1878 年，国会修改规则，要求各行政机构通过财政部统一提交拨款需求。财政部无权修正，只是按财政年度将其汇编为"预算报告"（Book of Estimates），并将这个报告转交给相应委员会。但这一补救立法，无力彻底遏制各委员会对拨款权力的滥用，以及行政机构的随意开支，财政赤字仍然在持续增长。

4. 1921 年国会拨款权力整合。19 世纪末 20 世纪初，美西战争、养老金负担，以及巴拿马运河的修建等因素致使美国联邦政府支出规模大增。内战后近 30 年的盈余被消耗殆尽，1893 年之后连续 6 年出现赤字。虽然由于关税等收入的增加，20 世纪初联邦财政曾出现短暂的盈余，但其后再次陷入赤字之中。经济危机、两次世界大战等内外危机，为总统权势的提升创造了良机，体现之一即总统对联邦财政收支的控制。历经塔夫脱、威尔逊及哈定等三任总统的酝酿，《预算与会计法》（The Budget and Accounting Act of 1921）于 1921 年 6 月 10 日得以签署并生效，标志着总统主导联邦预算时代的开始。该法的主要内容包括：由总统每个财政年度负责编写各行政机构的统一预算，提交国会审议；在财政部设立预算局（Bureau of Budget），以辅助总统管理预算；在立法机构体系内设立总审计署（General Accounting Office），对国会负责。

在行政权力主导统一预算的同时，相应地，国会内部也强化了财政控制，将拨款管辖权统一到拨款委员会手中。1920 年 6 月 1 日，众议院以 158 票比 154 票通过了这一规则的修订，123 名众议员缺席了投票，足见这一动议颇具争议。同时，部分议员还建议将所有领域的拨款统一到一个综合拨款法案当中，他们认为这种"一揽子"法案（Omnibus）有助于议员在审议中全盘考虑，有效控制预算。但由于各拨款法案的进度不一，要通过"一揽子"综合拨款需要几周甚至更长的时间，该规则修订未获通过。

1921 年，重获统一拨款管辖权的众议院拨款委员会立即设置了 12 个专门分委员会（Subcommittee），具体的分类基本对应着各行政部门，每个分委员会对应着一项拨款法案，其中的短缺分委员会（Deficiencies Subcommittee）负责所有的追加拨款。

众议院拨款委员会的组织调整，给对口相关的参议院带来了程序问题。1922 年，参议院也做出同步调整。在随后的 20 年中，两院拨款委员会分委员会的设置保持了相对稳定，只是随着行政机构的变化进行了几次调整。直到第 91 届国会（1969～1970 年），国会两院拨款委员会恢复了对外事务分委员会，撤销了短缺分委员会，最终保持了两院拨款委员会 13 个分委员会在设置和职能上的平行一致。此时的国会已进入了委员会主导的时代，拨款委员会也是相当分权化的组织，各分委员会在各自政策领域内具有绝对权力。据统计，分委员会审议通过拨款决议的 97% 最终被全会接受，且极少遭遇修改。

5. 1974 年国会拨款权力的变化。1970 年以来，国会的权力得到了一定程度上的复兴，以国会财政权的重构最为典型。在重新掌权的党团主导下，国会建立了预算委员会，进行宏观的财政管理，限制着拨款委员会各项目的支出规模。因此，拨款委员会从"守财者"转为了"散财者",以改变或增加支出项目为维系其影响力的主要途径。虽然国会多次试图改革拨款制度,但仍无法控制行政部门既定政策所需的巨额支出及其导致的赤字困境。

自 1921 年总统掌握预算权力以来,国会始终希冀遏制总统权力,实现充分制衡。事实上,总统除准备、提交及执行预算之外,还时常修正国会拨款立法,扣留某些项目经费进而终止其实施。在尼克松时代,总统扣留拨款的行为上升为严重的府会矛盾。1969~1970 财年中,尼克松共扣留了约 350 亿美元;1972 年 12 月到 1973 年 1 月之间,刚刚获得连任的尼克松再次大量扣留国会拨款,被扣留款项牵扯到城镇建设、农业、水资源利用等多个国内项目,涉及约 180 亿美元。总统扣留拨款行为的变本加厉,直接引发了 1974 年新一轮预算拨款的制度改革。此外,1973 年"水门事件"爆发导致尼克松辞职,总统在社会大众中的信任度一落千丈,国会被要求加强对总统权力的制衡与监督。

早在 1972 年,国会两院就组建了"预算控制联席研究委员会"(Joint Study Committee on Budget Control),由两院筹款委员会、拨款委员会的两党领导参加。该委员会提出了国会建立专门监督预算机构及限制拨款委员会各分委员会"碎片化"倾向等建议。由这些建议汇编而成的报告,经过两院各委员会的多次酝酿与修改,最终获得两院通过,即 1974 年《国会预算与扣留控制法》(The Congressional Budget and Impoundment ControlActof1974)。

1974 年法案除了明确限制总统扣留拨款行为外,还重构了国会预算拨款的制度安排。该法规定,在两院分别建立专门的常设"预算委员会"(Budget Committee),负责在总统预算报告的基础上制定"预算决议案"(Budget Resolution)。该决议案无法律效力,也无须总统签署,但对国会预算过程具有约束力。预算决议案往往包括预期总收支、授权、赤字或盈余及公债等具体要目。其中支出与预算授权按照项目门类分别列出。本质上讲,国会预算决议案是与总统行政预算并立的另一个预算估计方案,标志着国会财政权的复兴。比较而言,预算委员会使国会可以对联邦财政收支的总量分布实现"宏观预算管理"(Macro-budgeting),形成对此前拨款委员会各分委员会针对项目支出的"微观预算管理"(Micro-budgeting)的有效补充。同时,该法还规定,两院共同建立一个无党派属性的独立机构,即"国会预算办公室"(Congressional Budget Office),与总统下属的管理与预算办公室(OMB)相对应,负责专门为国会提供财政金融领域的专业分析,帮助国会实现独立的预算评估。

根据该法的要求,1975 年,第 94 届国会运作伊始,两院就相继建立了预算委员会。与其他拥有财政权限的委员会相同,预算委员会的审议也多始于众议院。众议院预算委员会规模相对较大,最初定为 25 人参与,其中 5 人来自筹款委员会、5 人来自拨款委员会、1 人来自规则委员会,其他席位由两党党团负责分配。参议院预算委员会最初有 16 人参与,未严格规定成员来源,仅由两党党团选举产生。

1974 年,改革虽然强化了国会在预算过程中对总统的有效制衡,但联邦财政赤字并未得到缓解。拨款委员会面临的另一个问题是,虽然预算的监控者最关注的是联邦支出,但拨款过程的运作和预算授权几乎毫不相关,预算授权负责向特定的支出义务批准一定量的资金。拨款委员会并非根据一个财政年度的总支出额度来开展拨款工作。它们只为使用资金提供授权,而今后很大一部分要在今后几年中才会发生。结果,对拨款的削减并不能带来支出等量下降。拨款过程的传统目的是为了对付来自国会和行政机构的支出压力。授权委员会通常是计划的推进者或资源的要求者,而拨款委员会则是国库的守卫者。长期以来,削减预算成为拨款委员会衡量新成员能力的标志和尺度。年复一年,拨款委员会提供的数据表明他们削减了预算。这些数字上的例行公事成为委员会在预算申请面前保持守卫者的形象提供了有力的证据。美国预算拨款过程中的多元分权制衡机制见图6-2。

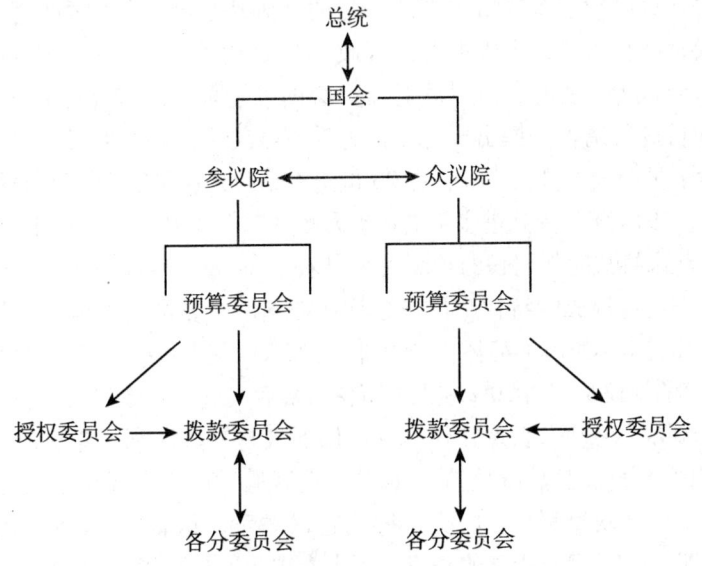

图6-2 拨款过程中的多元分权制衡

资料来源:刁大明:《国家的钱袋:美国国会与拨款政治》,上海人民出版社2012年版,第111页。

(二) 国会拨款委员会的组织机构

国会拨款委员会(Committee on Appropriations)是国会中负责拨款法案的常设委员会,其基本职责是确定对部门及其项目的预算拨款,即为政府部门的拨款行为授权,通过取消拨款的立法,开支结余结转的立法,及根据国会预算委员会的决定进行新的开支授权。拨款委员会通过对拨款的控制,实现了对预算执行过程的监督。两院的拨款委员会按照行政体系的分工对应设立以下十二个拨款小组委员会(Sub commitee),负责一定行政机关的具体拨款审批:负责农业,乡村发展,食品药品监管及相关的小组委员会(Agriculture, Rural Development, Food and Drug Administration, and Related Agencies),负责商业,公正,科学及相关(Commerce, Justice, Science, and Related Agencies),负责国防事业(Defense),负责能源及水资源发展(Energy & Water Development),负责金融服务及综合政府事务(Financial Services and General Government),负责国土安全事业(Homeland Security),负责内政、环境及相关(Interior, Environment, and Related Agencies），负责劳动力、健康及公共服务，教育及相关（Labor, Health and Human Services, Education, and Related Agencies），负责立法机构（Legislative Branch），负责军队建设，退伍军人事务及相关（Military Construction, Veterans Affairs, and Related Agencies），负责国内外业务经营及相关计划（State, Foreign Operations, and Related Programs），负责交通、住房及城市发展及相关（Transportation, Housing and Urban Development, and Related Agencies）的小组委员会。①

拨款委员会向全院提出的建议和报告，主要根据小组委员会的建议和报告，可以认为这是对拨款委员会提供辅助工作，收集整理必要信息的机构。为了决定拨款数额，小组委员会必须了解其所主管的部门的计划和需要。小组委员会在决定拨款数额以前，通常举行听证，要求有关的行政部门对其预算请求进行说明、解释和辩护。小组委员会认为必要时，可以派遣委员会的专业职员，甚至委托国会外的专业人员对某一项目进行调查，提出报告，作为委员会决定拨款的参考。

国会拨款委员会成员构成方面，在20世纪上半叶，在党团领导衰落的同时，资历制度得以建立。1910年，受到进步主义运动影响的部分共和党人和处于少数党地位的民主党人联合起来挑战时任议长的约瑟夫·卡农（Joseph Cannon）的权威，取消了议长控制规则和委员会构成的特权。在国会领袖和党团对委员会不再施加控制的同时，资深议员成为具有实际影响的群体。与19世纪末众议院中40%到50%是新议员相比，20世纪前30年的新议员仅占20%左右。资深者更容易进入拨款等具有权势的委员会，并更容易担任领导。为确保长期在任，议员们加入与其选区利益相关的专业委员会，并在立法过程中最大程度地将利益带回选区。选区通过议员实现利益之后，将继续选举议员。连任的议员获得资历，将更可能为选区牟利，这就是资历的"自我强化"。1913年通过了联邦宪法第十七条修正案，国会参议员开始由民众普选产生。当时的第63届国会（1913～1914年）参议院完善了两党党团的组织结构，但在委员会组织和立法规则上仍因循资历为重的旧例。这样，资历成为两院都遵守的一个重要标准。以第86届国会（1959～1960年）为例，众议院拨款委员会的55位成员进入该委员会前已平均具有3.38年的资历，而在参议院里这个数字为5.26年。拨款委员会成员是资深议员，意味着他们经历过更多换届选举的考验，来自更为安全的选区，一旦进入拨款委员会就更不会轻易离开。当届众议院拨款委员会中的民主党人平均任该委员会成员已8.74年，而共和党人则是10.2年。时任拨款委员会主席的民主党人克劳伦斯·卡农已在该委员会中服务了30年；而作为少数党首席成员的约翰·塔伯（John Taber）则已身为该委员会成员36年。相似的情况也发生在参议院，议员在拨款委员会服务的平均时间为7.44年，1/3的成员在10年以上，最长为32年。

（三）国会拨款委员会的工作流程

该委员会主要通过取消拨款的立法，开支结余结转的立法，及根据国会预算委员会的决定进行新的开支授权，由于行政机关众多，拨款委员会往往按照行政体系

---

① 美国国会拨款委员会网站：http://www.appropriations.senate.gov。

的分工对应设立若干个拨款小组委员会，负责一定行政机关的具体拨款审批。

拨款委员会有完全的自主权决定联邦行政部门之间的预算额度分配，但是必须遵守的基本原则是拨款委员会的分配不能超过决议所决定的相应"任务"类别的额度。在此限度内，拨款委员会可以自由决定"任务"类别内各项目的重点、减少某个项目、甚至把一个项目的额度补偿到另一个项目，如果国会预算决议没有规定限额，就必须在总统预算草案规定的额度内。拨款委员会的决定就是各种各样的预算拨款法。

在第108至110届国会众议院中，拨款委员会始终保持了65~66人左右的规模，占全体众议院议员的15%以上，具体而言，第108届国会65人，第109届国会和第110届国会均为66人。这一人数的拨款委员会在众议院委员会中可被视为规模最大的委员会组织之一，在众议院内20余个常设委员会中规模位列第三位，仅次于达到70人左右水平的交通与基础设施委员会和金融服务委员会。在三届国会众议院拨款委员会内部，根据两党在众议院全体议员中所占有的席位比例，也做出了相应的分配，在共和党占多数的第108、第109届国会众议院拨款委员会中共和党成员与民主党成员的分配分别为36∶29以及37∶29；在民主党占多数的第110届国会中民主共和两党的比重翻盘，为37∶29。

（四）拨款小组委员会

这是实际掌握预算拨款权力的机构，拨款委员会向全院提出的建议和报告，主要根据小组委员会的建议和报告。为了决定拨款数额，小组委员会必须了解其所主管的部门的计划和需要。小组委员会在决定拨款数额以前，通常举行听证，要求有关的行政部门对其预算请求进行说明、解释和辩护。小组委员会认为必要时，可以派遣委员会的专业职员，甚至委托国会外的专业人员对某一项目进行调查，提出报告，作为委员会决定拨款的参考。

五、国会预算办公室

（一）国会预算办公室的定位

国会预算办公室（Congressional Budget Office，CBO）根据1974年预算法而设立的，与总统的管理与预算办公室相对应，为国会两院行使预算权力提供信息与技术保障。其是由专家、而不是国会议员组成的国会预算管理办事机构，是一个专业的、非党派的机构，没有预算审批权。其目的是帮助国会站在客观的基础上公正而有效率地编制预算并审查行政机关提出的预算，对国会的预算编制提供客观、专业、及时的信息，进行和预算有关的各种估计、分析、研究。国会预算办公室（CBO）对经济与预算有独立的分析与预计，并独立地编制一整套预算，供国会参考。简单地说，国会预算办公室的任务，主要是为参、众两院的预算委员会、筹款委员会、拨款委员会提供辅助性服务，给总统管理与预算办公室（OMB）编制的预算挑毛病，为国会编制预算服务。近些年来，国会预算办公室（CBO）的规模逐步扩大，现在已经有工作人员 300 多人。①

（二）国会预算办公室的机构设置

国会预算办公室设局长、副局长各一人。局长由众议院议长及参议院的临时议长根据参众两院预算委员会推荐任命，任期4年，从1975年起每隔4年的1月3日正午为一任届满。任何一院都可以决议形式罢免国会预算办公室局长，副局长由局长任命。局长享受3级公务员待遇，副局长享受4级公务员待遇。局长有权雇用国会预算办公室的工作人员并决定他们的薪金，局长还可以聘请专家、顾问或有关组织为国会预算办公室提供临时性或周期性的服务。

国会预算办公室（CBO）的领导机构组成为主任办公室（the Office of Director），该办公室主任由国会参、众两院临时议长共同任命，并参考两个预算委员会的意见，其他成员则由主任任命，任命原则只考虑知识能力，不考虑党派背景。国会预算办公室下设八个分支：预算分析部（the Budget Analysis Division），经济分析部（the Financial Analysis Division），健康、退休及长期分析部（the Health, Retirement, and Long-Term Analysis Division），宏观经济分析部（the Macroeconomic Analysis Division），管理、商业及信息服务部（the Management, Business, and Information Services Division），微观研究部（the Microeconomic Studies Division），国家安全部（the National Security Division），税收分析部（the Tax Analysis Division）。人数约235人，其中206名为专家，29名为秘书等普通助理人员。②

国会预算办公室每年可从国会得到高达2570万美元的拨款，其中85%用于支付工作人员薪金，8%用于添置先进办公设备等，以高薪留住优秀人才，并广泛收集资料。为工作需要，国会预算办公室局长有权直接从各行政部门及国会会计总署、国会图书馆等机构取得情报、材料、评估数字和资料等，并根据与他们之间达成的协议有偿或无偿地利用它们的服务、设备和人员。国会预算办公室因公所需的款项，由局长核准后凭单据从参议院备用基金中支付。

（三）国会预算办公室的职责

1. 帮助国会制定预算计划。在国会审议总统预算报告时国会预算办公室要做以下三项工作：第一，对国家未来18~24个月的GDP、失业率、通货膨胀率、利率等情况进行预测。作为立法机构内唯一的经济预测部门，国会预算办公室提供的经济预测数据会用以抨击总统的预算报告。第二，国会预算办公室要向国会提供一个"预算基线"。所谓"预算基线"是指在预测期间内国会不采用任何新政策、不立任何新法时的预算数额。第三，根据参议院拨款委员会的要求，分析当年总统预算报告对"预算基线"的影响。国会预算办公室主要运用经济假设和评估方法对总统的

---

① 财政部预算司：《美国的预算管理制度》，http://www.mof.gov.cn/pub/yusuansi/zhengwuxinxi/guojijiejian/200810/t20081014_81947.html。

② 美国预案算办公室CBO网站：http://www.cbo.gov/about/our-organization。

预算报告进行分析，并报告国会。另外，在国会制定预算决议时，国会预算办公室要帮助预算委员会及其他委员会预测该委员会对总统预算报告的修改会有什么后果。国会预算办公室还经常被召到国会就经济前景、预算及预算计划等方面的问题作证。

2. 帮助国会保证预算案的实施。国会预算办公室要从以下三个方面帮助国会保证预算案的实施：第一，预算普通议案对预算的影响。当国会的立法委员会审议一部议案，并向所属议院报告后，国会预算办公室必须对该议案在未来 5 年或更长的时间内对预算的影响进行预测。这是立法程序中不可或缺的一部分。国会预算办公室应国会专业委员会的要求还可以对正在起草中的议案、修正案对预算的影响进行预测。现在，越来越多的委员会和小组委员会在审议议案时，请国会预算办公室进行预测，以避免提交到国会后因为超过拨款限额而遭否决，白白浪费时间和精力。国会预算办公室也可应议员的要求对议案进行预测。第二，对拨款委员会制定的拨款法案导致的开支进行预测，以确定其是否超出预算范围。第三，详细记载各项议案对预算的影响。国会预算办公室要详细记录国会在本财政年度内每一项有关税收和支出的法律对预算的影响，让国会随时了解新立法是否会导致超预算。此外，国会预算办公室还要记录委员会审议完毕、已提交到议院审议的议案对预算的影响，并根据对该议案的修正情况，随时跟踪修改记录。国会预算办公室还有一项辅助职能，即在以下两种情况下向国会报告：（1）在其自己或总统管理预算局预测经济将连续两个季度出现负增长时；（2）商业部报告经济已持续两个月增长率小于 1% 时。

3. 帮助国会评估联邦政府履行新职能所需经费。为了更好地评价联邦法律对各州、各郡县政府的影响，国会于 1995 年通过了《无经费职能改革法》。该法规定，应委员会要求，国会预算办公室（CBO）需报告某项特定议案是否会增加联邦政府职能，如增加是否会导致政府支出增加，以及增加多少。当政府机构或私人机构职能的增加，而使因此产生的直接费用超过某一法定数字时，国会预算办公室有义务对可能增加的全部费用进行预测。国会预算办公室在报告中还需预测在该职能履行后 10 年内所需经费数额，并提出支付资金的来源。应议员要求，国会预算办公室还应对正在审议中的某一立法建议作类似报告。

4. 帮助国会分析预算及经济政策。国会预算办公室有义务应国会的要求分析某一特别项目或政策对联邦预算及经济的影响。绝大部分此类要求来自委员会或小组委员会主席、该委员会中级别最高的反对党议员、两党在参众两院的领袖等。分析的范围：一是检查联邦政府目前的行为及政策；二是提出用其他方法完成该项目的建议；三是分析采用其他办法对该项目、联邦预算及经济产业的影响。为保证中立，国会预算办公室仅列出几种可以采用的做法及相应后果，并不推荐哪种做法更好。此类分析普遍耗时较长，大约为 9～12 个月，有些甚至更长，少量的较短。分析结果报告长短不一，有的仅用几页纸或一份备忘录就可写完，有的则可能长达数百页。

专栏 6-3　国会预算办公室的职责

国会预算办公室通过各种各样的方式，在立法过程的各个方面提供预算和经济信息。国会预算办公室所有的成果除了国会成员或他们的员工私下做的非正式成本估计外均在国会预算办公室网站公开提供给国会和公众。

基线预算预测和经济预测

国会预算办公室基于经济和预算前景的报告覆盖10年期间用于国会预算的过程。这些报告展现并解释国会预算办公室的基准预算预测和经济预测，通常基于现行关于联邦支出和收入的法律。这些报告也描述现行预测和之前预测之间的差异，比较不同经济预测家的经济预测结果，展示一些可变政策假设对于预算的影响。这些预测每年做几次，预算预测和经济预测通常每年1月发行，8月更新，此外预算预测3月更新一次。

总统的预算分析

国会预算办公室使用该机构的经济预测和评估假设估计预算提案对总统预算的影响。国会预算办公室独立的对于总统预算的"重新估计"允许国会比较政府的收入与支出提议与政府预算办公室的基线和收入预测以及其他提议中使用的经济技术一致假设。总统预算分析每年进行一次，预算分析一般在每年3月公布，随后在4月分析研究总统的预算提案在经济上的影响，间接对联邦预算影响。

长期预算预测

国会预算办公室预测与预算提供了超出标准的10年期预算窗口。这些预算通常跨越25年，但可以扩展到75年后的未来。预测显示长期人口发展趋势的影响和持续上涨的医疗成本在联邦支出，收入和赤字的影响。通常每年6月进行预测。

成本估计

国会预算办公室依据国会委员会提供的法案来提供正式的书面成本估计，这些成本估计用来显示该法案在未来5年或10年对支出或收入的影响，具体取决于支出涉及的类型。每笔估计均包含用来描述估计基础的一部分。对于大多数税收立法，国会预算办公室使用由税收联合委员会员工提供的估计，税收联合委员会是与国会税收编写委员会紧密合作的独立组织。除了正式的，书面的估计，国会预算办公室提供了一个更大数量上的初步，非正式估计，因为委员会正在考虑立法，针对如何推进立法修正案进行讨论，以及其他阶段的立法过程。成本估计贯穿全年，每年正式的估计通常编号500~700。

月度预算审查

国会预算办公室每月分析联邦支出和上个月，当前月以及迄今的财政年度收入总数。这些分析有助于通知国会和公众关于月度预算的地位。月度预算审查每月第五个工作日公布。

总之，国会预算办公室对经济和预算有其独立的分析和预测，并且独立的编制一整套预算，以供国会参考。简单地说，国会预算办公室的任务，主要就是为参、众两院的预算委员会、筹款委员会、拨款委员会提供辅助性服务，给总统的预算挑出问题，另外也应国会的要求研究预算和经济方面的有关政策。

六、国会会计总署

(一) 国会会计总署（GAO）的产生背景

国会会计总署（Government Accounting Office，GAO），成立于 1921 年，当年国会颁布了《预算与会计法案》，将原属于财政部的审计职责转移给一个新的机构——会计总署（GAO），是审计政府财务，使政府财务活动限制在国会批准的范围内的机构。其职责包括：对联邦政府各部门和项目进行审计和评价，对国会履行宪法授予的监督政府运行的职责给予支持或对国会各委员会完成其法律议程给予协助等。

为了强化会计总署（GAO）协助国会对预算进行审计的功能，国会通过立法赋予会计总署（GAO）主动审计的职权，会计总署（GAO）可以定期检查政府各部门管理和使用国会拨款的结果，可以就联邦资金使用状况和效率发表独立评论，向国会报告预算执行结果和决算审计情况。[①]

同时，国会会计总署在政府各部门都设有一个与政府机关相对独立的总检察官办公室，负责审计各部门预算执行情况。政府各部门的总检察官有权查阅该部门的所有文件，并直接向国会提交报告，为国会的财政预算监督提供各方面的财务信息。总检察官通常向国会提交两种报告：一种是每 6 个月一次的日常报告；另一种是在发现问题时提交的专门报告。另外，国会委员会还对每年的预算执行结果进行评估，以决定今后预算的编制。参众两院各委员会特别是拨款委员会、公共账目委员会有权在接到派驻监察代表关于预算执行结果、国会会计总署（GAO）关于决算审计的报告后，运用调查、费用分析、效率研究等方法，通过听证会等形式，对预算执行结果进行评估，并向全院大会提交评估结果的审查报告。会计总署和总检察官的设置有力地强化了国会在预算执行阶段对政府的监督和制约。

国会会计总署（GAO）最为突出的两个特点就是独立和透明，这也是保证预算审计质量的关键要素。首先，会计总署的独立性体现为：会计总署的最高长官——主计长由国会选举，经总统正式任命，任期 15 年，不受政府更迭和国会换届影响，主计长退休后仍拿全薪，其待遇高于政府一般的部长。会计总署的经费由国会单独列预算予以保证，其内部机构设置和人员配备，由主计长自主确定等。其次，会计总署的透明性体现为：它不仅向国会提交审计报告，而且绝大多数审计结果可同时向新闻舆论和社会各界披露，公众还可通过上网等途径便利地获得有关预算审计结果。据统计，其向新闻舆论和社会各界披露的审计结果高达 97%，只有约 3% 的信息因涉及国家秘密等原因只向国会报告。

---

① 《美国国会预算监督制度的特点》，http://www.mof.gov.cn/preview/czzz/zhongguocaizhengzazhishe_daohanglanmu/zhongguocaizhengzazhishe_kanwudaodu/zhongguocaizhengzazhishe_zhongguocaizheng/2010nian/4665/43454/201112/t20111220_617587.html。

（二）国会会计总署（GAO）的职责定位

国会会计总署（GAO）隶属于国会，向国会负责并报告工作，其主要职能是审计联邦财政预算执行结果，审查联邦各部门和公共机构的内部财务状况及其合法性、合理性及其经济效果。为了强化会计总署协助国会对预算进行审计的功能，国会通过立法赋予会计总署主动审计的职权，GAO可以定期检查政府各部门管理和使用国会拨款的结果，可以就联邦资金使用状况和效率发表独立评论，向国会报告预算执行结果和决算审计情况。

国会会计总署主要任务是监督和研究美国联邦政府如何开支纳税人的钱，审计对象是运用财政资金的所有单位和部门。经高标准培训的审计职员，对每项联邦计划、活动和职责进行严格紧密的审计监督，为国会和公众利益服务。审计范围很广泛，从导弹到医疗，从航空安全到食品安全，从国家安全到社会安全的每一事件。审计人员通过查错纠弊，提出审计处理意见和合理化建议。他们工作导致立法的通过，改进政府运作和资金的节约，为美国的纳税人谋取成千上万的财政利益。

（三）国会会计总署的战略计划目标

——及时地高质量地为国会和联邦政府服务，积极面对社会福利和财政安全方面对美国人民的挑战。

——及时地高质量地为国会和联邦政府服务，对转变安全威胁和全球化的挑战做出积极反应。

——支持联邦政府向更绩效和责任方向转变。

——以一个模范的联邦机关使总审计署价值最大化。

第二节　美国立法预算管理程序

从预算权在行政部门和立法部门之间的分配来看，政府行政部门承担预算编制和执行的角色，立法部门则承担预算审批和监督的职能。只有预算事前确定好，并经过立法机构的批准，预算才具有法律效力。预算权力在两大部门间的分配与博弈伴随预算运作的始终，立法机关代表公民，行政首长代表政府，通过预算这一中介，使公民获得了解政府活动、参与公共事务的工具以及对政府说话的权力。因此，预算的过程也是一个立法的过程。

一、美国立法预算管理一般程序

美国预算审查监督的基本主体为国会，美国国会具体包括参议院和众议院。参、众两院各有一套审核联邦预算草案的庞大机构，具体包括：国会拨款委员会、国会筹款委员会、国会预算委员会、国会预算办公室（CBO）和国会会计总署（GAO）。美国国会审查总统提交的预算大概分为以下三个步骤：

（一）接收总统的预算报告

按照1974年制定的《国会预算与扣押法案》规定，总统要在本财政年度实施110天之后，向国会提交下一财政年度的预算报告，即每年二月的第一个星期一接收总统提交国会审查的下一年度预算草案。预算报告草案由管理与预算办公室（OMB）和财政部分别编制。管理与预算办公室（OMB）主要是根据政府各部门在下一财政年度的计划编制"支出总预算"，财政部主要是根据以往收入水平、经济发展现状和收入预期编制"收入总预算"，最后呈送总统审定。预算报告通常包括三部分：第一部分为国情咨文，第二部分为具体预算科目，第三部分为重点说明和分析。

美国政府向国会提交的联邦预算，既包括按支出用途划分的功能预算，又包括按部门划分的部门预算，使预算资金的分配去向一目了然。按照经济性质划分的预算下面又分为强制性预算和可选择性预算两类。所谓强制性预算是指按法律规定或者客观实际必须安排的支出，一般具有刚性特点，如退伍军人补贴和公务员工资等；自主支出是指政府可以选择、可以控制的项目支出，政府和国会对这类支出的调整余地较大，如研制或购买军事武器支出等。

（二）拟定授权法案和拨款法案

按照预算程序，在总统提交预算报告之后，参、众两院各委员会、小组委员会，可以就预算报告中自己职责范围内的部分举行听证会，传唤相对应的联邦政府各部部长、各机构首长及其财政助理到国会作证，并通过国会各个助理机构收集有关资料。国会预算办公室（CBO）要在每年的2月15日之前，向两院的预算委员会提交报告，预测未来经济形势，并向国会提供"预算基线"。2月25日，各委员会向本院的预算委员会提交自己的预算评估报告。4月1日，两院的预算委员会向本院提交初步预算共同议案。初步预算共同决议案通过后，众议院各委员会根据初步预算共同决议案分配的授权目标，拟订各自对口的机构和项目的授权法案；参、众两院拨款委员会等13个小组委员会在初步预算共同决议案的框架内，分别拟订拨款法案。

（三）审议通过预算草案

按照预算程序，授权法案和拨款法案拟订完毕，国会两院全院大会从5月15日开始审议、辩论、修正和表决。如果两院意见不一致，还要组成联合委员会进行协商和完成最终表决。

6月10日以前：众议院拨款委员会报告上年度拨款案。

6月15日以前：国会完成协调法案（如果预算决议要求）。

6月30日：众议院审议完成年度拨款法案。

7月1日至9月：众议院将审议完成之拨款法案送至参议院进行审查，并修正或通过拨款法案。参议院拨款委员会就众议院的审查结果加以审查，完成审查后提请参议院通过。如果参议院不同意众议院条款，该法案须送由参众两院代表组成的协调委员会研商讨论，并提出建议，以解决存在的争议，并编制成报告，送经参众两院审查。

美国劳动节（每年9月的第一个星期一）后第七天：众议院及参议院审议，完成拨款法案。

与收入有关的法案，送交众议院及参议院审查，其审查程序与拨款法案相同。

9月30日以前：有关收入与支出的拨款法案提交后经参众两院进行表决，以多数票通过，构成最终预算，需送交总统进行最终签署。最终预算是一个控制收入和支出的联邦法律集合，也是规定了预算收支总指标的具有约束力的第二个预算决议案。如果总统对国会的最终预算方案表示认可，经签署后便开始生效，即完成新年度预算法定程序。

总统对于国会通过的预算法案有否决权，亦可在签署法案时对其中不当增加的支出或赋税项目予以取消，但仅能就其某一特定项目全部取消，不能做部分删减，且取消能够达到降低预算赤字的作用。尽可能避免由于总统与国会在某项预算上的分歧，而造成影响整个预算执行的局面。如果总统否决了国会通过的预算法案，那么该项法案将被退还给国会，国会需要经过与上述类似的审议过程，且需要有高于2/3的多数票支持通过议案，才能推翻总统的否决，预算通过并形成最终法案。

如国会不能于9月30日以前完成拨款法案的审议或总统行使了否决权造成预算法案即使不能通过，则国会会采取补救措施，先行通过临时性拨款法案，继续按现有水平给机构拨款。以应对相关部门和项目的必要政务所需经费，避免政府关闭。最后的措施则要视国会与总统之间对于条款的意见是否在实质上相一致而定。在意见分歧的情况下，总统和国会两院通常会经过长时间的协商，最终提出令双方都较为满意的方案为止。国会审查总统预算的时间表和程序见表6-4和图6-3。

表6-4　　　　　　　　　　国会预算过程表

时间（之前或当日）	需完成的事项
2月第一个周一	总统向国会提交预算
2月15日	国会预算办公室向预算委员会上交报告
不晚于总统提交预算后六周	国会各委员会向两院预算委员会提交意见和预测数，两院预算委员会起草预算决议案
4月1日	参议院预算委员会就预算共同决议案作报告
4月15日	国会两院表决通过预算共同决议案
5月15日	众议院开始审议年度拨款案
6月10日	众议院拨款委员会就上年年度拨款案作报告
6月15日	国会两院完成有关调整现行法律的行动
6月30日	众议院表决通过年度拨款案
10月1日	财政年度开始

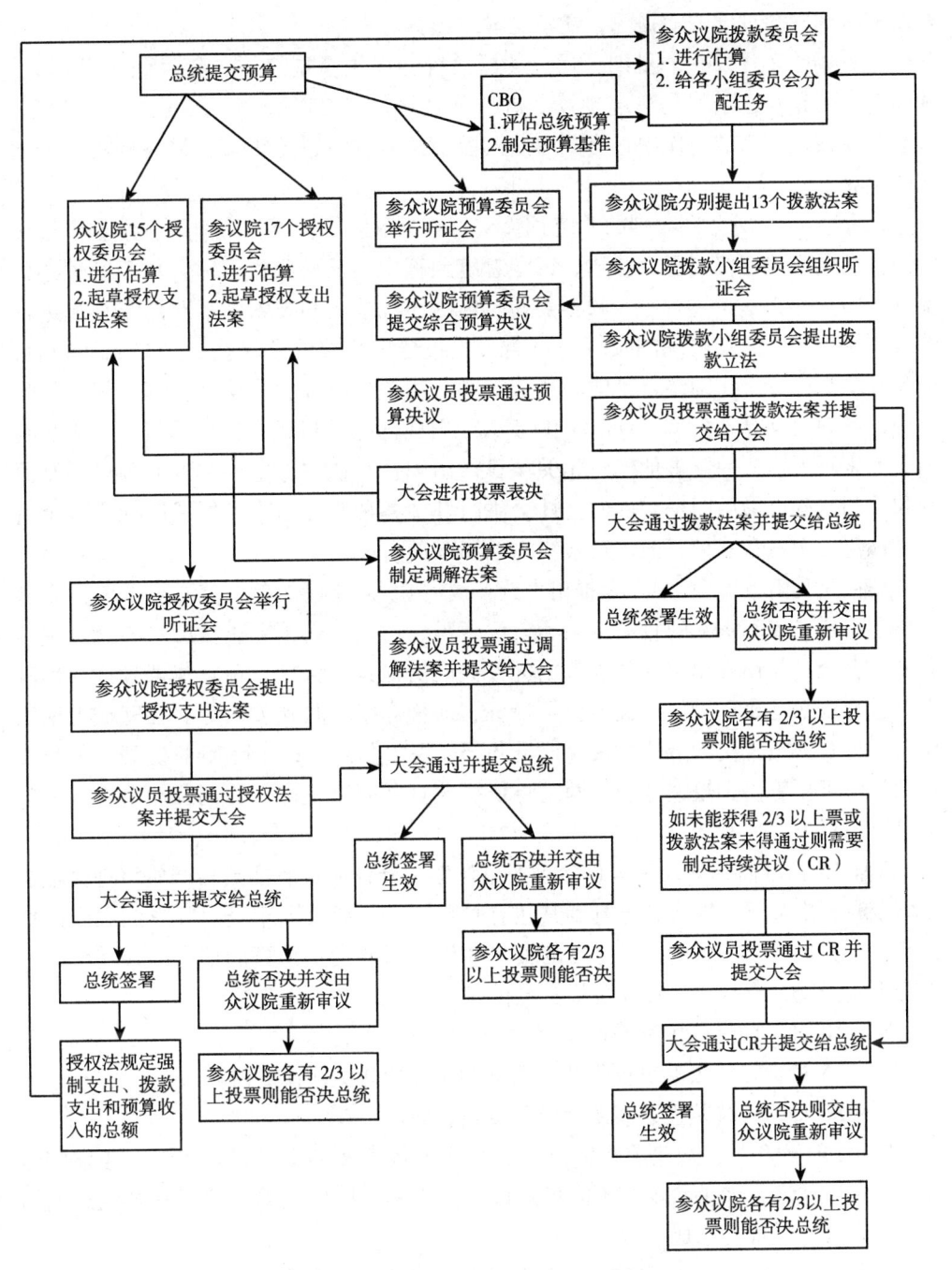

图 6-3　国会审查总统联邦预算程序

二、美国众议院审议总统预算过程

美国总统预算是美国总统对下一年度预算的一个计划，总统预算完成后将以账簿形式提交国会审议，并以电子形式对外公布。这个预算只是一个提议式的预算，在没有得到国会批准的前提下，还不是最终预算。

在每年的2月第一个星期一后，美国总统会向国会提交下一年度的预算草案，并向全国公布，这个就是总统预算。这个预算只是提交国会作为参考的一个预算，国会需要在接下来的工作中，会同参众两院对总统预算进行审查，最终提出一个真正的预算。

2月15日，国会将收到的总统预算交付给众议院筹款委员会审议。在这个过程中国会会同两院有权同意、修改、否定总统预算中的任何项目。国会预算管理办公室（CBO）会在这个过程中，根据美国具体的经济情况和技术因素对总统预算进行综合分析，并向参众两院的预算委员会提出报告。两院的预算委员会接到通知后，会和拨款委员会一起围绕自己的职责范围举行相关的听证会。这个过程中将会传唤总统、管理与预算办公室（OMB）负责人、财政部部长和其他相关部门工作人员到国会出席听证会，并要求他们对相关项目做出解释和说明，主要是说明预算编制原则和编制基础。最后国会会面向全社会举行其他各种听证会，以便了解社会各个阶层对预算的看法和意见，并进行最终的预算审查。

约在3月15日（总统预算提出大约6周后），众议院（参议院）各个专门委员会把上一步调查和听证的相关结果和审议意见、数据报送预算委员会。参众两院预算委员会会对与预算相关的各种数据进行共同决议具体包括：预算建议额度、预算支出适当水平、预算授权总额、公共债务、超额赤字、联邦收入等。在完成上述工作后会将有关报告交给全体众议院议员共同表决。在4月1日到15日之间，如果参众两院对于预算仍有较大分歧，两院将依据预算共同决议进行协调，然后各自表决通过协商报告。

5月15日以前，众议院审议年度拨款法案。众议院拨款委员会开始审理分配授权额度和支出金额，并将其分割到其他有管理权的小组一同审查。其方法主要是举办听证会、邀请有关机构提供详细的资料和说明以便说明预算的估计，并在审查后提出审查报告，最后交由众议院议员全体投票。

6月10日，众议院拨款委员会就上年拨款额作报告。

6月15日，如果预算决议需要，参众两院完成相关法律的协调法案。

6月30日，众议院投票表决通过年度拨款案。

7月1日到9月，众议院将审议完成的年度拨款案递交参议院审查。参议院最终形成拨款法案。如果参议院不同意众议院的方案，则要交给由两院联合组成的协调委员会商议，最终达成一致。

9月30日前，有关收入和支出的各项拨款法案经过参众两院共同投票表决，以多数票通过的即构成最终预算，至此有关的总统预算审理完毕，同时最终预算将会送递总统签字生效。期间总统保有对最终预算的否决权，但不能全盘否定。

10月1日新的财政年度正式开始。

三、美国参议院审查总统预算过程

2月第一个星期一或之前：美国总统向国会提交下一财政年度的联邦预算，即总统预算。

2月15日之前：国会预算办公室（CBO）结合当前宏观经济形势对总统预算进行分析并对其提出意见、做出预测报告提交至参议院预算委员会。

2月25日之前：参议院预算委员会及拨款委员会根据其自身职责范围举行听证会，传唤总统、财政部部长及相关专家学者到国会出席听证会，对预算做出详细的说明。其后，国会还会举办其他预算审查听证会，全面征集全社会的意见。

3月15日之前：参议院预算委员会将其他各个委员会的调查情况予以汇总，根据对其预算收支意见及估计起草预算决议案。具体包括：预算建议额度、预算支出适当水平、预算授权总额、公共债务、超额赤字、联邦收入等。

4月1日：参议院预算委员会提出预算共同决议报告，并于一周后交于参议院全体议员进行表决。

4月15日：与众议院共同表决通过预算共同决议案；在此之前，若两院存在分歧，则就共同协议进行协商，并各自表决通过协商报告。

6月15日之前：与众议院共同完成协调法案。

7月至9月：参议院拨款委员会审查众议院送来的其审议完成的拨款法案，并修正或通过拨款法案。若参议院不同意，则该法案送至由参众两院代表组成的协调委员会进行协调，提出建议，解决争议，形成报告送由两院投票通过。

美国劳动节后7天：两院共同审议，完成拨款法案。有关收入的法案，送由众议院财政委员会审查，程序与拨款法案相同。

9月30之前：关于收入和支出的拨款法案打包后与众议院共同进行表决，以多数票通过构成最终预算，交给总统签署。若总统否决，则返回国会，由两院进行类似的审议过程，并且有2/3的多数通过议案，即可推翻总统的否决形成最终法案。

四、国会预算决议案的结构和内容

国会通过的预算共同决议案（Concurrent Resolution On The Budget）是对总统预算要求所做出的回应，决定即将到来财政年度的预算规模和其后至少4个财年的预算计划规模，是国会有关预算的总体政策框架和指导具体支出和收入立法工作的载体。1974年预算法对预算共同决议案的产生程序作了规定，主要内容是：每年3月，根据总统预算请求、听证会获得的信息、其他委员会的"观点和预测"以及预算办公室的报告，两院预算委员会各自起草预算决议案，起草工作是通过一系列的公开会议来实现的，这一过程又被称为预算修改（Mark-ups）。在此过程中，预算委员会成员可以提出自己的预算计划，并对预算决议案进行修改。预算修改过程结束后，两院预算委员会向参众两院分别提交预算决议案，两院通过后再提交国会全体会议通过，形成预算共同决议案。预算共同决议案不属于法律，无须送总统签署，因此对总统并不构成法律约束，但对国会两院有关预算的工作起到约束和指导作用。在立法程序上，1974年预算法为国会特别是参议院表决通过预算决议案提供了"快车道"。预算决议案的辩论时间和修改范围都有所限制，与一般法律议案不同，正常情况下预算决议案都会较快通过。如1974年预算法第305节规定，参议院对预算决议案的辩论时间不得超过50个小时，并在参议院多数党和少数党之间平均分配。除了时间限制外，1974年预算法第305节（b）款还规定，有关预算决议案的修改建议必须符合密切相关的原则，符合以下条件：（1）仅为删除决议案的文字；（2）改变决议案的数字（金额）或日期；（3）在决议案中增加有关表达参议院或国会就预算事务看法的文字。一项对预算决议案的修改建议被参议员以不符合相关要求提出议程限制时，只有获得3/5的极大多数投票才能取得豁免。总之，国会预算共同决议案使得国会可以采取快速立法程序形成自己的年度预算计划，使得国会能够在自己的预算计划框架内提出收入和支出建议，为国会在年度收入和支出立法工作中提供指引。

1974年《国会预算和扣押法案》第301节规定了预算共同决议案的基本内容，主要包括：

（一）预算总额（budget totals）

预算总额在预算决议案中分别以预算累计（Budget Aggregates）和各委员会预算分配额（Committee Allocations）两种形式表现。预算累计是决议案包括的每一预算年度的总收入（Total Revenue）、新预算总授权额度（Total New Budget Authority）、总支出（Total Outlay）和社会保障的总收入支出的合计数额。1974年预算法第311节对国会审议突破预算决议案规定的预算总额水平的法律议案设定3/5绝大多数投票议程限制（Point of Order），即除非获得超过议员总数3/5的绝大多数投票取得豁免外，国会两院都不得审议任何突破预算决议案规定的预算总额水平的法律议案。1974年预算法第301节规定了预算在各委员会的分配，要求有关预算决议案的会议报告要向参议院各委员会分配适当水平的预算和支出授权，两院拨款委员会要将预算分配额再向各自所属的12个附属委员会进行分配，委员会和附属委员会预算分配额的执行也是通过议程限制，除非获得3/5绝大多数投票，委员会不得审议有关预算授权和支出超出其分配额的法律议案。

（二）根据预算功能划分的预算明细（Spending Broken Down by Budget Function）

预算决议在表6-5列出的20个功能间分配新预算授权总额、支出、直接贷款和贷款担保。每项功能被划分成若干个子功能，并且每个预算账户都被分配到一个子功能。每个账户代码的最后三位数字就代表它分到的子功能。尽管这些功能表明了国会预算的优先项，但它们对联邦项目及机构资金的建议对拨款委员会不具有约束力。随着302款分配案作为国会内部预算控制基础变得日益重要，功能性拨款的

表6-5　　　　　　　　　预算决议中的职能领域

编码	功能
050	国防
150	国际事务
250	普通科学、太空和科技
270	能源
300	自然资源和环境
250	农业
370	商业和住房贷款
400	交通运输
450	社区和地区发展
500	教育、培训、就业和社会服务
550	健康
570	医疗
600	收入保障
650	社会保障
700	退伍军人福利与服务
750	司法管理
800	一般行政
900	净利息
920	补贴
950	未分配的补偿收入

资料来源：Concurrent Resolution on the Budget for Fiscal Year 2013。

重要性在下降。

预算决议不会在具体的项目和账户间分配资金，因为这样会侵犯支出委员会的管辖权。预算决议中细节的缺乏使它的通过更加复杂，因为国会议员们不能轻易地因为为具体项目争取到资金而获得好评。国会规则要求其成员在对预算决议进行投票表决时不能从受欢迎项目的支出中获得好处，不能了解具体项目能得到多少资金的信息。尽管决议很少提及项目，但是其附录中的委员会报告往往详细说明了与功能性拨款相关的项目假设。在一些年份，预算委员会的报告会对一些具体项目所需要的具体数额提出建议。但是，这些数额是没有约束性的，而且很可能会被拨款委员会所忽视。但是，在某种程度上，功能性拨款反映的是国会中的共识或大多数人的意见，它们可能会影响拨款委员会的行为。由于拨款委员会的成员非常重视他们的独立性，所以他们很少履行预算决议中的所有期望。

（三）有关调整现行法律的指令（Reconciliation Instructions）

预算决议对于参众两院来说是一个处理预算问题的便捷工具，因为它也包括了执行预算决定的关键规则，并且允许根据需要每年对这些规则做出修改。即使一条规则已经通过成为法律，它也只能行使作为参众两院规则的职能，同时，这条规则也可以通过预算决议被修改。通过预算决议，众议院或参议院都可以为收入或支出立法设立新的议事程序，同时也可以修改现有的议事程序。因为参众两院分开执行自己的规则，所以他们不需要就预算决议中的规则更改达成一致。

调整现行法律的指令曾经被国会用作在财政年度末期通过立法活动对收入和支出水平进行微调的工具。近年来，国会和总统都将减少联邦赤字作为重要任务，经常通过调整法律指令来削减赤字，因此调整现行法律的指令成为预算决议案中的重要内容。1974年预算法第310节规定了调整现行法律的程序，为国会通过快速程序以综合议案的形式来改变预算收入和削减定向支出提供保障。在普通立法程序下，这种大规模和复杂的法律议案是很难被通过的。因为为了达到节约预算的目的，这种综合议案往往包含调整税率或者对一些很受欢迎的社会福利项目进行削减或限制的内容，立法的阻力较大。而就支出而言，由于权利性支出和其他定向支出大约占联邦预算支出的2/3（其中大部分为社会福利项目），这种法律调整对削减赤字至关重要。利用调整现行法律的程序，国会指导各委员会在一定日期前向预算委员会报告各自管辖的法律应当根据预算作出的调整，两院预算委员会将各委员会有关法律修改的建议汇总为一个综合调整议案，最终得出通过修改现行法律，收入和定向支出可以变化的总额。此外，调整现行法律的指令还被用来确定国债法定限额（即国债余额）调整的数额。

（四）国会预算执行机制（Congressional Budget Enforcement Mechanisms）

国会预算执行机制包括量入为出议程限制（Pay-as-you-go Point of Order）、自主支出预算上限和防火墙议程限制（Discretionary Caps/Firewall Point of Order）及储备基金（Reserve Fund）三大机制。根据1974年预算法第302节和第311节的规定，对预算累计和委员会预算分配额分别设定了约束和执行机制。由于1985年平衡预算和赤字控制法和1990年预算执行法对量入为出议程限制、自主支出预算上限和防火墙议程限制均进行了修改，因此，这里仅对储备基金进行说明。在缺乏储备基金的情况下，一项通过增加收入来弥补定向支出的立法，如果导致预算累计被突破或者委员会预算分配额被突破，即使该立法本身并不会带来任何赤字，也将面临预算法议程限制。因此，1974年预算法第301节规定了利用储备基金来帮助对总体赤字没有影响的立法项目的审议。即在预算共同决议规定了储备基金的前提下，预算委员会主席可以通过调整收入和支出预算累计或委员会预算分配额的方式，使得下列立法不会遭受预算法议程限制：（1）减税同时削减支出的立法项目；（2）设立新的权利项目的同时增加税收的立法项目；（3）设立新权利项目的同时减少其他委员会的权利项目。

第七章

美国政府预算执行管理

■ **本章导读**

　　政府预算执行就是组织政府预算收支计划实施，并对其进行监督控制、调整平衡的过程。国会拨款委员会与美国政府预算的执行密切相关。本章介绍了美国拨款委员会形成的拨款法案的类型、拨款委员会及其小组委员会的工作流程、拨款委员会的近期变革等相关内容。同时，还介绍了美国支出预算执行中的政府采购制度、国库集中收付制度、国家金库制度及国库现金管理的相关内容。

第一节 美国政府预算执行的性质与目标

政府预算的执行是围绕预算目标的有效实现进行的。政府预算草案被权力机构审查批准后,即成为具有法律效力的政府年度财政收支计划,政府预算便进入了计划的执行阶段。因此,政府预算执行就是组织政府预算收支计划实施,并对其进行监督控制、调整平衡的过程。政府预算执行的目标就是将政府预算编制过程对公共资源吸纳与配置的事前预测和决策由可能变为现实,它是整个预算周期的一个必经的重要步骤。

一、政府预算执行的目标

自现代预算建立之日起,预算执行的目标主要包括:

(一) 确保预算执行与批准的预算以及政府的各种规章制度一致

政府预算执行必须是根据客观事实和情形来真实地执行,执行结果的回报要实事求是,提供客观数据和可信信息。预算执行的首要目标是确保公共资金的使用符合立法机构批准的内容,这种合法性主要体现在两个一致上:首先,在预算执行中确保预算执行与批准的政策和预算保持一致,即预算执行中,需要"确保按照法律授权权限实施预算,这种授权既包括财务授权,也包括政策授权"。传统预算执行是"通过细致的投入控制,确保预算执行过程中不会出现各种超支现象,而且预算构成在执行中也不会发生变化"。通过这种控制,确保政府及其各个部门具体的收支管理活动不会违反财经纪律。其次,确保预算执行与政府的各种规章制度保持一致。即在预算执行过程中,所有的支出决策与行为必须与政府实施的各种规章制度保持一致,包括政府采购制度、支付制度、人事制度等。

(二) 防止浪费、欺骗以及滥用职权

在预算执行过程中,预算承诺的资金开始从国库中支付出去。在这一阶段,政治家与各个部门官僚的支出决策影响着这些资金的使用情况。在这个过程中,如果缺乏有效的财政控制,资金可能被贪污、浪费,各种滥用职权的行为也就可能发生。所以,传统预算执行制度的一个主要目标就是确保公共资金不被贪污、浪费,不被各种欺骗行为所侵蚀,并且这个过程中防止滥用职权。从根本上讲,在预算执行中建立起来的各种控制机制都是为了确保政府及其部门在管理收入和支出时更加负责。

(三) 确保项目高效顺利进行

控制只是手段而不是目的。预算执行的主要目的是通过有效的预算执行,确保预算中安排的项目顺利地得到执行。在这个意义上,预算执行也是政策执行,政策目标的实现依赖于有效的预算执行。为此,需要确保资源在预算约束或者法令限额内根据项目执行的需要及时地安排给部门和项目管理者,制定合理的预算执行计划或现金计划。预算执行过程中要求部门加强项目管理,改进项目管理水平,提高部门的运作效率,实现体现在预算中的各个子项目的目标。

(四) 适应收入与支出的变化进行预算执行

现代预算要求严格执行预算,但是在预算执行过程中,必然会出来各种改变预算的需要。即使在编制预算和审批预算时已经充分地考虑了未来可能出现的各种变化,即使对收入和支出已经做了各种尽量"科学"的预测,以预算执行过程中,经济、政治和社会环境能发生意想不到的变化,这些变化要么会对政府的收入产生影响,要么会对政府的支出计划产生影响。当环境出现了变化,而这些变化要求改变预算,预算执行就必须能够反映这些变化,就需要适时地对预算进行调整。

正如完全无视预算约束会助长各种不负责任的行为一样,一个绝对刚性的预算执行制度将会是迟钝的,进而也是缺乏效率的,也是不负责任的。但是,同样是为了使政府更好地履行财政责任,在预算执行中必须确保任何改变预算的行为都是合法的,禁止政府及其部门随意地改变预算。这意味着,在预算执行过程中,必须在控制与灵活性之间进行一个艰难的权衡。①

二、美国政府预算执行的内容

预算由国会通过并经总统签署后,就成为预算执行的基础,并以法律的形式规定下来。管理与预算办公室(OMB)负责支出预算的执行,按进度分季度拨款,并按项目类别进行分配。在执行过程中需要追加支出,必须经过国会立法(修正法案)的过程。行政部门在执行预算过程中,某些特殊情况下可以推迟或取消某些项目的支出,但必须向国会报告。财政部负责执行收入预算,负责各种国内赋税的征收和国内税收法律的执行。国会会计总署(GAO)负责监督联邦预算是否按照国会通过的法案执行。

表 7-1　　　　　　　　联邦预算执行过程中的职责分工

部　门	预算执行中相关部门职责分工
管理与预算办公室(OMB)	负责支出预算的执行,按进度分季度拨款,并按项目类别进行分配
财政部	负责执行收入预算,负责各种国内赋税的征收和国内税收法律的执行
国会会计总署(GAO)	负责监督联邦预算是否按照国会通过的法案执行

---

① 马骏等著:《公共预算:比较研究》,中央编译出版社 2011 年版,第 449~450 页。

预算执行中的资金调拨由财政部负责。财政部在各银行均有两个账户,即收入户(存款户)和支出户。纳税人纳税时在自己的开户行就可将税金直接划入财政存款户,由于银行间已实行了联网,财政部和联邦储备银行随时都可了解到财政收入的情况。财政部根据预算安排,将资金由收入户划入支出户,办理预算拨付。美国联邦财政支出的40%是通过政府采购方式,由财政部直接支付给商品和劳务的供应者。利用计算机网络,财政部可以按天编制资金平衡表,当预算资金出现收不抵支时,财政部可以根据国会核定债务额度,在不超过国会核定的债务额度的前提下,由财政部按资金缺口的时限和当时的银行利率,灵活地确定债务种类、期限和利率。

美国政府预算的执行主要包括以下四个阶段内容:财政资金分配的计划与控制,支出计划的解除和延期,预算执行报告,联邦政府支出的监督和检查,这就形成了一个预算执行周期,也被称为财政管理周期。这一周期包括了预算执行过程中的主要财政管理活动(见图7-1)。

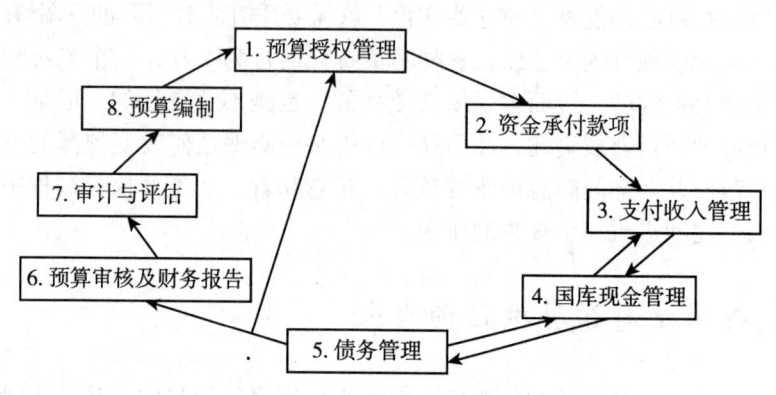

图7-1 财政管理周期

资料来源:[美]哈希姆、艾伦(Hashim, Ali&Bill Allan)著,章彤译:《国库参考模型》,中国财政经济出版社2001年版,第30页。

(一)财政资金分配的计划与控制

对于收支分配问题,管理与预算办公室(OMB)通常提供非常详细的指导说明,并且将这些说明写入章程。制定财政收入分配详细计划的目的在于督促各级部门承担相应的责任合理利用分配到的资金,并对多余资金的使用能落到实处。分配的目的主要是防止机构滥用资金而招致债务,因为这些债务需要财政进行财政年度的额外拨款来解决。对每一个单一分配的策划能够为整个拨款或资金账户做出详细计划的准备,并且有利于更快捷有效地实施计划分配和重新分配。美国财政资金的分配通常分为三个步骤:

1. 初始资金分配阶段。财务计划的制定是预算执行的第一阶段。美国总统的预算是最初的财务计划框架,在经过国会多次讨论和修改后不断更新,然后通过国会来颁布。总统管理与预算办公室(OMB)要求各部门在国会修改完成财务计划后的两周内上交本部门的财务计划,最后OMB将对财务计划的各个章节进行审核和讨

第七章　美国政府预算执行管理

论，使财务计划符合 OMB 对财政资金的分配与再分配的要求，形成终稿。

初始资金分配计划须在 8 月 21 日之前完成。在国会履行职责之前，初始资金分配中的全部预算账目要包括所有的资源分配，这些资源的分配包括根据对多年账单、回收率，延期和费用的预算平衡的分析所做出的决策。涵盖了初始预算计划及相关说明事项的报告必须在预算办公室（OMB）规定的期限内上交给预算办公室（OMB）。

2. 自动分配阶段。在有些情况下，OMB 会发出关于如何决定各项支出分配率的公告，并且管理与预算办公室（OMB）会通知各执行部门关注此公告。公告的内容还包括了对于执行部门在若干项支出方面是否具有自主决策的权力的说明，如果执行部门的预算资金数额在公告规定的标准内，除非 OMB 有特殊说明，执行部门就可以不必将该项资金的预算分配提交给 OMB，而是可以自行分配此项预算资金的使用。通常情况下，每年的自动分配的规定是不一样的，执行部门只能根据 OMB 当年发布的指导信息，来判断自己是否有自动分配的权力。

3. 再分配阶段。在预算执行的过程中，预算执行的力度和效果往往与期望存在差异，这就要求管理与预算办公室（OMB）根据实际执行情况对预算计划作出相应的调整。执行部门必须将根据实际执行情况修改后的支出计划以及相关的详细说明的文件提交给 OMB，只有通过 OMB 的商议裁定后，才能确定该项计划的修改是否可行。通常情况下，如果一项预算已经修改，那么，这项预算将延续至本预算年度结束的那一刻。

除了在少数情况下由法律规定，在拨款的立法中包括资金和其他资金（包括报销，以前年度的资金和结转资金）可能会被禁用，除非管理与预算办公室（OMB）对其做出专门的分配指令。通常情况下，财政资金的分配只能是由管理与预算办公室（OMB）来规定的，其他政府机构是没有权力做出这些决定的。OMB 只要在分配书上签字，就代表了该项资金的分配指令时有效的。

（二）支出计划的解除和延期

美国国会通过 1974 年的《国会预算与控制法案》建立起对预算报告解除和延期的要求。考虑到国会否决权和由于政策原因可能引起的支出计划延期，平衡预算和紧急赤字控制法案改变了反映最高法院裁定决议是否有效的程序，并且对支出计划解除和延期的申请做出了指导性意见，包括：准备特殊的补充信息来说明解除和延期的原因，建立外汇储备，制备关于分配请求的延期和撤销的提议。

1. 解除。解除是指按照立法的规定来取消以前制定的预算权力的过程。一个预算的解除可以是由总统或国会成员建议提出，但是由总统提出的预算解除必须通过国会的审核，并且必须在连续的 45 天内得到国会的同意才能生效。

2. 延期。延期是指由美国政府的官员或雇员做出推迟某项预算行动或不行动的建议，从而使得政府暂时扣留、延迟，或者排除支出义务而推迟预算授权支出的行为。除非国会参众两院同时通过不批准关于某项预算支出的延期，否则关于这些延期的决议是应当执行的。

（三）预算执行报告

预算执行情况报告是指根据各级金库报表和各级财政总预算会计报表编制并逐级汇总而成的预算执行情况报告书，包括预算收支执行情况报表和文字分析两部分，主要反映各财政收支项目本月及累计发生数、完成预算进度及增减变化情况等，对预算执行情况进行分析说明并提出有关建议。预算执行情况报告是有关部门和领导进行财政经济管理决策的重要参考依据，政府预算部门的会计人员要编制预算报告和提供执行证明。

美国联邦政府的各个执行部门需要根据国会的指令准备支出计划和执行报告。如果预算的执行中某些条款存在需要延期或者废除的，相应的执行部门要向 OMB 和国会提供充分的附加材料。而如果对预算报告要进行改编，则还要提供更多的相关信息。

（四）预算执行的监督和检查

在美国政府预算的执行过程中，监督和检查是无处不在的。政府预算的执行必须按照相关的法律、法规和制度，对预算资金的分配、使用、解除和延期的各个行动进行控制。对预算支出进行监控的目的是减少政府的利息成本，从而保证现实的费用估计只是财政部借款金额中实际上运用到政府活动的那部分资金。

预算支出的检查以联邦政府的支出指令为依据，对每项支出的执行过程和结果进行监督和检查。联邦政府各个组成部门每个月都需要准备月度计划，并定期提交报告。总统管理和预算办公室（OMB）对报告的格式和内容做出了严格的要求，各部门的报告必须符合 OMB 的具体指导意见。美国政府预算支出的检测主要在于各期报告的提交与检查，OMB 对报告提交的日程也做出了明确的规定：

1. 10 月 1 日——部门预算执行初始报告的提交。初始计划包括上个财政年度的最后一个月的实际数据和自 10 月 1 日起的财政年度的每个月的估计数据。通常情况下，下一财政年度的总预算支出额的每细项支出必须能够在 OMB 的预算支出表中有相应的款项对应，并且上一财政年度 9 月份的实际支出额也必须是最新的数据。总统管理与预算办公室（OMB）将会对初始计划所描述的总的预算支出额做出指导意见。

2. 在将预算支出报告提交给国会后的十天后——第一次修订。第一个更新包括实际到十二月和今年的平衡计划。一般来说，新计划的预算总额会发生改变，这种总额上的差异主要是由以前年度结余的变化导致的。本年度计划的修订还包括了修改支出比例，增补支出项等。为了使办事处能结合以前年度的信息来平衡今年预算支出的计划，管理与预算办公室（OMB）通常还提供给办事处最新的财政会计报表以及对第一次修订计划所提出的要求供参考。在充分考虑时下的美国消费模式及其发展趋势的条件下，此次修订的结果形成了与实际情况较为符合的预算支出结构。

3. 次年 5 月——第二次修订。美国当局对财政支出计划的第二次修订要求各执行部门提交从本预算年度至三月份的支出报告,然后将本次预算年度内预算支出计划开始实施到次年3月份的实际支出数额以及在第一次更新后财政支出计划的数额作为参考,再对财政支出计划做出修改。

4. 次年7月——最后修订。本次修订要求各执行部门提供直到5月份的实际支出总额的数据,根据对本预算年度的收支平衡估价来修改接下来若干个月的财政支出计划。本次修改将充分考虑到财政支出的总量与计划的差异和每月财政超支数额的变化。

三、美国预算管理中的调整规则与程序

(一)预算调整的含义

预算调整是年度预算过程的延续,或者说政府通过这种方式适应预算目标的变化甚至在未来发生的冲突,这些预算目标包括连续和控制、变化和问责、灵活性和预测性等。预算调整是一个连续预算不可缺少的部分,它以已经被批准的预算为基础,是对原预算的修改和完善,而不是对该预算的颠覆。进行预算调整,目的是将现行法律中的收支与预算结果保持一致。

因为经济形势的改变,对收入和支出的预测不够充分,接连不断的政治斗争,领导人员的变动和公众对问题关注的焦点发生转移,预算案在通过后是有可能改变的。适应不断变化的环境,来保证预算案中所含有的各方政治势力的协调结果得以体现,这是预算在执行过程中的任务。预算案一旦通过审议便具有法律效力必须严格执行,即使在编制预算和审批预算的过程中已经充分考虑了各种未来可能出现的变化,即使已经对收入和支出作了尽量科学的预测,但是在预算执行过程中,经济、政治和社会环境等因素仍然可能发生意想不到的变化。这些变化,对政府的收入或者支出都会有或多或少的影响。一旦环境出现了变化,并且这些变化要求改变预算,预算的执行就需要反映这些变化。此时,就需要根据经济、政治等因素的变化对预算进行相应的调整。

(二)预算调整的方式

预算调整中包含很多方式,包括追加拨款、削减开支、递延支付、重新立项、应急基金和资金间的调拨。美国的法律对拨款程序进行了非常详细的规范。美国法典第三十条要求,在财政年度中各项拨款以及拨款的功能、活动、项目和对象都由管理与预算办公室(OMB)统一进行分配。法典还详细规定了分配方案必须以书面形式通知执行机构、立法部门和司法部门等各部门的确切日期(如拨款法案颁布十五日后)。没有经管理与预算办公室(OMB)的批准,分配数额是不能超过执行数额的。追加拨款一般需要立法机关审定,州政府和地方政府一般都在紧急账户或维持基金平衡的储备金中提取追加拨款。紧急账户一般在财政年度初期建立,或者它们可能由在每一个分派期留存资金并存入一个独立的账户这样的资金构成。基金之

间的转移是发生在重要的预算账目之间的转移，由于在财政年度里还有其他的方式获取资金，所以基金之间转移资金是预算调整中最不常用的方式。福里特斯和马林斯通过随机调查的方式对美国城市进行调查，结果表明，各地区的行政部门在基金间调整资金要受到严格的限制，在所调查的城市有87%的城市禁止这种调整。同样，同种基金内部功能间的调整在67%的城市是被禁止的。但是不同的是，同一功能支出类别间的改变，在82%的城市是被允许的。84%的城市能够允许同一功能科目之间的支出目标的调整。以上数据表明，只要不改变支出的优先顺序，行政部门在支出的功能上具有一定灵活性。但是，改变优先顺序的年中预算调整必须经过议会的审议。因此，90%的城市中市议会允许这些预算调整。

（三）一般调整原则

预算调整必须遵循以下原则：（1）预算调整必须通过法定的程序进行；（2）如果预算调整的数额超过了原定预算拨款的某个确定的百分比，或是影响了支出总额，就必须呈报立法机关批准；（3）应给予政府在特殊情况下自行决定某些临时性开支的权力以满足应急性需求；（4）应严格规定总量预算的额度和项目数的上限，并严格按照规定在预期的时间内批准调整的预算数，来避免法定预算被频繁调整，从而影响预算的严肃性。

（四）预算调整的程序

预算调整的过程分为预算调整的提出、预算调整的民主参与、预算调整的审议、调整指令、调整法案生效等五个阶段。

1. 申请调整。预算调整申请应：（1）在立法正在被审议的时候申请；（2）在立法制定之后生效；（3）将刊登在"国会记录"并尽快可行。

2. 预算调整的民主参与。预算调整中也会有民主的参与，但是由于是一个事后的调整，它的民主参与度并没有预算在最初制定的时候高。

市议会有可能会收到来自市长、议会成员或者城市的管理者进行预算调整的请求。美国很多城市实行城市经理制，即市议会、市政经理管理城市的模式。在这种城市体制中，负责具体执行事务的是市政经理，因此，预算调整大多都是由市政经理提出的。总体来说，在预算调整的过程中发挥着主导性的作用的是行政官员。行政官员、议会或单独的议会成员、普通民众和社会团体等都能够提出预算调整的请求，但是大多数的请求都是由行政官员提出来的，其次才是议会或单独的议会成员，其他人几率就更小。预算调整的请求提出后，并不是所有的政府都将预算调整纳入民主参与过程，即使一些政府部门召开听证会征求民众的意见，但是与初始预算的民主程度有较大的差别。

3. 预算调整的审议。预算委员会将各委员会的调整法案汇总起来，形成一个综合的调整法案，提交给国会进行审议，一旦通过审议就能发布调整指令。

4. 调整指令。调整指令包括三个方面：直接点名要求某委员会建议修改法律，指出需要调整现行法律中的收支数量，规定委员会建议调整的期限。预算结果中的数额是根据国会预算办公室（CBO）的"基线"计算的，调整指令中规定的变动数量是从基线为起点计算的收支需要改变的量，调整指示不涉及如何实现这种调整和如何改变计划的问题。

5. 调整法案生效和改变现行收支法律。调整法案的生效和改变现行的收支法律都是通过法律的监督进行实现的。在调整指令发布以后，法律就开始执行监督调整法案生效，调整法案一旦生效，改变现行的收支法律将是不可避免的。当现行的收支法律改变完成，整个预算调整过程就完成了。

第二节 美国预算执行的拨款过程

国会的拨款权源于美国《宪法》，宪法中写到"除法律授权拨款外，不得从国库提取任何资金"。因此，机构获得预算资源的前提就是必须获得国会的预算授权，而机构一旦获得授权，各个部门就可以根据预算拨款的科目进行支出。如果财政年度开始了国会仍然没有通过总统预算，一般会以"暂时授权"的方式允许政府各个部门进行支出。暂时授权通常允许政府各个部门每月开支前一年支出的1/12，并且一个机构不能花费超过其所获得拨款的数额，而且所得资金只能用于国会规定的项目。因此，拨款法案是一部由国会通过，使政府机构可以承担责任，财政部可以针对特定目的进行支付的法律。《宪法》并没有要求年度拨款，自从1789年第一届国会以来，每年进行拨款就成了惯例。国会有时会被建议像许多州立法机关那样采取双年度预算（或隔年进行拨款），但拨款委员会拒绝了这样的提议，他们更喜欢每年的行动带来的短期控制。

一、拨款法案的类型

国会会生成四种类型的拨款：常规拨款、追加拨款、持续性拨款和永久性拨款。常规拨款为即将开始的财政年度提供预算授权，如果财年已经开始，就是针对进行中的年度。追加拨款指在常规拨款不充分时，或者针对常规拨款没有提供资金的活动提供额外的预算资金。持续性拨款（即通常提到的持续决议，因为它们是作为联合决议而不是法案制定的）为在新的财政年度开始之时没有得到常规拨款的机构提供资金。永久性拨款（通常在实质性立法中制定）不需要国会的当前行动就可以获得。因为利息、社会保障和其他支出都由永久性拨款提供资金，考虑到社会保障支出和医疗保障支出（即所谓的法定支出）占美国联邦政府财政支出的50%左右的比重，所以联邦支出中只有不到一半的部分需要新的年度拨款。

（一）常规拨款法案（regular）

国会参众两院每年都要审议多项常规拨款。目前两院拨款委员会下设的12个分委员会分别管辖着相应政策领域的常规拨款议案。因而，每个财政年度的常规拨款议案一般为12个。

常规拨款法案包括一系列未标注顺序的段落和标题，通常反映着唯一一个的预算账目。常规和补充拨款法案的基本组成部分就是预算账目。对每一个部门或者独立的机构拨款被分配在不同的账目中。通常，每一个预算账目包括同样的项目，工程或者事项，比如"研究和发展"账目，或者"工资和支出"账目。对于某些小机构而言，一个单独的账目就可以资助该机构所有的活动。

常规拨款法案有时也提供授权转移，从一个账户或者资金账户到另外一个账户。比如，一个机构将一个新的预算授权从"工资和支出"账户转移到"建设"账户中。没有法定授权，预算机构禁止做以上转移。相反，有关机构可以将预算授权从账户内活动转移到另外的活动中，而不用相关的法律，这个过程叫做"预算再编"（reprogranming）。

国会两院通常分别审议，批准不同政策议题的常规拨款法案，但时而也采取合并多个常规法案的方式。在过去35个财年（1976~2010）中的20年中，国会都有将两个或者更多常规法案"打包"为一个法案审议、通过的现象，即"一揽子"的综合拨款法案。在使用综合拨款法案时，国会两院通常最初仍分别审议各政策领域的常规拨款，但最终在协调会议的协调过程中才将不同拨款法案打包在一起。

打包常规拨款法案的做法是解决国会内部分歧的有效途径之一。但是另一方面，更多政策领域的拨款统合在一个法案当中，为两院协调者创造了更大讨价还价的空间，可能会出现利益输送的情况。

（二）追加拨款法案（replementing）

在某一个财年当中，如果出现在财年常规拨款中不能覆盖的特定的项目或者支出要求时，国会往往采取一个或数个追加拨款的方式予以解决。追加拨款往往针对不可预期的财政需要（自然灾害救济与重建的支出）或者支持新政策的项目的支出以及支持原有项目需要的增长支出。追加拨款也可被视为总统对国会拨款立法的修正和增补，因而可作为观察政府和国会之间关系的重要指标之一。

（三）延续拨款法案（continuing）

新财政年度的常规拨款法案具有相当强的时限要求，要在每年的10月1日新财政年度开始之前完成，才能保证新财政年度内的政府支出有法可依。一旦某些常规拨款法案无法在这个期限内顺利通过的话，等待常规拨款法案拨付财政支出的行政机构可能会陷入因缺少预算授权而终止活动的窘境。一般而言，延续拨款法案正式被用来暂时维持这些机构和项目的正常运行，直至常规拨款生效为止。

在过去34个财政年度中（1977~2010）的27年里，国会和总统没能在新财年开始之前完成多数常规拨款的立法行动。其中8年，甚至没有完成任何一个常规拨款。在新财年开始之前，若仍存在未完结的常规法案，国会和总统就可能根据经济情况，决定是否着手准备初步的延续拨款法案。

与常规拨款法案中的支出与账目等规则不同，临时的延续拨款一般按照一定比例或公式进行部分拨款，即前一财政年度的拨款的某一比例。初步的延续拨款所具有的法律效力往往相当短暂，如果常规拨款迟迟不能完成，延续拨款将在一个固定日期内终结。一旦初步的延续拨款法案成为法律，反复追加的阶段性的延续决议案将被用来延长其终结日期。

二、拨款委员会及其小组委员会拨款流程

很大程度上，拨款委员会是国会中权势最为强大的委员会，众议院和参议院的议员们都通过拜访政党领袖，争取资深议员的支持，以及指出他们将带给委员会的政治和地理上的优势，来积极竞争拨款委员会主席这一职位。因为拨款委员会控制了受制于国会年度行动的那部分联邦支出。在很大程度上，国会拨款委员会控制着超过 9 000 亿美元的选择性支出（Discreationary expenditure），很大程度上是国会重拾影响力的最大资金储备。预算中的这部分支出是由现在而不是由过去的决策产生的，几乎所有剩下的支出都由继续生效的法定规则管辖，除非国会对其进行改变。拨款 9 000 亿美元的选择性资金需要立法行动，而花费 2 万亿美元的强制性资金（Mandatory expenditure）则不需要立法行动。拨款委员会的立法声望不仅来自他们控制的大量资金，也来自他们对数以千计的项目的少量资助。

在很多方面，拨款委员会和其他的国会委员会相似。小组委员会举行听证会，工作人员起草方案和报告。全体委员会在相关小组委员会完成工作后接手每个议案。议案从委员会进入议会，众议院和参议院的分歧通过协商会议解决。但是，仍然存在以下三个典型的区别：拨款委员会的有限权限、国会行动的近乎确定性和小组委员会的突出地位。几乎在每个众议院和参议院委员会，每年最重要的决定都是围绕设置立法议程和决定采纳哪个议题和议案展开的。在拨款的情况下，这些决定都由管辖权限预设。这些委员会必须审议常规拨款法案以及因未能及时完成常规法案而成为必要的持续决议。委员会在决定是否发布补充支出法案时有自由裁量权，但几乎所有的议程都是事先为它们设置好的。几乎所有其他的国会委员会都必须关心其报告的法案能否得到众议院和参议院的审议，这两院间的分歧能否通过协商解决。拨款委员会则没有这样的担心，因为拨款委员会的议员们可以确信支出法案会通过。他们可能不知道每个法案被审议的时间或者是否所有的常规拨款都能在财政年度开始前得到通过。议员们也不知道法案会以正常方式通过（一次一个），还是会被放进一个综合法案。但他们确实知道，他们的法案是"必须通过"的立法。

三、拨款小组委员会的传统与变革

拨款过程的工作和权力主要集中于两院拨款委员会下属的各个小组委员会。除了一个简要的总结会议，小组委员会主持所有的拨款听证会。每个小组委员会都有自己的委员，制定自己的法案，在权限范围内与政府机构保持全年的关系，在其他

小组委员会之外独立运作。鉴于每个小组委员会主席在他或她的领域内行使的权威，他（她）通常被称为红衣主教。他们的权力来自于传统，控制钱袋子，将资金引入受欢迎的活动和区域的能力，以及行政官员和国会议员们对他们的顺从。从传统上而言，每个红衣主教在小组委员会运作上有很大的自治权，不会受到全体委员会和政党领袖的干涉。

传统拨款过程与众不同的特点之一就是众议院和参议院小组委员会管辖权的完美结盟。每个联邦机构都被分配到平等的众议院和参议院各小组委员会，每一对小组委员会都有相同的权限。事实上，所有众议院和参议院小组委员会的活动均围绕着某个拨款法案，以及与该法案相关的补充拨款和持续决议。小组委员会不进行任何立法，他们也不会发起那种困扰着其他国会委员会的权限战争。当他们开会解决拨款法案的分歧时，他们确定的权限减轻了众议院和参议院与会者的任务。

拨款小组委员会的边界除了要适应新的项目和机构之外，几乎没有改变过。从1971~2005年，众议院和参议院有13个平行的拨款小组委员会。在这期间，最大的调整发生在2003年，众议院创立了国土安全小组委员会来处理新近创立的国土安全部的预算。为了保持13个小组委员会的传统格局，交通和财政委员会被合并。一些参议员对众议院擅自行动很恼火，但在短暂的延迟之后，参议院也采取了相同的改变。

长期存在的平等状态在2005年，第109届国会中暂时结束。当时众议院领袖单方面取消了三个小组委员会，并重新安排了其他几个小组委员会的权限（见表7-2）。官方申辩的原因是每年要审议13个独立的法案堵塞了国会的立法日程，妨碍了支出法案的及时通过。最大的受害者是退伍军人事务——住房与城市发展小组委员会，其权限包括环境和科学项目、空间探索、住房、社区发展和退伍军人项目。政治在改组中毫无疑问发挥作用，因为众议院共和党领袖通过改组小组委员会的权限和主席的任期加强了在拨款过程中的控制。

表7-2 2005~2006年（第109届国会）众议院和参议院拨款小组委员会

众议院	参议院
农业—农村发展	农业—农村发展
科学—州—司法—商业	科学—州—司法
国防	国防
—	哥伦比亚特区
能源与水	能源与水
国外业务	州—国外业务
国土安全	国土安全
内务与环境	内务
劳工—公共卫生和公共事业—教育	劳工—公共卫生和公共事业—教育

续表

众议院	参议院
—	立法机构
军队生活质量和退伍军人事务	军事设施和退伍军人事务
交通—财政—住房和城市发展—司法—哥伦比亚特区	交通—财政—住房和城市发展—司法

然而参议院没有照做。它重组了12个小组委员会，保留了在众议院中被取消的立法机构和哥伦比亚特区小组委员会。新的安排使众议院和参议院十年来第一次在小组委员会结构上有所不同。2007年，第110届国会开始之初，新的民主党多数又一次重新安排了拨款小组委员会，建立了12个平行的众议院和参议院拨款小组委员会。

尽管参议院和众议院的拨款小组委员会结构平等，但二者是不同的机构。众议院拨款委员会委员会数是参议院的2倍，他们中的许多人都不再为其他主要委员会服务。拨款委员会的众议员被期望集中精力在委员会工作上，掌握项目的细节、在小组委员会权限内的支出以及从拨款角度看待立法问题。然而，每个参议院拨款委员会的委员同时为一个或多个主要的授权委员会服务。他们的其他职责限制了参议员贡献给拨款工作的时间。更重要的是，许多参议员扮演着两种冲突的角色——他们同时是项目的支持者和支出的控制者。有时，这些冲突发生在同一个项目区域里，如一个同时在授权委员会和拨款小组委员会工作的参议员处理同一个项目。如参议员理查德·拉塞尔同时担任军事委员会和国防拨款小组委员会的主席；参议员约翰·斯腾尼斯也同时担任这两个职务。参议员贝内特·约翰斯顿担任了能源和自然委员会及能源和水利拨款小组委员会的主席。

多重的委员会职务分裂了那些为参议院拨款委员会服务的人的忠诚，减少了他们贡献给拨款工作的时间。那些同时为几个委员会工作的参议员不可避免地将他们的授权利益和观点带入拨款过程。一些议员利用其同时在授权委员会和拨款委员会供职的权威优势，在参议院中主导议题。目前这一主导地位已经因禁止参议员同时在授权委员会和拨款小组委员会担任主席或作为少数党成员服务的参议院规则而削弱。

直到20世纪90年代中期，国会行动的顺序在众议院和参议院拨款委员会中仍然有差别。尽管宪法对此没有规定，但追溯到第一届国会的先例，拨款法案通常在众议院产生，在众议院之后采取行动的参议院就不生成自己的法案了，取而代之的是通过嵌入自己做出的修改来修正众议院通过的拨款。然后由协商委员会来解决两院通过的法案之间的分歧。这种顺序以及委员多重任命的时间问题，刺激参议院将注意力集中在众议院完成工作后仍有争议的问题上。政府机构可以"申请复议"——即请示参议院拨款委员会拨付超出众议院投票通过数额的资金，或者对众议院通过的法案进行其他变动。参议院的角色是一个上诉法庭，这通常导致拨款委员会拨付的资金超出众议院提供的数量。

在20世纪90年代生效的选择性支出上限缩小了众议院和参议院委员会之间的行为差异。支出上限限制了参议院可以在众议院完成工作后提供的额外资金，因为众议院通常拨出允许范围内的最高限额，这将参议院置于一个政治上的尴尬位置，因为参议院不得不为了给某些项目提供资金而削减另外一些项目。参议院拨款委员会通过在众议院行动之前报告他的一些法案来适应这种情况，当这种情况发生时，国会保持了这样一个观念，即众议院的法案首先加入参议院的意见，随后再在众议院重申由他发起支出法案的特权。不过，在一个重要的方面，这种旧顺序没有被恢复。几个世纪以来，众议院拨款委员会将自己描述为财政部的保卫者，自夸他减少总统预算的数量和限制一些参议员对更多支出的要求。但在专款数量和总拨款上，众议院拨款委员会的行为角色也发生了很大的改变，这种行为的改变可能出于多方面的原因，包括政党领袖角色的扩大，他们看重的是调整支出需求的短期利益；为额外资金游说的利益集团（包括州和地方政府）的激增和活跃；选举活动成本的上升（指向特定地区的拨款有助于竞选资金的筹集）；外部压力带来拨款过程的公开等。并且最后一个因素可能越来越发挥着主导的作用。几乎没有国会议员为了削减联邦开支而谋求拨款委员会的职位，相反，这个方面的吸引力是因为他们想要为他们的街区或他们偏好的项目做点好事。即使在进入国会时不是大规模支出支持者，当议员们成为拨款委员会委员时，他们也倾向于加入到扩大支出的行列。他们从选区、项目申请者、说客和地方官员那里听到的大多数内容都加强了增加支出的事实。

四、拨款委员会行动的程序和政治

（一）行动时间表

拨款委员会每年执行的任务有着结构性的顺序。虽然具体时间安排可能与表7-3有所不同，但每一步基本上都按照表中列出的顺序完成的。

表7-3　　　　　　　　拨款委员会拨款行动时间表

2月	总统向国会提交预算 由此启动拨款程序，拨款委员会很少在没有总统申请时行动
2月	全体拨款委员会有时举行简短的审查听证会 这些听证会是唯一的全体委员会听证会。近几年来，拨款委员会已放弃这些听证会
2~3月	各机构提交申辩材料 这些文件在机构的听证会上提供；他们提供了机构预算申请的详细解释
2~4月	举行小组委员会听证会 众议院拨款小组委员会听证会通常先举行，然后紧接着是参议院小组委员会听证会

续表

5~7月	拨款小组委员会制定第302条（b）分配案 这些对小组委员会的分配必须先于拨款法案的议会审议程序
5~7月	主席修订（选择性） 每个小组委员会主席公布"修订方案"，为小组委员会权限范围内的账户推荐拨款金额
5~7月	小组委员会形成法案 每个小组委员会形成其法案，起草一份报告，对做出的决定进行解释，为受影响的机构提供指南
5~7月	全委会公布法案 全委会通常只对小组委员会准备的法案做出小的修改（如果有的话）
5~7月	众议院采取行动 每个法案都被单独审议
7~8月	参议院采取行动计划 参议院通常在众议院之后行动，审议众议院通过的法案；如果他首先对自己的法案采取行动，就要在最后的文件中将修订的参议院法案并入众议院法案
9~10月	协商会议最终通过 若有任何一个常规拨款法案在10月1日之前没有被制定成法案的话，国会会通过一个或多个持续决议。

年度拨款过程以总统向国会提交预算开始。授权委员会审议立法通常是针对某个被提出的法案做出的反应，与它们不同的是，拨款委员会启动立法工作是对总统资金申请做出的反应。这些委员会很少主动行动，或依照国会议员的提议采取立法行动。事实上，在拨款过程的早期阶段甚至不存在法案；通常当委员会要公布方案时才会引入拨款法案。通常法案的引入、提交委员会以及公布在同一天进行。尽管没有一个法案，但围绕听证会、在小组委员会之间进行的选择性预算资源分配、（议案）审定、起草报告存在大量的活动。

（二）听证会

在有的年度，总统向国会提交预算后不久，每个拨款委员会将举办审查听证会。管理与预算办公室（OMB）局长和其他官员会在听证会上对总体的预算政策和优先项进行申辩。这是管理与预算办公室（OMB）正式参与的唯一一次会议（除了关于它自身拨款的听证会）以及全体委员会举办的唯一一次听证会。在有的年份，拨款委员会会跳过审查听证会这一步。

每个机构在拨款小组委员会面前为他们的预算作出申辩。在听证会之前，政府机构会把总统的预算申请和之前的拨款进行比较，并对两者间的差异做出解释来准备申辩材料。每个小组委员会会规定申辩材料的格式和内容，一些小组委员会按照1993年《政府绩效与成果法案》要求的战略性计划中定义的目标来组织申辩材料。支出机构将他们的预算分解成分散的科目和活动并根据之前的预算进行申辩是很正常的。

　　在听证会和随后的谈判中，管理与预算办公室（OMB）要求机构官员支持总统预算，即使有时这与机构的偏好有所不同。官员公开偏离总统的预算的情况还是很少见的，除非官员们期待着其职业生涯早早结束。当然，要从机构处打听他们到底想要什么的信息，存在着政治上可接受的方式。尽管不被允许主动提供这样的信息，机构也可能会这样做以回应小组委员会成员的质疑。管理与预算办公室（OMB）在幕后通过检查机构的申辩及监督听证会和拨款法案的其他行动来确保其对总统预算的忠诚。管理与预算办公室（OMB）还会在不同阶段介入，就总统对待定措施的任何反对意见提醒拨款委员会。

　　大部分情况下作证由联邦政府各机构官员进行，他们中的许多人仔细审查机构详细的情况介绍书、上年度的拨款以及报告来为听证会做准备。有些机构首脑也会举行一些模拟听证会，由工作人员提出那些小组委员会委员可能会提出的问题。在大的机构中，最高长官会带一名助手作为随从人员出席听证会，该助手要准备当场提供信息以回应委员会的提问。在大多数听证会上，作证机构都会被质询，它必须在几天内做出回应。这些问题的回答也会由机构的高级官员仔细检查，以确保它们不会损害机构的预算申请。

　　听证会会给拨款的结果带来不同吗？可能有一些会，但不是全部。同正式听证会相比，在形成国会决定方面，与拨款委员会委员和工作人员的非正式接触重要得多。那么为什么机构还要投入这么多的精力在听证会上？原因之一在于一个糟糕的听证表现会将破坏机构的申请。各机构的听证人员被训练得在听证会上举措得当，他们必须对国会议员顺从，不能质疑他们，即使他们感到被不正当对待时。他们必须能够回应所有质询，必须根据拨款委员会委员的要求提供额外的信息。但是，在听证会上不仅仅是机构的预算在接受审查，它的官员们也在接受检验。他们如何经受磨砺对于拨款者在多大程度上对于它们的绩效有信心并且相信他们的数据有影响。听证会也是检验机构勇气的程序，是因为听证会将拨款委员会委员的关注点和利益传送给机构。此外，听证会也使机构注意到，即使他们可以得到所有要求的一切，国会仍然控制着钱包。

　　（三）第 302 条（b）分配案

　　尽管听证过程是分散的，每个小组委员会自行安排时间并审查听证会的证人，但小组委员会只有从全体委员会处得到第 302 条（b）分配后才能形成其自己的法案。这个分配限制了每个小组委员会在其权限范围内的所有账户可得到的总预算授权和支出。若国会采纳了年度预算决议，预算委员会（依据预算法案中的第 302 条（a））将预算资金分配给每个有选择性支出权限和直接支出权限的众议院和参议院拨款委员会。所有选择性支出和权利性支出被分配到拨款委员会，每个拨款委员会将公布第 302 条（b）报告来细分小组委员会中的预算资源。分配给所有小组委员会的总数不能超过全体委员会得到的数量。众议院和参议院的规则禁止在拨款委员会提交要求的第 302 条（b）报告前对支出方案采取议会行动。

第 302 条（b）分配报告并不是简单的例行公事。该报告的准备涉及由小组委员会对于联邦项目相对优先权的决定。这个过程触发了两轮零和竞争——首先是小组委员会之间，然后是每个委员会权限下的账户之间。给一个小组委员会更多意味着给另一个小组委员会更少；一个小组委员会下的某一个账户更多意味着给本小组委员会下的另一个账户更少。第 302 条（b）分配报告保全拨款委员会同它们的支出计划保持一致。小组委员会的运作不再完全独立于另一个——它们不能对支出或其他小组委员会可能得到的数量保持中立。在每个小组委员会修订他们的法案之前，所有的小组委员会都由第 302 条（b）程序通知他们可以支出的数额。

众议院拨款委员会通常在 5 月份公布其 302 条（b）报告，参议院委员会则在 6 月份公布。但是，小组委员会不能等待这么久再开始准备他们的支出法案。尽管小组委员会没有精确的数据，但小组委员会在正式分配公布之前会有大致正确的数据。第 302 条（b）程序的效果是将关键的拨款决定上移到更早的阶段，许多项目的预算命运在正式拨款决定公布的数月之前就被决定了。

然而，有两种方式可以使项目在过程的后期得到更多的钱。一种是通过第 302 条（b）报告的修订，另一种是通过总统和国会的预算谈判。拨款委员会可以在一年中的任何时间修订第 302 条（b）报告，只要分配给所有小组委员会的总额仍旧在预算限额之内。通常，报告会定期更新以考虑协商委员会的决定和其他影响支出水平的发展。第 302 条（b）报告也会被修订以反映白宫和国会之间达成的一致。在一些情况下，这些协议为一些紧急项目的额外支出提供了空间；在其他情况下，各种资源被用于抵消额外支出或被延至下一财年的支出。对第 302 条（b）分配报告的一个较公平的评价是，虽然它们并非无懈可击，但它们对总的选择性支出起到了约束作用。

（四）小组委员会审定议案

审定方案是小组委员会（或委员会）审查或公布立法的会议。在拨款过程中，由于全体委员会很少对提交给它的法案做出大的修订，所以小组委员会审定议案的过程就特别重要了（技术上而言，只有委员会公布立法；小组委员会将立法提交给全体委员会）。此外，小组委员会起草与拨款法案一起生成的报告，这也由全体委员会公布，但通常很少或根本没有变动。

由于第 302 条（b）的分配报告，几乎所有拨款决议均由小组委员会在审定议案开始时制定。这些决定通常在"主席决定"（一份由主席在审定议案或在审定议案之前分发的文件，为法案中的每个账户提供推荐的数额）中得到提炼。主席决定建议了在第 302 条（b）下可以得到的几乎所有资金，很少留给普通成员机会来增加资金或增加他们偏爱的项目。由于审定方案通常太晚以至于不能影响小组委员会的决定，所以委员们有动机事先告知主席他们的偏好。

大多数小组委员会审定方案在要求预算中立的规则下进行，即一个增加自主支出 discretionary expenditure 的修正案必须提出对其他账户的削减。这个规则增加了各项目争夺有限拨款的显性竞争，在审定方案期间有时要做出权衡。这最可能发生在有些小组委员会中，这些小组委员会的管辖范围比较分散，其管辖下项目之间唯一的联系就是它们由同一个拨款法案提供资金。为资金展开的竞争在最近拆分的众议院退伍军人事务——住房和城市发展小组委员会中尤为激烈，在那里空间项目和退伍军人项目相互竞争；这样的竞争是这种小组委员会被取消的原因之一。

除了制定拨款标准以外，审定议案也批准拨款法案中的条款和所附报告的内容。这些条款经常是拨款法案最有争议的特征。一些条款为特殊目的拨付专款，其他一些则限制拨款资金的使用，还有一些包含着对现有法律作出变动的立法。这种限制和立法条款往往会加剧小组委员会中的政党冲突。在20世纪90年代后期，共和党限制各种环境法实施的努力分裂了众议院退伍军人事务——住房和城市发展小组委员会拨款小组委员会。尽管这些条款没有在立法保护下保留下来，它们却破坏了小组委员会的凝聚力，推迟了拨款的通过。

小组委员会在审定议案仔细审查报告的用语，但是他们会注意那些有争议的内容。有时会通过将这些条款从拨款法案转移到委员会报告，或者在法案条款中加入为条款提供指导的报告性语言来解决争议。

（五）全体委员会审定议案

参众两院的拨款委员会可以调整法案和报告，但它们很少做出改变。它们审定议案通常发生在众议院和参议院审议支出法案的前几天——多数情况下，委员会在一次会议中完成不止一个法案的审定工作。通常，拨款委员会要审查每个法案以确定其是否在第302条（b）的分配范围之内，在数量和报告语言上做出一些调整来反映它们的偏好。然而，总体来说，非正式的互惠规则弥漫在全体拨款委员会审定议案的过程中。委员们对小组委员会权限范围内的决定表示尊重，期望当他们自己小组委员会的法案被审议时也会得到其他人的尊重。

尽管经常错过截止期限，拨款委员会仍将及时完成工作视为有效率的衡量标准之一为了达到这个目标，传统上他们会限制在竞争性申请间分配资金的内在冲突。在大多数拨款周期中，主要的行为准则是拨款上年度基础上渐进调整。进行中的项目应该继续，对现存项目的削减应该被避免或最小化，增量应该适度并且广泛分布给一批项目。

做出渐进决定要求拨款委员会在审查每个申请时，要考虑其上年度获得的资金。在主要的国会预算制定者中，拨款委员会是唯一不明确使用基线来衡量其行动财政影响力的主体。基线建立在对未来状况的假设基础之上，相反，拨款者信赖于实际的数额，即当前年度的拨款和总统对下一年度的拨款申请。由于拨款委员会的工作是渐进的，他们专注于拨款过程中所有阶段里年复一年支出的名义变动——从申辩材料的准备，到听证会，再到审定方案和委员会报告。对于大多数小组委员会而言，机构的申辩材料突出了之前的拨款与预算要求间在计算上的差异。很少有机构会为所有申请辩护，通常情况下，当总统申请了比当前年度更多的拨款时，他人申请和之前拨款就构成了大多数拨款决定的边界。即大多数拨款要高于上年度的水平，但低于总统预算。

（六）拨款过程中的项目与政治分肥

在进行拨款时，小组委员会所做的不仅仅是审查机构过去的预算、总统提出来的数字和机构的陈述理由等，他们同样也会听取国会那些想为自己所在选区或州争取专项拨款的其他国会议员（尤其是拨款委员会里的同事）的意见。通常，小组委员会会收到的申请比他们所能提供的多得多，但是，他们还是会满足其中足够的要求，以此为拨款法案在全会和议会行动中争取一个坚实的支持。

通常的在委员会报告中实施专项拨款，而不是在拨款法案中指定拨款的特定用途。小组委员会主席在咨询少数派领袖意见的基础上，通常拥有对项目的最终发言权。但是广泛分配的准则指导着这些过程。第一，小组委员会委员得到最多资源，其次是全委会委员。第二，这个过程经常是两党合作的，共和党和民主党都能获得一些利益。第三，提出请求和接受专项拨款的委员预期应对拨款法案投赞成票。最重要的规则就是"如果不赞成法案，你就别要钱"。

专栏7-1　"猪肉桶"计划（Pork barrel）与政治分肥

"猪肉桶"（porkbarrel）是美国政界经常使用的一个词汇。南北战争前，南方种植园主家里都有几个大木桶，把日后要分给奴隶的一块块猪肉腌在里面。"猪肉桶"喻指人人都有一块。后来，政界把议员在国会制订拨款法时将钱拨给自己的州（选区）或自己特别热心的某个具体项目的做法，叫做"猪肉桶"。

"猪肉桶"项目的主要特点是：钱用于特定地区的特定项目，大多数是在有关议员的家乡；为了局部而非整体利益，甚至会损害国家利益；多数议员不知情、没有经过正常的委员会或全院大会辩论，也没有得到多数议员的支持；行政部门没有提出要求甚至表示反对。"猪肉桶"作为政治词汇始于1863年，到20世纪已为人所共知。起初，"猪肉桶"大多是一些基础设施项目，如开凿运河、疏浚河道、修建公路桥梁，人们称之为"绿色猪肉"；后来，出现了资助大专院校和研究机构的"学术猪肉"，支持选区军事项目的"国防猪肉"；近年来，又出现了帮助开发高性能计算机和高清晰度电视的"高科技猪肉"，以及新建、扩建公园、古迹、风景区的"公园猪肉"。

"猪肉桶"项目大增，还有一个原因，就是在拨款法案审议的最后阶段，特别是在统一文本时，常常是关起门来做幕后交易。出席联席会议的议员和白宫官员讨价还价，大多数不能与会的议员都会把自己的项目托付给与会议员，并作为自己最终是否投票赞成妥协方案的筹码。最后文本出来的时候，当天或第二天就要表决，谁也没有时间看个遍，只要看到自己的项目或关注的问题得到落实，这就行了。议员之间相互关照，两党之间心照不宣，"猪肉"项目越来越多。国会领导也大方，议员找上门，给他点面子，搞一个项目，日后用得着的时候，议员自然会鼎力回报。

每个小组委员会对于多少专项拨款是适当的都有一个自己的观念。多年来，两个最大的拨款法案在这个问题上向相反的方向发展。相对而言，劳动—公共卫生和公共事业—教育法案分肥较少，而国防法案则塞满了专项拨款。由于在拨款法案中需要对数以千计的军事设施和项目注资，国防长期以来一直存在政治分肥现象。国会对这种分肥现象的态度是有周期的。在1995年共和党执掌国会时，许多国会议员发誓说他们将阻止专项拨款，因为他们相信专项拨款会形成多拨款的国会联盟。保守派进行的研究表明，一个议员在国会服务的时间越长，就越有可能为拨款法案投赞成票。他们对此的解释是，许多在进入国会时决心削减联邦支出的议员们，随着时间的流逝，资历的增加，会产生更多的选区利益，正是这些利益把他们增选出来以支持更高的支出。共和党代表曾自夸自己的支出法案中专项拨款较少，但几年后，他们就屈从于运用立法权来获取政治好处的诱惑。当涉及为某在的州或选区谋福利时，民主党和共和党的区别就完全消失了。

表7-4 拨款法案中的专项拨款：1994~2004财年（偶数年份）

拨款法案	1994年	1996年	1998年	2000年	2002年	2004年
农业	313	211	284	359	629	660
商业—司法—国家	253	171	275	361	1 111	1 454
国防	587	270	644	997	1 409	2 208
哥伦比亚特区	0	0	3	16	41	78
能源与水	1 574	1 421	1 877	1 707	1 437	2 222
外交事务	38	53	81	69	119	245
内务	314	137	320	479	636	648
劳工—公共卫生和公共事业—教育	5	7	25	491	1 606	2 036
立法机构	1	0	1	0	4	3
军事设施	895	556	461	518	634	580
交通	140	167	147	641	1 473	2 282
财政	53	33	11	19	73	61
退伍军人—住房与城市发展	30	48	140	469	1 500	1 776
总计	4 202	3 044	4 269	6 126	10 692	14 253

资料来源：[美] 艾伦·希克著，苟燕楠译：《联邦预算——政治、政策、过程》，中国财政经济出版社2011年版，第216页。

2004年的14 000个专项拨款是1994年的3倍多，专项拨款数量的巨增也使得国会拨款小组委员会开始规范限制国会议员请示财政支援的过程。专项拨款同样也是立法——行政关系的晴雨表。它们代表了国会显示其能力以及对联邦机构如何运作，如何支出拨款资金进行详细指示的意愿。但总统和行政机构并不喜欢专项拨款，因为专项拨款削弱了机构使用资金的自主性。授权委员会表示不喜欢专项资金，是因为授权委员会更希望专项拨款在自己的法案之中。在 109 届国会的后半期，一些与专项拨款相关的腐败案件达到了最高点，这使得国会重新检查这一领域内的规则。在 2007 年第 110 届国会召开之时，众议院通过了一项规定，该规定要求鉴定专项拨款及其申请人，并在相关立法工作开展之前将信息公之于众。同时，众议院还通过一项规定，禁止众议员申请或推动与其（或其家人）有利益关系的专项拨款。

专项拨款的大幅度增加是因为国会议员们更愿意让他们自己，而不是行政官员们来决定财政拨款的用途。他们之所以能在周期性的换届选举中胜出，是因为担任拨款委员会一员的主要政治价值是为选区带回利益，而不是保卫国库。

第三节 美国政府采购制度

美国政府采购制度是美国国家预算中公共支出管理的重要手段，政府部门的公共支出基本上都要按照政府采购的形式进行。美国南北战争以前，虽然也有政府采购，但是管理非常混乱，无法可依，腐败现象严重。自美国南北战争以来，建立了政府集中采购制度，形成了一套完整的政府采购制度体系，各种行为都有一定的法律规范和比较切合实际的操作方法。美国的政府采购规模很大，占 GDP 的比重一直维持在 15% 左右的水平，占财政支出的比重稳定在 30% 左右的水平。

一、美国政府采购法规体系

美国实行联邦制，其政府体系由联邦、州和地方（包括县、市、镇）三级政府组成，联邦和州之间没有上下级隶属关系，各州拥有独立的立法权，在不违背国家宪法的前提下可以制定适用于本州的法律，因此，美国的政府采购法规体系包括联邦政府采购法规和各州政府采购法规两个部分。

（一）美国联邦政府采购法规体系

美国联邦政府采购法规体系的构成主要包括三个层次：一是法律对政府采购行为的规范；二是联邦政府根据联邦法律对政府采购行为的规范；三是联邦政府有关部门根据联邦法律和联邦政府的规定对政府采购行为的规范。

1. 联邦政府采购法律。美国国会没有制定专门的政府采购法律，只是在有关法律中对联邦政府采购问题做出相应的规定。迄今为止，与政府采购相关的法律有 500 部之多，最主要的有《武装部队采购法案》、《联邦财产及管理法案》、《联邦政府采购政策办公室法案》、《小额采购业务法案》、《1984 年合同竞争法案》、《1978 合同纠纷法案》、《1978 总监法案》、《小企业法案》、《购买美国产品法》、《贸易协定法案》、《服务合同法案》、《戴维斯——培根法案》、《1994 联邦采购简化法案》、

《1996 克林格尔——科享法案》等。

2. 联邦政府采购法规。由于没有专门的政府采购法律，有关政府采购的规定散见于众多法律之中，很难具体操作，因此，联邦政府将有关法律中所作的规定加以综合和细化，形成了一部集指导联邦所有的购买活动的许多条例于一体的《联邦采购条例》(FAR)。该条例是所有联邦采购机构在政府采购活动中遵循的主要法规，对联邦政府的采购计划、采购方式、合同类型、签约方法及要求、采购合同管理、采购合同条款及合同格式等，都做出了具体规定。《联邦采购条例》由联邦政府总务署（GSA）、国防部、航天局等部门根据总统的指示负责拟订，并根据实际情况的变化及时进行修改，一经批准公布，联邦政府各部门的所有采购活动都应当依照《联邦采购条例》进行。

3. 联邦政府各部门采购具体规定。联邦政府各部门和机构可以颁布贯彻，补充《联邦采购条例》的采购条文，并且在一些情况下，可以依照适当的通知要求，偏离《联邦采购条例》，但不得与有关的法律和《联邦采购条例》的原则相抵触。

（二）美国各州政府采购法规体系

美国实行联邦制，各州拥有独立的立法权，各州的政府采购不适用联邦议会制定的有关法律和联邦政府制定的《联邦采购条例》，而是按照各州制定的有关政府采购的法律进行。与联邦情况类似，美国各州的政府采购法规体系也是由州议会通过的法律，州政府以及各县、市议会依据州有关法律制定的采购条例，州政府各部门以及各县、市政府依据法律和条例制定的具体实施细则三个层次组成。各州、县、市政府的所有采购活动都必须依照本州的政府采购有关法律、条例和具体实施细则执行。在美国各州，有的制定了专门的政府采购法律，如弗吉利亚州就制定了《弗吉利亚州公共采购法》；有的则没有制定专门的政府采购法律，而是在相关法律中进行规范。

二、《联邦采购简化法案》的原则与内容

1994年10月13日，克林顿总统签署《联邦采购简化法案》。这项改革采购制度的法案，简化了联邦政府的采购制度，极大地改变了政府采购方式。

（一）出台背景

20世纪的最后25年，伴随着全球化、信息化、市场化以及知识经济时代的来临，西方各国进入了公共部门管理尤其是政府管理改革的时代。尽管各国政府改革的起因、议程、战略以及改革的范围、规模、力度各不相同，却有着一个共同的或相似的基本取向，就是采用企业管理的理论、方法及技术，引入市场竞争机制，提高公共管理水平及公共服务质量，进而重构政府形象，重新界定行政权的性质及其运作，被称为"新公共管理"运动。美国克林顿总统提出的"再造政府"、"绩效预算"，就是要创造一个少花钱多办事的政府，并坚持顾客导向、结果控制、简化程

序和一削到底等原则；改革的基本内容是精简政府机构、裁减政府雇员、放松管制、引入竞争机制以及推行绩效管理。

美国的政府采购变革正是在这个大背景下展开的，并且成为其政府一揽子改革的重要组成部分，很快，一系列的联邦政府采购改革法案应运而生，1994年颁布的《联邦采购简化法案》就是其中之一。自1984年《合同竞争法案》实施10年后，对于许多人来说，采购过程已经变得过于复杂，采购的效率和效益都不高。"简化采购"成为了国家绩效评审委员会的中心目标之一。为此，美国开始了采购政策改革。改革的主要内容可概括为：（1）扩大分散式采购范围。将采购决定权下放到采购官员，授予他们"大部分所需的货物和服务"的采购权；（2）大幅度简化采购程序，修改相关的采购法律；（3）简化小额采购的程序；（4）调整政府采购对象，转向商业化产品。

（二）《联邦采购简化法案》的主要内容及影响

《联邦采购简化法案》修订了1984年《合同竞争法案》和其他联邦采购法确立的规则，废除或大幅修改了超过225项法律的规定，简化了联邦采购过程，减少文书工作的负担，促进购买商业化产品，提高小额采购使用简化程序的阈值（不超过阈值的采购项目可以使用简化程序），将采购程序向电子商务转变，提高采购效率，其主要内容包括五个方面：

1. 减少独特的采购需求，建立了优先采购商业化产品的制度。其理论基础是：联邦政府并不了解最新的商业技术，应该在采购商品和服务时依靠商业市场，利用其竞争优势和市场力量定价。通过优先购买商业化的货架产品，而不是通过详细的招标程序采购政府独有的产品，可以大大简化采购程序。此前，采购机构对可以在商业市场上采购的东西会提出各种特殊的需求，法案鼓励采购机构不再详细描述需求，而是将注意力集中于产出，使用更基于绩效的合同。《联邦采购简化法案》通过废除30多个法规中对政府采购的独特要求，减少了政府采购商业化产品的障碍，使通常不与政府交易的供应商更容易参与政府采购。商业化产品的定义包括在商业市场上大量出售的商品，如计算机软件；还包括能及时满足政府要求的，基于正在开发的技术，尚未上市的商业化产品。采购商业化产品为政府节约了大量的资金。

2. 让小额采购更多地使用简化的采购程序。《联邦采购简化法案》提高了政府采购使用简化采购程序的阈值，① 由2.5万美元提高至10万美元。这一改变的影响很显著，因为90%以上的年度联邦采购交易项目低于10万美元。因此，仅通过提高简化采购阈值，就极大地简化了政府购买大多数商品和服务的程序。

3. 简化采购项目预留给小企业。美国建立了帮助各类小型和弱势小企业的政府采购政策，以确保国会制定的社会经济目标的实现。在某些情况下，政府要优先向小企业、弱势小企业、妇女拥有的小企业、历史性经济落后地区的小企业或伤残退伍军人小企业等企业采购。《联邦采购简化法案》扩大了这方面的规定，要求民事

---

① 阈值（threshold）为临界值的意思，指的是触发某种行为或者反映产生所需要的最低值。

机构以及美国国防部将预期采购金额在小额采购阈值和简化采购阈值之间的采购项目，全部预留给小企业。

4. 提高采购效率，缩短采购时间，推进电子采购，以减少内部经营成本。《联邦采购简化法案》改变了某些采购信息的公开要求，以电子方式代替传统的公开方式，对重大采购项目提出成本，性能和进度目标。通过建立对所有人开放的联邦采购计算机网络系统（FACNET），为政府和私人用户提供服务，政府希望减少使用书面系统所需的过多的时间和资源，要求政府采购程序从传统的书面模式转向以电子数据为基础的模式。该系统的功能包括：告知联邦采购机会、列出政府招标的详细信息、允许以电子方式提交投标和建议书、对招标询问的答复等。提高简化采购阈值也据此分为两步，首先提高到 5 万美元，当采购机构实施电子采购系统后，再提高到 10 万美元。随着电子采购系统的推广，25 万美元以下的采购机会将只在政府的电子公告板上发布。简化采购不仅可以减轻政府的负担，也降低了供应商必须花费的时间和资源。

5. 为相同或相似的需求建立了多项授予或交付订单合同制度，根据这类合同进行的订购需进行公平的竞争。当采购机构需要特定商品或服务时，他们只需在已获得"多项授予合同"的供应商之间竞争即可，不需要在所有潜在的承包商间竞争。《联邦采购简化法案》实施后，总务署的"多项授予合同"和政府信息技术解决方案采购合同的使用大为增长，成为政府采购的主要形式之一。

（三）现行美国联邦政府采购中简化采购的阈值和程序

简化采购程序是《联邦采购条例》第三编采购方式和合同类型下的独立一节，规定了简化采购程序的目的、政策和程序等。简化采购程序是为了减少管理成本、增加小企业、弱势小企业等获得一定数量的政府合同的机会、提高采购活动的效率和效益以及避免为采购机构和供应商带来不必要的负担。

1. 简化采购程序的适用范围。采购机构在采购简化采购阈值以内（包括小额采购阈值以内）的货物或服务时，应尽量使用简化采购程序。但如果从联邦监狱工业公司、[①] 采购盲人或严重残疾人产品委员会[②]和联邦供应计划合同（"多项授予合同"）采购的，或者通过已有的交付时间不确定/数量不确定的合同以及已成立的其他合同采购的，可以不适用简化采购程序。

2. 小额采购和简化采购阈值。目前美国联邦政府采购小额采购阈值为 3 000 美元，简化采购阈值为 15 万美元。但某些特殊的采购项目有不同的阈值：

---

① 联邦监狱工业公司是美国政府独资的公司，建立于 1934 年，利用联邦监狱管理局的劳动力生产产品和服务，只能出售给联邦政府机构，不得进入商业市场。

② "采购盲人或严重残疾人产品委员会"是联邦机构，负责管理"采购盲人或严重残疾人产品"项目，该项目要求所有的联邦机构都应购买雇佣盲人和其他严重残疾人的非营利机构生产的特定产品和服务。由委员会决定联邦机构应当购买的产品和服务。委员会由 15 名总统任命的人员组成，其中 11 名是来自农业部、空军、陆军、海军、商务部、国防部、教育部、司法部、劳动部、退役军人事务部和总务署的代表。

表 7-5

	一般	出于紧急行动、国防或者为恢复生物、化学或放射物、核袭击的影响，并经采购机构负责人同意时	
		境内合同	境外合同
小额采购阈值	3 000 美元	1.5 万美元	30 万美元
简化采购阈值	15 万美元	30 万美元	100 万美元

3. 小额采购。对于不超过小额采购阈值的采购项目，政府商业采购卡①是采购和支付小额采购的首选方法，除此之外也可以采用简化采购程序。除少数管理性、政策性要求外，小额采购不要求遵循其他政府采购程序和规定。采购人员应当在可行的范围内，向合格的供应商平均进行小额采购。采购官或采购人员只要认为价格合理，就可以不进行竞争性的询价。

4. 简化采购程序。预期采购金额超过小额采购阈值，但未超过简化采购阈值的采购项目，必须全部预留给小企业，其中还可以再单独预留给历史上经济落后地区的小企业或伤残退伍军人小企业。在进行简化采购的过程中，机构应尽可能使用政府商业采购卡和电子采购技术。

在适用简化采购程序的采购项目中，采购官必须在考虑到采购的管理成本的基础上，在最大可行范围内促进竞争，以获得对政府最有利的合同，并尽可能使用创新方法。采购人员应当根据每一个采购项目的情况，采用最合适的、最有效率和效益的简化方式采购，对于非商业化产品，可以任意组合使用简化采购程序、密封投标、竞争性谈判、研发合同、建筑和建筑工程合同中规定的程序；对于商业化产品，可以任意组合使用商业化产品采购、简化采购程序、密封投标、竞争性谈判中规定的程序。

供应商来源方面，采购官应当将中央供应商登记库（现已整合入统一平台"联邦授予合同管理系统"SAM）作为供应商的主要来源。

招标形式方面，只要与电子商务方式招标相比更为有效，采购官应尽可能采用口头招标，但采购项目超过 3 万美元时，如电子或口头招标不经济或不可操作时，采购官应当使用书面招标。超过 2 000 美元的建筑合同也应采用书面招标。

评估程序方面，采购官在制定合适的评估程序时有广泛的自主权，可以无须遵守密封招标和竞争性谈判中规定的程序。如果使用价格或其他因素，应当确保以最有效和最方便的形式评估，不要求有正式的评估计划、确定竞争范围、对报价或投标书进行讨论或打分。对其他因素的评估，如业绩，不要求有正式的数据库，可以是根据采购官的知识或经验、客户调查或问卷反馈或政府业绩信息检索系统等。

合同授予方面，在授予合同前，采购官需确定价格是公平合理的。经过竞争性报价或投标的价格，可以认为是合理的，因此应尽可能采用竞争方式；当只收到一

---

① 购物卡，性质与商业信用卡类似，发给采购机构指定的人员，用于采购和支付资金。

份报价时,采购官应当在采购档案中声明价格的合理性,其依据可以是市场调查、与以前的采购项目比较、与相关行业类似产品的比较等。① 简化采购方法包括政府商业采购卡、采购订单、未定价采购订单、一揽子采购协议(BPA)等。

三、政府采购机构设置

(一)联邦政府采购机构设置

1. 联邦政府集中采购机关。美国联邦政府设立的集中采购机关为联邦总务署(General Service Administration,简称 GSA)。总务署直属于白宫,主要职能包括制定联邦政府各部门的具体采购政策,负责联邦政府所有房产的建设、维护和租赁,向联邦政府各部门供应一般性办公用品,为联邦政府各部门提供电话等技术服务。总务署下设政策办公室、政府房产部、技术服务部、供应服务部等职能部门。

专栏7-2 美国总务署简介

> 杜鲁门为简化联邦政府行政性工作,1949 年 6 月 1 日建立美国总务署(GSA),该署整合了国家档案局(National Archives Establishment)、联邦工程署(the Federal Works Agency)、公共工程局(the Public Buildings Administration)、联邦供应局(the Bureau of Federal Supply)、合同结算办公室(the Office of Contract Settlement)、战争资产管理局(the War Assets Administration)等机构,整体负责管理、提供联邦雇员所需工作场所。最初的职责是处理战余物资,管理、储备政府档案,处理紧急战备物资、存储战时战略物资供应等。它还负责规制联邦机构各种办公室物资供应品的采购,管理诸如南美大麻种植等一些特别的业务。
>
> 现在,它拥有最大的两个办公室——公共建筑服务办公室和联邦采购服务办公室,以及各种专门办公室,为超过 100 万联邦公务人员提供工作空间,监督超过 480 栋历史性建筑的保护,保障从高质量的商业家购买高质量、低成本的产品和服务,到 2010 年财政年度末期,它拥有的联邦资产大约有 390 亿美元。其使命是通过专门技术,为服务对象提供创造性的解决方案,为美国人塑造一个高效、可持续、透明的政府。

2. 联邦政府各部门采购机构。联邦政府各部门根据不同情况,设立相应的采购职能机构,负责本部门的采购业务。联邦国防部虽然设有采购办公室,但只负责制定国防采购的具体政策,具体采购活动由各军种的采购机构负责实施。在国防系统,各军种的采购机构是按照功能设置的,如海军设有飞行采购部、舰艇采购部等。联邦财政部设立采购办公室,负责制定财政部系统的具体采购政策并负责组织、协调

---

① 一揽子采购协议书是一种简化的、通过与合格供应商建立"赊账账户"以满足预期重复需求的采购方法。

本部范围内的所有采购活动，财政部内各局配备有一名首席采购官，具体经办各局的采购事务。

3. 联邦政府集中采购机关与联邦政府各部门采购机构的关系。除教育系统的房产管理委托联邦教育部门管理外，联邦政府拥有的其他房产均由联邦总务署负责管理，联邦政府各部门不负责房产管理。

联邦政府各部门的办公用品供应在联邦总务署成立之前，由各部门自行负责。总务署成立后，经美国国会授权接管了这项工作，改由总务署集中采购并负责向各部门供应。总务署负责与企业签约，供应给各单位，供应功能是通过两个途径实现：一是总务署建有仓库，存储有关物资，各单位可从总务署购买。二是通过因特网下订单。但是，近年来，这种传统形式正在消失，总务署侧重于签订长期供货合同，各单位与签有合同的企业直接联系采购。需要说明的是，根据修订后的法律规定，总务署所签的合同对联邦政府各部门并没有强制性，各部门也可以按照联邦采购规定自行与企业签订合同。

在为联邦政府各部门提供技术服务方面，总务署通过与企业签订长期服务合同并帮助各部门提出技术方案等方式予以实施。如全国联邦政府的电话，总务署与电话公司签约，国内长话价格是4分/分钟。与办公用品采购一样，总务署提供技术服务的职能也不是强制性的，各部门有权自行采购。但是，由于总务署对采购程序、采购法律比较熟悉，价格很优惠，因此，很多部门也非常愿意到总务署采购。

此外，总务署还成立了政策办公室，负责制定联邦政府的采购政策。联邦政府总务署政策办公室制定的政策适用于全联邦政府，比如，联邦政府各部门的汽车租用、日常办公用品的管理、出差补助的具体标准以及废旧物资的处理方法和程序等，都由总务署政策办公室在征求各部门意见的基础上负责制定，各部门均应遵照执行。

（二）地方政府采购机构设置

由于各州的法律规定不同，美国各个地方政府采购机构的设置形式各异。有的地方政府设有集中采购机关负责本级政府的采购业务，如马里兰州的蒙哥马利县采购部，就是直属于县政府的独立行政机构，负责全县的集中采购。采购部下设业务和行政两个主要部门，大约有20名采购专业人员。有的地方政府则在财政部内设置采购办公室，如弗吉尼亚州的费尔法克斯县采购办公室，就设在县财政局内，负责物资和服务采购、财产管理、库存管理、仓储及配送、额外和剩余财产管理、支持小企业和少数民族企业项目等。该采购办公室下设小企业服务处、行政服务处、采购及材料管理处、系统及客户服务处，依法履行负责相应职责。

四、政府采购方式

从联邦政府与各地政府的情况看，政府采购根据采购数额的大小，分别采取不同的方式：

（一）公开开标的密封招标

对于超过一定金额以上而且要求非常确定的采购，一般通过这种方式进行。金额标准的确定，联邦政府以及各个地方政府的规定有所不同。如亚历山大市规定的金额标准为5万美元；蒙哥马利县规定的金额标准为2.5万美元；而联邦总务局的金额标准则为10万美元。通过公开开标的密封招标方式采购，中标的原则是报标方最符合招标要求、最负责任、且报价最低，一般只适用于产品和建筑工程，如警车、武器、化学药剂等，有些服务也用这种招标方式，如园艺服务等。

通常情况下，集中采购机关或者政府部门采购机构建有供应商目录库，所有企业可以通过网络或者填写固定表格提出申请，申请内容包括企业规模、行业、性质等。集中采购机关或者政府部门采购机构接到企业申请后不需要进行审查而直接给予注册。公开招标时，集中采购机关或者政府部门采购机构应当通过报纸、网络等方式发布招标公告，或者向所有在供应商目录中的与采购项目相关的注册企业发出招标通知。企业投标后，集中采购机关或者政府部门采购机构要通过公开的渠道，如查验经注册会计师审计过的财务报表、企业等级以及了解该企业与其他政府部门合作的历史记录等，对其资信进行详细调查。集中采购机关或者政府部门采购机构认为没有把握的企业，可以要求其缴纳保证金，招标结束或者合同履约后予以退回。

在规定的招标期限内，各个有关企业均可以提出投标方案，但是一经投标，企业不得重新更改投标方案。投标期满后，集中采购机关或者政府部门采购机构根据事先公布的采购要求和评比办法，对所有投标方案进行评比，报价最低、最负责任、满足采购一切要求的投标方中标。

由于公开开标的密封招标形式较为呆板，一般仅适用于有形的具体商品采购。政府部门采用这种方式采购，就必须提出详细的采购要求，而政府部门只知道需要什么商品，并不清楚市场上该商品的性能、价格等具体情况，这就使得政府部门在招标中过于被动。因此，采购中采用公开开标的密封招标方式现在越来越少，更多地采用与企业谈判、协商的方式。

（二）协商采购

对于超过一定金额以上而且要求不很清楚的采购，一般采用与企业协商的方式进行。金额标准与采用公开开标的密封招标方式相同。但是，这种方式下，政府部门不是向企业提出有明确采购要求的招标公告或者招标通知，而是向企业发出征求建议书，同时提出评标的具体项目和标准。投标方根据政府部门的要求，提出提供技术说明和建议方案，然后由采购机构和用户单位代表组成的评审委员会以及由专业技术人员组成的技术评定组，按照事先公布的评标具体项目和标准确定各投标企业的评分，再通过与评分最高的投标企业谈判确定中标企业。如果谈判破裂，就与评分第二的企业谈判，直到中标企业最终确定。

协商采购方式与公开开标的密封招标方式不同之处，就在于中标原则的差异，公开开标的密封招标方式按照最低价格法确定中标企业，而不考虑质量等因素；而协商采购方式则按照最佳价值法确定中标企业,质量因素、技术因素、价格因素、社会因素等均要考虑,定量和定性的标准相结合。

(三) 公开竞价采购

对于金额在 2 500～25 000 美元之间的商品采购,可以采用公开竞价的方式进行。这种方式下的采购,程序较为简单,所通知企业的范围较小,一般只从供应商目录中随机抽取三至五家企业,加上上次中标的企业,一起进行竞价,根据竞价结果确定中标企业,并与之签订采购合同。

(四) 政府采购卡

对金额小于 2 500 美元的采购,一般采用政府采购卡的方式进行。政府采购卡相当于信用卡,根据工作岗位的不同,有关人员所持政府采购卡的金额和范围各不一样。持卡人员在授权范围内,寻找合理的价格并遵循采购的规定程序,即可进行采购活动。当然,每个持卡人员在拿到政府采购卡之前都要接受不同程度的培训。

(五) 单一渠道采购

它不需要向社会发布公告。只有在下列情况下,才能采用这种方式:一是对政府最有利;二是确实属于独家供应,这就需要在全国甚至全世界范围内进行详细调查;三是法律或政府规定。实行单一渠道采购,合同价格可能会很高,因此极少采用。

此外,美国地方政府还采用搭桥合同方式采购,即由一大县政府牵头签订合同,其他县采用统一签订的合同,同时根据不同情况增加自身所需条款后进行采购。采用这种方式采购可以降低采购成本,节省签约时间,各地方政府自愿参与,签约金额也没有任何限制。

五、政府采购过程

美国政府采购过程,一般分为三个阶段:

(一) 确定采购目标

这个阶段由政府各部门来完成。政府各部门应当拟定采购计划,确定需要采购什么,规定采购活动执行者以及合同的签订时间。这就要求政府各部门要按照经过议会批准的预算,提出应当实行采购的工程、商品和服务,并做出采购数量、商品功能、服务要求、价格以及采购程序等信息的详细说明。

(二) 签订采购合同

这个阶段由各级政府集中采购机关或者政府各部门内设的采购机构来完成。集中采购机关或者各部门采购机构根据政府部门的制定的采购计划,按照法律规定的采购方式和程序，负责签订采购合同。采购合同签订的方式可能各有不同，具体采取什么方式进行采购，主要取决于政府采购能否通过竞争的方式予以实现。在竞争激烈的采购中，集中采购机关或者政府部门采购机构可以通过公开招标或者采购邀请，向投标方说明具体的需求，然后由各投标方准备投标方案，集中采购机关或者政府部门采购机构再根据最佳价值法或最低价格法，在各个投标方案中选定签约人签订采购合同。

在签订采购合同过程中，所涉及的法律十分庞杂，集中采购机关或者政府部门采购机构以及采购官员面临的最大难题，就是如何使所签采购合同既要严格遵守法律规定以确保整个过程符合公平、公正原则，又要最大限度地满足政府部门的采购要求。

（三）监督合同履行

这个阶段由有关的监督部门来完成。集中采购机关或者政府部门采购机构只负责根据采购要求完成采购合同的签订过程，不负责对供应商是否履行采购合同实施监督。监督采购合同的履行，由接受过专业培训的专门监督人员负责，其主要任务是保证供应商所提供的商品和服务满足采购合同上的质量以及性能要求，同时保证供应商按时定量提供商品和服务。

六、政府采购监督机制

美国对政府采购人员的行为、供应商履行合同以及政府部门采购活动等方面的情况，实行全方位、多层次严格的监督，监督机制相当健全，制约手段也很有力度。

（一）政府机关对采购人员和供应商的监督

由于政府采购人员的权力是公信权，花的都是纳税人的钱，因此，所有采购机构及各政府部门与采购有关的人员，均以最高的职业道德标准约束自己。所有采购人员绝对不能做出不道德的事，这在法律中都有比较详细的规定，如禁止采购人员卷入与个人利益有关的合同，采购人员的家庭成员不能参与政府的交易；当合同与个人利益有关时，要求采购人员必须回避；禁止接受供应商的吃请，禁止收受礼品；采购人员辞职到供应商的企业工作，两年内不能代表该企业与政府进行交易。如果发现政府采购人员有不道德行为，政府部门首长、内部监督机构就可以依法对其进行处理。政府集中采购机关或者政府部门采购机构有权根据举报，对有违反规定的供应商进行处理，可以对其发出警告，情节严重的甚至可以取消供应商的资格。当然，被处理的供应商可以到法院申诉，最后由法院作出裁决。

（二）审计机关对政府部门和采购机关的监督

各级议会和政府中均设有专门的审计监督机构，负责对采购机关、政府各部门的采购活动实施审计监督。审计人员通过抽查等方式，对政府各部门进行年度审查，发现问题依法给予严厉惩处，如对应当实行集中采购但化整为零、分散采购的政府部门，可以取消其签约权。

在招投标过程中，未中标的企业如果感觉受到采购机关的不公平待遇，可以向审计机关提出申诉。审计机关接到申诉后，就会立即进行核查。核查期间，除合同执行对国家利益大于对企业不公平待遇的情况外，已签合同应当停止执行，直到审计机关核查完毕并下达指令才能恢复执行。

（三）司法机关的监督

美国设有专门的行政法院，负责对政府机关的行为实施监督。企业对于政府机关以及采购人员在采购活动的违法行为不满，可以向法院提起诉讼，法院在立案后依法做出裁决。

（四）公众和供应商的监督

在美国，各级政府部门一般设有举报电话和其他举报渠道，公众可以随时反映采购人员的违纪行为。政府部门对于公众反映的问题一般都能及时予以调查和处理。根据法律规定，所有企业均有权根据政府的需求说明进行报价，有权要求政府依照事先公布的评判标准，排除一切不相关的干扰，对其报价做出评判。未中标的企业以及中标供应商对政府不合理的行为提出抗议，由中立的仲裁机构做出裁决。

第四节　美国国库集中收付制度

国库集中收付制度，是指建立国库单一账户体系，所有财政性资金都纳入国库单一账户管理，收入直接缴入国库或财政专户，支出通过国库单一账户体系，按照不同支付类型，采用财政直接支付与授权支付的方法，支付到商品或货物供应者或用款单位。国库集中支付的优点在于能从根本上解决财政资金多环节拨付、多头管理、多户头存放等问题。美国国库集中支付制度运行多年，已形成了一套成熟的做法与规则。

一、美国国库集中支付制度概念与原则

（一）美国国库集中支付制度概念

美国实行单一账户和分类账户并存模式。单一账户为现金管理账户，在该账户中记录所有的政府资金收支项目。各级政府部门的资金均在一个由财政部委托中央银行设立的特定账户中反映使得财政部对更好地实现对国库资金的控制。分类账户以部门为单位，记录各政府部门的预算支出以及预算支出的执行情况，并通过日结

余额受到国库的严格控制。

同时,美国财政部对央行的单一账户设置一个国库现金底线,保证国库账户中资金总量基本保持稳定。一旦美联储中的账户中余额低于设置的底线,财政部就会从商业银行中的其他账户中将多余现金转入。

此外,美国国库资金的支付有一套严格的制度。每一项财政支出必须经过财政预算审批,只有通过审批的支出才可以得到资金。配合此制度有一项国库直接支付制度,即财政资金的支付均由国库在美联储的单一账户拨出,拨付过程中不涉及其他支付业务,并由财政部下属的金融管理服务局对这一过程进行全程的严格的监控。

(二) 美国国库集中支付制度原则

1. 效益性原则。财政资金作为公共资金,虽然注重宏观经济效益和社会效益最大化,以微观经济效益最大化为目标,但同样也存在资金的使用效益问题,即一方面要求财政资金成本最低化,另一方面要求财政资金能以最快的速度发挥最好的效益。因此,要求财政部门应对财政资金进行最有效的管理。建立国库单一账户,实行国库集中支付制度,可以减少国库资金的流转环节,灵活调度,实现财政资金使用效益的最大化。

2. 政策性原则。市场经济国家财政是公共财政,通过履行财政职能,弥补市场缺陷,进行宏观调控,促进经济平稳发展。因此,财政资金应为实现国家的财政经济政策目标服务。

3. 可控性原则。财政部门管理的政府资金来自于社会公众,是社会公共资金。因此,客观上要求财政部门必须对政府资金进行有效的控制和管理,按照经议会批准的预算规定使用资金,对社会和公众负责。实行国库集中支付制度,财政部门可以直接对政府部门每一笔支出进行严格的监督和控制,防止政府资金被挤占挪用。

二、美国国库集中支付机构与管理

美国与国库业务相关的机构涉及总统管理与预算办公室(OMB)和财政部所属的国库局、会计局等部门。管理与预算办公室(OMB)由财政部内部机构演变而来,直接向总统负责,其与财政部之间的大体分工是:OMB主要负责编制联邦预算,具体的预算执行由财政部负责。但是近年来,OMB除编制预算外,还开展项目评估以及政府机构设置和人员办公效率的评估。为完成任务,OMB设主任和副主任各一名,两人有特定的分工,其中副主任更多地关注与开支预算执行有关的事项,其直接领导的处室有:首席财务官、财务管理处、规章调节处。财政部下属的国库局负责经营管理公共钱财的收付和保管。联邦储备银行及其分行经指定为该局的代理人,受理汇入财政部的款项,并办理应由国库局付款的支票兑现。财政部下属的会计局主要负责制定联邦政府的统一会计制度和报表制度,并设有一套账目簿记系统,用以控制联邦政府的收支款项。在此基础上,该局负责编制定期的财务报表,同时负责签发用于联邦政府开支的支票,付款人是国库局。

美国各地都设置有专门负责支付财政资金的机构,如洛杉矶市支出控制中心,各预算单位设有自己的会计部门,负责本部门的支出控制。市支出控制中心的负责人由公众选举产生,并直接对公众负责。洛杉矶市支出控制中心主要设立财政预算、采购管理、资金拨付、会计核算、审计监督、信息管理等部门。主要职能是根据议会审议通过的年度支出预算,负责各预算需求审计、采购管理、资金拨付和会计核算,对预算支出进行审计和信息收集、整理,向公众公布年度预算执行情况。

三、美国国库账户设置

美国国库单一账户体系由单一账户和分类账户组成。前者由财政部门在中央银行设置,用于管理所有政府资金,反映收支状况和余额,是现金管理账户;后者则以部门预算为基础,用于记录各部门预算支出,反映各部门预算支出的执行情况,每日结清,保持"零余额",它由国库根据预算单位的性质设立,并置于单一账户统辖之下。预算单位无权在中央银行或商业银行开立自己的账户。

美国联邦、州和地方政府实行国库单一账户制度,所有财政资金由财政部(局)集中管理,如联邦政府财政资金实行基金或账户式管理。全部财政性资金划分为不同的基金:一类称为联邦基金,包括:一般基金(占预算的大部分,其收入和支出之间没有必然性的联系,几乎所有的所得税、特种销售税和国债收入都归于一般基金,其支出项目主要有国防、公债利息及联邦政府机构的日常开支。预算赤字集中在一般基金)、专用基金(用于特定用途如环境保护的资金)、公用企业基金(用于按照法律规定进行商业活动的企业)、政府基金(用于政府内部机构之间运作的资金)。

另一类称为信托基金,是政府为特定目的而建立起来的特别基金,包括社会保障、医疗保险、退休职员、退伍军人、高速公路、机场和空运等几大项。其资金来源主要是各项专项税收。在划分不同类型基金的同时,国库支付系统为每个预算单位建立一个单独的账户,并根据该预算单位的各项拨款法案,建立子账户。

四、国库报解支付程序

美国预算执行中的资金调度和运作由财政部(局)负责,美国联邦、州和地方政府都建立了高度电子化的国库支付系统,由财政部(局)集中管理。财政部在各银行都有两个账户,即收入户(存款户)和支出户。纳税人纳税时在自己的开户行就可将税金直接划入财政存款户。由于银行间已实现了联网,财政部和联邦储备银行随时都可了解到财政收入的情况。财政部根据总统管理与预算办公室的预算安排,将资金由存款户划入支出户,办理预算拨付。美国联邦财政支出的40%是通过政府采购方式,由财政部直接支付给商品或劳务的供应者,其他各项支出也通过国库单一账户实行库款直达。国库对每项拨款法案支出限额,按时间或项目进度将资金从各联邦基金或信托基金中划出，分别拨付到支出单位的分账户及其子账户。当支付行为发生时，再从子账户中支付。由于计算机网络的完善，财政部可以按天编制资金平衡表，当预算资金收不抵支时，财政部可以根据国会核定的债务额度，按资金缺口的时限和当时的银行利率，灵活地确定债务种类、期限和利率。

美国财政部除在央行开立存款账户外（在央行账户的日终现金余额基本保持在50亿美元左右），其余大量现金则存入几家大型商业银行，即"税收与贷款账户"。根据每天国库收支预测，当央行账户日终现金余额可能低于50亿美元时，财政部在当天或次日上午11时以前，从商业银行"税收与贷款账户"调入现金补足；当央行账户日终现金余额可能高于50亿美元，财政部即将多余现金转入"税收与贷款账户"，赚取利息收入。

美国所有政府现金资源（包括税收和其他预算收入）集中在单一账户的银行内，所有政府收支都通过这唯一的账户办理，各预算单位不再设置单独账户。支出程序是，财政预算审批通过后，预算单位根据预算支出计划安排支出；如购买商品或劳务，则由财政部门开出支付凭证，报经国库部门审核无误，通过银行资金清算系统或政府支出信息管理系统，从国库单一账户中划拨资金。与集权化政府支出模式相适应，在财政部门设立专门履行国库现金管理和支付职能的执行机构，对财政资金流向全程监控，确保财政资金在支付行为实际发生前都保存在国库单一账户中，中间环节不发生支付业务。

实际支付方式主要有三：（1）工资支出，由支付机构通过签发个人支票或通过银行直接汇入职工个人账户；（2）购买商品或劳务支出，各预算部门提出付款申请，连同采购合同等有关资料汇总后交支付机构审核并签发支付令，将资金直接支付到收款人；（3）其他支出，预算部门零支费用则一般保留极少数量的备用金。如洛杉矶市给各预算单位500美元的备用金用于支付停车费等零星支出，差旅费支付则一律通过支付机构发放旅行信用卡处理。

五、美国国库集中收付制度特点

美国国库集中收付制度的做法较为成熟，通常体现在以下几个方面：

（一）建立国库单一账户体系，强化预算控制

国库单一账户的开设扩大了国库控制的范围，增强了预算控制的力度。而分类账户的设置便于财政对预算单位的预算权限和实际资金使用情况进行监督，从而使财政对支付周期全部阶段实施控制成为可能。

（二）国库集中支付，支出决策者与支出办理者相分离

资金统一集中于国库单一账户，并根据单位的指标直接向商品或劳务供应商支付款项，所有财政支出，无论预算内还是预算外支出，均根据预算从财政的国库账

户中直接支付给商品或劳务供应商。具体地说,各预算单位具有项目投资的支出管理权,但自己不能签发支票办理支出,即不能在银行开立自己的账户和享有签发支票权,必须通过另一个机构即国库支付机构签发支票,办理支出。该原则下,按有关法律明确划分国库支付机构和预算单位的财务责任,并明确对支付人员奖惩办法,确保国库资金安全。支出管理决策权与支出实际办理者相分离可以加强两者之间的相互监督,从而提高财政资金的使用效率。

(三)严格的职责划分和明确的责任机制

有关国库资金的使用、支付和监督过程中各部门负担的责任和权力都有明细的规定,建立分工明确的国库资金责任体系,国库支付机构和各部门、各单位的财务责任都是由有关的法律法规明确划分的,并用规范的监督程序和明确的奖惩措施,来有力地保证责任的履行和权力的实现。议会除对预算进行严格审查外,对预算执行过程也严密控制。

(四)构建现代化电子信息网络系统,满足国库集中支付

建立发达的银行支付清算系统和政府支付系统。政府支付系统大致包括:政府部门分类账户管理系统、与银行支付清算系统连接的政府部门会计核算信息系统、各支出单位使用的信息输入系统、财政及国库部门管理的信息输入控制系统和为宏观经济形势分析和财政政策制定提供依据的信息、收集和处理系统等。对各级预算的执行和管理,都使用先进的计算机网络系统,利于财政资金使用效益最大化,且易于对每项财政收支监督控制。

(五)建立相互制衡的监督机制

美国财政性资金支出管理的主要特点是分工明确、相互制衡。预算的制定权和批准权、国库资金的使用权和监督权严格分开。这样一种平衡约束机制,可以有效地保证国家预算和国库的透明度和合理性,减少浪费和腐败的产生,并具有预算刚性强、执行严肃和审计监督机制严密健全等特点。

美国联邦财政支出的40%是采用政府采购的方式,由财政部直接向商品和劳务的供应者支付采购对价。它把政府采购分为三个阶段:第一阶段是确定采购需求;第二阶段是正式签订采购合同;第三阶段是合同的执行与监督。政府采购部门拥有一支对各公共部门采购商品和劳务的内容充分了解,并具有较为丰富的专业知识和采购经验的人员队伍,其一方面对供应厂商所投标和供给的商品及劳务的品质、规格进行监督、检查和评价;另一方面对各政府部门的采购计划是否符合实际需要和预算额度的限定也要予以监控。此外,美国联邦政府还建立了信息共享平台,实现了政府与纳税人、财政资金使用部门及中央和地方之间的信息共享。

第五节 美国国家金库制度

国家金库，是专门负责办理国家预算资金收纳和支出的机构，国家的全部预算收入都要纳入国库，一切预算支出都由国库进行拨付。按照国际货币基金组织（IMF）定义，国库不单是指国家金库，更重要的指代表政府控制预算的执行、保管政府资产和负债的一系列管理职能。即现代意义上的国家金库已不再仅仅是政府资金的托管者，而是一个主动的政府现金和财务的管理者，并在此基础上凭借全面及时的信息优势，成为对政府财政收支活动进行全方位管理的管理机构。该定义下对应的是国库广义的财政管理职能，主要包括：现金管理、政府银行账户管理、财务规划和现金流量预测、公共债务管理、国外捐赠和国际援助管理、基金、金融资产管理等。

一、美国国库制度演变历程

美国的国家金库制度目前采用的是委托国库制，而在此之前则经历了以下几个阶段：

（一）委托国库制（1791年至1840年）

早在1790年，美国的第一任财政部长汉密尔顿就向国会提交了设立国民银行的提案。1791年12月份美国第一银行于费城成立，旨在作为财政部的金融代理即代理国库。第一银行运用发行货币的职能来纳税和偿还联邦政府欠下的债务，政府需要资金时第一银行便会将资金迅速转移，所以它扮演了一种公共资金的存放处和政府金融交易的辅助人的角色。

1816年，美国第二银行在第一银行的许可证到期的五年后成立。面对1812年至1815年的第二次独立战争造成的经济困境和财政的混乱局面，时任总统的詹姆斯·麦迪逊和财政部长亚历山大·达拉斯极力推动第二银行的产生。但在1832年，杰克逊总统否决延长第二银行特许经营的有效期，并于1936年特许状到期后第二银行只作为州行继续经营，不再存储财政收入。在这之后，美国国会的一项法案要求财政部在每个州和地区指定一家银行作为"宠儿银行"，这些银行用来存放政府资金，承担起了第二银行以前的职责。

（二）独立国库制（1840年至1914年）

1836年，财政部收获了前所未有的盈余，但是这笔额外的钱却导致了投机和信贷扩张的产生，并成为导致1837年经济恐慌的重要因素。为了应对经济恐慌，范布伦总统呼吁国会召开特别会议考虑采取杰克逊总统金融政策的最后一步，即建立独立国库制，去除政府与国有银行的所有联系，所有财政收入由政府自行征收和保管。1846年，《独立国库法》通过，标志着独立国库体系的形成。

在当时，独立国库制防止了严重的通货膨胀和虚假经济繁荣景象的发生，进一步也阻止了美墨战争后的金融恐慌的出现。但是在后来的历程中，独立国库制并没有被真正贯彻实施。首先，在1861年内战爆发后，政府迫切需要一大笔战争经费，财政部迫不得已向银行借款5 000万美元，这就已经违反了《独立国库法》中"银行与政府必须彻底分离"的原则。其次，1862年林肯政府推动国会通过《法定货币法案》，正式批准绿背纸币作为法定货币来流通，并且财政部被授权发行。这又违背了《独立国库法》中的"必须用硬通货处理一切财政收支"原则。最后于1863年，国会通过了《国民银行法》，同意建立一个新的国民银行来统一国家货币和帮助内战筹资。1864年重新修订的《国民银行法》则为国民银行章程提供了一个持久框架，加强了政府对国家货币银行体系的监督管理。在此基础上，国民银行体系形成，财政部货币职能合法化，这已完全与独立国库原则相背离。

（三）委托国库制（1914年至今）

1907年，由股票市场严重下跌所引发的经济恐慌，导致一系列银行逐渐倒闭，此时建立一个中央银行来稳定利率和防止银行危机已成为了迫切需要。由此还导致了美国银行改革运动，美国联邦储备体系的建立是这场运动的最终结果，也是中央银行代理国库的开端。于是1913年威尔逊总统签署了《联邦储备法案》，创建一个新的中央银行作为政府的存款银行和财务代理机构，履行政府的代理国库职能。1914年，联邦储备银行成立。

在创建联邦储备银行后不久，这一举动便开始体现出对国家的经济和财政政策颇为广泛的影响。美联储在制造货币、保证金融系统稳定性、监管和规范银行业等方面发挥着重要作用，并代理财政对预算收支进行保管、出纳工作。

美联储在每个特定的地理区域下设12个联邦储备银行以及25家分行，它们共同执行联邦储备系统的各种职能，包括运营一个全国性的支付系统，分配全国的纸币和硬币，监管成员银行和银行控股公司，并担任财政部的银行代理。

每年支付完自身的费用之后，美联储将收入的剩余部分上缴给美国财政部。自从1914年联邦储备系统开始运作，美联储大约95%的净利润都已缴入国库。

事实上，美联储作为一个独立的中央银行，它的决定不需要获得总统或其他行政部门的批准，但是受美国国会监督。而且美联储必须在政府制定的经济和财政政策的总目标的框架下工作，因此，将联邦储备系统描述为"政府内的独立"可能更为准确。

专栏7-3 美国中央银行——美国联邦储备委员会

美国联邦储备系统（Federal Reserve System，简称Fed）负责履行美国的中央银行的职责，这个系统是根据《联邦储备法》（Federal Reserve Act）于1913年成立的。这个系统主要由联邦储备委员会，联邦储备银行及联邦公开市场委员会等组成。

美联储的基本职能包括：

通过三种主要的手段（公开市场操作：规定银行准备金比率，批准各联邦储备银行要求的贴现率）来实现相关货币政策；

监督、指导各个联邦储备银行的活动；

监管美国本土的银行，以及成员银行在海外的活动和外国银行在美国的活动；

批准各联邦储备银行的预算及开支；

任命每个联邦储备银行的九名董事中的三名；

批准各个联邦储备银行董事会提名的储备银行行长人选；

行使作为国家支付系统的权利；负责保护消费信贷的相关法律的实施；

依照《汉弗莱·霍金斯法案》（Humphrey Hawkins Act）的规定，每年2月20日及7月20日，应当向国会提交经济与货币政策执行情况的报告（类似于半年报）；

通过各种出版物向公众公布联邦储备系统及国家经济运行状况的详细的统计资料，如通过每月一期的联邦储备系统公告（Federal Reserve Bulletin）；

每年年初向国会提交上一年的年度报告（需接受公众性质的会计师事务所审计）及预算报告（需接受美国审计总局的审计）；

另外，委员会主席还需定时与美国总统及财政部长召开相关的会议并及时汇报有关情况，并在国际事务中履行好自己的职责。

二、美国国库制度模式

（一）国库机构设置

广义上的国家金库制度，包括现金管理、政府银行账户管理、财务规划和现金流量预测、公共债务管理、国外捐赠和国际援助管理、基金、金融资产管理等。国库财政管理职能都是由美国财政部下属的某个部门或某几个部门单独或共同负责的，其中包括美国铸币局、美国雕刻与印刷局、金融管理服务局、公共债务管理局和社会发展金融机构基金等部门。

1. 美国铸币局。美国铸币局是唯一负责生产循环用于进行贸易和商务的美国的法定货币——硬币的机构。美国铸币局的主要任务是通过制造和循环销售贵金属、收藏的硬币和国家的奖牌等为美国人民服务，赋予美国资产安全。

2. 美国雕刻与印刷局。雕刻与印刷局（BEP）的使命是开发和生产世界所信任的美国纸币。BEP 的主要功能是按要求生产一定数量的纸币并每年交付给联邦储备系统。联邦储备银行作为国家的中央银行，通过此方式以确保有足够的纸币在流通。

3. 金融管理服务局。金融管理服务局（FMS）为美国财政部、联邦计划机构提供支付服务，是联邦政府的集中支付系统，监督每天 890 亿美元的现金流。FMS 为政府提供丰富的会计和报告服务，并管理收集政府拖欠债务。FMS 也在教育，咨询，会计等领域支持联邦机构的财务管理的改进工作。

4. 公共债务管理局。公共债务管理局是负责为联邦政府借债的机构，通过出售国库券，票据，债券，以及美国储蓄债券并向投资者支付利息的方式为联邦政府筹集经济政治等方面建设所需要的资金。

5. 社区发展金融机构基金。社区发展金融机构基金（CDFI 基金）是通过投资和援助社区发展金融机构促进经济振兴和社会发展创造。CDFI 基金于 1994 年依据里格尔社区的发展和监管改进法案作为一个跨党派的倡议建立。

狭义的国库制度，即国库现金管理，在美国主要由美国国库局负责。美国国库局是美国财政部的一个下属单位，起初只负责政府资金的收纳和保管，虽然这些职责中的一部分现在已经被财政部的其他一些部门所接管。1981 年，对雕刻与印刷局、美国铸币局与美国储蓄债券部（现在的储蓄债券市场办公室内的公共债务管理局）的监督责任被分配到美国国库局。在 2002 年，国库局经历了一次重要的重组，在美联储发行的美元货币上，美国财政部部长以及美国国库局局长的签名同时存在。

与处理国库业务相关的机构：总统管理与预算办公室（OMB）以及财政部下属机构——主要是国库局与会计局。OMB 主要负责编制联邦预算，具体的预算执行由财政部负责。但是，近年来 OMB 除编制预算外，还开展项目评估以及政府机构设置和人员办公效率的评估。国库局负责管理财政资金，并通过其代理联邦储备银行及其分行，来处理政府的所有现金收款（包括来自税收和公债的收款）及付款。财政部会计局负责制定联邦政府的统一会计制度和报告制度，对财政交易进行会计处理，定期准备和编制财务报告。会计局设有一套账目簿记系统，用以控制联邦政府的收支款项。此外，会计局还负责向国库局签发用于联邦政府开支的支票，国库局据此办理付款。

（二）国库账户设置

联邦、州和地方政府都实行国库单一账户制度，并建立了相互联网的国库支付系统，所有财政资金的收付均由联邦财政部负责国库事务的业务司局——主要是国库局和会计局来实行集中管理。

这些财政资金被划分为不同的基金类别。一类称为联邦基金，包括：一般基金（占预算的大部分，其收入和支出之间没有必然性的联系，几乎所有的所得税、特种销售税和国债收入都归于一般基金。其支出项目主要有国防、公债利息及联邦政府机构的日常开支。）、专用基金（用于特定用途如环境保护的资金）、公用企业基金（用于按照法律规定进行商业动作的企业）、政府基金（用于政府内部机构之间运作的资金）。另一类称为信托基金，是政府为特定目的而建立起来的特别基金，包括社会保障、医疗保险、退休职员、退伍军人、高速公路、机场和空运等几大项。其资金来源主要是各项专项税收。

国库系统在不同类别的基金下，为每个预算单位建立一个单独的账户，并在该账户下依据拨款法案建立分账户。

（三）国库报解支付程序

财政部在其国库代理银行设有两类账户：用于办理收款的存款账户以及用于办理支付的审计账户，纳税人可以将缴纳的税款直接从自己的开户银行划转到财政存款户，这使财政部和联邦储备银行能够及时了解到财政收入情况。

财政部根据总统管理与预算办公室（OMB）的预算安排。将资金由存款户划入审计账户，办理预算拨付。美国联邦财政支出40%是通过政府采购方式。由财政部直接支付给商品或劳务的供应者，其他各项支出也通过国库单一账户实行库款直达。

国库对每项拨款法案支出限额，按时间或项目进度将资金从各联邦基金或信托基金中划出，分别拨付到支出单位的分账户及其子账户。当支付行为发生时，再从子账户中支付。由于计算机网络的完善，财政部可以按天编制资金平衡表。当预算资金收不抵支时，财政部可以根据国会核定的债务额度，按资金缺口的时限和当时的银行利率，灵活地确定债务种类、期限和利率。

三、美国国库拨款程序

国库作为国家的"钱袋子"，谁掌握了国库谁就掌握了"钱袋权"，就掌握了整个国家的政治命脉。而早在1789年，"钱袋权"就被国父们列为最重要的国家权力，在宪法中明确赋予国会行使，所以美国的国库拨款程序主要由国会拨款制度主导。美国国会拨款过程是以总统年度预算形成为起点，以总统最终签署通过拨款法案为终点，形成一个周期循环的财政拨款活动。

（一）总统预算和国会预算

按照1921年《预算与会计法案》的规定，总统需要在规定时间里，将准备好的下一财政年度联邦行政机构的预算报告正式提交国会。总统将预算报告提交国会两院之后，国会预算过程旋即展开。国会预算过程的核心是国会每年度应当通过的预算决议案，其主要目的在于为国会预算拨款决策过程确立一个收入、支出、借贷数额等财政立法的框架与安排。在拨款法案通过之前，预算决议案不能从国库提取或拨付一分钱。

（二）国会拨款

在国会制定完成预算决议案之后，决议案将分别送至两院的授权委员会和拨款委员会，国会预算过程将正式进入拨款立法阶段。

1. 授权。按照国会众议院和参议院的规则规定，对任何政策项目的拨款法案在审议之前，都必须得到相关政策领域的立法授权委员会予以授权。这就意味着，拨款委员会只负责对于已由立法建立的项目进行拨款，而非在拨款过程中创造新的政策项目。这就是所谓的国会拨款过程的"两步走"，即"先授权后拨款"。

授权法案是由国会各授权委员会提交的、由两院通过的、由总统签署批准的、旨在某一政策领域建立、延续或调整相关行政机构或政策项目的立法。授权立法与大多数普通立法一样，可以在国会两院的任何一院提出动议，在本院通过后再交由另一院审议，或通过协调会议的协商，再交付总统签署批准，至此授权过程才最终完成。

2. 拨款委员会的分配与审议。在得到授权后，拨款委员会需要将预算决议案中分配给拨款立法管辖的额度和授权法案中的上限规定再次分配给负责相应政策领域的各分委员会。这一分配的标准一方面来自总统预算、各行政部门的支出细节以及预算决议案中的细节，另一方面也参考以往财年的分配方案。这一过程决定了各分委员会将可能管辖财政资源的上限。

各分委员会获得配额之后，马上组织听证会、展开审议，行政机构提交的支出项目细节报告等辅助信息将作为重要的听证依据。分委员会在审议过程中将对本领域的拨款项目细节进行修正、调整，可能在已授权政策领域内加入专项拨款内容，并形成本领域的拨款报告。

3. 参众两院全会的审议。在众议院全会上，拨款法案的报告被提交后，将被安排进入议事日程。一般而言，众议院审议某一法案，先由规则委员会设定程序事宜与时间表，但由于拨款法案在时间上具有一定紧迫性，需要通过特殊规则直接进入审议、表决议程。同时，特殊规则还将拨款法案审议的一般讨论程序限制为时长一个小时以内。

在辩论之后将展开立法修正的程序，拨款法案的文本将被逐段按顺序考虑是否应当予以修正。众议院全会委员会审议、修正过程之后，拨款法案连同修正案将交付全会投票，通过后转至给参议院审议。参议院可以将自身版本以修正案的形式加入众议院版本之中，最终通过。

4. 参众两院的协调。与预算决议案相同，在两院分别通过各种的拨款法案之后，将组成协调会议展开协调、解决分歧。

参加协调会议的议员尽量减少两院版本的分歧，将两院版本中的额度作为上下限范围，以求得两院平衡。在这个协调过程中，虽然不会加入新的项目，但为了平衡两院利益，可能以改变具体支出细目、"空降"专项拨款等方式来修正两院版本。协调会议在两院版本的基础上协调后，最终形成一份协调报告，并附加充分详细的说明。国会两院本身都无权对拨款法案的协调版本进行再次修正。

（三）执行程序

拨款法案被两院通过之后，将交付总统进行审议。在这一环节中，总统对于拨款法案所行使的权力与其他法案相同，制度上可以批准，也可以直接否决或搁置否决。但在立法与政治现实中，由于拨款法案的通过似乎关乎未来一个财政年度中行政机构以及政策项目可否正常运行和开展，总统几乎不会不签署批准拨款法案，遭遇否决的可能性极为有限。

正是基于拨款法案这种"必须通过"的特点，国会主导的拨款项目也更容易被顺水推舟地成为立法项目。

专栏 7-4　美国政府关门为哪般？

政府关门，这对中国百姓来说好像是天方夜谭。在美国，政府关门可不是什么稀罕事儿，美国联邦政府从 1977 年到 1996 年间关门 17 次，几乎平均每年关门一次，最短的 1 天，最长的 21 天。除联邦政府外，州和县市政府照样关门。2005 年纽约州和明尼苏达州政府关门，2006 年新泽西州政府关门，2007 年宾夕法尼亚州和密歇根州政府关门，2010 年纽约市政府关门。

1. 为什么政府会关门

美国政府关门是有法可依的。《美国宪法》第一条第九款规定"除依照法律规定拨款外，不得从国库中提出任何款项，一切公款的收支报告和账目应定期公布"。针对宪法的该款规定，美国 1870 年通过了《反预算过度法》（ADA），明确了政府应该如何获得和使用预算，禁止政府超预算花钱，任何联邦公务员违反《反预算过度法》将被处以最高两年的监禁并罚款 5 000 美元，当政府提出的预算得不到国会批准时，政府应当关门（紧要部门除外）。

说白了，政府关门就是因为"差钱"，把预算花光了，没钱支付公务员工资，只有关门大吉。美国总统是联邦政府的大老板，政府"差钱"，按照中国百姓的理解就是总统"没本事"向国会要钱。别看美国总统乘"空军一号"、坐防弹车，到哪里都是前呼后拥、耀武扬威的样子，但他是名副其实的"纸老虎"。尼克松说句谎言，克林顿找个"小三"，这对普通百姓来说没人过问，可总统就不行，堂堂一个大总统，被法院和国会一次次提审，一个被迫辞职，一个差点被弹劾。

美国总统在外"牛"，他可以把巴拿马总统抓到美国审判，在国内，他就"牛"不起来了。联合国 50 周年庆典时，纽约市长为各国首脑举行了一场音乐会，音乐会开始前，市长居然把克林顿总统邀请的客人阿拉法特驱逐出了剧场，理由是他是"恐怖分子"，气得克林顿七窍冒烟，但他对这位市长也无可奈何，只有代表自己去给阿拉法特赔不是，他代表不了别人，因为没有公民授权他去给阿拉法特道歉。

美国总统到外地考察，地方政府官员没有陪同的义务，甚至连见都不见，根本不给总统什么面子。美国任何级别的公务员——哪怕是总统，都没有财政拨款权，即使花费 1 美元，也要到国会去申请。前些年，中国财政部代表团访问美国，美国财政部对口接待，美国财长在招待宴会上说："国会只批准了菜钱，没批准酒钱。这桌菜由政府买单，你们吃菜要感谢美国纳税人，酒由我自己买单，你们喝酒要感谢我。"世界上唯一超级大国的"财神爷"因公招待外宾，自己竟连酒钱都批不出来！

联邦众议员芭芭拉·乔丹讲："作为公仆，我们必须成为这个国家其他人的楷模。"所以，美国公务员就像生活在玻璃房子里，一举一动接受人民的监督。公务员是国库的看门人，不能"监守自盗"，把国库的钱悄悄装到自己腰包,更不能撒谎,不好好干工作,天天嚷嚷涨工资。为此,1990年11月5日生效的《联邦公务员可比性工资法案》(FEPCA)特别规定"联邦公务员的工资不得高于私企"。

可见,在美国,如果一个人想发财,千万别干公务员,美国没有人在公务员的职位上发财的。道理很简单,任何一级公务员都没财权,接触不到钱,这就从制度上杜绝了贪污腐败现象的发生。

那政府的钱是怎么来的呢?在每个财政年度(上一年的10月1日至当年的9月30日)结束前,总统要签署13个拨款法案,也就是下一财年的政府开支。但有时总统提出的预算在国会通不过,通常情况下是总统的预算开支太大,国会要削减总统的预算。如果总统不同意按照国会的要求削减预算,这就出现了预算缺口。这就需要总统与国会之间的智慧协商,尽快就预算问题达成一致,否则,9月30日过后政府就要关门。

美国也有个在这种情况下避免政府关门的补救措施,那就是通过一个短期临时预算《应急预算方案》,为政府提供经费继续运转,为总统与国会继续磋商提供时间。如果《应急预算方案》到期,正式的预算法案仍没通过,这时,要么再通过一个《应急预算方案》维持政府运转,要么政府关门。

2. 美国历史上时间最长的政府关门

1995财年结束时,按照克林顿总统提出的预算,美国需要提高财政赤字的最高限额,众议院议长纽特·金里奇则坚称,拒绝提高财政赤字最高限额,以避免让国家陷入债务危机。开始,纽特·金里奇议长认为克林顿总统会对此让步,削减预算,结果总统否决了国会提交的预算法案,使总统与国会之间的这场博弈持续了很久,并导致联邦政府在1995年11月14日至11月18日、1995年12月16日至1996年1月5日两度关门。

由于预算法案没有通过,从10月1日开始,政府只能依靠《应急预算方案》运转。11月13日是《应急预算方案》到期的最后时刻,克林顿总统和金里奇议长、戈尔副总统、众议院共和党发言人迪克·阿姆尼和鲍勃·多尔参议员再次磋商,设法解决预算分歧。

克林顿总统这样描述这次磋商:"阿姆尼粗暴地对我说,如果我不向他们屈服,他们就让政府关门,我的总统一职也就干到头了。我厉声回击说,我将永远不会让他们的预算成为法律(总统不签字,预算不能生效),我宁肯在民意测验里降5个百分点。如果你们想通过你们的预算,那你们就要让别人来当白宫的主人!毫无疑问,我们没有达成一致。"

于是,从11月14日开始,联邦政府宣布关门。后来,总统与国会都作了些让步,又通过了一个《应急预算方案》,11月19日开始,政府重新运转起来,但克林顿总统与议长的分歧仍未弥合,临时预算12月15日到期,从而导致迄今为止美国历史上时间最长的一次政府关门,80万联邦雇员无薪放假。政府关门期间,正赶上圣诞节,克林顿总统不得不自己掏腰包付白官的电费,让美国第一圣诞树的灯光没有熄灭。

后来,通过了第三个《应急预算方案》,美国政府从1月6日开始开门办公。在1996年1月6日至4月26日期间,美国联邦政府一直在几个《应急预算方案》下运转。

针对这次政府关门,共和党与总统互相指责,但公众比较同情克林顿总统,民意测验显示,克林顿总统的民意支持率达到了他上任以来的最高点,共和党的支持率逐步下降。

纽特·金里奇议长一次对媒体记者透露,他之所以强迫政府关门,是因为总统曾粗暴地让他和鲍勃·多尔参议员坐在空军一号飞机的后面,他感到受到了总统的羞辱。金里奇对记者无意说的这句话,使他失去了道义上的支持。

3. 政府如何关门

根据《反预算过度法》,行政管理和预算局(OMB)负责联邦政府关门的管理、协调工作,人事局(OPM)则为政府各部门提供人事管理的技术支持,尤其是政府关门期间公务员的工资和福利管理。

政府关门并非所有部门都关门,根据法律,在政府关门期间,"在紧急情况下,如果某个部门不履行职责,会造成对人民生命和财产的直接危害",这些部门要保持运转。政府关门期间,以下部门和人员不受影响:

负责国家安全及与国家安全或人民生命财产有关的外交部门公务员;对一些预算没用完的政府合同;医院负责治疗、护理、门诊及公共健康的医护人员;维护空中管制和其他交通安全、保护交通设施的人员;边境警卫和海岸巡逻、保护联邦政府的土地、建筑、河流等财产的安全人员;狱警和其他被监禁人员的看守;维护社会治安和犯罪侦查人员;急救和救援人员;发电站和供电部门;联邦政府的货币储备系统、税收和财政部门;政府科研机构的安全警卫人员。

政府关门期间放假回家的公务员是没有工资的,但公务员的健康保险在关门期间继续有效,联邦政府支付政府应付的保险费,公务员自己支付自己应付的保险费,或者在政府关门期间暂时欠着保险费,当复工时从工资里扣除。

资料来源:刘植荣:《美国政府关门为哪般?》,载于《羊城晚报》2011年3月7日。

四、美国国库制度特点

(一)实现财政收支的集中化管理

美国实行国库单一账户制度的根本目的,在于实行财政收支的集中化管理,使国库机构同时实现对国库单一账户和支出部门分账户的管理与运作成为可能。借助单一账户制度，国库机构得以直接参与整个金融系统的资金清算系统，使控制实际资金支出的做法也成为可能。

在这种体制模式中，只有当公共资金实际支出给商品供应商或劳务提供者后，才通过国库将资金从单一账户中支付出去。所以其最大优点在于实现了财政资金的集中化管理，有利于政府财政部门对资金的流量和流向进行及时监控。

(二) 支出决策者与支出办理者绝对分离

美国的国库单一账户与集中支付制度，是建立在支出决策者和支出实际办理者绝对分离这一原则基础之上的。为确保这一原则的实施，各级政府支出部门和机构具有支出管理的决策权，但不能在银行开立自己的账户和直接签发支票，只有国库才能签发支票，办理支出。这使得公共支出便于管理，也易于监督。

(三) 相互制衡的监督机制

美国将国家预算的决策权和批准权严格地与国库资金的使用权和管制权分离开来，所以分工明确、相互制衡是其财政资金管理的重要特点。这种监管体制，可以在保证财政收入及时足额筹集，规范财政支出管理，节约使用财政资金，透明公开运作，加强宏观调控等方面都发挥着独特作用。

(四) 充分运用电子计算机系统

20世纪70年代后，美国电信拨款系统就被电子计算机系统所取代，形成了全国范围内的电子支付系统。通过这个系统，联邦储备银行可以快速地转移政府资金与完成政府债券的交割。由此逐渐建立起了技术先进、操作可靠、管理科学的财政管理信息系统和全国性的政府支付系统。此外，计算机网络系统还应用在各级预算的执行和管理上面，这样可以最大化财政资金的使用效益，对每项财政收支都能很简便地监督控制。

第六节 美国国库现金管理制度

一、国库现金管理的概述

国库现金即一国政府为了满足行政日常支出需要而设立的国家存款。国库现金管理即在保证国库现金的充足性的前提下，以库存现金、活期存款以及与现金等价的金融资产为对象进行的资金合理安排调节，减少国库现金库存余额，增加现金的收益率，使得国库现金余额发挥其最大的效用的一系列资金管理活动。现金管理的基本目标在于保障资金充足性的前提下减少闲置资金，充分保证资金的流动性、效益性，有效实施政府职能，最小化政府借贷资金的成本，最大化资源的利用率。在金融市场日益蓬勃的时代，有效发挥国库现金管理职能对降低政府融资成本、提高国库现金利用率、加强政府资金灵活性有积极的作用，进一步加强国库现金管理，建立有效的现金管理机制成为一种国家财政金融发展的必然趋势。

美国国库现金管理由财政部的财政业务办公室负责，由财政部长助理、财政管理业务局和债务管理局组成，财政管理业务局主要负责财政收支业务，对国库现金的控制、保管、投资负责，包括账户管理、收缴业务、支出支付、国库现金余额的投资以及政府会计核算；债务管理局负责发行国债和国库券，进行财政投融资活动。中央银行在国库现金管理中担任财政代理人的角色，即央行受国家财政部的委托办理国库现金业务，财政部负责制定国债以及国库券发行和监管的政策，央行则通过公开市场操作对国库券进行货币政策调整。

二、美国国库现金管理的背景与法律依据

（一）美国国库现金管理的背景

与世界各国早期的政府国库管理一样，美国国库的现金管理最初仅仅是关注与国库内部现金的充足率，忽视了国库资金的效益性，直到20世纪70年代，美国才从企业财务管理中的现金流量管理理论中得到启示，从而开启国库现金管理的先河。之后90年代初期，美国率先掀起了政府绩效评价热潮，纳税人对国家财政的参与度提高，要求政府机构以更加有效的方式使用纳税人的财富，使美国的国库现金管理实现了目标导向，进一步强调了现金管理的重要性。

美国国库现金管理最早开始于第一次世界大战，与我国不同，美国国库现金管理不是在国库现金盈余过多的历史条件下兴起的，而是在美国财政部为筹集军费期间，发行了大量的国债，为了保证过多的国债储蓄不会对美国货币政策的稳定性产生负面作用而开始的。

1917年，美国正式卷入第一次世界大战的浪潮中，为了补充战争经费，美国财政部发行了大量的"自由国债"。但这些国债筹集的资金并没有像以前的收入款项一样存放在美国政府在美联储的特殊账户"国库一般账户（TGA）"（即财政央行账户）中，而是将其存放在商业银行的特殊专户——自由贷款账户（即后面发展成为的财政商行账户）里，需要时政府将其提出转入TGA账户中，再由TGA账户对外进行支付活动。这种在中央银行以外的金融机构设置专户存放国家临时性资金的做法有效防止了大量国家债券的发行、短时间集中大量民间财富至中央银行而导致的国民储蓄降低，商业银行上缴银行存款准备金减少，也减少了美联储货币政策经常性地、大幅度地波动而产生的负面经济效应。

20世纪中叶，美国财政部将自由贷款账户资金存放的范围从自由债券筹集的款项扩张到政府各类债券收入和各类税收收入，并将自由贷款账户更名为"国库税收和贷款计划账户（TT&L账户）"，这是将前阶段TGA账户和自由贷款账户作为一个正式的政策性项目进行解读，TT&L账户设立的初衷在于设置普通商业银行里的国

库存款账户，以此作为国库在美联储账户的"溢水池"，当美联储里的国库账户超过一定的资金要求范围，就将国库资金转存至商业银行账户中，以此来保障国库一般账户的资金平稳性。此阶段，商业银行为财政提供免费征税与政府债券流通服务，而国家财政则为其提供免息的流动资金。

20 世纪 70 年代初期，随着德国、英国等发达国家第二次世界大战后的经济复苏，美国产品在欧洲市场上逐渐失去了其霸主地位，美国的贸易顺差逐渐减小直至在成为逆差。并且随着美国贸易逆差的不断扩大，美元作为"硬通货"在全世界范围内流通的功能被进一步削弱，美元在欧洲市场不断贬值，逐渐成为一种劣质货币而难以被大众接受。巨额的贸易逆差，不断贬值的美元使得美国政府无力承担美元对黄金的固定汇率，布雷顿森林国际货币体系顷刻瓦解。美国联邦政府不得不忙于不断调整国内货币政策以应对加速上涨的财政赤字和高烧不退的失业率，而大量的增税和巨额发行的国库券引起了纳税人对国家财政现金管理的关注。70 年代末期，里根政府开始以减少货币发行和压缩政府开支作为调控当时经济的"滞涨"现象的"良药"，为了应对膨胀的财政赤字，联邦政府不得不压缩政府经费，降低政府融资成本，提高资金的使用效率。在财政部的大力推动下，美国国会通过了授权实施 TT&L 票据计划实施的法案，对 TT&L 账户里的资金收取利息。在 TT&L 票据计划正式实施之后，美国联邦政府的国库存结率下降了近 10 个百分点，美国财政部将提高国库现金使用效率作为国库管理的基本目标之一。完善后的 TT&L 有效地使美联储里的财政账户现金余额保持了动态平衡，协调了美联储市场操作与国库现金变化的关系，有效弱化了国库资金变动对整个联储银行货币政策的变动，实现了商行代理联邦办理税收支付和对投资于私有存款机构的公共资金获取利息收益两个目标。至此，现行的美国国库现金管理的框架体系基本成形。

（二）美国国库现金管理的法律依据

与美国国库现金管理相关的法案包括 1982 年《促进支付法案》、1984 年《赤字减少法案》、1988 年《促进支付法案修正案》、1990 年《现金管理促进法案》、1992 年《现金管理促进法案修正案》和 1996 年《债务收缴促进法案》。

1982 年美国国会通过《促进支付法案》，该法案对联邦各部门的支付管理提出了规范化要求，并在此基础上将联邦政府的关注点转向财政收入的筹集。1984 年国会通过《赤字减少法案》，进一步对有效的现金管理提出要求，要求联邦各部门对收入和存款也要进行现金管理。1990 年国会通过《现金管理促进法案》，旨在改进联邦政府和州政府之间的转移支付资金的管理效率。1993 年克林顿总统发起对联邦政府进行的一项为期 6 个月的国家绩效评估（The National Performance Review），通过评估找出政府现金管理的问题并提供解决方案。1996 年国会通过《债务收缴促进法案》，要求联邦各部门除例外情况，都要通过电子汇划系统对支出项目进行支付。① 上述法律为实施国库现金的有效管理奠定了坚实基础。

（三）国库现金管理的前提

1. 实行国库集中支付制度。以国库单一账户为财政账户基础，即实现统筹预算内外资金、税收与非税收资金，将其都置于央行的单一账户下。美国财政部负责管理政府的资金以满足日常需要，为所有的联邦政府资金由财政部以联邦储备银行作为代理行统一提供，并且所有的资金都通过国库单一账户体现，各联邦政府负责资金的使用与各自的会计核算。这种国库集中支付的管理方式使国库资金高度集中，便于国库资金的集中使用和部门间有效率地盈缺调剂，这样不仅有利于政府资金收付方式的全国性统一规范，还可以有效地防止各个联邦政府预算外资金的膨胀，为国库现金的管理提供了资金基础。

2. 具备完善的银行体系。美国国库现金余额来源于稳定的财政央行账户和变动的财政商行账户，完善的银行体系使央行与商行之间可以进行充分的信息交流和资金转移。在现金余额调节上，央行可以根据财政账户资金的盈缺及时与财政商行账户进行资金的转移，从而保证财政央行账户总额的稳定又能提高盈余资金的利用效率。在定期国债的发行上，央行代理国债的发行，作用于一级市场，商行作为认购机构，作用于二级流通市场，完善的银行体系为国债的成功发行提供基础。

3. 具备成熟的金融市场。国库现金管理的一大重要目标是实现国库资金的效益性，国库现金的管理手段主要是在金融市场上进行，财政商行的投资账户的收益性与短期国债的流通都依赖于成熟的金融市场。

三、美国国库现金管理的基本内容

政府对国库现金进行法制化管理的原因在于保证国库现金充足性的同时扩大其效益性。美国财政部认为，国库现金管理是指合理使用政府资金资源，以最佳的方式利用国库现金和易变现资源，优化政府财务状况，提高资金的使用效益的管理活动。

（一）国库现金管理的目标及实现途径

从宏观的角度看，国库现金管理的基本目标在于保障资金充足性的前提下减少闲置资金，充分保证资金的流动性、效益性，有效实施政府职能，最小化政府借贷资金的成本，最大化资源的利用率。从更加细致的角度来看，美国国库现金管理的目标可以从四个方面体现。

第一是总量性目标，即国库现金管理要使财政部随时都有足够的现金来满足联邦政府的日常支付性需求。这也是各国现金管理的基本目标，是由国库现金的基本

---

① 财政部国库司培训考察团：《美国联邦政府国库现金流量预测制度》，载于《预算管理与会计》，2012年6月。

性质和基本用途决定的。这一目标在整体上是由现金来源的两个方面实现的，国库资金靠全国的税收以及定期连续滚动发行的国债与国库券来补充。然而在某些特殊时期，例如战争和经济萧条时期，就会出现实际的现金余额与先期发行固定短期债券时预测的现金余额有偏差而产生现金余额低于既定目标余额的情况，联邦政府就会面临国库资金不足的困境，这不仅影响联邦政府的正常运作，也降低了政府的信用。在这种时期，美国政府就选择发行临时性的短期债券进行国库融资，用以弥补现金余额的缺口，例如在战争时期美国发行的自由国债、演变的现金管理债券以及金融救援时发行的特别国库券。

第二是稳定性目标，即国库现金管理要实现保持联邦政府在美联储的央行账户中现金余额的基本稳定。这一目标是通过经常性地相互划转财政的商行账户和央行账户现金的方式实现的。财政商行账户留存账户作为财政部的"活期存款"账户，随时准备应对国库的提存需求。美国财政部的央行账户每天的现金余额目标为50亿~70亿美元，当国库税收集中收缴或者国债发行收入等时间段内，国库现金余额超过这一目标，就余出部分转存至商行账户的留存账户中，在国库集中支付过多的时间段，又从商行账户转存至央行账户。通过这种央行账户盈缺的调整，可以有效防止国家财政收支对央行市场货币操作的非正常影响。

第三是效率性目标，即国库现金管理要实现及时收取并存入国库资金收入。这一目标通过商行的代收账户实现，利用商行分布范围广的特征代收税款并及时地将税款经当地联邦储备银行划入财政央行账户，使国库资金的集中收取更加便捷有效率。

第四是安全性目标，即在运用金融手段进行国库现金的管理时要保障其安全性。这一目标主要针对国库资金在财政商行账户的存款和投资，由于国库资金是公共性资金，政府运用这笔资金进行管理是必须保障其安全性才能获得民众的认可。此目标通过要求金融机构提取等额的质押品来实现保障国库资金的安全性。

第五是效益性目标，即国库现金管理要实现最小化政府融资成本，最大化政府资金的使用效率。这一目标是通过财政的商行账户的利息和投资账户实现的，财政将央行账户超出余额目标以外资金划入商行账户，财政在商行中的存款由财政从中收取利息收入；另一部分财政转移来的盈余资金划入商行投资账户作为投资用途，财政则从中收取机会成本。

（二）国库现金账户管理

美国实行以国库单一账户为基础的国库集中支付制度，为国库现金管理提供了前提条件。在国库单一账户下，预算内外资金都置于统一账户中；在支出项目获得批准后，才能将项目资金划入项目支出机构的账户，并且该账户实行零余额制度，由银行进行每日清算。实行这一制度可以更好的管理政府资金，防止侵占挪用预算资金的行为，同时还可以使国库更全面的了解财政资金流的情况。在这一制度下，国库分别在美联储及私有存款机构开设国库总账户（TGA）和税收与贷款账户（TT&L），对国库资金进行有效管理。

1. 国库总账户（Treasury General Account，简称 TGA）。TGA 是联邦政府的日常资金支付账户，开设在美联储纽约分行，主要用于税收收入、国债收入等财政收入的收纳，以及预算支出、买回国债支出等财政支出的支付和清算。除纽约联邦储备银行之外，财政部在 11 家联邦储备银行开设税收收纳账户，主要用于办理税收收入的收纳和财政资金支付业务。

对于 TGA 的管理，美国财政部采取了控制账户现金余额的办法，即在能够保证支付需求的前提下，尽可能保持一个比较低的余额。从联邦现金管理实践来看，2008 年金融危机爆发以前，TGA 账户余额波动幅度较小，基本保持在 50 亿~70 亿美元，2008 年金融危机后，TGA 账户余额呈现较大波动。①

2. 税收与贷款账户（Treasury Tax and Loan Account，简称 TT&L）。TT&L 是联邦政府的带息储蓄账户，该账户基于美国财政部和美联储联合推出的"国库税收与贷款"计划（The Treasury Tax and Loan Program）而设立，开设在全美 13 000 多家私有存款金融机构中，主要包括商业银行和信用社。

"国库税收与贷款"计划是建立在美联储货币政策和国库现金管理之间相互协调的基础之上的，其设立的基本目标主要有两个：一是管理联邦税收收入；二是取得财政收入在私有存款机构储蓄或投资的收益，在这一计划下，超过 TGA 目标余额的财政收入并非直接进入开设在联储的 TGA，而是先存放到私有存款金融机构的 TT&L，直至需要支出资金为止。这样就使财政收入保留在银行系统中，促进国库在联储账户现金余额的动态平衡，抑制整个银行储备和联邦基金利率（即银行间隔夜拆借利率，下同）出现不必要的波动。

（三）国库现金管理参与机构及职能

美国国库现金管理由财政部的财政业务办公室负责，由财政部长助理、财政管理业务局和债务管理局组成，财政管理业务局主要负责财政收支业务；债务管理局负责发行管理国债和国库券；财政部负责制定国债以及国库券发行和监管的政策，联储银行则担任在国库现金管理的代理人，各个商业银行作为央行的补充，同时扮演"代收银行"（即代理国库收取税款并及时划转入财政央行账户）、"留存银行"（即将财政部分余额资金以存款的形式保留在财政账户上）、"投资银行"（以投资的名义接受财政央行转入的现金余额，例如定期投资计划（TIO））。

根据"国库税收与贷款"计划，私有存款金融机构可以下三种方式参与国库现金管理：作为税收的收纳机构、持有机构和投资机构。②

1. 作为收纳机构（Collector Institution）。收纳机构通过电子或柜台窗口收纳企业及个人所缴纳的税收收入（当前主要的收入来源为企业和个人所得税、社会保障

---

① Paul J. Santoro. "Current Issues in Economics and Finance: The Evolution of Treasury Cash Management During the Financial Crisis." Federal Reserve Bank of New York. Volume 18, November 3. 2012.

② Kenneth D. Garbade, John C. Partlan, and Paul J. Santoro. "Current Issues in Economics and Finance: The Evolution of Treasury Cash Management." Federal Reserve Bank of New York, Volume 10. November. 2004.

资金),并及时将税收收入划转到国库在美联储开设的国库总账户(TGA)中。目前,作为纯粹的收纳机构的私有存款机构已经越来越少。

2. 作为持有机构(Retainer Institution)。持有机构负责收纳联邦税收收入,并且在收到税款后,可以根据事先协定的持有机构 TT&L 账户余额上限和持有机构所提供的质押品价值(视两者孰低),将财政收入存放在 TT&L 账户中,直到国库要求调出为止。若 TT&L 账户余额超过持有机构事先协定的 TT&L 账户余额上限或持有机构所提供的质押品价值,则应将超过部分转入 TGA 账户。持有机构必须为存放在 TT&L 账户中的财政收入提供全额质押并支付利息。TT&L 账户利率是由财政部定期发布的,通常是联邦基金利率周平均值下调 25 个基点。

3. 作为投资机构(Investor Institution)。投资机构除履行持有机构所具有的职能外,还接受来自国库的直接投资,即投资机构通过"直接投资"、"动态投资"和"特别直接投资"持有一部分收取的税收或从 TGA 账户获取的资金。所有投资活动都记录在投资机构 TT&L 账户中,并由投资机构提供全额质押并为使用财政资金支付利息。

(四) 现金管理操作的具体步骤

1. 分析预测每天现金流。美国财政部对国库现金头寸的管理是每天都进行的,而且这个数额并不是每天清零,而是余额控制在一定的最低水平上(一般央行财政账户为 50 亿~70 亿美元),以确保财政的支付能力和应对突发性支付。每天早上九点以前,国库与联储的相关人员就会对当天可能发生的资金收入与支出进行独立性预测,预测的依据是国库前一天在联储银行的现金余额、本金、利息以及发行的债券的数量、从财政商行账户提回、拨出和投资情况等。早上九点召开电话会议将各部门的预测结果进行汇总、分析、协调、统一,最后达成一致意见,一般情况下,美国国库现金管理操作方案是将双方预测的结果简单加权平均。

2. 国库资金的调整与投资。短期内的资金调整是根据当天国库现金余额的预测结果,若结果达不到规定的目标最低的央行账户现金余额,则向商行发出提回存款命令,若当天预期超过目标余额则将超出部分全部存入大型商业银行中具备完全担保的特殊账户——TT&L 账户,商业银行既要为美联储提供足值的质押品又要按期向联储缴纳既定利率的借贷利息。在稍长期的调整上,国库资金季节性的短缺可以通过发行定期的国库券和临时性的现金管理券弥补,期限为 13 周和 26 周的短期债券每周发行以此,13 周以内的现金管理券依照国库资金需要发行。国库资金过多的盈余还可以用于政府长期债券的赎回,用于补充现金管理,调整政府的资金结构。

3. 保障国库资金的安全性。根据美国的法律规定,持有机构国库资金的机构都必须对其提供足额的质押以保障其安全性,质押的形式可以是多种多样的,例如固定资产、各种形式的贷款、国库券等,不同信用度和流动性的资产以不同的市场价值质押,质押品必须由联储或者国库认可的存款机构持有,金融机构质押品的价值每小时监测一次,当监测的质押品价值不足时,低于质押部分的国库资金将会被自动提回划入国库;置换质押品时,应首先由金融机构提交新的质押品,以此防止质押不足的现象,以保障公共资金的安全性。

四、国库现金余额管理

对国库现金余额进行管理,目的就在于既要保持政府有充裕资金维持正常开支以及应对突发状况,又不能造成库存余额过多而使政府机会成本过高。2008年金融危机爆发前,国库在美联储的国库总账户(TGA)余额的控制目标为50亿美元;而在国库现金流动较大的时期,如一月、四月、六月、九月下旬,以及三月和十二月中旬,TGA 的国库现金余额将保持在约70亿美元。通常情况下,国库通过适时提回资金方式(well-timed cash calls)和直接投资方式来保持国库现金余额接近目标值。当国库现金余额过多时,国库可以向投资机构进行投资;当国库现金余额过少时,国库可从持有机构和投资机构提回资金。

具体来看,国库现金余额控制目标的实现是国库和美联储密切配合的结果。每天早上,国库现金管理者与美联储分析师分别独立地对当天国库的收入与支出情况进行预测。上午9点,国库现金管理者和美联储人员举行电话会议,对双方的预测结果进行比较分析,并形成一致意见。在预测分析中,要结合前一天 TGA 国库现金余额、按计划应支付的本金与利息、按计划应收取的新售债券收入以及其他对当天国库现金余额有影响的因素。如果所预测的国库现金余额超过目标值,国库则将超出部分投资于能够提供足额质押,且 TT&L 账户余额限制仍有空间的投资机构;如果预测结果低于目标水平,国库则发出当天提回资金的要求,从持有机构和投资机构及时提回资金,以弥补资金的不足。

在提回资金时,国库依据持有机构和投资机构的不同性质,向其发出提回资金通知的时间、频率以及资金规模也有所不同。通常而言,美联储体系中的银行或者信用社根据规模从小到大可分为 A、B、C 三类机构,A 类机构税收额年处理量不超过 1 000 万美元,B 类机构税收额年处理量为 1 000 万美元至 1 亿美元,C 类机构税收额年处理量为 1 亿美元以上。就国库发出提回资金通知的时间而言,向 A 类机构提回资金时需要提前 5 个工作日提出,向 B 类机构提回资金时需要提前 3 个工作日提出,对 C 类机构通常实行提前一天或当天通知的方式提回资金;就提回资金的频率而言,国库对 A 类和 B 类机构的通知一般在周五发布,一个月 2~3 次,对 C 类机构发出提款指令的频率较大,有时可能每天都会发生;就提回资金的规模而言,国库对 A 类和 B 类机构的提回金额通常是将来某一特定日银行国库存款余额的 50% 或 100%,对 C 类机构的提回的比例不确定。①

五、2008年金融危机后国库现金管理办法

2008年金融危机爆发后,美国经济形势剧变。从 2008 年 9 月 16 日起,在财政

---

① 朱苏荣:《美国国库现金管理经验借鉴与中国改革路径分析》,载于《金融研究》2006 年第 7 期。

部的支持下，美联储开始实行救市政策，向市场注入大量流动性，存款机构准备金泛滥，联邦基金利率大幅下跌，并且单纯依靠美联储的公开市场业务操作已无法扭转利率跌势。为此，财政部在国库现金管理方面主要采取了以下两方面的措施：

（一）补充融资计划（Supplementary Financing Program，以下简称 SFP）

金融危机后，财政部在国库现金管理方面所推出的第一个举措是出售一定数量的国库券，该措施在一定程度上吸收了存款机构多余的准备金，但其对缓解市场流动性作用有限。2008 年 9 月 17 日，财政部应美联储要求宣布推出 SFP，该计划包括出售一系列短期国库券，并将国库券收益存至美联储供其救市使用，9 月 17 日当天，财政部共销售了 3 笔总金额为 1 000 亿美元的 SFP 债券，并将所得款项存至国库在美联储开设的 SFP 账户，由此也成功吸收了银行系统内 1 000 亿美元的准备金。截至 10 月 3 日，财政部共销售了 11 笔 SFP 债券，共吸收 3 550 亿美元的准备金。10 月 20 日至 11 月 12 日期间，SFP 达到 5 600 亿美元的最大规模。11 月 17 日，财政部宣布缩减 SFP 规模，① 截至 2008 年年末，SFP 余额约为 2 600 亿美元，② 随着 2009 年 12 月 29 日最后一笔 SFP 债券被赎回，SFP 基本退出市场，从 2011 年 7 月起至今，SFP 账户余额基本为零。③ 总的来说，SFP 很好的吸收了存款机构准备金，缓解了市场流动性，对防止联邦基金利率大幅下跌起到了一定作用。

（二）增加 TGA 账户余额

2008 年 10 月 6 日，美联储宣布将对存款机构准备金付息，对法定存款准备金支付的利率为联邦基金利率减 10 个基点，对超额存款准备金支付的利率为联邦基金零利率减 75 个基点。④ 在美联储这一政策实行后，国库开始减少其在私有存款机构 TT&L 账户余额，增加 TGA 余额。国库采取这一措施主要出于以下三个原因：第一，减少 TT&L 账户余额，增加 TGA 余额可以增加国库收益。在当时背景下，国库在 TT&A 账户下持有余额所带来的收益甚少。金融危机爆发后，联邦基金隔夜利率已经下跌超过 25 个基点，TT&L 账户利率近乎为零，且 TIO 利率和国库回购协议利率也下跌超过 25 个基点，因此，国库在私有存款机构进行储蓄或投资并不是明智的选择；另一方面，TT&L 账户余额过多会增加存款机构的准备金，导致美联储向其支付的利息增加，最终会减少美联储向国库支付的款项（其数额为美联储收入减去支出）。第二，这一措施可以与美联储吸收流动性的货币政策相配合。国库减少 TT&L 账户余额可以相应减少存款机构的储备金，帮助美联储吸收存款机构体系内的流动性，从而保持联邦基金利率的稳定。第三，在金融危机背景下，保持 TGA 的足够余

---

① U. S. Department of the Treasury. "Treasury Issues Debt Management Guidance on the Temporary Supplementary Financing Program." press release. November 17, 2008.
② U. S. Department of the Treasury. "Treasury Issues Debt Management Guidance on the Supplementary Financing Program. press release. September 16. 2009.
③ http://www.federalreserve.gov/monetarypolicy/bst_frliabilities.htm。
④ Board of Governors of the Federal Reserve System. press release. October 6. 2008.

额可以使国库更好地满足财政支出波动的需要。

(三) 现金管理在美国金融救济中的作用

金融危机期间，美国出台了"2008 经济稳定紧急法案"（EESA）明确提出向美国财政部提供至多 7 000 亿美元资金，用于救助当期的金融市场。同期的"问题资产救助计划"就是其救市法案的具体方案，方案的内容就包含了 2 500 亿美元的金融注资计划（包括 1 250 亿美元注资入 9 家主要银行）和 7 000 亿美元用于购买金融机构的不良资产计划。随着国内反对购买不良资产计划的声音的不断提升，美国财政部于 2008 年 11 月宣布改变 TARP 方案，新法案的救市计划更加倾向于以流动资金的形式向金融机构注资，而非购买不良资产。2008 年 9 月，美国财政部首先公布了补充融资计划（SFP），拟在当时的政府资金计划以外增发现金管理券筹资以支持政府的出资救市方案。如前文所述，现金管理券是美国财政部发行的一种重要的短期融资工具，其期限短，以国家信用为保证，能在短时间内为国家财政筹集大量资金，便于市场操作，不存在经济上的挤出效应。

纵观国库现金管理在美国政府进行金融救济中的作用，总结为一点就是为政府的出资计划快速提供了稳定、安全的后备资金。通过发行现金管理券，政府在短短一个多月的时间内筹集了救市法案中所需的全部资金，并通过美联储的公开市场业务有效稳定了金融市场。由于现金管理券的期限短，均为年末以前偿还，发行的现金管理券不会增加当年政府的负债规模，避免了政府的预决算上的过大变动，从一定程度上保障了财政的稳定性。

第八章

美国政府债务管理

■ **本章导读**

　　政府债务管理是财政管理、预算管理的重要内容,是保证财政可持续性发展的重要前提。本章梳理了美国公共债务的规模结构演变历史与规律,介绍了美国的债务上限管理制度,联邦政府债务管理和地方政府债务管理的内容,包括美国地方政府债务管理机构设置、债务规模控制、预警管理等相关内容。

第一节 美国联邦政府债务规模演变与管理

一、美国公共债务的种类与构成

美国公债是由财政部发行,并由美国联邦政府提供完全信用担保,属于美国联邦政府的直接债务。据统计,美国目前16万亿美元的公共债务系指联邦政府的负债,并未涵盖州政府和地方政府约2.5万亿美元的债务规模,以及房利美和房地美等得到政府信用担保的"政府支持企业"约6.6万亿美元的债务。截至2012年9月16日,美国联邦政府债务总额已经突破16万亿美元大关,占GDP的比重突破100%。美国1969年以来国债累积余额及占GDP的比重变化见图1。

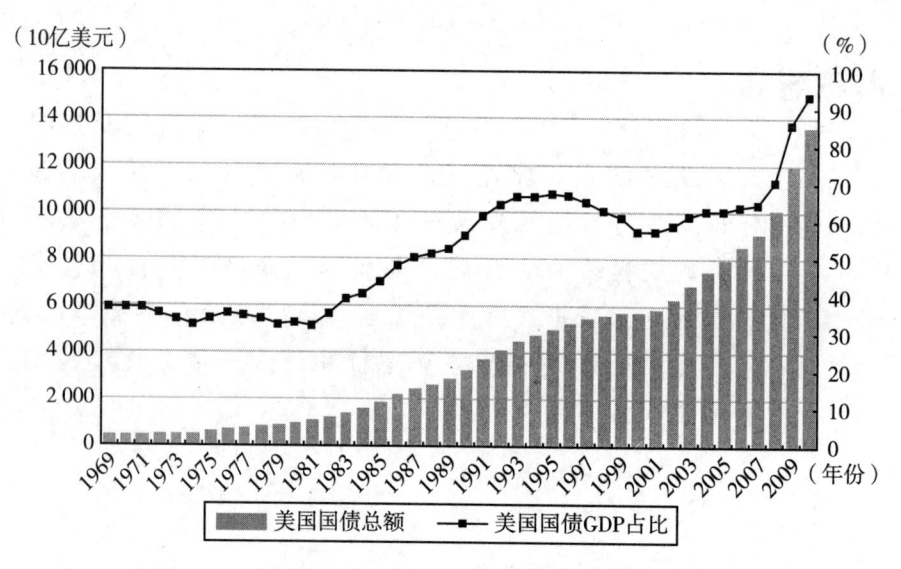

图8-1 美国国债总额及美国国债占GDP比重变化

资料来源:Budget of the United States Government, Fiscal year 2012.

美国联邦公债的购买者包括美国联邦储备委员会、各个州政府、美国地方政府、美国退休基金和国内基金、外国央行和外国投资单位等。据2011年4月数据统计,美国国内的政府和机构持有当期14万亿美元债务的68%左右,总额约9.7万亿美元。外国央行和外国投资单位等大概占剩下的32%,总额约4.6万亿美元,其中,中国和日本加起来大概占了美国国债的15%,是美国最大的国外债主(见表8-1、图8-2)。

表 8-1　　　　　　　　　外国持有美国国债概况

国家或地区	2011年初持有美国国债（亿美元）	2010年初持有美国国债（亿美元）	增长（%）	增长（亿美元）
中国大陆	11 601	8 948	29.65	2 653
日本	8 823	7 657	15.23	1 166
英国	2 721	1 803	50.92	918
石油出口国	2 119	2 011	5.37	108
巴西	1 861	1 692	9.99	169
加勒比海央行	1 686	1 282	31.51	404
中国台湾	1 551	1 165	33.13	386
俄罗斯	1 510	1 418	6.49	92
中国香港	1 342	1 487	-9.75	-145

资料来源：美国财政部。

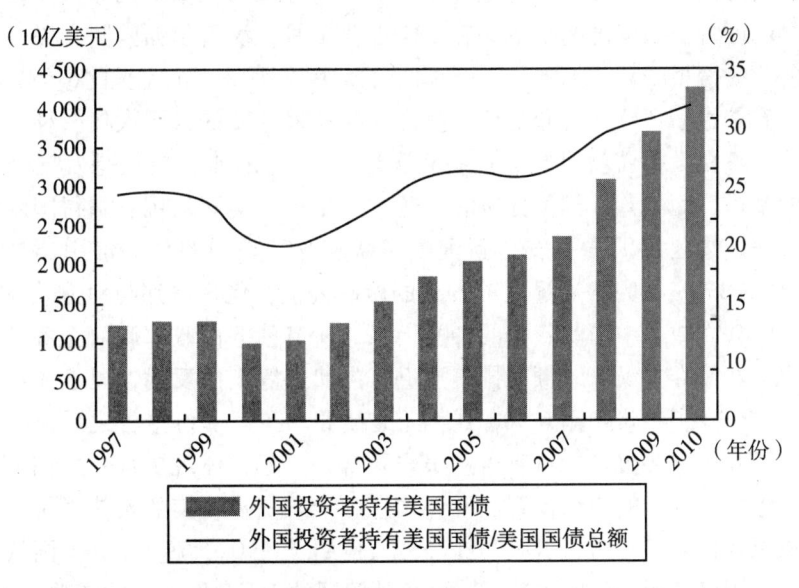

图 8-2　外国投资者持有美国国债结构（1997～2010 年）

注：1997～2009 年为年末值，2010 年为第三季度值。
资料来源：Economic Report of the President (2011).

二、美国公共债务的演变历史与规律分析

美国组建联邦政府以来公共债务的发展史大致分为以下几个阶段：

（一）美国国内革命战争时期——公债的产生萌芽

独立战争时期，美国需要及时解决维系战争的巨额开支问题，却没有必要的财

政预算和稳固的财政来源，因为当时大陆会议无法通过征税取得收入，结果节流不成，开源也无方，财政问题始终是困扰独立战争的最头疼问题之一。1783年9月3日，《巴黎条约》确认了美国的独立地位。美国脱胎于大英帝国以后，7 500多万美元的巨额债务问题令新生的联邦政府面临巨大的财政亏空，陷入债台高筑、财政危机的险境。18世纪80年代初期，美国建立了由罗伯特·莫里斯任财务总监的财政机构，开启了向总统报告年度财政情况的先河，据当时报告，1783年美国国债的额度是4 300万美元。1788年第一次总统大选，华盛顿为总统，1789年联邦政府开始运作，根据宪法设立财政部。在当时那样恶劣的财政状况下，财政部工作的艰难是可想而知的，国库空空、战债累累、信用濒临崩溃……这个新生国家必须想法筹到资金偿还债务，因为新宪法规定联邦政府有责任归还各州的战争贷款，而筹钱的一个快速办法就是借款，但是没人愿意把钱借给联邦政府。

开国元勋、"美国金融之父"亚历山大·汉密尔顿临危受命，担任首任财政部长，发动金融革命，奠定了美国金融体系的基础。汉密尔顿上任伊始，首要任务就是解决这些巨额国债，当务之急是整顿混乱的债务市场，重构国家信用体系，建立财政金融制度，稳固美国的金融基础。1790年1月，汉密尔顿向国会提交《关于公共信用的第一份报告》，他说："一个国家的信用必须是一个完美的整体。各个部分之间必须有着最精巧的配合和协调，就像一棵枝繁叶茂的参天大树一样，一根树枝受到伤害，整棵大树就将衰败、枯萎和腐烂。"在他看来，借债是发展经济和工商业有力的举措，而经营好国债并按时偿还本息是提升美国信用、赢得国际尊重的关键，他承诺，偿还旧国债并发行新国债来恢复业已动摇的公共信用，要求按面值100%兑现在1788年宪法通过之前发行的所有公债，包括联邦与地方政府发行的各种战争债、独立战争中军队签署的各类借条，所有债务由联邦政府全额承担，为此发行了三支新债券。汉密尔顿力排麦迪逊、杰弗逊等人的反对，以偿还本金与利息的方式，向公众和各州购回6 500万美元的债券。在第一份报告之后，汉密尔顿又陆续提交了几份重要报告，所有这些报告融合在一起，体现了统一的国债市场、合众国第一银行、统一的铸币体系、税收体系和金融贸易政策的宏伟思想，其核心内容是采取综合性的多种措施巩固和提高公共信用。1790～1794年，美国从荷兰借了数百万美元用以偿还战争所欠法国、西班牙等国的1 170万美元的贷款。

经过汉密尔顿的呕心沥血、励精图治，联邦债务状况明显改观，截至1792年，联邦债务利率首度缓慢下行到6%，继而达到5.25%，然后又达到4.25%。到1794年，欧洲投资者就给美国国债和整个金融市场以最高信用评级。到1797年，美国证券的风险溢价甚至曾一度低于英国证券。个人和企业以国债抵押融资，银行以国债为储备扩张信用，外国投资者将美国国债视为安全有益的投资产品，欧洲资金源源不断流入美国，美国国债市场和金融体系就这样开始建立并逐步强大起来，推动了经济快速增长，美国因此享受了多年预算盈余的美好时光，1796～1811年间，美国有14年预算盈余和2年预算赤字，1835年安德鲁·杰克逊总统时期还清了全部国债。汉密尔顿对美国贡献巨大、功勋卓著，影响后世，10美元纸币正面就是汉密尔顿的头像。

(百万美元)

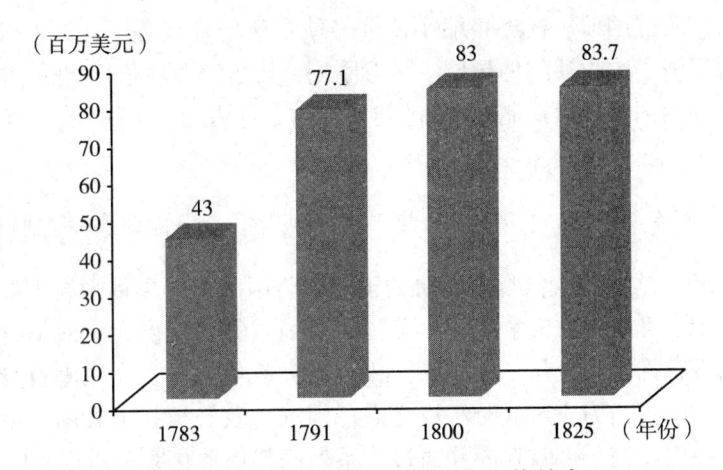

图8-3 1783~1825年美国公共债务

资料来源：http：//www.publicdebt.treas.gov/history/history.htm。

（二）美国南北内战时期——公债扩张的起点

美国国债第一次急剧增长主要是在内战时期，战争的直接开支高达52亿美元，必须进行债务融资。国债在1860年为6 500万美元，1863年已超过10亿美元，1865年战争结束后更是飙升到27.56亿美元，是1860年的43倍。战争胶着期间，1862年林肯总统说服国会出台《法定货币法案》，授权财政部发行1.5亿美元无利息的"绿背"（Green backs）以及出售5亿美元的债券，是以美国政府的全部信用和美国人的忠诚来支持的，这在当时是巨大的数额。在当时的财政部长萨蒙·蔡斯大力主导下，1863年国会通过《国家银行法》，规定纽约第一国民银行和后来的纽约市大通国民银行，被赋予了联邦银行的地位，指定纽约等全国性银行业中心为"储备城市"，地区性银行以存款和纸币的形式留存一部分准备金于纽约中央储备部，为国债发行注入强有力的信用基础。正如林肯总统所说："政府应该创造、发行和流通所有的货币和信贷，这些货币和信贷将用来满足政府有能力的支出和消费者有能力的购买。"

（10亿美元）

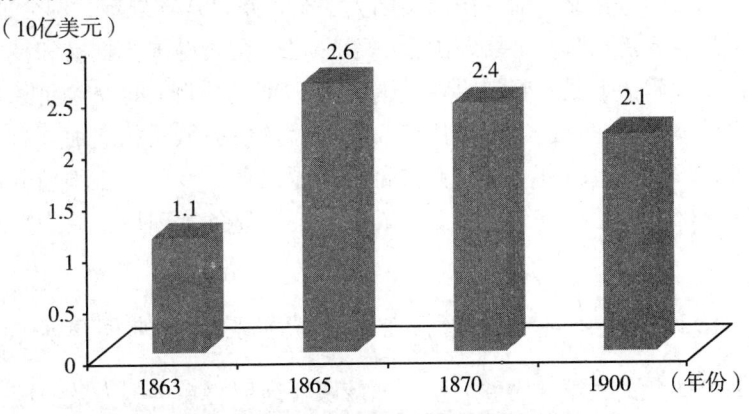

图8-4 1863~1900年美国公共债务

资料来源：http：//www.publicdebt.treas.gov/history/history.htm。

内战后,美国国债规模逐年缩小,金融债券市场管理有序,到 19 世纪末 20 世纪初,美国还清了内战期间的国债。尽管刚刚经历了美西战争,但是 1899 年包括中期国库券在内的国债规模控制在 19 亿美元以内,这占当时 GDP 的 10% 左右,处于安全状态。

(三) 1914~1929 年第一次世界大战期间:公债规模急剧膨胀

1914 年第一次世界大战爆发,协约国和同盟国两大军事集团卷入战争,美国一开始作壁上观,准备坐收渔翁之利。美国向协约国集团提供大量战争物资,购买交战国战争债券,摇身一变从一个债务国成为最大的债权国。为巩固自身利益,美国决定参战,同时也是为应对战时经济之需,国家财政必须有更大的灵活性,美国国会因此授予政府一揽子借款权限并通过一系列联邦债务法案。1917~1919 年,国会批准财政部发行战争债务,即"自由债券",利率从 3.5% 到 4.75% 不等,前后共发行了 5 次。美国政府大力宣传,声称购买自由债券是美国公民爱国的责任和表现。1917 年 4 月,《紧急贷款法案》授权发行 50 亿美元的战争债券,10 月又增发了 30 亿美元。1918 年,又加大了力度,总共发行 90 亿美元。1919 年,美国发行了 45 亿美元的黄金债券,称"胜利自由债券"。通过出售这些自由债券,威尔逊政府共募集到 215 亿美元的资金,筹措到了急需的战争资金。

1913 年美国政府总共开支仅为 9.7 亿美元,而一战却消耗了美国超过 300 亿美元的财力,到战争结束时,美国的联邦债务已经超过 25 亿美元,占当时 GDP 的 35%,这些债务是以美国公民未来纳税为抵押,相当于美国人民在向银行纳税,华尔街的银行家们大发战争财,成为了美国的债主。

巨额的国债意味着巨大的风险,为控制日益增长的庞大债务额,防止当届政府过度透支,造成对下届政府不负责任的行为,保障美国金融安全与国家信用,1917 年国会通过《第二自由债权法》,设定联邦债务上限,规定联邦政府(不包括地方政府)的借款总额在小于国会当下规定的总量限制情况下,政府可自由发债,不需经过国会批准,国债上限的制定目的是能够定期检查政府的开支情况,达到量入为出的财政管理目标。在此之前,按照美国宪法第一条第八款规定,国会独享举债权,联邦政府每当需要借款时,都要向国会一事一报,在获得国会批准和授权后,方能实施筹资计划。国债上限的确定原则是国债占 GDP 的比例,这是经济稳定的关键性指标。如果国债的增速超过经济增长率,经济以及债务风险相应加大。为管理如此巨额的债务,1919~1920 年,美国财政部进行了改革,专门设立国债管理部门,当时雇员已有 3 061 人之多,1940 年正式成立了公共债务管理局,成为财政部的一个下属部门。

(四) 1929~1945 年:大萧条与第二次世界大战期间债务长期化

1929~1933 年的大萧条席卷而至,如梦魇般地絮绕在美国人的心间。经济危机造成失业遍野,税收剧降,财政收入锐减,债务暴增。1933 年,罗斯福总统上台后,实施新政,通过大兴公共工程,拉动就业,扩大财政赤字,刺激经济增长。由于美国政治特性使得税收难以大幅增长,新政之后,美国采纳了凯恩斯主义的主张,政府积极干预经济,不再单纯扮演"守夜人"的角色,采用政府财政和金融刺激手段调节经济,用赤字手段刺激经济成为一种主导性的趋势并使之长期化、经常化,成为国家最重要的宏观经济调控杠杆之一,而长期财政赤字的结果就是积累下了巨额的国家债务。

第二次世界大战的爆发将美国国债推向历史性的高位,战争耗费了美国空前的军费开支,国债以战争债务的形式存在,源源不断地支援着空前庞大的战争机器的运作。1930年,美国国债规模为160亿美元,而到了战后的1950年,却留下了空前的2 600亿美元的沉重债务包袱。第二次世界大战期间国债规模超过GDP总量,1946年国债占GDP的比重高达122%,创下美国有史以来负债的最高纪录。与此同时,国债上限也在同步增长,1939年至1945年,国债上限从450亿美元一路推高到2 580亿美元,徒增近7倍。如此之高的债务足以让任何人感到心惊胆寒,但是新政推动之下的高就业率和二战的胜利,则使人们减少了对巨额债务的恐惧,最终避免了债务违约和国家信用的丧失,也验证了凯恩斯主义扩张性经济政策的观点。

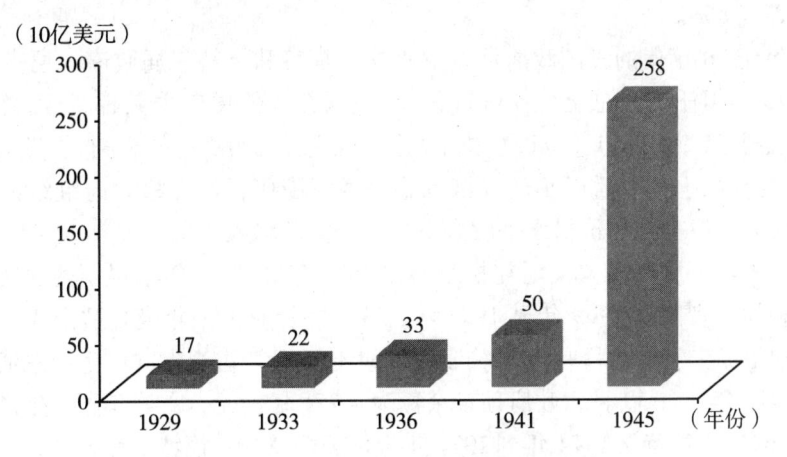

图8-5　1929~1945年美国公共债务

资料来源:http://www.publicdebt.treas.gov/history/history.htm。

(五) 20世纪50~80年代:供给学派减税+福利支出大增

20世纪50年代的美国政府涉及杜鲁门和艾森豪威尔两届政府。杜鲁门在1945年到1953年担任美国总统期间以及艾森豪威尔在1953年到1961年担任美国总统期间,基本上按照充分就业盈余的理念制定财政政策:财政赤字和盈余应该随着经济的变化而变化,但在正常的情况下应该保持平衡预算。在这期间,扣除了战争支出以后的政府支出对国民生产总值的比例缓慢提高。另外,美国在1947~1948年以及在1953~1954年曾进行有节制的减税。在艾森豪威尔8年的任期内,预算赤字的年份有5年,预算盈余的年份有3年。最高年度预算赤字是1959年的128亿美元,占当年国民生产总值的比例为2.7%,其余赤字年份占国民生产总值的比例基本小于1%。最高年度预算盈余是1956年的39亿美元,占国民生产总值的比例为0.9%。

到 1961 年 6 月 30 日，政府债务余额为 2 890 亿美元，占当年国民生产总值的比例为 55.25%。

20 世纪 60 年代的美国政府主要涉及肯尼迪和约翰逊两届政府。肯尼迪在 1961 年担任美国总统以后，采纳了更加激进的凯恩斯主义的主张：只要没有达到潜在的国民生产总值，政府就应该使用财政政策扩张经济。1962 年，肯尼迪政府提出了大规模的减税计划，这项政策被看做凯恩斯主义意义上的财政革命。但是还没有来得及实行减税计划，肯尼迪便于 1963 年遇刺身亡。

约翰逊在 1963 年到 1968 年担任美国总统期间，不但实施了肯尼迪政府的减税计划，还提出了"向贫穷开战"的口号，大规模增加政府社会福利支出，财政赤字和政府债务不断增加。进入 1967 年以后，美国发生了通货膨胀，为了抑制总需求的过度增加，约翰逊政府提出了增加税收的决定。从 1963 年到 1968 年，政府的预算全部为赤字，其中最高赤字的年份是 1968 年，达到 252 亿美元，占当年国民生产总值的比例为 3.0%。到 1969 年 6 月 30 日，政府债务余额为 3 537 亿美元，但是由于国民生产总值增长较快，政府债务余额占当年国民生产总值的比例下降为 37.78%。

20 世纪 70 年代的美国政府涉及尼克松、福特和卡特三届政府。尼克松从 1969 年到 1973 年担任美国总统，他曾宣称："我现在是凯恩斯主义者。"而总统经济顾问委员会主席斯坦（H. Stein）则称尼克松是思想解放的保守主义者（斯坦，1989）。尼克松上任以后面临的经济问题是通货膨胀，尼克松政府继续采取收缩性的财政政策，但美国的价格水平没有下降，经济却陷入衰退。进入 70 年代以后，美国出现了停滞膨胀的现象，尼克松政府在 1971 年和 1973 年不得不两次实行强制性的工资和物价管制从 1969 年到 1973 年，政府预算有 1 个年度是盈余 4 个年度是赤字，其中最高赤字的年份是 1972 年达到 234 亿美元，占当年国民生产总值的比例为 20%。1974 年 6 月 30 日，政府债务余额为 4 751 亿美元，占当年国民生产总值的比例为 33.62%。福特从 1974 年到 1977 年担任美国总统。福特上任初期，通货膨胀形势仍然严峻，但经济已经陷入战后最严重的衰退。在这种情况下，福特政府实行温和的扩张经济的方案：对投资给予减税鼓励，对建筑业给予资助等。到 1976 年，美国经济情况开始好转。从 1975 年到 1977 年，政府预算全部为赤字，其中最高赤字年份是 1976 年，达到 737 亿美元，占当年国民生产总值的比例为 4.4%。到 1977 年财政年度结束的 9 月 30 日，政府债务余额为 6 988 亿美元，占当年国内生产总值的比例为 34.42%。

卡特从 1977 年到 1981 年担任美国总统。卡特政府重新实行潜在国民生产总值的预算平衡的规则，根据当时的情况将 4.9% 的失业看做是充分就业的指标，并采用减税等扩张性的财政政策使失业率降低到 4.9%。尽管美国的失业率有所下降，但通货膨胀再度恶化。从 1978 年到 1981 年，政府预算全部为赤字，其中最高赤字年份是 1981 年，达到 790 亿美元，占当年国民生产总值的比例为 2.7%，到 1981 年财政年度结束的 9 月 30 日，政府债务余额为 9 979 亿美元，占当年国内生产总值的比例为 31.91%。

20世纪80年代的美国政府主要涉及里根政府。里根从1981年到1989年担任美国总统的时期，是美国政府宏观经济政策大转变时期。里根政府提出减少政府的福利支出，减少政府对经济的干预，告别凯恩斯的经济政策，更多发挥市场的调节作用等主张。另外，里根政府利用降低个人所得税的方法刺激人们工作和投资的积极性，以达到增加供给的目的。但是，大幅度的降低税率并没有达到刺激经济增长从而导致税收额增加的目的，政府的财政赤字却在不断增加。从1982年到1989年，政府预算全部为赤字，其中最高绝对赤字年份是1985年，达到2 123亿美元，占当年国民生产总值的比例为5.4%。其中最高相对赤字年份是1983年，达到2 078亿美元，占当年国民生产总值的比例为6.3%到1989年财政年度结束的9月30日，政府债务余额为28 574亿美元，占当年国内生产总值的比例为52.12%。里根政府打破了前任美国政府的两个记录：一个记录是年度预算赤字超过1 000亿美元。另一个记录是政府债务余额超过10 000亿美元。

里根政府的8年，美国国债额度达到战后新的高峰，从1981年的1万亿美元涨到1988年的2.6万亿美元，债务总额占GDP比重从20世纪70年代末期的26%升为1988年的51.9%。里根总统在两个总统任期内所增加的债务额超过了此前200年美国所有总统所积累的债务总和，创下了美国国债历史上的又一个记录。里根的遗产就是美国从世界最大债权国步入最大债务国。里根时期，人们的消费方式出现了新的趋势，越来越依赖信用卡和抵押贷款，"负债"成为一种崭新的生活方式。另外，1983年国债管理部门首次引进IBM个人电脑，建立国债的电子信息系统，这是国债的崭新运营模式，影响甚大。

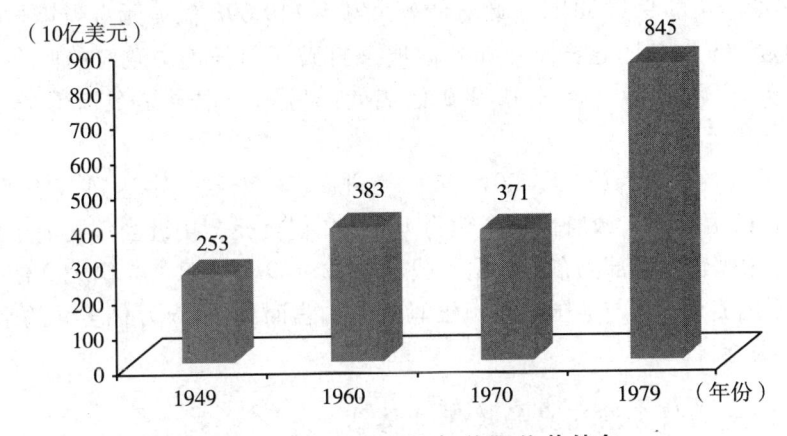

图 8-6　1949~1979年美国公共债务

资料来源：http://www.publicdebt.treas.gov/history/history.htm。

（六）20世纪90年代至今：反恐+战争+金融危机，债务剧增

20世纪90年代的美国政府主要涉及老布什和克林顿两届政府。老布什在1989年到1993年担任美国总统期间，基本延续着里根政府的经济政策。尽管老布什政府没有像里根政府那样大规模减税但是仍然努力减少政府对经济的干预。从1990年到

1993 年，政府预算全部为赤字，其中最高赤字年份是 1992 年，达到 2 904 亿美元，占当年国民生产总值的比例为 4.9%。到 1993 年财政年度结束的 9 月 30 日，政府债务余额为 44 115 亿美元，占当年国内生产总值的比例为 66.17%。

克林顿的执政时期是从 1993 年到 2001 年。这个时期是美国政府的宏观经济政策再次转变的时期。克林顿政府既反对完全自由放任的经济政策又反对过度干预的经济政策，试图寻求政府适度干预经济的"第三条道路"。克林顿政府推行审慎的财政政策，争取减少政府财政赤字。在财政支出方面美国政府通过减少国防支出、福利支出、医疗补贴等方面控制政府支出；在财政收入方面，尽管美国政府没有提高税率，但是由于信息技术革命导致的经济的增长使居民和厂商的收入不断增加，政府税收不断增加。经过多年的努力，美国政府的财政收支终于从赤字转为盈余。从 1994 年到 2001 年，政府预算有 4 个年度是盈余，4 个年度是赤字，其中 1998 年、1999 年、2000 年、2001 年的财政盈余分别达到 693 亿美元、1 256 亿美元、2 362 亿美元和 1 282 亿美元。到 2001 年财政年度结束的 9 月 30 日，政府债务余额为 58 075 亿美元，占当年国内生产总值的比例为 56.46%。

进入 21 世纪以后的美国政府主要涉及小布什政府。小布什在 2001 年到 2009 年担任美国总统期间，由于发动了两场战争，财政支出规模急剧膨胀。加上遇到了严重的金融危机，小布什政府又重新实行类似于里根政府和老布什政府的经济政策，并提出了在 10 年内减税 16 000 亿美元的计划。结果，美国政府的财政赤字又迅速增加。从 2002 年到 2009 年，政府预算全部为赤字，其中最高赤字年份是 2009 年，达到 14 127 亿美元，占当年国民生产总值的比例为 10.0%。到 2009 年财政年度结束的 9 月 30 日，政府债务余额为 119 098 亿美元占当年国内生产总值的比例为 85.44%。这样，小布什政府又打破了前任美国政府的两个记录：一个记录是年度预算赤字超过 10 000 亿美元。另一个记录是政府债务余额超过 100 000 亿美元。

奥巴马开始执政的第二年 2010 年，美国政府的财政赤字达到 12 935 亿美元。到 2010 年 12 月 3 日，政府债务余额为 140 252 亿美元，接近当年国内生产总值的 96.55%。根据美财政部公布的数据，截至 2012 年 9 月 4 日，美国公共债务总额已超过 16 万亿美元。这与美国总统奥巴马入主白宫时约 10.6 万亿美元的水平相比，增加了 50% 多。

(七) 美国债务演变史的规律性总结

1. 债务增减与战争密切相关。浓缩美国国债形成史，我们需要把握几个关键节点，独立战争使新成立的联邦政府负债占经济总量的 30%，开国者们立即行动还清债务；南北战争使美国几乎破产，但债务也较快得到了偿还。第一次世界大战及之后的大萧条使美国人陷入经济困境，于是人们创建了庞大社会保障计划来帮助美国人为未来储蓄。第二次世界大战使美国政府债务达到空前的水平，美国人购买储蓄债券来支持打赢战争。20 世纪 60~70 年代的越南战争和大社会福利计划加速了经济严重衰退。20 世纪 80 年代里根改革一度推动了美国经济的复苏，但军备竞赛和冷战的白热化也带来严重的恶果，国债推向历史新高，恐无回头。20世纪90年代的克林顿新政的"中兴"，面对债务也无良策。进入21世纪，伴随着反恐战争，美国陷入了伊拉克和阿富汗两大战场的泥沼，不能自拔，国债更是陷进了不能回首的深渊。

美国著名经济学家诺曼·奥姆斯汀肯定地说："如果没有1812年战争、美墨战争、南北战争和美西战争引起的财政赤字，那么20世纪初的美国不仅不会有赤字，反而会有16亿美元的结余"，并且进一步指出："没有两次世界大战所引起的赤字，那么1961年国家的赤字总额就不会是占国民收入总值的56%，而是占国民收入总值的5%以下。"

2. 1960~1980年期间：经济发展化解债务。美国赤字总额1960年至1980年，从2 930亿美元上升到9 930亿美元。在这个阶段中，各位总统也非常能折腾。60年代上半期，美国预算支出增长相对缓慢，1960~1966年财政年度年均增长2%。而从约翰逊总统任内的1966~1970年，由于一方面实施"Great Society Programs"，一方面卷入越南战争，导致预算支出年均增长10%。

70年代的赤字问题主要来源于涉及公民利益拨款的指数化做法。当时，国会与总统之间为取得政治优势而斗争，使预算支出中涉及公民利益的拨款大幅增加，社会保障支出在1969~1972年占总预算支出超过了45%。1973年国会决定把社会保障支出的增长指数化，即社会保障支出的增长与消费品价格指数联系起来。到了70年代后期卡特总统执政时，由于通货膨胀率的大幅度上升，该项支出的指数化带来了消极影响。

然而，这个阶段的经济发展快于债务积累，经济内在增长动力较强。美国赤字总额占GDP的比重逐年下降。该数值1960年到1980年，从55.7%下降到35.6%。

3. 1980年至今：经济发展无法抵消债务增长。20世纪80年代以来，里根以"一方面不减少社会保障支出，一方面不增加税收"和"继续增加国防费用，通过经济增长，消除经济上存在的问题"等许诺赢得总统位置。然而当选举过后，人们发现里根关于"经济增长能够消除经济问题"的诺言成为泡影。这个阶段以后，除了克林顿任内，经济增长都赶不上政府支出的增加。美国国债主要用于赤字筹资，赤字累积推升了国债水平。2008年以来，美国国债快速增长，增速为第二次世界大战之后的历史最高值。2009年，从126个国家债务占GDP比重来看，美国位居前10名之列。国债绝对水平居世界第一。

4. 两党制的选票政治，带来增收和减支的困难。从美国债务的发展演变历程来看，美国所谓的民主政治体制并没有能够解决财政赤字和政府债务的问题。从经济的角度看，不论是主张政府干预还是主张经济自由的政府，都带来财政赤字和政府债务的不断积累。从政治的角度看，党派的利益之争，竞选总统的需要，政府的短期行为，都造成了财政赤字和政府债务居高不下。美国政府债务状况并不比希腊、意大利等国家好多少，如果美元不是国际储备货币，如果各国不是以购买美国国债的方式持有外汇储备，美国可能已经发生政府债务危机了。

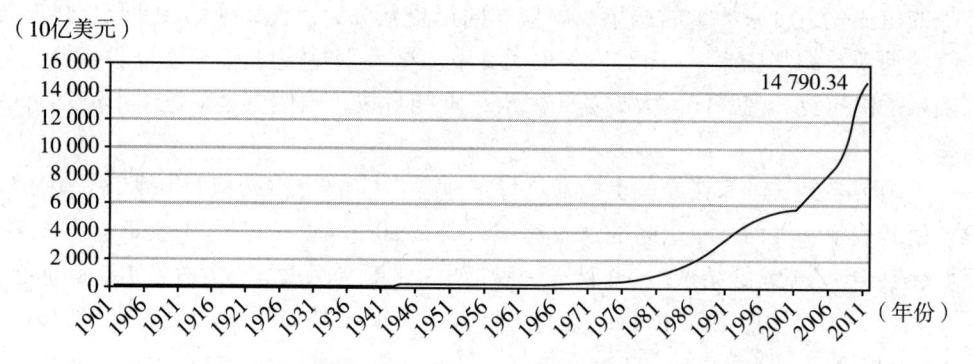

图 8-7 美国 1900 年以来国债累积余额变化图

专栏 8-2 美国政府债务上限

美国国家债务上限是指由国会所设定的政府可合法举债的最高限额。1917 年美国政府参加第一次世界大战，鉴于政府为战争而支付的费用飙升，美国政府的债务迅速上升，按照美国宪法规定，政府支出必须经国会审议批准。在战争期间，国会频繁行使表决权势必带来不便，于是美国国会授权美国政府的可开支上限，最初定为 115 亿美元。这就是国债上限的来历。

长期以来，美国政府依赖过度负债的模式，加上本轮金融危机中大规模的经济刺激计划，使得美国公共债务问题日益严峻。美国政府的债务限额从 1960 年至 2011 年 8 月已上调了 79 次，平均每 8 个月上调一次；过去 11 年中则提高了 11 次，平均每年 1 次。最近一次上调是在 2011 年 8 月 2 日，在奥巴马政府的极力推动下，美国国会修改有关法案，将政府负债上限由 14.3 万亿美元提高至 16.4 万亿美元，提高了 2.1 万亿美元。

在奥巴马总统刚上任时，由于民主党控制了国会两院的多数席位，作为民主党的总统要提高债务上限比较容易。但是，由于国会 2010 年中期选举后，民主党失去众议院的多数党席位，民主党政府的政策就处处受到共和党的掣肘。在债务上限问题上，共和党不合作势在必然。

2011 年 8 月美国债务上限调整大事记：

2011 年 1 月 6 日，美国财政部致信国会表示，美国债务规模在近期将达到法定上限，如不能尽快调高这一限制，美国政府将出现债务违约。

4 月 13 日，美国总统奥巴马提议成立一个由副总统拜登领导的专门委员会，就削减赤字和提高债务上限进行谈判。这个委员会在 5 月初举行首次会议。但两党在是否增税、是否接受短期解决方案等焦点问题上争论激烈，难以达成共识。

5 月 16 日，美国债务达到法定上限 14.29 万亿美元。当月，财政部开始采取非常规措施管理财政，以使政府债务在最后期限 8 月 2 日到来前不至"断供"。

6 月 27 日，奥巴马与国会参议院领导人就提高债务上限举行会谈。此后，奥巴马就债务上限问题多次会见国会两党领导人，但成果有限。

第八章　美国政府债务管理

7月25日，国会两党分别提出各自提高债务上限的方案。由于共和党方案主张实行"两步走"，即分两次提高借债额度，这意味着奥巴马政府在2012年大选前将再次面临谈判。相比之下，民主党一步到位的方案更符合白宫利益。

7月29日，美国众议院就共和党方案进行投票表决。虽然方案以微弱优势通过，但在当天交付参议院表决时遭到否决。

7月30日，由共和党控制的众议院投票否决了民主党方案。

7月31日，经过艰苦谈判，两党终于在提高债务上限方面取得共识。根据协议，美国债务上限将至少被提高2.1万亿美元，并且政府在未来10年内将削减赤字2万亿美元以上。

8月1日，美国众议院通过提高美国债务上限和削减赤字的法案。2日，参议院也通过了这一法案。此后，法案交由总统奥巴马签署。

美国政府提高债务上限大事记 2011

1月6日 财政部致信国会表示，国债规模将达到法定上限，如不能尽快调高国债上限，将出现债务违约

4月13日 奥巴马提议成立一个由副总统拜登领导的专门委员会，就削减赤字和提高债务上限进行谈判

5月16日 美国债务达到法定上限14.29万亿美元。当月，财政部开始采取非常规措施管理财政

6月27日 奥巴马与国会参议院领导人就提高债务上限举行会谈。此后，又有多次会谈，但成果有限

7月25日 国会两党分别提出各自提高债务上限的方案

7月29日 美国众议院就共和党方案进行投票表决。虽然方案以微弱优势通过，但在当天遭参议院否决

7月30日 由共和党控制的众议院投票否决了民主党方案

7月31日 经过艰苦谈判，两党终于在提高债务上限方面取得共识。根据协议，美国债务上限将至少被提高2.1万亿美元，并且政府在未来10年内将削减赤字2万亿美元以上

8月1日 美国众议院通过提高美国债务上限和削减赤字的法案

8月2日 美国参议院也通过了这一法案。此后，总统奥巴马签署了该法案

新华社记者　周大庆　编制

三、美国联邦政府债务管理

威胁财政安全的原因是多方面的,但都有一个逐步显现和不断恶化的过程,如果对财政运行过程进行跟踪—监控,就能及早地发现财政风险信号,预测面临的财政风险,设立和建立财政风险预警系统,能够使政府在财政危机的萌芽阶段,采取有效措施避免危机的出现。

(一)预算管理中的中期财政预测,来对联邦债务进行控制

公共预算作为现代财政治理的核心信息集成系统,大致构成了公共财政预警机制的基础制度载体和信息平台。美国联邦预算包括联邦基金预算和信托基金预算。联邦基金包括普通基金和特殊基金。其中,普通基金收入几乎涵盖了所有的所得税、特种税和借债;普通基金支出主要用于联邦政府的日常开支。信托基金则是依法设计的特殊项目基金,其主要资金来源是各种专项税收,支出包括社会保障、医疗保险、志愿退休等方面。可见,美国联邦预算具有很强的完整性,与政府活动相关的收入和支出都在联邦预算中得以反映,都受到联邦预算的约束。

在预算控制方面,总统预算管理办公室和国会预算办公室均进行预算展望,以便预测未来预算的盈余和赤字。按照美国的预算制度,负债是基于授权而招致的,并不是因权责发生制而产生的。例如,社会保障资金是独立于预算之外的,其长期资金流动预测通常被用来决定其生存能力,但这种预测只是基于现收现付制度而不是基于权责发生制。直到1998年,美国才首次发布了综合性权责发生制政府财政报告和高质量的审计报告。由于会计和预算是相互分离的,美国的财政报告和预算没有联系。在美国,主要的债务是国债、退伍军人和联邦公务员的津贴,以及环境清洁费用。究竟债务属于直接债务还是或有债务,主要是基于对债务发生的可能性的评估。主要的或有债务是贷款担保,如住房和教育。或有债务是和承诺一起汇报的。1990年的美国贷款改革法案提供了处理贷款的预算规则,即贷款或贷款担保必须基于资产的净现值,估计政府成本时考虑贷款违约和相应的补贴。在对此进行评估时,政府机构的能力是关键性问题。

(二)编制债务预算,贯彻预算管理的谨慎性原则

美国从1992年起将贷款和担保预算的基础从现金流量转移到了补助金成本上来,并以法律的形式将该种成本定义为"根据净现值计算,排除管理费用后,与直接贷款或担保贷款相关的预计政府长期成本"。净现值是以美国政府对类似期限借款支付的利率为折现率,对未来现金流出量(如贷款支出和违约赔偿)和流入量(如初始费、直接贷款的本息偿还)进行贴现计算后得出的。在此基础上,对每一贷款项目的补助金成本提供单独的拨款,即使资金只有到以后年份才可能支付,但仍把该项拨款作为支出列入预算。由于补助金成本是在签订直接贷款或担保贷款委托合同时进行估测的,而实际的情况常常会与早期的估计产生差异,因此,在贷款

和担保期内，政府每年都要对补助金成本进行重估，对超过部分提供拨款进行弥补。美国模式重在"预计支出"，把支出提前，可以转移风险。两者都体现了一定的谨慎性，利于防止陷入财政风险。

（三）债务上限管理

债务上限是指特定机构正常运营情况下的最大债务承受能力，根据收支配比，扣除固有支出部分剩余的即是最大债务承受力。美国从法律上确定债务上限始于1917年的《第二次自由债券法案》。第二次世界大战期间的1941年至1945年，美国债务上限被限制在3 000亿美元。第二次世界大战结束后的一段时间，美国债务上限一度有所下降，一直到1962年，才又重新回到接近3 000亿美元的水平。

美国债务总体上呈现出上升趋势，但债务上限却是一个既定的数额，其中必然产生矛盾，而目前美国采用了这样的方法来解决矛盾："当联邦债务接近上限时，政府就必须与国会达成提高上限协议。"因此，每次提高债务上限也通常伴随着与当时经济政治相关的附加条件。自1960年开始，美国债务上限已经上调78次，几乎平均每八个月就要上调1次。进入21世纪，这一频率又有所加快，2001年以来，债务上限已上调10次，其中自2007年金融危机爆发，到2010年底为6次，仅奥巴马就任总统以来就已上调了3次，总额达近3万亿美元。2013年年初的债务上限为16.39万亿美元，已于2013年1月1日被技术性突破。

债务上限制度对美国的借债情况起到了一定的控制作用，但是由于美国宪法赋予美国国会确定美国联邦政府债务总额的最高限额的权利，导致债务上限的数字在美国政府需要的时候总能够通过一定的手段得以上调，而在美国尚能够对世界上一些信用评级机构施加影响的现在，其约束力显得更为薄弱。相反，由于美国的多党制，每一次的债务上限上调反而更加像是在野党和执政党的一场政治博弈。

公共债务上限是美国政坛的独特机制，相当于两党给财政部发行国债设了一个"弹簧门"。一旦国债触及债务上限，美国财政部将停止发行新国债，开始一系列技术操作以留出足够的钱来履行债务，但是这最多只能让政府支撑6~10个月，也就是说，如果债务上限不能进一步上调，美国政府可能出现违约。

不过，美国债务上限确实有它的作用。美债设上限，是美元信心的根本。尽管评级机构穆迪曾建议，美国应该撤销债务上限的规定，以缓解债务持有者的不确定性。即使在2008年金融危机爆发以后，美元资产都是全球外汇储备的首选因为有上限在，美国的债务不会失控。反观欧洲，虽然欧元区国家被要求国债余额不得超过GDP的60%，年度财政赤字不得超过GDP的3%，但多数欧元区国家违规。美国债务上限制度既在一定程度上限制了美国政府的无度支出，又告诉美元资产的持有者，美元是安全的。

第二节 美国地方政府债务管理

根据"公共物品理论",地方政府债务是一把双刃剑。一方面,合理利用地方政府债务会加速当地发展速度,促进当地的经济建设;另一方面,不恰当地使用地方债也可能带来经济风险和巨大的地方财政压力。如何在利用地方债优势的同时规避它的劣势对地方债的发展至关重要。应对地方债务危机,不同的国家有不同的做法,美国在地方债务预警领域的成果尤为突出。

美国是联邦制国家,与其三级政权体系相适应,实行联邦财政、州财政和地方财政三级财政体系。以下提到的地方政府,不仅包括美国地方政府,也包括美国州政府。在美国,除联邦政府外,地方政府也可以发行地方公债,筹措财政资金。但地方政府发行公债的体制并没有使地方债务规模膨胀、地方债风险扩大。其根本原因主要是美国形成了良好的地方政府债务预警管理制度。美国地方政府债务预警管理主要包括信用评级制度、信息披露制度、债券保险制度这三大制度,此外,地方政府举债的内容、规模以及法律规定的监控制度也从一定程度上保证了地方债务的安全、有效运行。

一、地方政府债务内容

地方政府债务是指在某个时点上,地方政府作为债务人,由于以往支出大于收入所形成的赤字总和,是一个存量概念,包括建立在某一法律或合同基础之上的显性负债和政府道义上偿付责任的隐性负债。市政债券(Municipal Bonds),又称市政证券,是指州、市、县、镇、政治实体的分支机构、美国的领地以及它们的授权机构或代理机构所发行的证券。市政债券是一种注册豁免债券,各级政府发行市政债券不需要注册。美国的市政债券是从偿还责任的角度来定义的概念,因此,市政债券与地方政府债券口径不同,但却是美国地方举债的主要方式,也是美国防范地方政府债务危机的主体内容。

美国地方政府的举债收入大多用于基本建设工程,能够带来较高收益,收益本身就可以偿还部分债务,特别是目前美国地方公债大部分以基建工程的收益担保,收益与债券的还本付息直接挂钩,有力地保障了公债基金的良性循环。

在地方政府的债务结构中,债券债务是主体,美国地方政府中大约有55 000个地方政府发行债券。根据信用基础不同,债券债务主要包括两大类:第一类是一般责任债券,其由地方政府按照州宪法及相关要求基于自身的信用和信誉发行,以税收收入作为偿还来源。简言之,一般责任债券是发行数量有限制,偿还有担保。因而自第二次世界大战以来,地方政府很少发生违约。第二类是收益债券。其一般由地方政府委托代理人发行,主要用于项目建设,并基于项目的投资收益,专款专用作为偿还来源。这些项目主要包括：如供水、排污、电力和煤气等公共事业项目；如交通运输、桥梁、港口、学校等准公共事业项目；如为某一群体提供特殊服务等私人服务性质项目等。截至2011年第三季度末，收益债券占美国地方政府债券存量的63%。

二、地方政府债务规模与结构

美国地方公债发行较早且规模较大。从历史来看，自20世纪60年代以来，地方政府负债规模大幅增加。这些负债均与州、地方的基本建设，与运河、铁路等有关。地方政府发行债券始于1870年，纽约州通过发行债券筹集资金开凿伊利运河，该项目5年之内全部完工，极大的鼓舞了其他各州。它们相继效仿纽约州，发行地方公债推动基本建设，使得地方债务急剧上升。截至1916年，债务总额达到46 500万美元。尤其第二次世界大战后，人口增加和城市扩大使得州和地方政府的公用事业迅速发展，基本建设不断增加，债务增长速度大大加快。1950年州和地方政府累积债务只有240亿美元，到1993年已高达5 760亿美元，增长了24倍。同时，州和地方政府依靠举债进行基本建设的项目内容也越来越广。目前已涉及教育、公用事业、公路运输、市政建设、社会福利、工业援助等多个方面。

表8-2　　　　　　　　美国州和地方政府未付债务

年份	总债务（10亿美元）	人均债务（美元）	债务占GDP比重（%）	债务占每年收入比重（%）	州债务份额（%）	地方债务份额（%）
1991	915.5	3 623	16.1	118	37.7	62.3
1990	860.6	3 460	15.6	119	37	63
1987	718.7	2 953	15.9	110	37	63
1982	399.3	1 719	13	90	36.9	63.1
1977	257.5	1 190	12.9	86	35	65
1972	174.5	838	14.4	97	31.2	68.8
1967	114.6	579	14	122	28.3	71.7
1964	92.2	480	14.5	133	27.1	72.9

资料来源：[美]费雪：《州和地方财政学》（第二版）。

如表8-2所示，总债务从1964年922亿美元增加到1991年9 155亿美元，人均债务由1964年480美元增加到1991年3 623美元，债务规模在不断扩大，但值得注意的是，美国地方政府债务占GDP的比重，债务占每年收入的比重，州和地方的债务份额仍然保持相对稳定。

20世纪90年代以来，美国州政府和地方政府债务情况尚且可控，但分化较为明显。州政府和地方政府公共债务1977年仅有2 500亿美元，此后开始缓慢上升，

20世纪90年代一直在1万亿美元的水平保持相对稳定,但2000年以后,公共债务急剧上升,目前超过2.4万亿美元,这还不包括上万亿美元的表外养老金债务。整体来看,2.4万亿美元的地方公共债务较金融危机前2.2万亿美元的水平增加不多,但各地政府分化较为明显。对于加州、纽约州、伊利诺伊州等州,预算赤字相当严重,为了填补日益增加的财政窟窿,各州都采取许多措施,包括裁减公共服务设施、取消税收优惠、提高各种服务如法院服务、停车、商业许可的收费,但效果并不明显。根据美国福布斯杂志对各州债务情况的大致评级,有10个州的债务问题最为严重并有可能引发债券违约的严重危机。这10个州税收收入都有明显下降,还附有高达上千美元甚至更高的人均净公共负债,以及上万美元的人均市政养老金负债。与企业破产不同,美国各州并不会走向真正意义的破产,美国《破产法》不允许州破产,各州只能通过削减开支、增税来降低预算赤字。但地方政府有权申请破产,可以延期支付利息或进行重组债务。

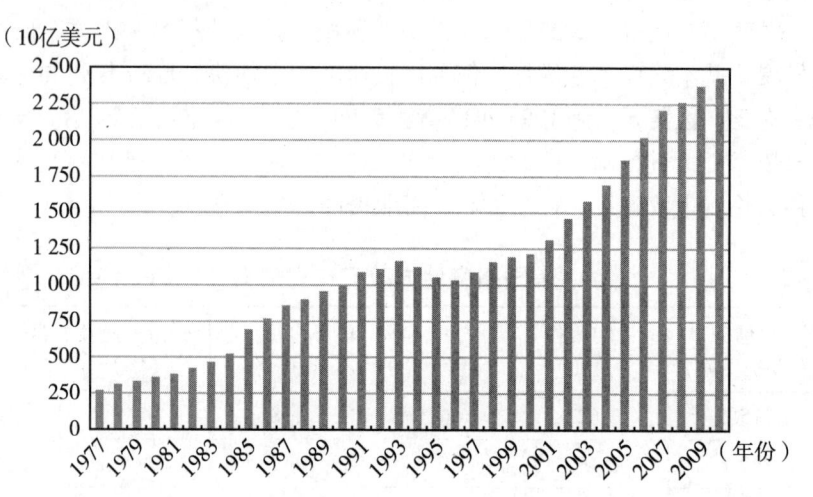

图 8-8 州和地方政府债务(State and Local Government Debt)

专栏 8-2 美国地方政府破产

对于美国地方政府破产数量还没有官方的统计,甚至美国统计局也没有这方面的专门统计。所以对于美国地方政府破产的数量统计只能基于少数文献进行整理。根据现有的文献,无法判断哪一个是准确的。但是研究者大多认为,"自《地方政府破产法》第九章在1934年颁布以来到2011年的77年中,有超过600起申请。"[①]这些案件的近半数发生在1938~1949年、第二次世界大战及战后经济恢复期间;此后开始下降,到1960~1969年只有8起发生;从1970年代开始数量又逐步增加,在1990~1999年间达到了109起;从2000~2012年的数据看亦有增加趋势。从年平均破产的数量来看,最高数字产生于1938~1939年间,年平均破产数量为53起;从1938年1月1日至2012年9月,平均每年发生破产的数量约为8.5起;进入21世纪以来,平均每年发生破产的数量约为8.1起。

表1　　　　1938~2012年间美国地方政府破产数量统计　　　　单位：起

时　间	地方政府破产的数量	年均破产数量
1938~1939年	106	53.0
1940~1949年	215	21.5
1950~1959年	31	3.1
1960~1969年	8	0.8
1970~1979年	11	1.1
1980~1989年	47	4.7
1990~1999年	109	10.9
2000~2009年	77	7.7
2010年至2012年9月	28	9.3
总　计	632	8.1

现代的美国地方政府破产立法，立法意图非常明显：当作为债务人的地方政府发生违约时，为地方政府提供保护以调整其债务，具有了明确地对作为债务人的地方政府进行破产保护的目的。因为地方政府破产不同于一般私域主体的破产，"破产法第九章就是要保证一个财政困难的地方政府，能为居民提供必要的服务，如治安、消防、污水和垃圾处理及教育等，同时制定债务调整方案应对其债务和义务。"[②]地方政府破产法的颁布，一个基本的目的就是为了当做为债务人的地方政府调整债务或满足其债权人债权要求时，使作为债务人的地方政府的损失降至最低，以保障地方政府公共服务基本职能的正常运作。

注：① Gillette, C. P. (2011). Political will and fiscal federalism in municipal bankruptcy [R]. New York University, Public Law & Legal Theory Research Paper Series Working Paper, No. 11-22.

② Lewis, C. W. (1994). Budgetary balance: The norm, concept, and practice in large U. S. cities [J]. Public Administration Review, 54 (6): 520.

三、美国地方政府债务管理机构设置

(一) 联邦层次的地方政府债务管理机构

根据美国政府职责分工，财政部是联邦政府债务的主管部门，负责联邦财政债券的发行和管理。各州及州以下地方政府的财政部门是本级政府债务的主管部门，负责本级政府一般责任债券的发行和使用。联邦政府的机构债由发债机关发行和管理，州及州以下地方政府发行的市政债券由各州有关主管部门和实体发行及管理。同时，在联邦层次主要有两个机构负责对市政债券进行监管，一个是SEC市场监管部的市政债券办公室；另一个是美国市政债券规则委员会。

美国证券交易委员会对企业债券和股票有很大的监督管理权，但对市政债券的监管权却要小得多。州与地方政府发行市政债券既不需要 SEC 批准，也不需要向 SEC 登记和定期报告。事实上，美国《证券法》不允许 SEC 制定有关规则，直接或者间接要求市政债券发行者事先向 SEC 登记和报告。市政债券办公室的权力主要有两个方面：（1）根据反欺诈条款进行事后监管，包括对市政债券的发行者、承销商、经纪人、交易商、律师、会计师和财务顾问等所有参与人的监管，主要的手段有责令限期改正、罚款以及提起诉讼。例如市政债券办公室就分别在 2001 年和 2003 年对佛罗里达迈阿密市提起了诉讼，理由是迈阿密市在 1995 年发行市政债券时，所提供的 1994 年综合财务年度报告以及官方陈述披露了错误的、容易引起误解的信息，同时省略了一些重大信息。市政债券办公室责令其予以更正，并追究了主要责任人（迈阿密城市委员会主任和预算部主任）的刑事责任。（2）制定或者委托制定约束市政债券承销商、经纪人、交易商、律师、会计师行为的规则。要求这些参与人履行信息披露的义务，从而实现对市政债券的监管。

美国市政债券规则委员会于 1975 年由美国国会批准设立，虽然只是市政债券的行业自律组织，接受 SEC 的监督，但由于有关市政债券的许多规则都由 SEC 授权市政债券规则委员会制定，该委员会实际上承担了制定市政债券规则的主要责任。市政债券规则委员会所制定的规则，并不是由其自身来执行，而是交由其他部门来负责。针对证券公司，由全国证券交易商协会执行；针对银行，由联邦存款保险公司、联邦储备委员会和货币监理署来执行。市政债券规则委员会的费用由市政债券的交易商、承销商和经纪人提供，联邦政府不提供经费。该委员会由 15 名委员组成，其中 5 名来自交易银行、5 名来自证券公司、5 名为公众利益代表（至少包括 1 名市政债券发行者的代表、1 名投资者代表），每位委员任期 3 年。市政债券规则委员会制定的规则包括：从业资格标准、公平交易、簿记、交易确认、清算和交割等。这些规则的目标是防止市政债券市场发生欺诈和操纵事件，保障公平的交易。市政债券规则委员会制定的规则只对市政债券的交易商、承销商和经纪人有效，市政债券的发行者并不受这些规则的约束。市政债券规则委员会制定的规则必须经过 SEC 批准之后才会生效，具有约束力。

（二）州、县层次债务管理体制

美国地方政府债务管理体制主要采取制度约束型。在美国现有的 83 000 多个州、县、市和其他地方政府部门，大都具有发行市政债券的权利，其举债主体包括：（1）政府、政府机构（包含代理或授权机构）；（2）债券使用机构。其中，政府和政府机构占发债主体的 97% 左右。由于美国的政治体制是联邦制，州及州以下地方政府发行市政债券并不需要上一级政府的批准或同意，即各州发行市政债券不需要联邦政府批准，地方政府发行市政债券也不需要所在州政府的批准，而且美国的《证券法》也规定发行市政债券不需要报告和登记，因此，是否发行市政债券，完全由本级政府确定。地方政府机构举债目的分为两类：一是发行债券为自身营运融资；二是自身没有经营业务，只作为其他企业的融资渠道，借入资金用于公司（私人机构）的工程项目。同一政府机构可以同时为自己和其他实体发行债券。

就市政债券发行的审批管理而言，美国各个州的法律有所不同，地方政府治理结构各异，因此是否发行市政债券的决定权、程序及其责任在不同的州也会有细微区别。例如，为了将债务控制在合理的范围内，豪伍德县执行官任命由市民和有关政府官员组成"限额支出委员会"，负责审查该地方每年的债务情况和还本付息情况；加州橘县则是由该县监督委员会来批准市政债券的发行。

尽管联邦政府对地方政府举债限制很少，但许多州级法律对州及州以下地方政府的举债权进行了限制。政府机构举债要在法律规定或特许范围之内。州及州以下地方政府发行债券特别是一般责任债券必须经听证、公决、议会或镇民代表大会的批准。如杜姆市、西雅图市就要求发行建设债券为资本品融资，需经全民公决。授权或批准主体包括：全体选民、议会、专门委员会、政府财政部门、其他部门或机构等，不同类型的债券所需授权或批准的主体不尽相同。一般责任债券的发行往往须经高层次机构（如议会、全体选民）批准，而批准收益债券发行的机构层次相对较低。

四、美国地方政府债务规模控制

美国对市政债券发行规模有所限制，大多针对一般责任债券，控制指标主要有：负债率、债务率和资产负债率等。据美国全国州预算官员协会（NASBO）2002年进行的调查：在州宪法和法令规定允许发行一般责任债券的47个州中，有37个州在其宪法和法令中对一般责任债务规定了限额，以检查自己的负债情况和还贷能力，并据此实施严格的债务管理。如（1）债务率（州及州以下地方政府债务余额/州及州以下地方政府年度总收入）为90%~120%，其目的是测算政府还贷能力；（2）负债率（州政府债务余额/州内生产总值）在13%~16%之间；（3）人均债务率（债务余额/当地人口数）；（4）偿债率（债务支出/经常性财政收入，反映了预算灵活性和承债能力）控制在7%以下；（5）偿债准备金余额比例（偿债准备金/债务本金）；（6）税收还款的净债务与个人所得税之比；（7）税收还款债务的当年还本付息额与一般预算收入之比。曾有人用上述后两项指标对全美50个州债务状况进行了测算，两项指标的平均年比例为：以税收还款的净债务与个人所得税之比为2.1%（1992年数据）；以税收还款债务的当年还本付息额与一般预算收入之比为3.6%（1994年数字）。

除此之外，一些地区还设置了自己的规模控制指标。北卡罗来纳州的法律规定，该州及州以下地方政府的资产负债率要小于8%。马萨诸塞州法律规定，州政府一般责任债券的还本付息支出不得超过财政支出的10%。加利福尼亚州的宪法规定，除非某机构事先获得辖区2/3选民的赞同，否则任一年度中县、市和学区举债的数额不得超过其年度收入。

五、美国地方政府债务监督与预警机制

美国州和地方政府的监测预警机制包括两部分，一是对地方政府债务的管理和控制，二是以财政监督的形式保障州和地方政府的财政安全。地方上各级别都设有不同的财政风险预案措施。譬如美国的俄亥俄州，它将公共财政安全预警机制细化到了各个小的区域，缩小预警规模，更具针对性，预警更有参考价值。

（一）美国地方政府债务监督机制

发达的地方政府债券市场是美国防范地方政府债务风险的有力保障，但同时，美国政府仍强调，加强监管才是防止地方政府债务风险的首要手段。

1. 地方政府债务管理机制。美国地方政府债务管理体制是主要制度约束型。在美国，有 83 000 多个州、县、市和其他地方政府部门，其中大部分都掌握发行市政债券的权力，发债主体主要包括：债券使用机构、政府与政府机构（包含授权或代理机构），但政府与政府机构是主要发行主体，其发行的债券达到 97%。对于是否发行市政债券，美国地方政府享有完全自由决定的权力，因为美国实行联邦制的政治体制，州及其以下的地方政府是否发行债券不需要联邦政府进行审批，也不需要所在州的政府批准。另外，美国《证券法》里也没有关于发行市政债券需要报告和登记的规定。虽然联邦政府对地方政府的举债行为没有过多的限制，但大部分州及其以下的地方政府对举债行为却进行了限制，政府机构要在法律规定或特许的范围内进行举债。州及其以下地方政府发行债券尤其是一般责任债券必须经过听证、公决等程序，或者是议会、镇民代表大会的批准。如杜姆市、西雅图市就要求发行建设债券为资本品融资，需经全民公决。一般责任债券的发行往往须经高层次机构（如议会、全体选民）批准，而批准收益债券发行的机构层次相对较低。

2. 机构监管。美国地方政府债券的信用监督主要由两个机构完成：由美国证管会市场监管部设立的地方公债办公室（OMS）和美国地方公债规则委员会（ISRB）。相比而言，美国证券交易委员会的监管职能要小的多。

地方公债办公室主要负责两个方面：一是根据反欺诈条约进行事后监管，监管对象涵盖地方公债的发行者、中介机构、承销商等，可采取罚款、责令限期改正以及提起诉讼等手段。二是制定或委托制定约束地方公债发行参与者行为的规则，并要求他们履行信息披露义务，借此监管地方公债。

地方公债规则委员会主要负责提出有关政府债券市场的监管方案、征询关联方意见等，但其所提方案须由证券交易委员会最终批准。

3. 社会监督。律师意见书在美国地方政府债券发行中起到了重要作用，证券交易委员会规定，地方政府债券的发行需要一名国家认可的"独立律师"或"债券律师"出具意见书，保证债券发行的合法性、免税待遇等情况同时保证债务有一定的约束性，努力保证公债利息免征联邦收入税。

地方政府债券市场的主要投资者是个人投资者，他们只有在对地方政府管理层

有信心时才购买地方政府债券。个人投资者在投资过程中更加关心地方政府的市政项目盈利情况和财政税收增长状况。因此，个人投资者的参与，有效地监督核查了地方政府的财政情况，对防范地方政务债务风险起到了积极的作用。

4. 债务风险预警机制。地方政府债务危机的一种常见预警信号是债务利息已经达到总预算的20%~25%。对收入来源不足偿付的情况，地方政府可加大征税力度，偿付一般责任债券。对技术性、暂时性的财务危机，可与债权人协商。如果无法自救，美国的某些州会设立专门管理机构，帮助遇到危机的地方政府，如果仍然不可行，就由发债政府依照联邦破产法，设计和解协议，提出自愿破产请求。这在一定程度上保护了一般责任债券持有人的利益。但对收入债券持有人，他们所购买的债券只是以特定收入来源为抵押，一旦发生债务偿付困难，投资者需承担损失。

为应对地方财政危机，美国多个州已建立地方政府债务风险预警机制。以俄亥俄州的"地方财政监控计划"为例。该州将地方政府债务与其财政情况联系在一起。州审计局对地方政府财政定期审查，以规定的财政指标判断地方政府的债务水平高低，并宣布财务风险高的地区进入"预警名单"，监视其地方财政，直到确认高风险不再存在。如果地方政府财政状况不断恶化，达到"财政危机"水平，审计局将把它从"预警名单"移到"危机名单"。这种预警机制能够有效促进地方政府改善财政管理，寻求顾问服务，降低财政风险。

（二）美国地方政府债务预警机制

债务控制一直是美国州和地方财政安全监测预警的首要机制，债务指标也有较严格限制。美国对地方政府债务的规模控制比较严格，出台了一系列财政制度对州政府债务管理进行硬性约束，对一系列指标进行了严格控制，防止债务规模超出地方政府的承受能力。具体的指标主要包括：债务负担率、债务率、偿债率、债务依存度等。

表8-3　　　　　　　　地方政府债务预警参考指标

指　标	含　义	警　戒　线
债务负担率	州政府债务余额/州内生产总值	美国规定负债率警戒线在13%~16%之间
债务率	地方政府通过动用当期财政收入满足偿债需求的能力，该指标是对地方政府债务总余额的控制	美国规定债务率（州或地方政府债务余额/州或地方政府年度总收入）为90%~120%
新增债务率	地方政府当期财政收入增量对新增债务的保障能力，这是对地方政府债务增量的控制指标	无确定的警戒线，因不同地区而异
偿债率	地方政府当期财政收入中用于偿还债务本息的比重	不同地区而异

续表

指 标	含 义	警戒线
债务依存度	当年地方债务发行额/当年财政支出	20世纪80年代以来美国州和地方债务依存度一直保持在10%~15%
利息支出率	利息支出率反映地方政府通过动用当期财政收入支付债务利息的程度	美国马萨诸塞州规定,州政府一般责任债券的还本付息支出不得超过其财政支出的10%
资产负债率	资产负债率反映地方政府的资产负债结构及其总体风险状况。该指标有两个影响因素:地方政府债务余额和地方政府的资产总额	美国北卡罗莱那州的法律规定,该州地方政府的资产负债率不得高于8%

从指标体系实践的层面看,各不相同。一些州(如俄克拉荷马州)对于地方政府财政危机没有指标界定;一些州(包括宾夕法尼亚州、佛罗里达州、密歇根州、新泽西州、俄亥俄州和罗德岛州),则有明确的指标参照标准。而从美国各州的具体实践来看,大部分州对偿债率、资产负债率指标有明确的界定,如对偿债率的规定,佛罗里达州规定不得超过7%,华盛顿特区规定不得超过15%,[①] 各州严格遵守相应的指标进行债务规模的控制。20世纪80年代以来,州政府的负债额在州和地方债务总额中所占的比例始终维持在38%左右,地方政府的负债额略低于62%。所以,美国州和地方债务主要由地方政府负担。这种比例结构是由美国州与地方政府不同且相对独立的财权与事权决定的,其相对稳定的比重十分有利于州和地方债务的信用管理。

专栏8-3　美国俄亥俄州债务预警管理

即使美国政府严格控制相应的债务指标,在20世纪70年代和80年代依然经历了许多重大的地方政府违约事件。如1975年纽约市债券违约、1978年的克利夫兰违约、还有1983年的华盛顿电力公司违约等。而财政安全的最低标准是避免财政危机发生,最高目标是防范财政风险,确保稳固的国家财政制度和强大的国家财政实力。为此,美国政府间关系顾问委员会(ACIR)对地方财政危机问题进行了一系列的研究,并向各州提出了加强对地方财政的监控,以防止地方财政危机的建议。俄亥俄州采纳了该委员会的这一建议,并建立了"地方财政监控计划"体系,并且对该体系赋予了法律地位。在1979年通过、1985年修订的"地方财政紧急状态法",详尽地规定了这一监控体系的操作程序。现以俄亥俄州的指标设计为例,更为详尽地阐述美国州和地方财政安全的关键指标:

俄亥俄州的具体操作规定如下:州审计局是负责"地方财政监控计

[①] 任泽平:《美国加州财政危机对我国地方债务风险管理的启示》,载于《发展研究》2011年第5期。

划"体系执行的机构。它工作的第一步是对地方政府进行财政核查，以确定地方财政是否进入紧急状态。其判断依据是，按罗列的三种情况，如果地方财政符合其中之一，则由审计局宣布该地方财政进入"预警名单"。这三种情况是指：

（1）应付款比例过高。这里有两个指标：一是在财政年度末，普通预算中逾期超过30天的应付款在减去上一年年末预算节余后，超过这一年预算收入的1/12。二是截止到财政年度末，普通和专项预算中逾期超过30天的应付款，减去普通及专项预算节余额后超过该财政年度的可使用收入的1/12。这两个指标占其中之一就属于符合这种情况。

（2）赤字比率过高。即上一财政年度的总赤字，减去所有可被用以弥补赤字的普通和专项预算的资金，超过本年度普通基金预算收入总额的1/12。

（3）可用财力不足。即财政年度末，地方政府金库所持有的现金及可售证券，减去已签出的支票和担保余额，其价值少于普通和专项预算的节余额，而且此差额超过前一年财政年度金库收入的1/12。

只要上述情况中的一种或几种出现，州审计局就应发布书面通告，宣布对地方财政进行监视。在州审计局确定上述情况不再存在，并宣布从"预警名单"中将其撤销前，该监控程序一直有效。如果州审计局发现该地方政府财政状况进一步恶化，并达到"财政危机"的程度，则将该地方政府从"预警名单"中移至"危机名单"。

为了判断该地方财政状况是否恶化，俄亥俄州的"地方财政紧急状态法"对此做了详细的描述，即确定了构成地方政府"财政危机"的具体条件，这些条件大致可归结为以下六种"测试"：

测试之一：是否有债务违约。即债务违约达30天以上。

测试之二：是否有工资拖欠。即未能在30天内支付雇员的工资（除非2/3的雇员同意延迟支付工资90天）。

测试之三：是否要求额外转移支付。即要求从其他地方政府向该地方政府进行税收再分配。

测试之四：是否有其他支付欠款。即逾期30天以上应付账款，在减去现有现金余额后，其结果超出前一年普通预算或全部预算收入的1/6。

测试之五：赤字规模是否过大。即预算总赤字减去可用于抵补赤字的预算余额，其结果超出前一年收入的1/6。

测试之六：现金短缺是否严重。即未承诺支付的现金和可售证券余额大于前一年预算收入的1/12。

在1979年至1985年间，根据这一测试条件，俄亥俄州曾有10个地方政府被宣布处于"财政危机"状态。

根据美国的财政危机法，只要一个地方政府被宣布为"财政危机"，该州就应该成立"财政计划与监督委员会"，由该机构对该地方政府财政管理进行监督和控制。在该委员会进行第一次会议后的 120 天内，地方政府的首席执行官（同时也是该委员会的成员）必须向监督委员会提交一份财政改革计划。这一计划应包括以下主要内容：

——消除目前财政危机；

——消灭所有预算赤字；

——收回被挪用的投资基金和专项基金的资金，恢复这些基金的余额；

——避免今后出现财政紧急情况；

——恢复地方政府长期发行债券的能力。

"财政计划与监督委员会"的主要权力和责任是：（1）审查所有税收、支出和借款政策，要求其完全符合财政改革计划；（2）确保会计账目、会计系统以及财务程序和报告符合该州审计长的要求；（3）协助地方政府调整债务结构和发行债券。

（三）美国州与地方政府财政危机的紧急救助机制

当州和地方政府被判定为财政紧张或财政危机状态时，只好求助于财政安全的最后机制——紧急救援机制，一种情况是州和地方政府的积极自救，一种情况是联邦政府对州和地方的转移支付。

20 世纪 90 年代以来对费城财政危机的处理，是州政府和地方政府共同努力的结果。费城是宾夕法尼亚州最大的城市（美国第五大城市）和工商业中心。1991年，费城首次爆发了财政危机，当年政府预算的收支缺口为 1.54 亿美元。同年 6 月 5 日，宾夕法尼亚州共同机构依法成立了宾夕法尼亚政府间合作机构 PICA（Pennsylvania Intergovern-mental Cooperation Authority）。PICA 作为州政府的派出机构常驻费城市，它由 5 位有投票资格和 2 位没有投票资格的成员组成的管理委员会来管理。州长、上议院临时主席、上议院少数党领导人、众议院发言人和众议院少数党领导人各任命一名人员担任委员会有投票资格的成员，每人任期两年。就经济援助功能而言，PICA 有权发行债券，以向地方提供补助或贷款。虽然 PICA 发行长期债券的权力被废止，但仍保留发行短期债券为地方筹集资金的权力。PICA 还有非常强的协调和监督功能，它可协调地方与其债权人达成最终谈判协议，它可行使某些建议权力，审核地方财政事务方面的报告，其中包括审核市政府每年的预算报告和中长期财政计划。例如，PICA 成立的费城首个五年财政计划（1992~1996），于 1992 年 4 月 29 日由市长提出并由市议会同意后 5 月 18 日经 PICA 审查批准。PICA 的作用主要体现在监督上，即维持财政平衡，进一步将管理改革制度化，并根据地方战略计划的要求调整其运行。由于有 PICA 继续帮助融资，加上市政府采取一系列措施增收节支，从总体控制了财政赤字。

州一级政府破产自救的典型案例是加州政府。面对破产危机，加州政府只能通过进一步压缩开支来解决这一问题。美国加州的自救措施包括：向公共福利开刀，由于高社会福利是财政支出居高不下的原因，因此州议会与政府协商希望就削减福利等问题达成一致。政府部门无薪假，施瓦辛格宣布，把先前实行的每月两天无薪休假扩大至每月三天。除消防、监狱等特殊部门外，其他机构工作人员将在每个月的头3个星期五无薪休假，相关机构停止办公。加州财政部门曾估计，这一举措可使政府支出的雇员薪水减少大约14%，相当于节省4.2亿美元。政府打白条，即用"我欠你"的政府借据来应对建筑承包商、商品供应商等债主的账单。包括学生补助、纳税人退税、州立社区医院、同州政府有经济来往的公司等。不过加州政府将正常支付公立学校的开支和到期的政府债券。出售政府资产缓解现金压力，出售圣昆汀州立监狱、旧金山的牛宫体育馆和洛杉矶纪念体育馆等州府财产，对一些车辆和办公设施进行拍卖。据称，将州立监狱里的犯人转移能为州政府节省2.8亿美元开支。

美国的转移支付始于19世纪初联邦政府向州和地方政府的财政补助和拨款制度，主要是为了调剂联邦、州和地方政府之间财政资金的余缺。在当时转移支付还没有成为体现联邦政府政策意图的有效手段。而经历了经济大危机后，联邦政府开始重视运用转移支付来对州和地方政府进行经济干预。特别是第二次世界大战之后，美国财政转移支付的规模不断增加，目前转移支付已经成为联邦政府财政支出的重要内容。美国的财政转移支付主要包括专项拨款和分类拨款。

1. 专项拨款。专项拨款的目的是实现联邦政府的预定目标，要求必须用于规定的用途，对于下级政府来说约束性较多。联邦政府对州的财政转移支付主要体现在社会服务领域，包括事业保险、保健、教育和交通等。专项拨款的规模大约占到财政转移支付的90%以上，并且成为下级政府的重要财政收入来源。专项拨款分为项目专项补助和公式专项补助，其中项目专项补助占2/3，公式专项补助占1/3。公式补助根据适龄人口和人均收入等指标，在各个州进行测算并确定补助份额，不同项目所使用的公式差异很大。地方政府可以根据法律法规，按照公式计算出可获得的公式专项补助规模，各级地方政府可以在公式确定的过程中提出意见，发挥作用。联邦政府在项目补助中拥有决定权，根据联邦政府的意图确定规模和领域。

2. 分类拨款。分类拨款是联邦政府根据法定公式对特定领域进行的整块拨款，接受款项的州政府和地方政府拥有较大程度的资金使用自主权，但完成项目必须达到联邦政府的要求。美国联邦政府的分类拨款既能体现联邦政府的意图，又能够调动地方政府的积极性，广泛投入到社会服务领域中，包括保健、教育、失业保险、地区发展、社会服务等项目。

六、美国地方政府债务管理的立法与制度保障

（一）立法保障

美国在处理地方债务问题上积累了丰富的经验，从立法上采取有效措施是其中的重要部分。平衡预算原则在美国地方债务的预警中起到了保证性的作用。平衡预算原则即先由州长递交平衡预算执行议案，经州立法机构通过后，由州长签署发布，

几乎各个州的宪法或法令对平衡预算原则都有明确要求。

平衡预算原则中，约束力最低的是"事先规则"，该规则只要求州长在财政年度初期提交平衡预算议案，对财政年末的赤字或盈余，并没有强制性的规定。第二级次的财政限制强调预算执行中若出现财政赤字，地方政府可以举债，并将赤字转移到下一财政年度。第三级次是"事后规则"：允许政府年末有赤字，但必须在下一财政年度预算中反映，并确保偿还。平衡预算制度能从源头上限制政府支出，详细的规则及强有力的执行机制有助于减少地方财政过度支出，从而防止政府过度负债。

此外，美国关于地方政府财政危机的确认程序也有明确的法律规定，分为三个步骤：

第一，规定地方政府财政危机标准。《地方复兴法》中第121条规定，评价地方财政状况应考虑以下各项标准，符合其中之一的，经事务局认可，就确认该地方政府进入财政危机。这些条款包括：地方政府出现3年以上财政赤字，且每年赤字率在1%以上（包含1%）；地方政府收不抵支超过3年；地方政府拖欠票据或债券本金、利息；地方政府要求对超过债务规模的30%调整，与债权人谈判不成功；地方连续两年赤字率超过5%；地方没有在规定期限和最小范围内按法律规定支付养老金支出；地方征收不动产税达最高要求，但地方服务的数量有明显减少。

第二，地方政府财政危机的主体申请。以下机构和人员是事务局确认地方进入财政危机的标准：条款表明地方政府符合财政危机条件；公共会议依法召开之后，在地方的执行机构召开会议中，多数票同意；参加过近期地方选举的10%选民申请该地方政府进入财政危机；超过10%的养老金领取者申请地方财政危机；超过10%的地方职员一个月以上未领到工资；审计员、地方独立管理员或审计员认为地方政府破产的理由充分；城市主要的执行官确认当地政府进入财政危机。

第三，地方财政危机的确认程序。首先，政党或相关团体可以向事务局提出地方政府财务危机申请，该程序按指定格式进行，政党或相关团体的负责人在申请书上签名，并附有适当证明。收到申请书的10天内，事务局确定听证会召开的时间地点。收到申请书之后，召开听证会之前，事务局调查当地财政状况，并将调查结果在听证会上公布。

《阳光法案》规定，事务局应至少公布一次听证会的信息，并将回执意见寄给市长、地方相关工作人员、地方律师、事务局秘书和其他决策机构的成员、申请者。听证会召开的30天内，事务局秘书决定该地方政府是否进入财政危机，并给出相应理由。

专栏8-4 财政紧张与财政危机

美国在20世纪70年代创造了"财政紧张"和"财政危机"的概念。财政紧张表示的是"城市汲取收入的能力与其支出需求的不平衡"；[①]财政危机指"当一个城市提高收入的潜力不足以覆盖全市合法需要的支出，那么就是处于危机态势。"[②]财政危机实际上是地方政府无法应对债务负担，无法支撑地方各项职能履行时的状态。从地方政府破产案件来看，虽然不是所有的地方政府破产都经历了从财政困境到财政危机，直至破产的演进路径。但是，大多数的地方政府破产还是经历了财政状况不断恶化的渐进过程。

注：① Pagano, M. A & Hoene, C. W. (2006) Research brief on America's cities-City fiscal conditions in 2005.

② Inman, R. P. (1995). How to have a fiscal crisis: Lessons from Philadelphia [J]. America Economies Review, (85): 378.

（二）美国地方政府债务管理的制度保障

美国州和地方政府负债主要通过发行地方政府债券的方式，由于美国联邦预算和地方预算独立编制，地方政府需自行融资，其发行地方政府债券的积极性非常高。随着地方债规模的扩大，美国政府也总结了一系列方法控制债务风险，逐步形成了以信用评级制度、信息披露制度和债券保险制度为主，并辅以法律法规行政监控、监管机构监督管理的风险控制框架。

美国地方债券拥有完善的信用评级制度，投资者可通过评级机构的信用评级来判断政府债券的信誉。地方政府也有严格的信息披露制度，债券发行者必须向投资者提供准确的信息，以保障其购买的自愿性。同时，地方政府也建立了保险制度，在发行人未支付本息时，保险公司承担偿付义务。目前专业的政府债券保险公司已有数十家，同时还成立了"金融担保保险协会"等行业性组织。

1. 信用评级制度。信用评级（用 AAA、AA、A、BBB 等来表示）是判断地方公债投资风险的可靠标准，目前美国主要的评级机构为穆迪公司和标准普尔公司。评级程序主要涉及经济、债务、管理和财政四大因素。具体说来，对一般责任债券评级时，主要评估四个基本方面的信息：发行人债券结构信息；发行人总营业资金和预算平衡的实践状况；发行人可得到的地方税和间接收入等金融款项；发行人所处整体社会的经济环境。

评级机构的评级过程相对独立，不受财务预算影响。信用评级结果公布后，评估机构的名字、诚信度和可靠性受到投资人的监督，所以他们会尽力维护自己的高质量、准确的评级声誉。评级结果的公正性保障了地方债务信用管理制度的实施。

2. 信息披露制度。信息披露制度是政府管理的强制性准则，也是地方债务信用管理制度的重要组成部分。美国证券交易委员会要求债券发行主体通过官方声明公布其责任和义务，并及时、定期更新所披露的信息。美国州或地方政府对外披露的主要材料有：综合年度财务报告（CAFR）、官方陈述和独立审计报告。对一般责任债券，需披露其地方财政总体负债情况和以税还债能力。对收入债券，需考察使用该债券企业的盈利能力，预测其偿债能力和现金流等。

举债政府和中介机构须对报告中披露信息的真实性负责，不得披露错误或误导性信息。如果违反，举债政府和相关参与者可能被美国证券交易委员会查出，甚至会被追究民事或刑事责任。

3. 债券保险制度。在美国，地方公债的债券保险制度始于20世纪70年代，目前美国已有十多家地方政府债券保险公司，并成立了"金融担保保险协会（AFG）"。自20世纪90年代以来，50%以上的地方公债都参加了保险。

在该债券保险制度下，债券发行者无法支付债券本息时，保险公司承担相应的偿付义务。保险公司的参与使得地方债券的风险得以转嫁。实行债券保险制度，不仅能增强债券的清偿保障，扩大债券持有人所持债券的交易能力，同时还能够增进债券的信用评级，降低发行成本，有效地降低了债券风险。

第九章

美国政府预算绩效管理

■ **本章导读**

　　绩效预算管理模式最早产生于美国，是美国联邦政府在新公共管理理念与政治民主化的背景下，所采用的追求高效率的一种预算管理方式。本章介绍了美国绩效预算近百年发展历史中所采取的预算管理模式的创新，包括1907年绩效预算在纽约城市研究局的提出、1949年绩效预算的引进、规划项目预算（PPBS）的产生、零基预算（ZBB）的产生和20世纪80年代新绩效预算的重新引入等。重点介绍了1993年美国《政府绩效与结果法案》的出台背景、主要内容、组织实施、实施效果等内容。

建立一个对公众负责的政府，首先需要建立各种预算控制，确保公共资金不能用于私人的目的。但是，仅仅达到预算资金使用的合规性仍然是不够的，一个负责的政府还必须是一个能够有绩效地使用资金满足公众需要的政府。绩效预算作为政府预算管理的一种方式，最早正式出现于1949年的美国。随后它在不同的时期不同的地区被诠释为不同的形态，项目预算、项目规划预算、产出预算、绩效预算等概念常常在文献上被交互使用。现在，人们更多地是指从20世纪90年代开始被广泛应用于OECD的所谓"新绩效预算"，它继承了效率导向的一系列预算改革的成果并有所发展，更加强调支出责任。

第一节 美国绩效预算的发展

美国作为绩效预算理论和实践的发源地，其绩效预算改革是美联邦政府在新公共管理理念与政治民主化的背景下，所采用的追求高效率的一种预算管理方式。从该项措施的提出发展到现在，经历了萌芽、发展与现今的完善阶段。

一、1949年绩效预算引进

绩效预算最早在1907年被美国纽约城市研究局提出，旨在协助管理与调控。1912年，美国联邦政府就提出了政府官员应当把支出与提供的成果相结合。1934年，当时的农业部开始采用"绩效预算"（Performance Budgeting，PB），同一时期，田纳西流域工程管理局提出并实施了与项目和任务要求适应的预算分类计划。随着战后经济的高速发展，简单的预算分类方法逐渐不能适应复杂的公共预算管理的需要。1949年，胡佛委员会根据1948年海军提交的"既以传统支出预算为基础又以项目为基础"的年度预算，在"预算与会计报告中"提出了以功能、活动和项目为基础的预算。从此正式的绩效预算管理开始出现于美国。这个报告首次将成本理念加入到了公共财政领域，重点强调产出而非投入。但是由于不是所有部门的支出项目都可以进行评估和成本——收益分析，这一预算管理方式并没有得到全面的推广。此后直到20世纪80年代，期间出现各种关于政府预算的改革方法，但是都因为各种原因而没有发展起来。

在美国政府之后，1954年菲律宾政府开始绩效预算编制试验，在1956财政年度内，12家政府部门采用了绩效预算模型，放弃了详细的预算分项，支出按照计划和项目大类列入预算。绩效预算改革取得了相当成就，提高了人们对成本和效率问题的关注。但是，在成本分摊和绩效测评方面，这一改革在很大程度上是失败的。首先，绩效预算中的许多概念非常新颖，实施改革的政府各部门对此理解得不深入，而恰恰是这些部门却需要实践这些概念；其次，这次改革取得的可见收益非常小；最后，当时的政府会计制度和绩效计量系统都非常原始，这对当时的政府绩效预算工作的开展造成了沉重的负担。

二、规划项目预算系统

20世纪60年代在美国出现的规划项目预算制度（Plan-Program-Budgeting System，PPBS），是预算史上首次在政府内部整合计划与预算的一次尝试，并影响了其他发达国家和发展中国家的预算改革。PPBS的引入，使得公共预算开始关注和重视计划，形成跨越年度预算的时间框架。规划项目预算中的有价值的成分，尤其是其对计划的重视，并被吸收进20世纪80年代的新绩效预算上改革中来。规划项目预算起源于20世纪60年代美国国防部的预算改革，目的是使得国防部内部各个部门在制定预算时避免年度预算的短视，具备跨年度的战略眼光，并使得各个部门的计划结合起来以更好地服务于国防部高层的战略目标。规划项目预算强调在跨年度的计划框架内进行预算，将中长期计划和年度预算结合起来，为实现跨年度的政策目标构建项目，运用理性的分析工具选择最佳的项目，运用项目引导资金分配，而且对资金的竞争是发生在项目之间的。概括一句话，规划项目预算就是通过项目将计划与预算衔接起来。

（一）规划项目预算（PPBS）的产生

预算编制方法不仅要满足会计和管理的要求，还要为政府政策及运行情况分析服务。20世纪60年代，随着环境条件的变化，公共支出管理和分析由常规性转向以备选方案为重点，从而要求预算方法也需相应的发展，规划项目预算因此产生，主要是：

1. 宏观经济分析：注重公共总支出的效果。凯恩斯宏观经济分析理论很大程度上改变了工业化国家的预算方法，尤其是在分析政府支出的效果方面影响极大。这种宏观预算革命的精华在于，不应简单地侧重于平衡预算或降低税收，而应在预算策划时就必须考虑到政府全部支出的效果。此外，凯恩斯革命还为市场经济国家在其预算过程中重新使用"计划"这个字眼铺平了道路，也使大量对倡导"宏观预算"产生深远影响的经济学家进入了政府。"宏观预算"就是按大的项目（Program）分组的政府经济和功能支出分类。

2. 微观预算：侧重具体规划的效果。从微观经济的角度看，"规划—计划—预算系统"（PPBS）来源于福利经济学家试图依据边际效用的原则建立一种科学的财政预测方法，希望这种科学方法可以通过衡量各备选项目规划的成本和收益实现最佳的资源配置，并确定将何种支出合并能产生最大效用。阿瑟·史密斯认为"应根据拟增加的目标来考虑支出计划，也就是说，在所有的预算申请未考虑清楚之前不要做出最终决定。"规划—计划—预算系统（PPBS）正是这种理论在实践中的运用。换句话说，就是通过建立支出结构框架将种种可替代项目在规划类别范围内排列，并分析不同替代项目的成本和收益，规划—计划—预算系统（PPBS）将边际分析方法引入了政府预算之中。

3. 信息和决策技术的发展。决策和信息技术的发展是影响以计划为导向的预算并最终影响规划—计划—预算系统（PPBS）的第三个因素。如果缺乏成本收益和系统分析所需要决策—信息能力，PPBS是否能成为预算的组成部分是令人怀疑的。新的信息处理和决策技术可以满足PPBS信息处理和分析工作量大的要求，这为各种备选方案的分析提供了有效的方法，扩大了预算决策的范围。

（二）规划项目预算（PPBS）的特征

第一，规划项目预算是目标和政策取向的，它关注的重点是预算结果，即一定数量的财政资金支出后实现了什么样的结果。对于规划项目预算来说，预算决策的重心不应再是投入和产出。在决定是否为某一产出提供某一数量的财政资金之前，必须先决定该产出是否是社会需要的。即如果该产出不是（或不再是）社会所需要的，即使能够以非常有效率的方式生产出来，也不应该为其供给资金。因此，规划项目预算要求政府部门首先清楚地表达它的可以测量的服务目标。

第二，规划项目预算要求部门制定预算时要具有长远目标，而不能再像以前那样只关注某一年的预算。跨年度计划是规划项目预算的一个重要特征，这不仅使得它超越了传统预算模式狭窄的年度时间视野，也使得它不同于其他的预算改革模式，如20世纪30年代的绩效预算以及70年代的零基预算。

第三，规划项目预算要求政府部门在确定目标之后，设计达成该目标的各种替代方案，最后运用成本收益分析方法来选择一个最佳方案并为之提供财政资金。运用成本收益分析方法选择项目进行项目构建也是规划项目预算的一个鲜明特征。

第四，规划项目预算的核心是项目构建。在这种预算模式下，所有能对同一个目标做出贡献的项目应该组合起来，从而使得对于资金的竞争都是发生在"真正的"替代选择之间的。这就和以前的预算模式大不一样。在此之前，无论是传统的分项列支预算还是绩效预算，资金的竞争都是发生在机构或政府部门之间的，然后部门内部才会出现项目之间的资金竞争。而常常因为项目处于不同部门或机构中，目标相同的项目就会被不同的对待。而在规划项目预算中，竞争是相同的项目之间的竞争，而不再是部门之间的竞争。

第五，规划项目预算的资源配置是跨组织的。规划项目预算要求寻找一个广泛的目标并将其项目化，该项目又被分成若干的次级项目，进而分成若干行动，资源（资金和人力）最后就被分配到这些具体的目标、项目、次级项目和行动上去。由于很多项目的实现涉及多个组织或部门，因此，在规划项目预算下，资源配置常常是跨越传统的组织或部门边界的。

和传统的分项列支预算（Line term budget）相比，规划项目预算希望提供一个更加理性的预算权衡。在传统预算模式下，预算权衡的焦点是对集中体现在预算基数中的现状进行边际调整，而规划项目预算希望将项目的成本与项目的效果联系起来。规划项目预算也不同于30年代出现的绩效预算。在绩效预算下，关键的任务是寻找最有效率的方式来实现给定的目标，而规划项目预算的重点是在竞争的政策目标之间进行预算决策的，它是将政策目标本身视为变化的而不是给定的。规划项预算也不同于紧随其后的零基预算。在规划项目预算下，预算权衡主要是同一种项目之间的比较，资金的竞争发生在项目之间，而在零基预算下，预算权衡主要是同一项目的不同资金水平之间的比较，资金竞争是在项目内部发生的。所以，尽管这两种预算模式都会引发激烈的资金竞争，但是相比之下，规划项目预算的资金竞争是最激烈的。①

（三）规划项目预算（PPBS）的内容

规划—项目—预算系统（PPBS）就是公共政策、规划设计，资源配置的决策系统，核心是通过对投入的合理估计，就由特定类别、数量和质量的业务活动（有形和无形的）所构成的具体项目的效果（直接和间接利弊），提供更清晰、更符合逻辑的数据信息。从名称看，规划—计划—预算系统由相互关联、互相支持但又界线分明的三个步骤构成。

第一步是战略规划。它包括预测和设计机构业务活动的长期和短期目标，并制定实现这些目标和目的的相应策略。具体来说，就是采用包括系统分析方法在内的种种技术进行分析，通过对备选方案的比较来选择目标，并提出达到这些目标所要采取的行动。此时，"规划"这个词的意思与计划经济国家所制定的生产和劳务的详细经营目标截然不同。在理解"规划"的时候需要区别"实质性规划"和"财务规划"，对此 Charles J. Hitch 曾作过区分，他认为："财务规划"是对未来预算的规划，即确定可用资金的数额及如何支出；"实质性规划"是目标规划，是确定最终目标和近期目标及制定实现这些目标的方法。

第二步是计划。它是确定、分析和选择一定时期内的规划、项目和业务活动，并用所需资源实现战略计划中确定的目标的过程。计划通常要明确完成规划及实施项目和业务活动的部门的责任。计划的时间期限可能是一年也有可能更长，不同性质的项目不尽相同。备选方案分析方法是理解规划—计划—预算系统（PPBS）概念的关键。这种"计划"尽管看起来与计划经济的"计划"功能很相似，然而实际上二者存在明显区别，主要有两点：一是政府提供服务和生产商品的范围和覆盖面不同；二是规划—计划—预算系统（PPBS）采用了分析比较备选方案的方法。

第三步是预算。预算就是设计出实现这些目标的途径，作出一些很具体的决定，如完成确定方案所需的人工、材料、设施及必要资金，一般都是通过制定一个范围广泛的计划完成的，其中包括各个项目及具体业务活动，但不是传统预算中一个机构的支出项目。换句话说，该计划按机构的产出分类，并依项目的产出确定机构应分配的资源。而且，预算中反映了与中期计划有关的物资采购和新设施建设所需的全部资源，以及与长期计划有关的新项目。

规划—计划—预算系统（PPBS）的各部分内容并不新鲜，早就存在，但作为完整的预算方法或系统，PPBS 也有创新之处：一是对这些内容重新进行了定义；二是在新的范畴下使其相互联系；三是确定了分别或一揽子处理这些内容的分析方法。

---

① 马骏：《公共预算：比较研究》，中央编译出版社 2011 年版，第 323~324 页。

正是基于以上原因，而且能克服传统预算的缺陷，PPBS 引起了许多国家的规划者和财政管理人员的注意。因为，发展计划的成功在很大程度上依赖一个健全的预算过程，而 PPBS 这一先进的预算手段，能最大限度地满足发展战略的要求。

规划项目预算（PPBS）不单纯是核算政府运行成本的新技术，而且是改进政府决策过程的综合分析方法。预算本身只是这个系统的一个部分。在这个背景下，任何可以确定投入并测算成本的分析方法都可以使用，包括采用更有意义的投入分类。要正确理解 PPBS 的重要意义及其改善公共部门管理作用，唯一的办法是将 PPBS 视为一个"决策体系"，把它作为一个将管理过程的各个环节—战略规划、具体计划、预算、管理信息、管理控制、规划评价有效联系在一起的系统，而且各个环节要采用系统分析方法。从这个角度讲，许多政府一定程度上已使用了很多（如果不是全部）PPBS 的内容和概念。然而，对 PPBS 各个环节全部采用方案分析方法成功的例子并不多。

（四）规划项目预算（PPBS）的构成

PPBS 大致分为以下七个部分：

1. 项目备忘录。编制项目备忘录的目的是为了准备项目大纲，项目大纲是各个单位制定今后几年的规划和计划的依据，同时，备忘录还可以作为编制年度预算的背景。在备忘录中，需要确定长期目标及预期成果。备忘录应当包括以下有关年度预算的内容：（1）各单位下一年度预算中各大类（Category）的主要项目；（2）除了明确所选择的项目之外，备忘录还应确定各单位的目标，并根据其成本和目标实现的情况用可衡量的方式对各备选项目进行比较，从而说明做出这种选择的原因。简单地说，规划备忘录应详细陈述所选的各个项目，以及确定这些方案的基础。

2. 专门研究。备忘录还应提供事实和分析的基础，以说明选择下年度规划项目理由，这就是"专门研究"。专门研究是决定 PPBS 质量的定量分析文件。专门研究要求做到：（1）说明项目备忘录所涉及领域的需求；（2）准确描述与这些需求对应的部门目标；（3）分析可能的效果及为达到这些目标而制定的规划项目的长期成本；（4）列出能达到这些目标的各个备选方案，并进行比较；（5）明确大类（Category）和款项（Subcategory）中需要优先实施的规划项目，并说明各大类的优先次序。

3. 多年度规划和资金计划。多年度规划和资金计划的时间跨度为几年，用表格形式列示，包括产出、部门项目规划的费用和资金渠道等相关数据。这些数据反映备忘录中包含的部门项目决策以及备忘录没有包含的一些计划。多年度规划要反映大类（Category）、款项（Subcategory）以及各明细科目的产出和费用，包含上一财政年度、本财政年度、预算年度以及至少未来四个年度各年的数据。提供这些数据的目的是为了给决策者一个包括一年以上规划的综合性分析，分析不仅涉及当前的成本，还要提供当前决策对未来年度成本影响的情况等。但这并不必约束预算编制部门、政府内阁或立法机关对将来几年的规划。正如 Schultz 所指出的："这些数据仅仅是帮助当前的决策，而不是对未来的提前承诺"。

多年度规划既有明显的好处，也存在不足。好处在于通过展示项目未来的支出情况，决策者可对大量不值得付出成本的项目给予否决而作出更明智的决策。如果没有这种技术方法，大多数经过批准的规划项目起初会误导支出，最终会降低政府预算的效率。多年度规划的不足主要有以下两点：（1）对以后年度的支出进行预测并列表，需要大量时间。对此，尽管各国在进行多年度规划时并未对数额巨大的准备费用作过精确估计，但很明显这并不能忽视。（2）费用控制过于严格将减少灵活性。譬如，先前的费用估算过于严格，缺乏灵活性，而拨款通常都按照早期的估算进行，因此，当原来的费用估算被证明过低时，就不得不砍掉项目的部分内容。或者，尽管有新的证据表明其他方案更好，但仍然不能改变原定计划，还要严格执行。

对 PPBS 批评的人有不少，代表人物如 Merewitz 和 Sosnick，他们认为：多年度规划可以搞，但不是所有项目都需要，应有选择性，或者干脆只对少数决策搞多年度规划核算成本。按照他们的理论，有两种类型的决策需要了解将来的支出情况：

其一是会形成后续责任的决策。如果目前的决策会对未来的支出产生某种承诺，就有必要了解未来的支出情况。例如，如果一项决策的执行需要以后保持现有的补贴（如价格补贴、损耗津贴、家庭津贴等）甚至增加补贴才能维持，政策的实施将使政府有责任对每一个符合条件的人发放这些补贴。同样，如果决策的实施会因此形成某项监督职能，以后将继续存在甚至扩大，如禁酒、肉食检验或建立信托基金等，政府就有义务立法或加强行政管理。在这种情况下，将来的支出显然会对当前的决策产生影响，因此，了解政府现在的承诺会对将来的支出产生什么样的影响，有助于政府决策。在这种情况下，采用多年度规划核算成本显然是恰当的，其目的是估计出拒绝承担这种责任所节省的费用。以补贴为例（价格补贴），节省的开支包括如果承担这个义务所需的费用，因此，需要计算有多少人符合这个补贴的条件。再如，政府加强执法和行政管理（肉食品检验）的例子，由于工作量不同，到底能节省多少开支要仰仗更详细的数据，可以拿一年来计算将来的费用。

其二是当前和将来支出的共同产物是否能产生效益需判断的决策。了解将来的支出情况有助于当前的决策。例如，建筑一个大坝，如果仅仅是工程开工而不完成整个大坝，这个工程就毫无意义。事实上，除非建成的工程可以正常运转，而且对所需全部投资费用和运行费用了解，才能作出是否要上这个项目的决定。

4. 项目结构。项目是由专人管理的一组合适、有意义且相互依赖的业务活动（Activities）和工程（Projects），项目实施需要资源（投入），也将有产出。部门项目确定之后，要对项目进行分类，分出层次。首先要列出明细科目，然后合并成款项（Subcategory），减少数量，再进一步合并为大类（Category），使数量减得更少，在合并过程中，可以将相近的替代物或相同成分合在一起。划分后，就可分层次对项目作出具体说明。归类分层重要的一点，是要使其与资源配置以及决策相吻合，也就是说要有可操作性，将资源和结果联系起来，使二者的责任能按照机构层次进行区分，并用现有（或新设）的管理信息系统记录所用资源和产出情况，从而对项目以及预算决策进行执行和监督。对项目进行归类分层之后，就可以按照用途分组。

分组形成的框架,可用于战略规划、多年度计划、编制年度预算、执行预算、报告、监督和项目评价。

规划—项目—预算系统实施过程中最难的部分可能是如何设计一个合理且可操作的项目结构,大多数的政府机构设置通常缺乏灵活性,不能满足政策变化和职能调整的需要。而且,由于规划—项目—预算系统(PPBS)的侧重点是目的物而非原来的机构,确定机构负责的业务活动(Activities)就显得非常棘手。因为,大家习惯于以单位为基础来编制预算、管理业务活动和控制。应当说,规划—项目—预算系统并不否认以机构为导向的做法的有效性,而是要将项目框架以及方针政策与单位机构清晰地联系起来,因此需要进行大量的机构重组,换句话说,项目仍要以机构为基础。

5. 产出。在规划预算中,对"产出"这个词的准确理解也非常重要,但常常会把握不准。产出就是量化的项目各部分的最终产品和服务,产出可以按照项目结构中大类和款项的层次进行合并。产出分析有以下基本特点:(1)将项目中各部分的产出量化是反映该部分创造产品的最佳办法;(2)当目标较为复杂时,不太可能找到单一的、概念清晰的衡量方法来满足做出项目决策的所有需要。多年度规划和资金计划应显示整个项目所产生的结果,可以通过一种或多种衡量方法作为补充,并在规划备忘录和专门研究中解释这些方法的关系和相关费用。PPBS 中的"产出"包括以下内容:(1)一个系统(项目各部分)的运作能力;(2)该系统的直接产品(商品和劳务);(3)该产品对目标群组的益处;(4)受益目标群组的类型和数量;(5)受益给目标群组的有关变量带来的影响;(6)上述各项之外的整体性变化。

6. 项目评价。项目评价包括对现有项目规划实际绩效的系统评价,以判断其是否实现了战略规划和年度预算中规定的目标和目的,评价时需要衡量政府项目(包括具体项目和业务活动)的收益和效果以及相应的经济和预算费用。项目评价试图确定该项目是否达到预期目标,是否是以最低的成本实现预期目标等。这是整个项目规划控制过程中的最核心部分,它为下一步的战略规划、计划和预算提供了数据。

7. 系统分析。系统分析是对备选方案的费用和效果进行检验的详细而有逻辑的分析。分析方法包括成本收益分析、回报率分析、影响分析等。系统分析是 PPBS 的枢纽,分析要将一个完整而全面的系统与各个部分区别开来。PPBS 的这种分析方法与传统预算过程中的预算检验有许多不同之处,主要是:(1)它从澄清目标和目的开始;(2)详细说明评价效果的标准;(3)寻找满足这些目标和目的各种备选方案;(4)根据每一具体目标的相关标准评价备选方案。而传统的预算检验通常从正在进行中(或拟进行)的业务活动或项目开始,评价为达到建议的水平所需要的投入。而一个部门推荐的业务活动和项目通常只有一种方案。换句话说,对预算合理性的判断只是证明其单一方案的费用支出的合理性。而 PPBS 的分析则检验各备选方案的有关费用和结果。PPBS 的系统分析不仅用于预算的准备阶段,而且还用于其他阶段。例如,当预算案被批准并实施后,其结果就要进行分析以确定各个预期目标是否实现,如果预期目标不能实现,就可能需要调整后继计划和预算,或者干脆

第九章 美国政府预算绩效管理

中止业务活动。

三、零基预算

20世纪80年代前的最后一次重大的预算改革是零基预算，70年代晚期由美国政府率先尝试，而后被某些OECD国家采用。它要求每年都对预算中的每个支出项目的正当性加以证明并得到批准，另外，它还要求所有决策都应进行评估，并在系统分析的基础上按重要性进行排序。与前几次引入的预算模式相比，零基预算更注重预算程序而不是内容。

零基预算是一种管理取向的预算模式，它目的是在政府内部提高政府首脑和预算机构对各个部门预算申请的管理控制，进而改革资源配置效率。它的一个基本特征是对于所有的支出来说，现有的支出水平不再是神圣不可侵犯的预算基数，预算基数不再自动地成为下一年预算决策或者预算拨款的依据和基础，现有的支出必须和新的支出一起比较和竞争，各个部门每年都必须为它的全部预算申请进行辩护。零基预算的目标就是要取代传统的在分项列支预算下盛行的"基数加增长"的预算管理模式。在传统的"基数加增长"的预算管理模式下，决策者关心的问题是：在边际上，项目A增加一定比例的支出是不是比项目B增加一定比例的支出更加重要？决策者只能选择拒绝或者接受这一增加，或者削减增加的数量，而不能在项目之间进行权衡。即在这种决策模式下，资源根本无法重新配置。而在零基预算管理模式下，决策者可以在各类可相互替代的资金水平下进行选择，现在决策者关注的问题变成了：在边际上，项目A增加一定比例的支出是不是比项目B增加一定比例的支出或者项目A、B、C以前资助的科目更加重要？这就使得目前正在开展的活动不再一定是应该继续的，在有限资源的约束下，可以削减或者完全取消现有活动的资金来为新的项目让路。因此，零基预算管理模式可以使得决策者在预算决策中进行资源再配置。

零基预算被证明是短命的，它所面临的问题也是此前的规划项目预算系统遇到的问题，如果只是对支出进行抽查，零基预算编制还有一定作用，但在实践中，由于时间限制以及零基预算运作所需要的技能，每年都重新编制预算根本不可能。事实上，零基预算编制方法只是对少数新增项目进行审查。最终，美国议会决定重新考虑传统的预算编制方法，而将费时费力又复杂的零基预算方法搁置起来。

四、产出预算

自20世纪80年代中期以来，以新西兰和澳大利亚等为代表的一批OECD国家以政府预算管理改革为核心，进行了一系列被誉为"新公共管理"的影响深远的改革，包括在预算管理中引入全新的理念、权责发生制的政府会计、绩效导向的管理，以及将传统的投入预算转向产出预算。

产出预算的重点由投入转向产出，通过将管理和运作财政资源的权力下放给各部门和支出单位来提高运作效率,其中以新西兰对产出预算的研究和实施最为深入。相对于投入预算而言,产出预算有三个基本特征:首先,以产出指标作为预算编制的基础;其次,对各支出部门的预算拨款以特定产出的成本费用为基础;最后,各部门负责人在议会批准的拨款限额内可以自由地分配财力。

实行产出预算(或更一般地讲是绩效预算)需要具备一定的条件,包括明确测量财政绩效、在预算程序中培养"遵守规则文化"、公共支出管理权限的下放、良好的政府会计和成本计量系统等。如果实施的条件尚不成熟,那么在预算体系中引入绩效管理因素也是非常有意义的。美国是在预算体系中引入绩效管理因素的国家。1993年,美国通过的《美国政府绩效与成果法案》要求每个支出机构都必须制定详细的绩效计划,并将这些计划与业务活动和预算程序连接起来。

五、新绩效预算

20世纪80年代初,为了摆脱财政困境、提高政府效率,西方各国逐渐开始了对政府预算的改革。1992年,随着克林顿政府的上台,提出了"重塑政府"的目标,绩效预算成为美国政府改革的核心。1993年,美国联邦政府成立国家绩效评估委员会,主要负责绩效预算的监管和执行,绩效改革在美国全面展开。同年,美国国会通过了《政府绩效成果法案(1993)》(GPRA),该法案对政府行政管理的评估由投入——产出模型转变为目标——结果的模式,同时要求各级地方政府必须制定出五年的战略规划,每间隔五年进行修订,并且将对战略报告分解成为每年定量化的实施目标,在进行预算的编制、提出支出的请求时,必须制定相应能综合反映部门业绩,利于考核的绩效指标,在整个过程中,包括年终结算时,国家绩效评估委员对其进行监督和评估。在这个阶段美国经济快速增长,大量的财政赤字变成了财政盈余。随后的2001年,小布什政府将私营部门的绩效管理理念进一步引入美国联邦政府管理领域,将绩效预算的发展推向了一个全新的阶段。

在《政府绩效成果法案(1993)》(GPRA)的框架基础上,2000年克林顿提出了包含绩效预算在内的政府改革"总统管理议程"后,管理与预算办公室(OMB)于2002年推出了项目评估比率工具(Program Assessment Rating Tool,PART),试图系统地、连续地、透明地评价支出项目,用于预算分析和决策。PART是以GPRA为基础并将其具体化于预算决策过程的工具,它按政府部门活动所对应的支出类别提供六种问卷,各部门根据其五年策略计划、年度绩效计划对问卷中的项目填写是或否(分别对应一定的分值),进而得出可作为预算决策依据的结果。在2004年的美国联邦预算中,OMB选择20%的支出项目进行PART评估,并计划在五年内实现对所有项目采用PART进行评估。PART使绩效与预算的联系真正的更紧密、更清晰,新绩效预算真正建立了。

在2004年3月,国会又通过了普赖特(Todd Platt)提出的《项目评估与结果法案(2004)》(Program Assessment and Result Act,PRA),要求OMB每五年至少对所有政府项目进行一次评估,"评估其目的、设计、策略计划、管理、结果,以及

OMB 首长认为合适的其他方面"。一般认为，PRA 赋予了 OMB 更大的权限可以单独对所有的政府部门进行绩效评价。这样，OMB 更进一步拥有了削减部门预算额度、减少政府支出规模的法律武器。

第二节　美国政府绩效预算制度

美国政府的绩效管理侧重于对项目实行系统的评价，并将绩效评价与项目预算紧密结合，改进了预算管理。1993 年美国国会颁布的《政府绩效与结果法案》（GPRA），不同于其他预算管理文件的突出之处在于它是一部法案，而其他的规定都是以总统直接授权的形式实施的。该法案的主要目的是通过设定政府财政支出的绩效目标，比较绩效目标和实施成果，进行年度绩效评价，提高联邦政府的工作效率和责任心，同时要求政府各部门每年向国会提交年度绩效报告。《政府绩效与结果法案》的最终目标是使用绩效评价信息和结果指导有关政府资源分配的决策，提高政府资金的使用效益。目前，美国已经基本形成了较为完善的绩效评价工作体系，并成为政府加强宏观调控、增强公共支出科学性、提高公共支出效果的有效手段。

一、美国出台《政府绩效与结果法案》的理论基础

（一）对政府公共职能的认识的变化

20 世纪 50 年代以来，随着以公共选择理论为代表的经济理论研究的深入，人们开始认识到，在选择公共物品时，每个个体都是按照经济人假设的理性进行利弊分析，并选择对自己最有利的公共物品支出方案。一般来说，并不存在一种超越特殊群体利益之上的公共利益。因此，对公共项目实施监督是非常必要的。公共选择理论代表了人们对政府职能的认识的变化。公共选择理论让人们认识到，政府也会失效。于是，重要的不再是政府规模的大小，而是要有一个更有效的政府。因此，人们提出了各种改革政府或者再造政府的方案，美国学者盖伊·彼得斯提出了四种改革政府的模式，即市场式政府、参与式政府、弹性式政府和解制型政府。

（二）社会变革与公众参与

在工业化时代发展起来的中央集权的政府机构，致力于建立各种规章制度和层叠的指挥系统。随着社会经济的进一步发展，它已经不能再有效运转了。不仅是政府需要变革，其他机构也需要变革。在这样一个变革的时代，相对于其他机构来说，美国政府机构的变革显得迟缓。美国的企业在过去几十年里发生了革命性的变化，取消了中央集权，减少了中间层次，管理更加着眼于绩效，更加接近消费者。美国大量的非营利组织更是显得生气勃勃。正是由于这些非营利组织的存在，使公众广

泛地参与了对公共事务的管理,从而推动了政府机构的变革。

(三) 对公共产品实际绩效的关注

由政府提供的公共产品与由企业提供的产品一样,都要给消费者带来效益,才能得到消费者的认可。公共产品与私人产品的区别在于,其供给与需求不是通过市场价格来显示的,从而也无法根据价格的波动来调整公共物品的供给,而且,公共产品的一个显著特征是消费的非排他性,因此难于根据公民对于公共产品的消费情况来了解公民对于公共产品实际的偏好。但实际上,不同的人对于一种公共产品会有不同的评价。正是消费者对公共项目的实际感受,决定了公共项目的实际绩效。

公共产品的绩效取决于公民的满意度,而不是公共产品本身的数量、外观等外在的标准。下面的案例生动地说明了这一点。伊利诺伊州公共补助局对私人疗养院提供一些补助。过去,这些疗养院获得补助的金额是依据其提供护理的程度而定的。对于需要较多护理的重病人给得较多,对于需要较少护理的病人给得较少。看起来,这完全合乎逻辑,而且非常公正。但是,伊利诺伊州公共补助局惊奇地发现,疗养院中卧床不起的病人的百分比不断上升。通过分析发现,由于对卧床不起的病人给钱较多,从而疗养院更希望病人卧床不起。公共补助局决定改变这种补偿制度。它制定了一套能评定病人满意程度、社区和家庭参与程度以及疗养院环境质量的业绩考评制度。管理人员在对每个疗养院进行实地考察的基础上,为它们评定等级。疗养院的等级愈高,得到的补偿金额就愈多。该州还公布了各个疗养院的等级,消费者可以据此进行选择。这激发了疗养院不断提高服务质量的积极性,而且节约了财政开支。

二、美国出台《政府绩效与结果法案》的背景

(一) 美国出台《政府绩效与结果法案》的历史追溯

美国《政府绩效与结果法案》(GPRA,以下简称《绩效法案》)的颁布实施有其历史的延续性。20世纪60年代,美国曾有《项目、计划和预算系统》(Program, Planning and Budgeting System,简称PPBS)。它重点强调项目管理和预算的计划性。它首先在国防部开始实施,继而扩大到政府的其他部门。70年代,它被目标管理(Management by Objective:MBO)和零基预算(Zero-Base-Budget:ZBB)所取代。80年代,在目标管理和零基预算的基础上,美国政府在预算管理中更加强调三个动机:一是提高效率;二是质量管理;三是目标管理。如何更好地提高效率?如何更好地测量效率和效果?这是美国政府颁布实施《绩效法案》的重要原因。

(二) 美国出台《政府绩效与结果法案》的现实原因

《政府绩效与结果法案》的出台要追溯到十多年前的两个独立的建议。一个建议是里根总统在1989年1月提出的。在《管理的报告》中,有一章"将来的政

府",由总统管理与预算办公室（OMB）起草,它实际上就是四年后美国《政府绩效与结果法案》的雏形。另一个建议来自于议会。1991年,参议员威廉·罗斯首先提出了绩效管理立法的有关提案。这个提案以加州十年来绩效管理的成功经验为基础。加州绩效管理的一些做法后来成为《绩效法案》的重要内容。1992年,19名参议员支持罗斯的绩效法案的立法。1993年,克林顿总统强烈支持出台《绩效法案》,随后,《绩效法案》在参众两院全票通过。

1990年通过的《财政官员法案》中的某些要点成为《绩效法案》立法的基础。首先,《财政官员法案》指导部门和机构在年度财务状况报告中说明上一财政年度项目绩效信息的情况;其次,总统预算办公室和部门、机构共同努力,制定具有五项功能的绩效措施。这些测量绩效的措施与私营部门在日常管理中使用的商业性的绩效测量有诸多相似之处。这里的私营部门主要包括债务公司、资产管理公司、存货管理公司和保险公司等。

立法执行部门在起草《政府绩效与结果法案》时,不再简单地依靠加州的管理经验,并且相信它在联邦政府机构实行是可行的。其原因有两个:一是在《财政官员法案》的年度绩效报告中已经包括了绩效测量和绩效信息的内容;二是其他国家,尤其是OECD国家已经开始实施类似的绩效管理,并取得了成功的经验。绩效管理对美国人来说没有任何革命性的变革,《政府绩效与结果法案》的主要内容在私营部门管理中随处可见,而且以营利为目的的绩效管理已经存在数十年,《政府绩效与结果法案》的贡献在于将绩效管理的方法引入政府的公共管理领域。

（三）《政府绩效与结果法案》的分步实施是美国政府绩效管理成功的关键

《政府绩效与结果法案》不同于其他预算管理文件的突出之处在于绩效法案是一部法典,而其他的规定都是以总统直接授权的形式实施的,并不是法典。绩效法案不仅要对总统负责,而且要对议会负责。总统授权只在总统任期内有效,而法典始终有效。

《政府绩效与结果法案》颁布后,并没有强制要求政府的各个部门立即实施,而采取了先试点再逐步推开的办法。这是《绩效法案》得以成功实施的关键。改革是需要时间和成本的。首先,政府的工作人员需要适应;其次,工作运行的系统和程序需要调整。一项改革要取得成功,在试点阶段必须谨慎行事,否则,改革将受到来自部门和社会的各种阻力。在试点初期,尽管实行了项目考评,但一直用现存的系统、程序来测量、报告和分析有关绩效信息。直到试点成功后才广泛地使用了DESKTOP计算机网络系统。改革的渐进性激励员工以更有效、更具操作性的方法提高工作效率。

（四）《国家绩效评论》是保障《绩效法案》执行的有效措施

随着《绩效法案》的出台,其他配套的政府改革措施也必须相应出台,其中最重要的就是《国家绩效评论》的出版。通过国家绩效评论中的相关任务,检查政府的工作是否有所改进。这项工作由副总统主管。绩效检查包含《绩效法案》的目标是否实现。其主要内容包括以下几个方面：

1. 服务标准。联邦部门和机构已经创立近2 000个社会公众标准。社会公众服务标准的创立，表明联邦政府旨在提高政府公共服务的水平，向公共产品的接受者和受益人提供更好的服务和产品。在过去的十几年里，政府一直通过社会公众服务标准促进质量管理。当然，并不是所有的社会公众标准都是可行的。社会公众服务标准是绩效计划、绩效报告中有关绩效目标的灵魂。

2. 绩效协议。绩效协议是指在总统与部长（或部门、机构的最高长官）之间签订的关于承诺完成绩效目标与结果的协议。签订绩效协议的做法在其他国家也广泛实行，但各具特点。总统的绩效协议是最高级别的协议，既不包括部长与司（局）长间签订的协议，也不适用于对个体绩效的奖惩。按照总统绩效协议的要求及内容，在部门长官与下一级的官员间以及接下来的管理层次间都要签订协议。一个部门大约要签订10个级别的协议。绩效协议与个人的考评系统和激励机制紧密相连。这使部门战略计划和年度绩效计划中的绩效目标更具有可实现性。

3. 绩效管理的"再发明实验室"。美国联邦政府机构已经建立了200多个"再发明实验室"。其目的是使政府管理的程序更顺畅、更便捷，并给管理者充分的弹性，减少或消除不必要的控制。实验室的创立没有政府的硬性规定，而是机构本身根据工作需要创立的。

4. 绩效合作伙伴。绩效合作伙伴是指联邦政府与州政府或地方政府通过谈判达成的绩效管理方面的协议，赋予州政府或地方政府在项目管理上以更多的弹性，并突出州政府和地方政府在绩效管理及其结果上的责任。除涉及社会安全、国防和退伍军人管理的项目外，联邦政府几乎不对公众提供直接的服务，公共服务更多的来自于州政府和地方政府。而州政府和地方政府提供服务的成本，部分或全部地要由联邦政府支付。绩效合作伙伴更加关注联邦资金的价值及其使用的效果。

三、美国《政府绩效与结果法案》的主要内容

《绩效法案》要求：所有联邦政府机构必须向总统管理与预算办公室（OMB）提交战略计划；所有联邦政府机构必须在每一个财政年度编制年度绩效计划，设立明确的绩效目标；总统管理与预算办公室（OMB）在各部门的年度绩效计划的基础上编制总体的年度绩效计划，它是总统预算的一部分，各部门的预算安排应与其绩效目标相对应，并且须提交给议会审议；联邦政府机构须向总统和议会提交年度绩效报告，对实际绩效结果与年度绩效目标进行比较，年度绩效报告必须在下一个财政年度的6个月内提交。同时，赋予项目管理者适当的管理权限，使项目管理者对项目的运行及实际绩效要担负更加明确、具体的责任。为检验上述各项要求的实际效果，《绩效法案》还确定了一些试点项目。通过试点项目，检测绩效措施是否有效，明确年度绩效计划和绩效报告的结构，解释、说明项目是否达到了预期的目标，检测项目管理者及其雇员是否具有适当的管理权限，并承担相应的责任。

（一）战略计划

《绩效法案》规定，战略计划的内容包括：说明本部门的工作任务；描述总体的工作目标及如何实现目标；描述战略计划中总目标与年度绩效目标的关系；确认影响绩效总目标实现的主要外部因素；描述拟评价的项目，并制定评价的时间表。

战略计划最少在六年内有效，但每隔三年必须进行调整。战略计划是执行绩效法案各项规定的基础。战略计划要说明机构的目标，即机构及其项目存在的意义、项目所要完成的任务及其时间要求，说明机构长期的发展方向，及机构管理者的近期行动等。

在制定战略计划之前，要对部门、机构项目的发展方向及其安排进行广泛的讨论，听取各方面的意见。部门、机构要向议会进行咨询，也可以向其他相关部门或团体征求意见，避免在项目执行过程中发生争执。同时，给项目管理者创造稳定的工作环境，使按绩效计划设计的年度特定的目标有序地进行。

（二）年度绩效计划

《绩效法案》规定，年度绩效计划的内容包括：（1）阐明绩效目标。每一个项目都可能有一个或多个绩效目标，用于测定实际成果的目标要具有可比性，包括对目标采用定量的标准、价值和比率。（2）确定绩效指标。绩效指标将被用于考核产出和结果。（3）描述测量绩效的方法。测量绩效的方法要科学。（4）说明为达到绩效目标拟采取的工作程序、技巧、技术、人力资源、信息和其他资源等。（5）确定赋予管理者的权限和责任。

在年度绩效计划中选择目标和指标时，应遵循下列原则：一是项目管理者要用目标和绩效指标来判断项目在达到预期目标方面做得怎样；二是在部门的负责人或利益相关者评论项目的完成情况时，要以系统的绩效评估结果为依据。年度绩效目标来自于战略计划的总目标。年度计划实现的目标是实现战略计划总目标的一部分。年度绩效计划的目标更多关注产出，总目标更多地关注结果。

通过测量试点项目绩效的完成情况，检验机构编制年度绩效计划的能力。美国从14个主要部门选出70个试点项目。试点项目的范围非常广泛，涵盖政府功能的各个方面，大到涉及社会安全的项目，小到具体的社区服务项目。选取试点项目进行试点的目的是让机构积累绩效评估的经验。试点的结果，一是多数试点项目能够编制高质量的绩效计划。由于这些项目承载着政府的职能，因此，它们能说明政府建立好的绩效计划是可行的。联邦政府从试点项目中按照25%的比例选出18个项目作为今后的范例。二是许多试点项目也存在一些问题。大约10%的试点项目最后被取消了。原因在于绩效目标很难确定，项目和人员难以组织，以及机构外部变化，导致编制绩效计划和绩效报告所必需的绩效信息受到影响。三是很多试点项目的绩效计划所包括的一些绩效措施没有很好的可操作性。

1997年，由于有些绩效计划没有可操作性，影响绩效评价的实施，因此，总统预算和管理办公室采取以下措施：一是对所有从事绩效测量的专职人员进行统一培训，使他们能够为部门、机构选择适当的、可行的绩效措施。二是促使各政府机构能提供更多、更好的绩效信息。三是将前一年的预算程序将下一年绩效评价的基础。要求各部门在绩效计划中描述绩效测量的详细情况，并附带前一年的预算报告。四是通知各部门及时收集绩效数据，为确定下一年的绩效目标做准备。

（三）年度绩效报告

《绩效法案》规定，年度绩效报告应包括以下几个方面内容：（1）对实际取得的绩效成绩和年度绩效计划中的绩效指标进行比较。（2）如果没有达到绩效目标，要说明没有达到目标的原因，以及将来完成绩效目标的计划和时间表。如果某个绩效目标是不实际或不可行的，要说明改进或终止目标的计划。（3）对某个财政年度内已完成的项目评估的概述。（4）对为实现绩效目标，使用和评估关于豁免管理要求和控制的实施效果的说明。

一个完整的评价周期包括：计划、实施、测定和评估。一个项目的成败是影响下一轮绩效评价（包括绩效计划和战略计划）的重要因素。调整和修改上年报告中的有关信息，调整下年计划，使它们更加符合实际，是绩效管理的重要环节。如果发现目标太高，将被缩小；相反，如果那些实际可以完成却一直被低估的目标将被调高。

四、美国政府预算绩效管理的组织实施

（一）绩效评价的组织实施

绩效评价的组织实施涉及国会会计总署（GAO）、总统管理与预算办公室（OMB）和各政府部门。

国会会计总署（GAO）的主要职责有：（1）代表国会对联邦政府各部门进行年度绩效考评；（2）接受国会的委托，对部门、计划、项目、专项工作的绩效进行专题评估；（3）授权各联邦部门内部的评价办公室对本部门进行绩效或计划和项目的评价。

总统管理与预算办公室（OMB）的主要职责有：协助总统对预算的编制进行指导和监督。管理与预算办公室通过对各政府部门的计划、政府及工作的有效性进行评价，从而确定支出重点，保证预算支出的可行性。各联邦政府部门在新的预算年度（每年10月）开始前5个月（即每年4月中旬）要向管理与预算办公室上报年度计划。结合联邦政府各部门上交的春季绩效评价报告，管理与预算办公室在对各部门年度计划进行评价后，决定是否对预算进行调整。

联邦政府各部门负责向国会提交战略规划和年度计划。主要的一些政府部门都专门设立了"计划与评价办公室"，在没有设立该办公室的部门都由"政府办公室"负责有关评价事宜：（1）每个联邦部门都要向国会提交至少5年期的战略规划（至

少每3年要调整修订一回），每年要向国会和总统管理与预算办公室提交年度计划。（2）接受国会会计总署的委托，对本部门的年度工作进行评价。有时候，国会会计总署也会委托第三方进行独立评价。（3）根据绩效评价的结果，对本部门的政策、计划和工作提出建议，并相应地修订有关政策。

（二）评价的实施方式

《绩效法案》要求：所有联邦政府机构必须向总统预算办公室提交战略计划；所有联邦政府机构必须在每一个财政年度编制年度绩效计划，设立明确的绩效目标；总统预算办公室在各部门的年度绩效计划的基础上编制总体的年度绩效计划，为总统预算的一部分；各部门的预算安排应与其绩效目标相对应，并提交给议会审议；联邦政府机构须向总统和议会提交年度绩效报告，对实际绩效结果与年度绩效目标进行比较；年度绩效报告必须在下一个财政年度开始后的6个月内提交。同时，赋予项目管理者适当的管理权限，使项目管理者对项目的运行及实际绩效要担负更加明确、具体的责任。为了检验上述各项要求的实际效果，《绩效法案》还确定了一些试点项目。通过试点项目，检测绩效措施是否有效，明确年度绩效计划和绩效的结构，解释、说明项目是否达到了预期的目标，检测项目管理者及其雇员是否具有适当的管理权限，并承担相应的责任。

根据《绩效法案》，每个政府机构都必须制定6年（当年财政年度及未来5年）的战略计划，但每隔3年必须对其进行调整。战略计划是执行绩效法案各项规定的基础。战略计划的内容包括：说明本部门的工作任务；描述总体的工作目标及如何实现目标；描述战略计划中总目标与年度绩效目标的关系；确认影响绩效总目标实现的主要外部因素；描述拟评价的项目，并制定评价的时间表。简言之，战略计划要说明机构的目标，既机构及其项目存在的意义、项目所要完成的任务及其时间要求，说明机构长期的发展方向及机构管理者的近期行动等。

在制定战略计划之前，要对部门、机构项目的发展方向及其安排进行广泛的讨论，听取各方面的意见。部门、机构要向议会进行咨询，也可以向其他相关部门或团体征求意见，避免在项目执行过程中发生争执。同时，给项目管理者创造稳定的工作环境，使按绩效计划设计的年度特定的目标有序地进行。

（三）绩效评价的对象和内容

美国政府绩效评价对象包括"部门年度绩效考评"和"专题绩效评价"。"专题绩效评价"一般由会计总署（GAO）应国会或其他部门的要求进行评价。

《绩效法案》规定，年度绩效计划的内容包括：（1）阐明绩效目标。每一个项目都可能有一个或多个绩效目标，用于测定实际成果的目标要具有可比性，包括对目标采用定量的标准、价值和比率。（2）确定绩效指标。绩效指标将被用于考核产出和结果。（3）描述测量绩效的方法。测量绩效的方法要科学。（4）说明为达到绩效目标拟采取的工作程序、技巧、技术、人力资源、信息和其他资源等。（5）确定赋予管理者的权限和责任。

美国绩效评价的内容非常广泛，主要包括：（1）过程评价，或称为立项决策评价，主要是评价项目立项的合理性；（2）经济效益评价，主要是评价项目的获利能力、成本效益情况等；（3）综合影响评价，主要是评价项目运营对地区、行业的经济发展，对项目周边自然环境及相关社会环境的影响；（4）持续性和长期评价，即评价项目完成后，是否可对经济和社会产生持续或长期的影响。

（四）评价结果的应用

《绩效法案》规定，年度绩效报告应包括以下几个方面内容：（1）对实际取得的绩效成绩和年度绩效计划中的绩效指标进行比较。（2）如果没有达到绩效目标，要说明没有达到目标的原因，以及将来完成绩效目标的计划和时间表。如果某个绩效目标是不实际或不可行的，要说明改进或终止目标的计划。（3）对财政年度内已完成的项目评估进行概述。

美国财政支出绩效评价的重要特点是由国会直接领导和监督，并由国会会计总署（GAO）负责对联邦政府各部门实施绩效的评价，所以其评价的力度很大，评价的效果可以充分运用到提高政府工作效率中。主要表现在：及时发现政府部门在管理中的问题，及时提出解决方案，供国会和政府参考；同时绩效评价的结果与各部门和单位的管理责任紧密地结合起来；另外，将绩效评价的结果与预算结合起来。布什政府的一个工作重点就是要把各政府部门工作的绩效与其部门的预算紧密地结合起来，充分应用绩效评价结果，加强各部门管理责任的落实，进一步加强政府支出管理，提高政府支出效益和政府工作效率。

第十章

美国政府会计管理

■ 本章导读

政府会计作为确认、计量、记录和报告预算及其执行情况的会计,是一个收集和传达政府财政状况信息的制度,是政府的神经系统,信息疏通则政府财务运作自如,信息堵塞则使政府作业有瘫痪之险。本章介绍了美国政府会计的概况,美国政府会计准则的制定机构、内容,政府会计确认基础的发展演变以及美国政府财务报告的类型、编制、确认基础等相关内容。

第一节 美国政府会计概况

美国政府会计没有统一的模式,分为相互独立的联邦政府会计和州及地方政府会计两个层次,并分别制定会计准则:州与地方政府会计准则由 1984 年设立的政府会计准则委员会(GASB)制定,而联邦政府会计准则由 1990 年成立的联邦咨询委员会(FASAB)制定。服从各自的报告目标,形成了独具特色的双层次政府会计模式。

一、联邦会计准则咨询委员会(FASAB)制定联邦政府会计准则

美国联邦政府会计改革晚于州与地方政府会计改革。1990 年通过的《财务总监法案(The CFO Act)》要求,各类机关设置首席财务官,根据公认会计原则(GAAP)每年编制财务会计报表与联邦政府的合并财务会计报表,且报表必须经过审计。美国实行三权分立,导致了联邦政府会计准则应由行政部门(财政部或管理与预算办公室 OMB)还是立法部门(会计总署 GAO)制定的争论。为消除分歧,美国财政部、管理与预算办公室(OMB)、国会会计总署(GAO)达成共同组建 FASAB 的协议,并规定 FASAB 制定的联邦会计准则,须得到财政部、管理与预算办公室、会计总署同意后,方可公布实施,三者在准则制定过程中均享有一票否决权。

FASAB 设立于 1990 年,由 9 名成员组成。其中 3 名分别代表财政部、管理与预算办公室和会计总署,其余 6 名来自非政府的私人部门。委员会只对联邦政府负责,成员由财政部部长、管理与预算办公室主任和会计总署总审计长联名任命。FASAB 采用公告的形式发布联邦政府会计准则,其公告包括概念公告、准则公告、技术公告和解释公告四种。

二、政府会计准则委员会(GASB)制定州与地方政府会计准则

美国州与地方政府会计准则的体系较为完整、内容十分丰富,发展历程较早。早在 19 世纪 90 年代初美国城市化发展时期,提出将商业的会计程序与方法引入地方政府的财务管理中,建议采用应计制基础和复式记账法,编制资产负债表衡量政府的运行能力。20 世纪 30 年代,美国陷入经济大萧条,不少地方政府无力偿债,政府会计准则制定问题受到重视。1934 年成立了全国地方政府会计委员会(NC-MA),制定并发布了若干政府会计原则公告,提出通过统一术语和账户结构加强会

计和预算的联系，强调预算和财务信息的协调，要求采用应计制会计，但未要求对一般固定资产计提折旧。20 世纪 70 年代，奉行凯恩斯功能财政思想的美国，许多地方政府发生了预算支出膨胀、公共债务负担加剧等财政危机。政府会计改革再次启动，主要目标是反映政府对公共资源使用与管理的责任上。1979 年政府财务官员协会成立了全美政府会计理事会（NCGA）。1984 年，为提升独立性与权威性，财务会计基金会（FAF）成立了与财务会计准则委员会（FASB）相平行的政府会计准则委员会（GASB），取代全国政府会计理事会，专门制定州与地方政府会计准则。该委员会由美国财务会计基金会（FAF）任命的 7 名成员组成，且具有政府会计和财务背景。

三、美国政府会计采用双重财务报告模式，强调审计的重要性

（一）美国联邦政府财务报告分为本级财务报告和合并财务报告

被确定为联邦报告主体的每个联邦机构、项目和预算账户，均应提供本级财务报告（包括预算报表和 4 张基本权益报表），以及管理当局讨论和分析、项目业绩计量报告、财务报表附注等必要的补充信息。美国联邦政府会计唯一的实体是整个联邦政府，故在编制本级财务报告的同时，还要编制整个政府的合并财务报表，以便财务报告使用者了解整个联邦政府的受托责任履行情况。

（二）州与地方政府财务报告

其先后经历了三个阶段：（1）基金财务报告模式。20 世纪六七十年代，主要以单个基金及账户组报表为主。州与地方政府按照法律法规、行政法令、合同协议的限定设立基金和账户组；每个基金和账户组都有相对独立的收入、支出、资产、负债和基金余额等要素，须单独输送财务报表。基金报表须遵循"单个基金→某种基金→某类基金"的顺序编制、汇总，最终形成以州与地方政府为报告主体的财务报告。（2）"金字塔"财务报告模式或综合年度财务报告模式。20 世纪 80 年代起，"金字塔"财务报告模式逐渐为公众所接收，成为具有代表性的州与地方政府财务报告模式。"金字塔"财务报告模式下的财务报告是州与地方政府在财政年度内对各项行政事业活动情况和结果所做的全面、综合而系统的书面总结报告，除了反映政府财务业绩与财务受托责任外，还综合反映非财务的业绩和政治、社会、法律的受托责任。它是正式的政府年度财务报告，覆盖所有的组成单位和基金与账户组，内容包括简介、财务和统计三部分。（3）双重报告模式。"金字塔"财务报告模式只是对基金和账户组报表的进一步整理，合并基金报表仍不能完全反映报告主体真实的财务状况。1999 年 6 月 GASB 颁布 34 号公告，要求州与地方政府采用双重财务报告模式：除提供政府作为各独立基金的集合、采用修正的权责发生制（应计制）基础编制的重要个别基金层面的报告外，还应编制将政府全部业务综合起来，以政府所有经济资源为计量对象、采用应计制基础的政府整体层面财务报告。双重财务

报告由管理讨论与分析（MD&A）、政府层面和基金层面的基本财务报表、财务报表附注和其他补充信息等组成。

四、政府预算和财务报告采用不同的会计基础，渐进引入应计制

在美国政府会计发展史上，应计制的应用直接产生于编制对外财务报告的需要。预算会计和财务报告是美国政府会计的重要组成部分：预算反映当年的政府财政收支总额及分配结构，预算会计侧重于提供预算批准和执行的信息，而政府财务报告包括以资产负债表为核心的一系列财务报告，可更全面地反映政府的运行能力和财务绩效。作为一种重要的短期计划性法律文件，美国的责任基础预算建立在拨款法案和支出授权的基础上，采用现金制基础计量预算的收支与赤字，不反映每年潜在的应计资产与负债，不能据以评价政府的长期财务状况；而应计制基础的财务报告可提供以往决策的现时结果和当前决策的未来结果等有价值的信息；将预算和以应计制为基础的财务报告联系起来，可以相互补充、全面反映政府的运行状况与绩效、验证预算的合理性，为制定后续预算提供依据。

1997年FASAB开始对联邦政府的合并财务报表和主要政府机构个别报表采用应计制，要求政府支出确认采用修正的应计制，收入确认采用修正的现金制，且仅限于报告主体具有明确可辨认、金额可合理估计、依法可要求偿付现金或其他资产权利时。GASB要求州与地方政府对由政府基金提供资金的行为采用修正的应计制，在付出现金和短期负债增加时确认支出，在政府的权利成立、可获得与可计量时确认收入；每个政府单位均应采用年度预算，会计系统除按GAAP进行报告外，还应反映对相关法律与合约的执行情况，以提供适当的预算控制基础。

五、州与地方政府会计实行基金会计体系

基金会计体现很强的美国传统特征，按照资源性质、用途及管理特点可分为政府、权益和信托基金三类。（1）政府基金主要核算普通政府活动即政务活动中可支用的流动资产、相关负责、净资产变动及余额；计量重点是当期财务资源，不增加当期财务资源和运用当期财务资源的交易事项不在核算范围内；收入主要来源于税收和政府间收入；上级补贴也是重要的收入来源。会计等式为：流动资产－流动负债＝基金余额；收支确认采用修正的应计制，支出在付出现金和短期负债增加时确认，收入在政府的权利成立、金额可计量时确认。（2）权益基金主要核算政府商业活动的收入、费用、资产、负债和权益。计量重点是经济资源；采用应计制会计基础。会计等式是：流动资产＋非流动资产－（流动负债＋长期负债）＝净资产。（3）信托基金核算政府为其他方利益以信托或代理方式持有的资产。普通政府资本资产和长期负债不通过政府基金账户核算，而是通过专设的非基金账户反映。会计等式为：固定资产－未到期的长期负债＝净资产－普通资本资产投资，非基金账户

不属于基金,不核算可支用的财务资源和相关负债,其变动不会直接影响政府基金的经营成果。

第二节 美国政府会计准则

作为一个联邦制国家,美国联邦政府和地方政府相互独立,分管不同职责,并不存在隶属关系。这样一种政治体制和政府结构决定了美国不存在全国统一的政府会计准则,而是分为两个层次:联邦政府会计准则以及州和地方政府会计准则。这两层次的会计准则分别由不同机构负责编制,前者由联邦政府会计咨询委员会(Federal Accounting standards Advisory Board 简称 FASAB)制定,后者由政府会计准则委员会(Governmental Accounting Standards Board 简称 GASB)制定。这两套不同的准则体系相似,两者都是先编制领先于准则的概念框架,然后再阐述具体的会计准则,最后给出全面的细化和解释。正是这样的体系使得美国的政府会计领先于大多数国家,为其他国家会计准则的制定和完善提供借鉴意义。

一、政府会计准则制定机构

(一)政府会计准则制定机构概述

联邦政府会计咨询委员会(FASAB)制定联邦政府会计准则,政府会计准则委员会(GASB)制定州和地方政府会计准则,同时 GASB 还建立了政府会计咨询委员会(简称 GASAC)为其提供咨询意见。FASAB 和 GASB 都借助于民间机构组织的力量,如财务会计基金会(简称 FAF)以及美国注册会计师协会(简称 AICPA),这些机构对制定机构的改革和不断更新的准则内容都发挥了很大的作用。

(二)联邦政府会计准则制定机构

美国国会在 1921 年通过预算与会计法案,成立预算局和会计总署(简称 GAO)。会计总署(GAO)作为一个集会计与审计为一体的机构,自成立以来就备受争议。行政部门认为会计总署(GAO)太多干涉行政事务,政府会计准则不应由会计总署(GAO),而应由行政部门制定。而国会则不以为然,并授权会计总署(GAO)的审计长规定会计程序和体系。这种制度争论长达 70 年,一直没有得到解决。1990 年通过的《财务总监法案》(The CFO Act)使得该问题亟待解决。最终财政部、管理与预算办公室(OMB)和会计总署(GAO)三者通过不断协商、沟通和妥协,最终成立了 FASAB。[①]

---

① 来源:《美国预算法律制度考察报告》,中华人民共和国财政部官网。

FASAB 制定的联邦政府会计准则需同时通过财政部、管理与预算办公室（OMB）以及会计总署（GAO）三方的同意方可实施，这三方对 FASAB 所指定的会计准则均有一票否决权。FASAB 由 9 名成员组成，其中 3 名分别代表上述三方，其余 6 名来自不同的非政府私人部门。[①] 在 1991～2006 年间，FASAB 发布了 32 个准则公告，涵盖联邦政府会计的方方面面。

（三）州和地方会计准则制定机构

1934 年，市政会计全国委员会（简称 NCMA）成立并制定了政府会计的 10 项准则。在准则出版后，NCMA 解散。后来该组织恢复，改名为政府会计全国委员会（简称 NCGA），1968 年出版了《政府会计、审计和财务报告》。1974 年 NCGA 改组为政府会计全国理事会（也简称 NCGA）修订 1968 年的《政府会计、审计和财务报告》，并发布了"政府会计和财务报告原则"。1980 年该组织解散。1984 年，政府会计准则委员会（简称 GASB）在财务会计基金会（简称 FAF）的大力支持下得以成立，与当时已经存在的财务会计准则委员会（简称 FASB）同时存在。

GASB 负责州和地方政府的会计准则的制定。GASB 由 FAF 制定的 7 名成员组成，只有主席为全职人员。在 1984～2006 年间，GASB 共制定了 48 项准则公告，为规范美国各个州和地方的会计准则发挥了巨大的作用。[②]

二、政府会计准则制定程序

无论是联邦政府会计原则还是州和地方政府会计原则的制定都需要经过严格的程序，积极听取各方意见，反复对比和修改，投票表决后才公布最终的公告内容。程序一般包括以下 8 个步骤：明确要解决的会计问题，确定日程；初步考虑解决方案；撰写文件初稿，讨论备忘录；公布初稿文件，征集意见或者举行公开听证会；进一步考虑解决方案；投票表决，至少要达到多数票通过；向主管提交审议公告，FASAB 向财政部、OMB 以及 GAO 三方提交，GASB 向 FAF 提交公告；发布最终的公告内容。[③]

三、政府会计准则内容

（一）政府会计准则主要内容概述

近些年来，美国政府会计经历了巨大改革和完善，最终形成了目前比较先进、完整的准则体系。首先，FASAB 和 GASB 都发布政府层面的报表，而不仅限于基金层面；其次，美国政府会计都采用权责发生制或者有限度的权责发生制，真正反映

---

① 汪泓：《对比分析中国预算 美国联邦预算中的审计》，载于《财会审计》2011 年第 9 期。
② 网页：About the South Carolina Comptroller's Office.
③ 孙广杰：《学习借鉴美国国库制度的几点思考》，载于《辽宁经济财政税收》2002 年第 9 期。

政府资金收支方向和明细；接着，政府会计均采用广泛的计量侧重点，即将财务资源与资本资源分开，将短期财务资源与长期财务资源分开，将短期负债与长期负债分开，全面考虑到政府的所有资产和负债；最后，政府会计不再限于为编制预算服务，而是与预算分离，用于评价预算。FASAB 和 GASB 不断改进会计准则，制定出新的公告，一方面反映了其与时俱进，致力于解决社会关注问题，另一方面，也使得会计准则不断更新，趋于完善，成为世界上其他国家的参考范本。

（二）政府会计准则的主要内容

FASAB 和 GASB 从成立之初到现在大致共颁布了 80 多项原则，可总结为以下 10 条，这 10 条也是 FASAB 和 GASB 在制定准则时考虑到的 10 个方面：会计与预算的关系、计量单位、计量对象、会计确认、会计实现、会计体系、会计基础、会计职能与目标、财务报告的主体、财务报表。

1. 会计与预算的关系：可依照政府会计的收入和支出作出政府预算，并根据过去实际数与预算数对未来的政府预算作适当的修改和完善。

FASAB 和 GASB 都不能决定预算的概念以及准则，但是政府会计与政府预算间相互作用，相互影响。会计与预算的关系主要体现在以下几个方面。（1）联邦和州以及地方政府根据预算的规则编制财政年度内的预算报告。（2）州和地方政府的基金财务报告中设计实际执行与预算的比较，并编制预算比较表。预算比较表披露的内容包括初始预算、最终预算、实际执行数以及实际执行与预算的差额数。但联邦以及州和地方政府编制的整体的财务报告中不进行此种比较。（3）当预算基础与会计基础不相同时，按照不同的规则编制出的数字要进行对账。（4）FASAB 和 GASB 所编制的政府会计准则不受预算准则的限制，预算编制同样也不适用会计的概念和准则。

2. 会计计量：对同一类资产的计量保持相同的单位，扣除通胀影响和偶然因素的影响。如固定资产按折旧后的成本计量，金融资产按公允价值计量，长期负债按折现后的价值计量。

尽管 FASAB 和 GASB 都没有发布专门处理计量单位问题的准则，但均采用美元作为会计和财务报告的计量对象，不因美元购买力的升降而进行调整。但在严重通货膨胀期间，应该对财务趋势信息进行调整。

3. 会计对象：会计对象广泛。资产包括短期资产、长期资产和资本性资产。负债包括资本性债务和运营债务。资产和负债的分类便于评估主体的流动性和偿付能力。

FASAB 和 GASB 在扩展资产负债表的计量对象方面采取了许多措施。（1）联邦政府重视对托管资产和托管责任进行广泛的报告。尽管托管资产和托管责任是不能按财务项目进行计量的资源，但却是政府的资源和责任，应该予以报告。（2）各级政府资产的报告也不只限于财务资源，还包括非财务资源，例如基础设施和其他资本性资产。（3）政府会计对短期负债的确认、计量和报告规定全面，但长期负债方面却存在巨大问题。其没有将负债细分为运营债务和资本债务，也没有一个通过借款融资的资本预算。

4. 会计确认：表明资产和负债的标准。资产是指各计量单位拥有的、能以货币计量的各种财产、债权和其他权利；负债是指能以货币计量的、需要以资产和劳务形式支付的债务。

FASAB 和 GASB 都明确规定了资产和负债确认的标准，此种标准按照政府和外部团体的相互作用设计而来。

资产的确认标准为：(1) 具有未来服务潜力；(2) 政府所有或实际控制；(3) 过去交易或事件的结果。

负债确认的标准为：(1) 迫使未来现金流出或提供服务；(2) 不可避免并有一定时间和数额；(3) 过去交易或事件的结果。

资产和负债相抵后净资产。合同承诺不是负债，但可以在净资产或者基金余额中加以披露。

5. 会计实现：会计采用历史成本，反映的是实际已经发生的交易和事件。会计数据反映过去交易和事件对一个主体的财务状况、财务业绩和现金流的影响。财务会计仅仅处理已经发生的结果，不预定将要发生的计划或揣测。因此递延维护不在财务报告中报告，但可以在财务报表的注释部分等加以披露。

会计实现不与对过去交易的估计和对当前以及未来财务后果的预测相矛盾。例如，折旧费和不能收回款的账户递减都要求对未来进行估计。但这两种情况的起点都是已经发生的交易和事件。

6. 会计体系：包括复式记账法和会计平衡式。所有财务会计体系都是建立在复式记账体系基础上的。复式记账体系中不规定账户科目表。联邦政府会计中财政部的财务管理司要求各机构采用标准的总分类账户规定。州和地方政府会计中要求政府拥有统一的会计术语和账户分类。

会计要素包括 5 大类：资产、负债、净资产、收入以及支出。会计等式有如下三个：资产 = 负债 + 净资产，各期净资产变动 = 收入 - 支出，资产 + 支出 = 负债 + 净资产 + 收入。

7. 会计基础：权责发生制或者有限度的权责发生制，全面反映资产的来源以及负债的产生。完全权责发生制中，交换性交易所得收入应以服务的努力和完成为基础，相关费用是产生该收入使用的全部资产的成本和发生的全部负债。权责发生制的程度范围从弱度的权责发生制、中度的权责发生制到强度的权责发生制，其差异在于收入和费用中包含的资产和负债内容不同。采用何种程度的权责发生制取决于计量收入和服务成本的目标，并且应当根据成本与收益的权衡来决定。

8. 会计职能与目标：进行预算控制以及反映政府财务收支状况和受托责任，符合公认会计原则，为报告使用者提供有用信息。

FASAB 和 GASB 都将准则的焦点集中在财务会计方面，目的是正确地计量基于一般目的的外部财务报告中过去的决定和行动的财务结果，并且政府会计体系要求具备能力监控法律、预算和契约的履行情况，及其对特殊目的报告信息的表达。

9. 会计和财务报告的主体：不再限于基金报表，而应该上升到政府层面。即不只关注政府的商业性活动，而应将关注点扩大到政事性活动。

根据受托责任和决策能力决定会计和报告主体。主体包括整个政府及其构成单位，以及在法律上独立但在财务上依赖于政府的组织。充分分解财务数据以为不同目的进行有弹性的汇总。

联邦政府的财务报告是合并的，整个政府为一列；州和地方政府的财务报告主体包括政府和分立提供的构成单位，基本政府对这些构成单位负有财务责任，并且基本政府的政务性活动与企业性活动是在被汇总为政府整体报告以前分别报告的。

10. 财务报表：报表不仅要包括政府层面财务报表，还要有管理讨论和分析（MD&A）的具体内容，以及其他的补充信息，如预算比较表等。

财务报表是中期和年度财务报告的核心。在复式记账体系中有年末财务状况表和期内财务业绩表两个基础的财务报表。财务状况表和财务业绩表相关，现金流量表与现金状况表相关。但联邦政府还有一份政府整体的现金收支余额表，因此要将权重发生制的余额与收付实现制的余额比较。在联邦政府报告和州以及地方政府的基金报告中还应用额外要求的和自由决定的披露来编制与预算业绩相关的附加财务报表。

（三）联邦政府会计准则具体内容（1994～2006年）

1. 联邦政府会计概念公告。

第1号：联邦财务报告目标。美国联邦会计体系应能规定法律和预算遵从的信息，并根据GAAP编制财务报告。

第2号：主体和显示。政府报告主体应基于统一的预算。除非另有规定，美国政府和联邦机构应使用同一套财务会计准则，编制同一套财务报表。

联邦政府及其构成单位都应编制下列相关联的财务报表：资产负债表、净成本表、净财务状况变动表。政府整体的综合财务报表不应包括预算受托责任报表。机构的财务报表应在实际交易和事件的财务和业绩基础上报告预算资源的使用情况和所处状态。

第3号：管理的讨论和分析。设定管理讨论与分析时为了加强报告使用者对财务报表的理解。这部分应提供财务摘要，陈述财务主体的任务和结构、行动与计划、内控和对主体未来有影响的事件。

第4号：美国政府合并财务报告的预期使用者和质量特征。报告的预期使用者包括公民及其中介，还包括国会、政府行政部门和项目管理人员。报告的质量特征应是可理解、真实可信、及时、一致以及可比较的。

2. 在1994～2006年间，FASAB共制定了32项准则公告，内容见表10-1。

表10-1

序号	发布时间	生效时间（年）	内容
1	1993年3月10日	1994	待定资产和负债的会计处理
2	1993年8月23日	1994	直接贷款和贷款担保的会计处理
3	1993年10月27日	1994	存货和相关财产的会计处理
4	1995年7月31日	1998	管理成本会计的概念和原则

续表

序号	发布时间	生效时间（年）	内容
5	1995年12月20日	1997	联邦政府负债的会计处理
6	1995年11月30日	1998	财产、工厂和设备的会计处理
7	1996年5月10日	1998	收入和其他资金来源的会计处理
8	1996年6月11日	1998	补充的经营管理报告
9	1997年10月3日	1998	4号文件实施延期
10	1998年10月9日	2001	内部使用软件的会计处理
11	1998年12月15日	1999	对财产、工厂和设备规定的修订—定义
12	1999年2月5日	1998	诉讼导致的或有负债的确认
13	1999年2月5日	1999	对65.2段的相关交易的重要收益的递延
14	1999年4月	1999	对递延提交维修报告的修订
15	1999年4月	2000	MD&A
16	1999年7月	2000	对财产、工厂和设备—多用途遗产的会计处理的修订
17	1999年8月	2000	社会保险的会计处理
18	2000年5月19日	2001	对直接贷款和担保贷款会计处理的修订
19	2001年3月	2001	对直接贷款和担保贷款会计处理的技术修订
20	2001年9月	2003	免除国内税收局、海关和其他部门税收披露
21	2001年10月	2001	对国内税收局、海关和其他部门会计处理错误和更正的报告修订
22	2001年10月	2001	对协调债务和净运营成本的特定要求的改变
23	2003年5月	2003	消除国防财产、工厂和设备的类别
24	2003年1月	2002	政府合并报告的特定准则
25	2003年7月	2005	对经营管理的重新分类和对服务评估的取消
26	2004年11月	2004	对社会保险公告的重要假设
27	2004年12月	2005	对专项基金的确认和报告
28	2005年1月	正在发布	对25号和26号报告生效日的推迟
29	2005年7月	分阶段生效	遗产财产和托管土地
30	2005年8月	2009	实体内部成本修订：修改4号文
31	审议中		信托的会计处理
32	2006年9月	2006	对政府合并财务报告的要求

（四）州和地方政府会计准则具体内容（1984~2006年）

1. 州和地方政府会计概念公告。

第1号：财务报告目标。财务报告的目标应是阐明和评估政府受托责任、评价政府工作结果、评估政府提供服务的能力。

第2号：服务绩效报告。服务绩效信息应包括在一般目的的外部财务报告中，才能帮助报告使用者更好地评估政府的服务，并且这些指标的范围应从投入指标到产出和结果指标，以及反映之间关系的指标。

第3号：包括财务报表的一般目的外部财务报告的信息方法。信息方法包括财务报表、财务报表注释、支持性信息之间的关系，并提供对选择传达信息方式的指导。

2. 在1984~2006年间，GSAB共制定了48项准则公告，内容见表10-2。

表10-2

序号	发布时间	生效时间	内　　容
1	1984年7月	1984年7月	NCGA声明和AICPA审计指南的权威地位
2	1986年1月	1986年12月15日	国内收入法案第457条关于递延酬劳计划的财务报告
3	1986年4月	1986年12月15日	金融机构的储蓄、投资和逆回购协议
4	1986年9月	1986年9月	87号文"员工退休金"对州以及地方政府工作人员的适用性
5	1986年11月	1986年12月25日	公务员退休金体系以及州和地方政府工作人员退休金的信息的披露
6	1987年11月	1987年6月15日	特殊收入的会计处理和财务报告
7	1987年3月	1986年12月15日	由于债务终止引起的提前还贷
8	1988年1月	1988年1月	93号文"非营利组织折旧确认"对州和地方的适用性
9	1989年9月	1989年1月15日	业主资金、非消耗性信托资金以及其他使用该会计处理方法的政府实体的现金流量报告
10	1989年11月	1990年或1994年	风险融资和相关的保险问题的会计处理办法和财务报告
11	1990年5月	延期	报表的计量重点和会计的记账基础
12	1990年5月	1990年6月15日	州和地方政府工作人员退休后得到福利信息的披露
13	1990年5月	1990年	每期租金都增加的经营租赁的会计处理
14	1991年6月	1992年12月15日	财务报告主体
15	1991年10月	1992年6月15日	公立高校的会计处理方法和财务报告模式

续表

序号	发布时间	生效时间	内容
16	1992年11月	1993年6月15日	带薪休假的会计处理
17	1993年6月	1993年6月	对11号文和相关报告《对GASB第10、11、13号文的修订》的生效期的修订
18	1993年8月	1993年6月15日	关闭市政府固体垃圾处理厂以及后续成本费用的会计处理
19	1993年9月	1994年6月15日	公立高校的全面财务报告——对10号文和15号文的修订
20	1993年9月	1993年12月15日	业主资金以及其他使用该会计处理方法的政府实体的会计处理和财务报告
21	1993年10月	1994年6月15日	无人继承收缴国库资产的会计处理
22	1993年12月	1994年6月15日	政府基金中租税收入的会计处理
23	1993年12月	1994年6月15日	对活动报告的债务偿还的会计处理和财务报告
24	1994年6月	1995年6月15日	对特定补助金和其他财务资助的会计处理以及财务报告
25	1994年11月	1996年6月15日	既定收益退休金计划的财务报告和既定供款退休金计划的附注披露
26	1994年11月	1996年6月15日	既定收益退休金的医疗保健计划的财务报告
27	1994年11月	1997年6月15日	州和地方政府工作人员的退休金的会计处理
28	1995年5月	1997年12月15日	证券投资的会计处理和财务报告
29	1995年8月	1993年12月15日	政府对非营利组织的会计处理和财务报告准则的使用
30	1996年2月	1996年6月15日	风险投资的综合处理——对10号文的修订
31	1997年3月	1997年6月15日	对特定投资和外部投资集合的会计处理和财务报告
32	1997年10月	1998年12月31日	国内收入法案第457部分递延酬劳计划的会计处理和财务报告——废止2号文,修订31号文
33	1998年12月	2000年6月15日	非交换交易的会计处理和财务报告
34	1999年6月	按规模分期进行	州和地方政府基本财务报告以及MD&A
35	1999年11月	按规模分期进行	公立高校基本财务报告以及MD&A——对34号文的修订
36	2000年4月	与33号相同	接收方对共享非交换收益的报告——对33号文的修订
37	2001年6月	与34号相同	州和地方政府基本财务报告以及MD&A——对21号文和34号文修订后的综合

续表

序号	发布时间	生效时间	内　　容
38	2001年6月	与34号相同	对特定财务报表附注的披露
39	2002年5月	2003年6月15日	确定特定组织是否为组成单位——对14号文的修订
40	2003年3月	2004年6月15日	储蓄和投资风险的披露——对3号文的修订
41	2003年5月	与34号相同	预算比较时间表的观点差别——对34号文的修订
42	2003年11月	2004年12月15日	资产减值和保险恢复的会计处理和财务报告
43	2004年4月	按规模分期进行	退休后福利计划的财务报告
44	2004年5月	2005年6月15日后	经济情况报告：统计部分
45	2004年6月	按规模分期进行	雇主退休后福利计划的会计处理和财务报告
46	2004年12月	2005年6月15日	授权法律所限制的净资产
47	2005年6月	与45号相同	年终奖金的会计处理
48	2006年9月	2006年12月15日	销售、应收款抵押品、远期收入及其转移

资料来源：《美国的政府预算信息公开制度》，求是理论网。

四、联邦政府会计准则与州和地方政府会计准则的比较

随着联邦政府会计准则与州和地方政府会计准则的不断完善，两者越来越有趋同走向，但这些原则因为其适用对象的不同，多多少少存在差异，以下是对联邦政府会计准则和州以及地方政府会计准则的比较（见表10-3）。

表10-3

	联邦政府会计准则	州和地方政府会计准则
制定机构	政府部门的合作机构	政府之外的独立团体
准则内容	外部财务报告+管理与成本会计	外部财务报告
使用对象	国会+管理者	债权人+投资者
报表披露	按政府部门	按基金种类
实施方式	审计和行政法规	AICPA审计和评级机构要求
监督方式	直接政府监督	间接政府监督

资料来源：http://en.wikipedia.org/wiki/Congressional_Budget_and_Impoundment_Control_Act_of_1974。

第三节 美国政府会计基础演变

在政府会计制度建立过程中,会计基础的选择和转换是一个非常重要的问题。在美国政府会计逐步完善的过程中同样经历了会计基础的这样一种演变。美国政府会计的改革经历了联邦会计及州和地方政府两条独立不同的改革路径,但又有着趋同的发展倾向。在政府会计改革过程中会计基础的演变也经历了比较大的变化,逐步形成如今以权责发生制为主,收付实现制辅助的模式。

一、美国州和地方政府会计基础演变

美国州和政府会计基础的演变是伴随着其经历的 3 次大的改革而进行的,会计基础经历了收付实现制到部分事项采用权责发生制到如今的完全权责发生制的 3 次大的变化。

第 1 次改革发生在进步时代(1890~1920 年),目标是反腐倡廉,在这次改革中着重引进企业会计,会计基础方面仍采用的是收付实现制,并未做大的改革;第 2 次改革发生在 1929 年美国经济大萧条后到 20 世纪 70 年代早期,目标是支持财务管理,在这次改革中全国政府会计委员会(NCGA)出版了《政府会计、审计和财务报告》(GAAFR),规范了公认的会计原则,会计基础方面开始要求部分事项采用权责发生制,具体表现为建议采用权责发生制和修正的权责发生制;第 3 次改革发生在 20 世纪 70 年代中期至今,目标是要促进受托责任,在这次改革中政府会计准则委员会(GASB)成立,并颁布了第 11 号准则《计量核心和会计基础——政府基金运营活动表》和第 34 号准则《州和地方政府基本财务报表和管理讨论与分析》等 41 号准则,会计基础方面这次改革对权责发生制只是进行了温和的修正,即要求更大程度的实行权责发生制,同时要求州和地方政府按照权责发生制会计基础编制政府层面财务报表。

按照目前美国州和地方政府的财务报告模式,州和地方政府都要编制两套独立但又相互关联的财务报告。一套是一个整体层面的政府财务报告,将政府的全部业务综合起来,采用完全的权责发生制基础。另一套是基金财务报告,将政府作为各个独立基金的集合,主要采用权责发生制,但在不同性质基金的财务报告中所采用的权责发生制的程度也不同。

美国政府实行基金会计体系,州和地方政府使用基金的分类,按照资源性质、用途以及管理特点分为政府、权益和信托基金三类。不同类型基金会计核算基础不同。政府基金主要是核算普通政府活动,确认收支采用修正的权责发生制,即在付出现金和短期负债增加时确认支出,在政府的权利成立时确认收入。权益基金主要核算的是经济资源,因此它适用的公认会计原则多数与私营企业类似,采用的会计核算基础是权责发生制。

二、美国联邦政府会计基础演变

美国政府会计基础的演变也是伴随着联邦会计改革而发生的。美国联邦政府会计改革长期以来争论的焦点集中在机构问题和概念问题，其中它所面临的概念问题之一就是是否采用权责发生制基础。

长久以来联邦政府会计的会计基础是采用收付实现制的，但从改革的概念问题可以看出，会计基础是否向权责发生制转变一直是他们讨论的问题。早在1949年联邦政府曾被建议采用权责发生制，但没有被采纳；1956年，胡佛委员会曾建议联邦会计采用权责发生制并立法要求使用，但没有得到有效执行。1970年，安达信在权责发生制基础上编制了第1份联邦合并财务报表，促成了联邦财政部在从1971年后的20年在权责发生制基础上编报未经审计的样本合并财务报表，作为现金制年度官方报表的补充材料；1990年联邦政府会计开始实行从收付实现制向权责发生制转变，联邦会计准则咨询委员会（FASAB）创建，国会通过《首席财务官法案》，要求24个较大的部门采用权责发生制核算；2002年国会通过法案要求所有联邦部门实施权责发生制，但是到目前为止，转变并不完全。

美国联邦政府各部门在每个财政年度结束时，都编制以权责发生制为基础的财务报告，并提交给联邦财政部，由财政部进行汇总，编制以权责发生制为基础的联邦政府年度综合财务报告。此外，联邦各部门每月还要向财政部提交以收付实现制为基础的报告，反映各部门的收入和支出情况。

联邦会计准则对政府收入和支出的确认进行了明确规定，政府支出确认采用修正的权责发生制，收入确认则采用修正的现金收付制。

三、美国政府会计基础演变总结

（一）现状

经历了政府会计基础的演变，美国州和地方政府会计基础与联邦会计基础最终取得了趋同，两者都承诺以权责发生制为基础编制政府层面合并财务报表，但实际执行时仍做出了让步。

美国无论是联邦政府还是州和地方政府，都要根据要求编制和公布其预算及财务报告。政府财务报告的编制通常采用权责发生制基础，而在预算执行结果方面，则采用的是收付实现制为基础。美国联邦政府及州和地方政府在实践中也很重视两种不同会计基础所产生的信息的协调一致性。虽然两者口径不同，结果数据不同，但两者必须保证都是正确的信息，经过调整后，在同一口径下达到同样的结果。在这方面，联邦政府采用的方法是将财务报表的结果和预算之间进行对账，通过对账说明二者差异的原因。

传统的美国的政府预算和会计采用收付实现制，但为节省当期现金支出而将其转移至未来支付的现象也越来越普遍，某种程度上造成了政府大量举债的情况。因此，近年来，随着政府会计的完善，美国政府预算会计的会计基础也从收付实现制转移到权责发生制，将应收和应付账款反映在平衡表上，有利于提供测量未来现金进出流量的信息。

（二）收付实现制与权责发生制的侧重与联系

以收付实现制为基础的会计注重收入和支出的流量，以权责发生制为基础的会计的出发点则是资产和负债的流量。年度预算只反映了一个时期的现金流入与流出，而资产负债表则是对政府资产和负债的持续衡量。所以美国政府会计在预算的执行上常常采用收付实现制作为会计基础，而在财务报告的编制上现多采用权责发生制作为会计基础。

由此可以看出，权责发生制和收付实现制并不是相互排斥的。而这两种会计基础不仅可以在政府会计的各项工作中同时应用，也可以将二者的特性共同发挥，形成一种拥有二者特质但又不完全相同的会计基础。

修正的权责发生制随之诞生。修正的权责发生制是指在采用权责发生制的同时，保留了一定程度和范围的收付实现制做法，最常见的修正的权责发生制形式是对确认资产和负债的范围作出限制。

因为单纯以收付实现制为会计基础的会计过分关注现金的收入和支出，并不能完全的履行财务会计及其报告的职能及多重目标，而由于公共物品的特性是非互惠性交易和被共同享用，完全的权责发生制在政府的政务活动也是行不通的，或因成本过高而无法实行。因此权责发生制可以在不同程度上加以修正，以反映某些资源的来源和使用以及负债的发生。

（三）会计基础在美国政府会计实际工作中的应用

综合利用权责发生制和收付实现制会计基础，逐步实施权责发生制。根据不同的交易类型，实施不同程度的权责发生制。但即使是使用权责发生制的基金，也要求提供收付实现制的预算报告。

政府会计采用权责发生制作为会计基础有利于全面完整地反映政府资产、负债等财务状况，但其难以直观反映政府现金流入流出情况，而收付实现制作为会计基础更容易获得现金流如何流出的信息，便于预算控制。

因此在实际工作中，美国政府会计日常核算采用收付实现制（个别事项同时采用收付实现制和权责发生制记录），每月提供以收付实现制为基础的收入支出报表，但在年末则按要求调整编制以权责发生制为基础的报告对外公布。这种方法既便于预算控制，又能全面地反映政府受托责任。

（四）发展预测

美国政府预算会计的发展相对于世界其他国家已经相对完善，但仍有不足。从会计基础方面来看，权责发生制的转变就并不完全。主要有以下三个方面的原因：(1) 思想认识不统一，许多政府部门财务经理对于采用收付实现制还是权责发生制仍存在异议；(2) 收付实现制与权责发生制自身的限制；(3) 采用权责发生制，对信息系统以及政府会计人员的水平要求更高。

但这并不是不可改变的问题，采用权责发生制有多重好处，毕竟采用权责发生制是建立有效的政府财务报告制度的需要，而政府财务报告又是美国政府会计的核心问题。因此预测美国政府预算会计会随着各种辅助设施的进步，美国政府会计会将权责发生制发展得更为完善，而这必将是更适合政府会计的一种会计基础。

第四节 美国政府财务报告

财务报告是向信息使用者提供财务及其相关信息的载体，也是信息使用者评价业绩及做出相应决策的重要依据。政府财务报告是指为信息需求者编制的以财务信息为主要内容、以财务报表为主要形式、全面系统地反映政府财务受托责任的综合报告。它是信息使用者进行经济和社会决策的依据，也是政府解除财务受托责任的有效凭证。可见，政府财务报告是财务报告的一种，是反映政府财务状况的。

一、美国政府财务报告的类型

政府具有公共受托责任，其信息的披露应服务于被承担此责任的信息需求者，即不同类型的授权方。政府财务报告是指为信息需求者编制的以财务信息为主要内容、以财务报表为主要形式、全面系统地反映政府财务受托责任的综合报告。它是信息使用者进行经济和社会决策的依据，也是政府解除财务受托责任的有效凭证。可见，政府财务报告是财务报告的一种，是反映政府财务状况的。广义上的政府被国民公众授权，成为公共资金的管理者与使用者。不同层级的政府部门及单位，乃至政府官员，不同层次上被授权，进行具体公共管理事务。据此，政府信息的需求者主要分为三类：一是政府的外部信息使用者，即赋予政府资金管理权力并要求其承担受托责任的广大民众，是政府财政资金的提供者，以及公共产品的消费者。二是政府的准内部信息使用者。主要职能为站在独立第三方的角度，对政府经济活动进行监督与审计，核查资金流向，并考察其资金使用效率。三是政府内部信息使用者。顾名思义，他们是政府的组成部分，属于管理层，目的是了解政府内部机构和人员。根据信息需求者的类别，美国政府财务报告基本分为三类。

（一）内部财务报告

为政府管理层履行负责高效的运营政府提供相应财务信息。该类财务报告目的在于方便管理者监控政府资金使用是否合乎法律和规定，并为制定未来政府财务计划如政府预算提供参考信息。该报告和预算报告的数据口径基本一致，以便对预算的实施进行实时调整。其发布时期并非为一个财政年度一次，而是根据政府运营状况定期发布。

（二）特定目的的外部财务报告

非政府主体对政府提出特定要求，出具相应财务信息以满足其特定目的。一般为政府资金的提供者，但有别于普通的社会大众，其资金有相应的使用要求。如联邦政府对资金接收方政府提供补助，条件是提供该补助款项专用的财务数据披露报表。或是利用对地方政府的特定管理权限索求专项的财务报告。该财务报告的内容、格式等均应符合外部使用者的特定目的和要求。

（三）通用目的外部财务报告

由于政府财务信息需求者对财务数据需求目的的广泛性，政府不可能满足所有要求。因此，政府出具能够满足基本要求的通用财务报告，以满足人们对政府财务状况进行评价所需要的共同信息，其目标在于反映受托责任。这些信息使用者一般为外部使用者，主要为受托责任的托付者，如纳税人；公民的代表，如立法、监督机构；政府的债权人。通常通用报告包括基本财务报表（包括报表附注），规定的补充信息，综合年度财务报告和普通年度财务报告。该类型为我们最常见意义上的财务报告。

二、美国政府财务报告的编制

（一）联邦政府财务报告

美国联邦政府财政年度为 10 月 1 日至次年 9 月 31 日。行政部门的财务报告完成截止日期为 11 月 15 日，即联邦政府部门财务报告编制周期最长为 45 日，编制完成后经由审计最后交付总统管理与预算办公室（OMB）和财政部，在此基础上由财政部分两个阶段进行汇总整理，编制合并报表。主要编制程序分为两大阶段：

第一阶段：报告初稿（8 日）。

财政部在部门财务报告上交后的 8 日内，根据政府信息系统中部门的信息和数据对财务报告中的各项目进行核对检查，保证合并报表信息及数据来源的真实性。对于数据信息的采集，财政部有专门的系统及时下载更新部门信息，整合成 Access 数据库，并由来自规模较小部门的财务报表。财政部根据合并报告编制要求，对部门间相互交易做抵消处理。对报告中披露的信息编写附注进行说明，并再次核实数据。最后对数据报表进行整合，完成报告第一阶段的编制。

第二阶段：报告终稿（7 日）。

11 月 24 日后的 7 日内，财政部将进行报告的第二阶段编制，即完成报告再稿。核实工作在第一阶段已进行得比较彻底，二稿主要是进行附注和文字阐述部分（如管理者讨论与分析及公民简明读本）的进一步完善，使报告信息更能满足使用者的需求。二稿完成后交由政府问责局（GAO）审计，提出审计意见。审计完成后，终稿将于 12 月 15 日向公众公布。公众一般可在 OMB 网站www.whitehouse.gov/omb 找到上一财政年度的联邦政府合并财务报告。

（二）州、地方政府财务报告

根据政府财务官员委员会（GFOA）的规定，州、地方政府需在一个财政年度结束的 6 个月之内提交审计后的财务报告。因此其报告的编制周期远长于联邦政府报告编制周期，一般为 4~6 个月。每年政府会计准则委员会可能根据公共管理的环境和发展情况，制定新的会计准则等报告编制相关规定。为了更好的实行预算管理，政府财务活动中资金的流入流出以收付实现制为会计基础。由于信息的服务主体不同，反映问题的角度不同，财务报告是以权责发生制为会计基础。地方政府需对信息的口径进行调整。最终整合该财政年度的财务数据，编制合并报告。主要编制程序可分为两个阶段：

第一阶段：报告所需数据和信息的准备（约 3~4 个月）。

1. 会计准则及编制要求的阐释（约 0.5~1 个月）：根据当年的会计准则和报告的编写事项，地方财政国库部门将对报告编制人员进行讲解和培训，以便为该财政年度财务信息的更好反映服务。

2. 财务数据的收集、核实及整理（约 2.5~3 个月）：财政部门通过发放部门工作表统计各部门的财务活动数据，让各部门以权责发生制为基础对数据进行调整（约 1.5~2 个月）。财政部门派审计部门对工作表呈现的信息进行核实。并对地方政府各部门内部的交易事项进行抵减（约 4~5 星期）。

第二阶段：财政部门进行合并报告的编制（约 2 个月）。

财政国库部门对得到的数据及信息进行整合，编制报告所需的财务报表。编写报告的附注、管理者讨论与分析等文字阐述内容。该合并报表基于州、地方政府的整体层面，反映政府整体的公共管理经济活动。各部门无须公布各自的财务报告。公立学校等政府附属单位需要提供独立的财务报告并由财政部门审计整合。报告内容编制完成后交由审计部门审计，完成财务报告。

三、美国政府财务报告的内容

（一）联邦政府财务报告

美国联邦政府拥有不同的政府层级，而整个联邦政府是以统一的一个经济实体存在，进行其各项经济活动。因此，其财务报告分为部门与单位财务报告，以及在本级部门单位财务报告基础上编制的联邦政府合并财务报告。二者相结合，更好地反映了政府的受托责任，有利于信息需求者对于政府财务状况的了解。

1. 联邦政府部门与单位财务报告。该报告由纳入联邦报告主体的全部部门、单位、机构及预算账户,根据权责发生制以及预算会计的要求(收付实现制及合同责任),进行编制。

部门与单位财务报告主要包括以下几个部分:管理层讨论与分析、财务报表及相关附注、补充管理信息以及补充材料。

管理层讨论与分析一般是对当前政府运营的经济背景介绍,以及运营状况的基本分析。财务报表及相关附注是政府该财务年度的各项财务数据以不同方面归结为几个报表呈现出来,并对信息进行相应的解释。补充管理信息及补充材料对该财务报告使用者提供更多信息。报告的主体是财务报表及相关附注。

政府财务报表有些类似于企业的财务报表,但更符合政府的经济活动及会计准则,主要包括以下四张报表:资产负债表(Balance Sheet)、净成本表(Statement of Net Cost)、净资产变动表(Statement of Changes in Net Position)以及预算资源表(Statement of Budgetary Resources)。报表中不仅包含该财政年度政府的各项财务数据,也包括上一财政年度的数据,方便信息使用者进行比较分析。

资产负债表反映该财政年度部门、单位政府的拥有的资产和欠下的债务。债务多为公众借款以及部门间的债务。

净成本表以及净资产变动表类似于企业财务管理过程中应用的损益表。其中,净成本是指总费用减去政府各部门提供商品和服务过程中获取的收益(二者之差为净运营费用)再减去税收收入及其他各项收益。根据联邦部门与单位财务报表编制的会计计量要求,费用一般是在支付责任发生时即确认为当期费用,商品收入以及服务费收入是在与公众服务行为发生时即确认为当期收入,税收和罚没是在税收和罚没金额到达政府部门及单位时确认为当期收入而非在应缴税款和受罚行为发生时确认收入。

预算资源表显示该部门、单位获得的预算资源,是被授予的一项资金使用法律权益,一般为财政拨款、拨款前可以获得借款的借款权、获得拨款前签订合同的合同权、对该部门、单位提供服务获取的服务费进行支配使用或保留使用权的支出权四项被授予权益的总和。

2. 联邦政府合并财务报告。1997年起,为更好的反映联邦政府的受托责任履行情况,根据1994年颁布的《政府管理改革法案》的要求,美国联邦政府在部门与单位财务报告的基础上由财政部编制联邦政府合并财务报告。纳入联邦报告的会计主体为行政部门、单位,立法部门和司法部门。其中行政部门交付以权责发生制为基础的财务报告。立法与司法部门以收付实现制为基础进行财务数据的统计,与其预算统一口径,并且不要求其交付财务报告,仅出具预算活动财务信息即可。报告合并过程中,部门与单位之间的交易结果相互抵消。联邦政府合并财务报告是以权责发生制为计量基础。

以2012年美国联邦政府合并财务报告做参考,联邦政府合并财务报告一般分为以下几个部分:

(1) 财政部长的报告(A Message from the Secretary of the Treasury)。在此部分中,财政部长对该财政年度政府财政活动的经济运行大背景进行概述,简要说明机

第十章 美国政府会计管理

会与挑战。对当前最主要的财政目标以及相应的一些财政政策及法案进行简述，阐明本合并财务报告的意义。

（2）公民简读本（A Citizen's Guide）。该部分报告国家的财务情况和政府的财务状况，并讨论正在进行的经济复苏计划及财政可持续性等关键的财政议题。基本上是联邦政府合并财务报告的摘要性质的较为全面的阐述。一般包括当前形势（Where We Are Now）、前进方向（Where We Are Headed）、联邦政府财务状况（The Nation By The Numbers）、更多信息的获取（Find Out More）等部分。

（3）管理层讨论与分析（Management's Discussion and Analysis）。其中有对当前政府管理组织结构的展示，主要是管理层对当前联邦政府财务状况的描述和阐释，是对该财政年度财政活动各项情况在政府的角度进行分析，以便报告使用者对政府财务信息的解读，使得政府的管理理念和运营状况更清晰的展示在使用者眼前。

（4）财务报告审计结果（Statement of the Comptroller General of the United States）。该部分显示 GAO 对该财政年度财务报告的审计结果，保留、无保留还是拒绝出具意见。具体到对目前要编报经审计的财务报告的行政机关所有单位、属于立法机构的国家文献办公室和国会警察局的审计意见。

（5）财务报表及相关附注（Financial Statements and Notes to the Financial Statements）。该部分为联邦政府合并财务报告的主要组成部分。2012 年联邦政府财务报告中的财务报表附注共有 28 条。报告中最为主要的财务报表部分一般包括 6 张报表。

① 净成本表（Statements of Net Cost）。该报表列报该财政年度与上一财政年度政府运营费用，分别列示纳入报告的联邦机构各自成本与收益，并按照总费用由高到低的顺序呈现在报表中。列报的各机构净费用包含"联邦总务署"及"人事管理办公室"分摊到各机构的费用。

② 运营与净资产变动表（Statements of Operations and Changes in Net Position）。与上一项净成本表合起来相当于企业的损益表。包括税收收入和罚没收入等不同于净成本表中列示的政府提供商品和服务所得的收益，政府运营费用，以及和财务状况相关的事项调整和未匹配交易。其中未匹配交易和余额是在报表合并过程中使净资产变化平衡而做的必要调整，如部门间交易抵消过程中由于数额错计、时间差异等原因造成的不匹配项。

③ 净运营成本和统一预算赤字协调表（Reconciliations of Net Operating Cost and Unified Budget Deficit）。用于显示因以权责发生制为计量基础和预算体系中收付实现制为主的计量基础之间的差异造成的净运营成本（财政资源使用及固定资产折旧、未来服务成本等组成的费用减去收入）与预算赤字的不匹配。由属于运营成本但不属于预算赤字（如未发生支付的军人及政府雇员的预计福利变动）以及属于预算赤字但不属于运营成本（如固定资产购买时已列为预算支出但以折旧计入成本）两个部分组成。

④ 统一预算和其他活动现金余额变动表（Statements of Changes in Cash Balance from Unified Budget and Other Activities）。向公众解释预算支出的变动和现金余额变

动之间存在一定的差异。

⑤资产负债表（Balance Sheets）。由资产、负债和净资产三个部分组成。资产是指联邦政府所拥有的能够满足其未来财政活动使用需求的资源。负债是指联邦政府所应该承担的由于过去财政事项形成的需要政府财务资源偿还的义务。

⑥社会保险表（Social Insurance）。2012 年联邦政府合并财务报告还包括保险数额变化表（Statements of Changes in Social Insurance Amounts）。表中的数值反映该财政年度各项社会保险项目的相关财务状况。其数值表示：政府根据经济运行情况以及人口增长情况对社会保险的相关财务活动做出预期，并将合理预期下的财务活动资金折算成现值。一般是以预期未来 75 年状况为限。

（6）补充信息［Required Supplementary Information（Unaudited）］。该部分意在帮助报告使用者评价未来预算资源是否足够承受公共服务要求并满足未来到期的应尽义务，评估在政策的持续实行假设下财政的可持续性，对财务系统有更全面的了解。包括财政的可持续性，社会保险相关信息，延期的保养和修理，关于返还额的进一步阐述，税收评定，风险评估等。

（7）其他附注信息［Other Accompanying Information（Unaudited）］。

（8）政府托管信息［Required Supplementary Stewardship Information（Unaudited）］。

（9）附录（Appendix）。

（10）GAO 独立审计报告（U. S. Government Accountability Office Independent Auditor's Report）。

（二）州和地方政府财务报告

现行综合年度财务报告（Comprehensive annual financial report，CAFR）由介绍部分（Introductory Section）、财务部分（Financial Section）和统计部分（Statistical Section）三个模块组成。介绍部分是对政府的组织结构和运行的经济环境的总括性阐述。财务部分是报告的核心，包括三部分：一是规定的补充信息——管理讨论与分析；二是经审计的基本财务报表，具体分为政府整体的财务报表和基金财务报表（政务基金、权益基金、信托基金）两大块，并包括财务报表附注；三是其他规定补充信息，如额外规定以及单个基金组成单位的相关信息等。统计部分是对财务数据进行统计分析，获取趋势数据，以及一些非财务数据。将上述三块整理，可将财务报告分为报告核心——基本财务报表和相关补充信息两部分。

1. 基本财务报表。原有财务报告体系中，基金是财务报告的唯一核心，但按基金类型发布信息不能清晰反映政府资金筹集运用活动的全况。为改善上述问题，更全面的反映政府财务信息，根据 GASB 发布的第 34 号准则公告，目前州、地方政府财务报告采取双重报告模式，突出表现为基本财务报表包括基金财务报表（Fund Financial Statements）和政府层面财务报表（Government-wide Financial Statements）。

GASB 明确表示财务报告的最高目标为反映政府的受托责任。政府握有处理公共资源的权力，但不能忽视公众和政府形成的委托—代理关系，政府在运用公共资源时应当受到法律限制而非随心所欲,换言之,政府应对所用公共资源进行一定程度的划分,将资金运用在获得批准的特定用途上。因此,美国州、地方政府引入基金会计体系。基金分为三大类:政务基金(包括普通基金、特种收入基金、偿债基金、资本项目基金和永久性基金),权益基金(包括企业基金和内部服务基金)以及信托基金(包括养老以及其他雇员福利信托基金、投资信托基金、私人目的信托基金和代理基金)。

政府作为各独立基金的集合体,应以修正的权责发生制为计量基础编制基金财务报告。政务基金应呈现两种财务报表:资产负债表,用以反映基金的财务基本状况;收入、支出和基金余额变动表,用以反映各类基金的具体财务活动。权益基金应呈现三种报表:净资产报表用以反映可利用的资源;收入、费用和净资产变动报表;现金流量表。信托基金呈现两种报表:信托净资产报表和信托净资产变动报表(代理基金仅呈现前者)。

州、地方政府作为一个完整的经济主体存在,为提供其全面清晰的财务信息,财务报告中需包括政府整体层面的财务报告,这也是双重报告模式的意义所在。该部分包括两种报表:净资产报表和业务情况活动表。将基金层面的财务数据转换为经济资源计量对象并以权责发生制为会计基础的数据。信托基金由于不用于支付政府项目,不计入政府整体财务报表。两种报表均包含政府的政务性活动和企业型活动。主要内容如下:

(1)净资产报表。包括:①政务性活动:政务基金中资产负债表(修正的权责发生制)的财务数据,权益基金净资产报表(预算会计、收付实现制)中内部服务基金的财务数据。②企业型活动:权益基金净资产报表(预算会计、收付实现制)中企业基金的财务数据。

(2)业务情况活动表。包括:①政务性活动:政务基金中收入、支出和基金余额变动报表(修正的权责发生制)的财务数据,权益基金中收入、费用和净资产变动报表(权责发生制)中内部服务基金的财务数据。②企业型活动:权益基金中收入、费用和净资产变动报表(权责发生制)中企业基金的财务数据。

2. 相关补充信息。不同于上一部分基本财务报表中的数据,该部分中的文字性阐述和数据说明不需要进行审计。这些不经审计但对政府财务活动和状况评价十分有用的额外说明是财务报告中不可缺少的一部分。它们在州、地方政府的财务报告中并未被归结为一个版块共同呈现,而是根据其内容的性质分布于报告的介绍部分、财务部分和统计部分,但作用相同。规定的相关补充信息主要包括以下几个部分:

(1)管理讨论与分析。类似于联邦政府合并报告中的管理讨论与分析,其主要是对当前经济状况和政府财务活动背景进行简述,并对报告接下来的部分——基本财务报表进行描述,同时对报表中的一部分主要数据进行说明和解释,并简要分析,以便报告使用者更好的了解政府财务信息。

(2)预算比较。在预算会计的基础下,对政府的初始预算以及预算使用情况进行列示并比较,类似于我国财务报告的决算过程。根据双重确认基础,政府按照权责发生制确认收入支出。与预算口径相一致,各部门同时采用现金收付制对预算的收支和结余进行计量,以便考察该财政年度预算的执行情况。政府应将以预算会计为基础的预算报告与以权责发生制为基础的财务报告的差异进行解释说明。

(3) 趋势数据。该部分又分为三个方面:基础设施状况、养老金其他退休福利、公共主体风险组合索要权。

四、美国政府财务报告的体系特征

即便美国联邦政府和州、地方政府在编制财务报告时有各自的准则和要求,但是美国政府的财务管理,近年来受公共受托责任和新公共管理思潮的影响,整个财务报告体系具有鲜明的特征,对于我国财务报告的改革和发展具有借鉴意义。经历了 20 世纪 90 年代政府会计的改革,如今的财务报告体系与传统的预算会计体系有所不同。在传统的预算会计体系中,政府的各项资金的来源及分配是在预算的基础上进行,其收入和支出的确定也和预算统一口径,这样便于政府考量赤字问题和预算的执行。但是传统会计体系对于对政府财务的状况作出评价方面并不有利。现今的体系下,政府财务融入了财产的思想,对于预算报告中无法体现的资产和负债进行表示,以便对政府的运营状况进行考量。从以下几个方面具体阐述现今财务报告体系的特征:

(一) 财务报告的目标

财务报告更多的反映了公众与政府、政府与政府之间的委托—代理关系,其最高目标在于反映政府的受托责任。作为公共资源的使用者,政府是否履行了对委托人应有的责任。其信息的反映不仅在于是否完成了该财政年度的政府预算,或是赤字状况是否达到了某种警戒线,还在于对政府财务运营状况的反映,以达到有助于政府作出有用的决策和履行其受托责任的目的。

除了最高目标,财务报告的目标也具有多元性。财务报告应尽量反映预算的完整性、运营绩效情况、管理责任的履行以及政府系统的内部控制情况。同时,对于不同的信息使用者,如政府的外部信息使用者、政府的准内部信息使用者和政府内部信息使用者,财务报告应尽可能满足使用者对于信息的需求,信息充足的同时达到信息发布的高质量。因此,现行美国财务报告体系中不只存在同一的合并财务报告,这一点在本章第一部分财务报告的类型中已做阐述。对于外部使用者,财务报告的目标强调对信息需求共同性的探寻,以满足基本的财务信息需求。对于内部使用者,财务报告的目标强调对于特定资金用途等特定化的财务活动进行反映。

(二) 财务报告的会计基础

财务报告由于其服务的目标不同于预算资金账户,其会计基础也不简单的遵循预算会计的收付实现制，当前的财务报告主要基于权责发生制。在以权责发生制为会计基础的财务报告中所披露的信息，更能反映政府的财务运营状况，进而反映政府经济决策制定的合理性以及受托责任。在权责发生制的基础下，财务报告中包含能够对政府现在及未来产生影响的资产和负债，而不仅仅是现金的流动。这有助于对政府拥有资源的全方位考量，有利于配置预算资源和政策方针的制定。

会计基础并非一成不变，它根据报告的实际情况和事项的性质进行调整，是一个动态的过程。不一定是绝对的收付实现制或是完全的权责发生制，而是从收付实现制到权责发生制过程中的某一种状态，存在修正的权责发生制。应根据对某项资产或债务的关注方向确定会计基础。如在编制州、地方政府的基金财务报表时采用的是修正的权责发生制，合并财务报告采用权责发生制，对于预算的收支采用收付实现制。

（三）财务报告的信息披露

美国政府财务报告信息的披露具有广泛性。其内容不限于各项财务报表，报告中的管理讨论与分析，各项报表的附注以及规定的补充信息，都是对政府财务状况的阐述。其中有对经济宏观环境的解释和当前政策及实施情况的解读，也有对核心财务数据的基本分析。可以看出其信息的披露不仅限于政府的财务活动，还有对国家整体财务状况的描述。信息披露中的文字性阐述、解释性信息有利于报告使用者对政府财务绩效进行衡量。这些描述更好的帮助报告使用者对政府当前的"财务境况"进行了解。

第十一章

美国政府决算与审计管理

■ **本章导读**

　　政府决算是经法定程序批准的年度政府预算执行结果的会计报告，是政府预算执行结果的总结，全面反映政府收支状况；它反映年度国家预算收支的最终结果，是国家经济活动在财政上的集中反映。本章介绍了美国联邦政府和地方政府的决算编制流程和报表体系，同时还介绍了美国立法型审计模式的特点、组织保障、政府审计的范围和效力等相关内容。

第十一章 美国政府决算与审计管理

第一节 美国政府决算管理

政府决算是经法定程序批准的年度政府预算执行结果的会计报告，是政府预算执行结果的总结，全面反映政府收支状况；它反映年度国家预算收支的最终结果，是国家经济活动在财政上的集中反映。

一、联邦政府决算

联邦政府决算报告，即年度财务报告由财政部和总统管理与预算办公室协同编制，在财政年度末由财政部长和管理与预算办公室主任审核签字后提交总统和国会审核；政府问责办公室负责对年度财务报告进行审计。[①]

（一）联邦政府决算的编制

美国联邦政府实行的是收支两条线预算编制制度，美国财政部负责收入预算的编制和联邦预算的具体执行，财政部由税务局、烟酒火器局、公共债务局、通货检查局、美国储蓄债券局、美国造币局、美国海关总署、金融管理局、国库局、节俭检查办公室等组成，编制基础是历年的收入情况、经济发展预测和新年度中政府的施政方针；与此同时，独立于财政部之外的总统管理与预算办公室（Office of Management and Budget，简称OMB）根据各部门、机构提出的各自预算方案，经核查后统一汇编出联邦预算编制支出预算。正因如此，每个预算年度结束后，由编制预算的各部门分别编制以权责发生制为基础的财务决算报告；提交财政部与总统预算办公室后由两部门按照联邦政府会计准则的规定进行汇总，编制以权责发生制为基础的联邦政府年度综合财务报告，即美国联邦政府的财务决算报告，总体反映预算年度内的政府预算收支执行情况。从2004年开始，各部门的财务报告须经过外部审计后，才能提交财政部，以便编制更加准确的政府年度综合财务报告。

（二）联邦政府决算的审核和批准

决算报告汇总编制完成后，首先要提交国会会计总署（GAO）进行审计；审计后提交国会和总统，国会批准后即成为正式决算。根据规定，决算报告的编制、审核、批准等工作必须在预算年度结束后6个月内完成，即在次年4月1日必须向公众公布。

---

① Financial Reports of the U. S. Government, http://www.gao.gov/financial.html.

国会会计总署（简称 GAO，部分文献译为总会计署）① 的工作内容包括：调查所有与公共收支有关的事项、提供更好的公共资金使用方案、协调各项支出的需求等。到如今审计范围已扩展到法律性审计、经济性审计和绩效审计方面；就审计目标而言，包括合法性审计和有效性审计，合法性审计是指审查公共收支是否符合立法机关所规定的目标，有效性审计着重审计政府是否以较低的成本达到了预期的效果。另外，有些商业性开支，也请民间的会计公司参与审查。

国会会计总署（GAO）在每个政府机构内部都设一个总检察官，他们与政府机构相对独立，负责审计年度决算执行情况；总检察官经国会批准后由总统任命，总检察官有权查阅被审计部门的所有文件，各部门的各类人员必须回答总检察官提出的所有问题。总检察官通常向国会提交两种报告：一种是每6个月一次的日常报告；另一种是在发现问题时提交的专门报告。另外，国会委员会还对每年的预算执行结果进行评估，以决定今后预算的编制。众参两院各委员会特别是拨款委员会、公共账目委员会有权在接到派驻监察代表关于预算执行结果、审计总署关于决算审计的报告后，运用调查、费用分析、效率研究等方法，通过听证会等形式，对预算执行结果进行评估，并向全院大会提交评估结果的审查报告。

（三）联邦政府决算报告的内容

美国联邦政府年度综合财务报告主要由文字说明和财务报表两大部分组成。以 2012 年美国联邦政府决算报告② 为例，报告具体由 11 部分组成，分别是：财政部长声明；公民导读；管理层陈述与分析；美国总审计长说明；财务报告；财务报告附注（分为 28 项）；必须补充信息（未经审计）；其他附加情况（未经审计）；必须辅助管理信息（未经审计）；附注；美国政府问责局（GAO）独立审计师报告。这 11 部分概括起来，主要提供 5 个方面的信息：第一是管理层陈述与分析（Management's Discussion and Analysis，简称 MD&A），通过报告反映管理层（对于财务报告）的观点和分析，例如财务和绩效趋势等；第二是提供主要的财务报表和相关的注解；第三是提供必须的补充信息、补充管理信息和其他相关信息；第四是政府问责局的审计报告。

财政部长声明（A Message from the Secretary of the Treasury）中，部长通常就所报告财政年度内的主要预算收支政策变动进行说明。以 2012 年联邦政府财务报告（2012 Financial Report of The United States Government）为例，财政部长在声明中指出，总统和国会在面对经济危机等财政挑战时，采取了一系列有效的改革。例如，改革 2011 年预算控制法案（Budget Control Act of 2011），缩减一兆的财政支出；继续执行 2009 年可负担医疗法案（Affordable Care Act of 2009），为更多的美国人提供

---

① 由《1921 预算与会计法案》创立，原名 General Accounting Office，直译为总会计署，后由《2004 年 GAO 人力资本改革法案》更名为 Government Accountability Office，直译为政府问责办公室。GAO 是审计政府财务，使政府财务活动限制在国会批准的范围内的机构，经历多部法律其实际职能未发生大的改变。

② GAO-13-217R. Financial Audit: U. S. Government's Fiscal Years 2012 and 2011 Consolidated Financial Statements.

第十一章 美国政府决算与审计管理

医疗服务和缩减政府债务；为应对财政挑战，下一财政年度将采取保护中产家庭、促进退休保障、保障收支平衡下减少赤字的政策。

公民导读（A Citizen's Guide）总结了美国政府当前的财政位置和环境，论述了包括财政可持续性的重要主题。财政部长、总统管理与预算办公室副主任和GAO总审计长负责此部分。

管理层陈述与分析（Management's Discussion and Analysis，简称MD&A）从管理层的视角概要性的说明和分析政府的年度财政状况（包括收入和支出、资产和负债、联邦债务），财政系统、控制和法律执行，长期财政展望，联邦财务管理办公室（OFFM）的财务管理进展和优先性等。

总审计长说明（GAO Letter）由总审计长向总统、参议院议长和众议院议长出具，就对各部门的审计情况和审计意见及其原因进行说明。

财务报表是年度综合财务报告的核心部分，联邦政府财务报表主要包括：资产负债表、净成本表、营运和净额变动表、统一预算和其他业务现金余额变动表、净营运成本与统一预算盈余（或赤字）调整表。资产负债表主要反映联邦政府的资产和负债的相关信息。该表中的资产是以历史成本计价，而不采用市场价值，政府拥有的一些特殊资产、负债，如国防资产、社会保险等不在报表中列示；净成本表由经营的总成本、收入和净成本三大项目构成。该表中的收入是指政府向非政府机构提供产品或服务，从交易中获得的收入，这笔收入来自非政府机构，总成本与收入相抵，剩余的净成本由政府从税收资金中拨款；营运和净额变动表主要列报联邦政府的收入、净营运成本、净额增加数、期初净额和期末净额，从而反映联邦政府的经营成果及净额变动情况。该表中的收入主要是指政府行使职权向公民或商业企业征收税款取得的收入，这部分收入包括税收、关税、罚款和处罚性收入等；净营运成本与统一预算盈余（或赤字）调整表主要是反映从净营运成本向统一预算盈余（或赤字）的调整情况。该表中的净营运成本是以权责发生制为基础的数据，而预算盈余（或赤字）是以收付实现制为基础的数据；统一预算和其他业务现金余额变动表主要是反映每年统一预算盈余（或赤字）与联邦政府现金余额变动以及公债之间的关系。

罗伯特·D·李和罗纳德·约翰逊认为财务报告主要分为三个部分：序言、财务和统计数字。第一部分包括一封关于政府程序和一般信息的信函，列出了主要的官员和提供了一份显示权力和职责界限的组织表格。第二部分包括各种财务报表，因为政府广泛使用各种基金，所以每一种基金要提供不同类型的报表。第三部分包括统计数据，一些表格提供了与前期财务报告结合起来的趋势数据，另外一些表格提供了人口统计的数据等。

二、地方政府决算

美国大多数州政府的财政年度仍然是7月1日到下一年度的6月30日。个别州的财政年度为两年，如马里兰州。美国地方财政决算依据的法律有联邦法第31卷的监察院条文、哥伦比亚特别自治政府法、政府问责办公室（GAO）的战略计划、政府绩效和成果法案（Government performance&results act of 1993）等。

决算检查制度方面，会计监察官对市长签订的合同、市金库、与市财政有关或给市财政带来影响的包含收支的所有条文进行调查。调查时有必要的话，可要求相关人员出席并发表证词，并有检查市财政交易和财政收支单据的权力。当决算检查发现违法、不合理的会计支出时，会向媒体公布并成为争论焦点。决算书由地方自治团体长官编制，由地方议会进行认证。

（一）地方政府的会计原则

在美国政府和民间部门共同适用的会计规则被称为一般公认会计原则（Generally accepted accounting principles，简称GAAP），此原则明示了最低基准，所以即使各个地方政府在地理上、法律上的情况不尽相同，只要依据此基准，也可以对会计结果进行比较，进而分析财务的状况。

州政府和地方政府的会计规模和特性即使存在差异，会计也可以根据政府会计基准委员会（Government accounting standards board；简称GASB）所规定的统一会计基准运行。这一基准不具有强制性，但如果地方政府不依据此会计基准的话，申请贷款时所提交的财务报表的信任度会受到怀疑，因而不能享受到优惠的贷款利息。因此，此会计基准具有潜在的强制性。

针对政府部门的会计规则，政府会计基准委员会（GASB）公布了适用于美国州政府和地方政府的一般会计公认原则，州政府还规定了除政府会计基准委员会（GASB）会计基准以外的，地方政府必须要遵守的会计基准。大部分政府都有一套依据一般公认会计基准而制定的独立的会计检查制度。此外，财务会计被记录在会计原簿中，一般的原簿是记录地方政府财政状况和反映财政运行结果的会计交易账簿。地方政府的会计原则基本上都秉承了一贯性、具体性、诚实性、公开性的特点，且都在一般公认会计原则的范围内发挥作用。

地方政府的会计要遵守以下几个原则：①

1. 遵守法律和完全公开：地方政府的会计制度不但要遵守法律上的规定，还要完全公开财政活动的运行结果。如果一般公认会计原则和法律规定产生矛盾的话，要以法律为准。

2. 预算会计：与地方政府预算相关的会计制度有对年度财政收支出预算进行管理的职能，提倡以"修正权责发生制（Modified accrual basis）"为基础编制预算。此外，对于实际没有支出的财政支出预算，年末一般要对其进行处理。

3. 固定资产会计：记账时，土地、建筑、机械、装备等固定资产是以成本为依据的，当不适用原价时，则要以估计成本价格（Estimated cost）为准，但要列入固定资产会计里。

4. 基金会计：基金（Fund）是地方政府会计制度的基础，基金由财产、负债、

---

① 白铉：《中·韩地方政府财政决算法律制度比较研究》，山东大学硕士论文，2010年。

收益、收入、费用等构成，并作为独立的会计项目进行处理。但设置基金的必要性一定要得到法律的认证，其数额要尽量实现最小化，不能设置不必要的基金。

5. 长期负债：长期负债（Long-term liabilities）被记录在独立运行的一般长期债务会计中。但是，以特定事业的收益为担保发行的收益性债务（Revenue bond）不能被列入长期债务会计中。

6. 会计基础：会计基础是使一定期间内的财政收入和支出实现一致的方法，它从一般单纯的现金主义到完整的发生主义，形式多种多样，完整的发生主义会计不被认可时，要以修正发生主义为准。

7. 共同用语和会计分类：在处理地方政府的会计事务时，要把共同用语、标准用语和会计分类一贯的使用到会计预算的记录和财政报告书中。进行会计分类时，年度财政收入要根据收入源和基金进行分类，年度财政支出要根据基金、职能、活动、对象类型进行分类。

8. 财政报告书：为把握财政运营的状况，要周期性的编制财政报告书。在会计年度年末，编制并公开包含地方政府的所有基金和财政运营状况的综合财政报告书，必要的财政明细书有资产负债书、损益账表和运行明细表等。

(二) 基金（Fund）会计制度

政府会计的基本单位是基金会计制度（Fund accounting system）。基金主要有三种类型：政府基金、财产基金和信托基金。基金被细分为8种类型，各类基金独立运作，详情如表11-1所示。

表11-1　　　　　　　　　　基金会计制度的分类

区分	种类和内容
政府基金	以一般政府活动为目的而设立的基金（一般基金、特别基金、特别财政收入基金、资本产业基金、债务状况基金、特别评价基金）
财产基金	和民间部门类似的政府部门、组织进行活动所需的资金相关的基金（企业基金、企业服务基金）
信托基金	退休金的储蓄、对政府获赠资产的管理、保有政府征收的市政府财产税等信托资金或被列入基金的资本（信托、机关基金）

(三) 地方政府的财务报告

各个地方政府要根据政府会计基准委员会法制化中心（GASB Codification Sec）对编制财务报告的相关规定，编成并公布报告主体——综合年度财务报告（Comprehensive annual financial report：CAFR）。州政府综合年度财务报告概括而言包括三部分：介绍部分、财务部分和统计部分。介绍部分包括序言、目录表以及其他介绍内容。财务部分包括管理当局的讨论和分析、基本财务报表。其中管理当局的讨论和分析是指由管理当局提供的客观的、结构化的属于"必要补充信息"的陈述报告，分析当年发生的主要事件以及州和地方政府年末的财务状况。

具体而言，综合财务报告包括序（Introductory section），已结合的（Combined）财务报表、结合中的（Combining）财务报表和个别基金财务报表，注释（Notes），明细书（Schedule），说明书（Narrative explanation）和各种统计表（Statistical tables）等。综合年度财务报告（CAFR）的财务部分可以通过下面的财务调查报告书（Financial reporting pyramid）进行说明：

——要约材料（Condensed summary data）
——一般目的财务报表（General purpose financial reporting：GPFR）
——基金类型合并财务报表（Combining statements by fund type）
——个别基金和分类集团财务报表（Individual fund & accounting group statements）
——明细表（Schedules）
——交易数据和会计系统（Transaction date the accounting System）

其中，最重要的部分是由综合财务报告构成的一般目的财务报表（GPFR）。基本财务报表是财务报告的核心部分，包括政府层面财务报表、基金财务报表和财务报表附注。政府层面财务报表是按完全的权责发生制基础编制的，提供的是将政府作为一个整体的信息，反映政府的全部经济资源，包括长期资产和长期负债，具体包括净资产表和业务表两种报表。基金财务报表是按修正的权责发生制基础编制的，是将政府作为各个独立基金的集合，单独提供主体政府的主要基金的信息，汇总反映非主要基金的信息。按照不同类型的基金分别提供政府基金财务报表、权益基金财务报表和信托代理基金财务报表。其中政府基金财务报表有三种，分别是资产负债表、收入支出和基金余额变动表、收入支出和基金余额变动比较表——预算数和实际数（该表也可以作为必要补充信息提供）；权益基金财务报表包括资产负债表、收入费用和基金净资产变动表、现金流量表；信托代理基金财务报表包括信托代理净资产报表和信托代理净资产变动表。财务报表附注主要提供管理当局讨论与分析以外的其他必要补充信息，包括政府会计准则委员会要求的关于养老金计划、基础设施状况和风险管理方面的信息。统计部分包括10年左右的统计数据表（例如，按来源划分收入，按职能划分支出的信息）以及经济和人口信息等。

第二节　美国联邦政府审计管理

美国是实行立法、行政、司法三权分立的联邦制国家，其最高国家审计机关GAO隶属于国会，是一个独立客观、无党派偏见、公正的国会服务机构，直接对国会负责并向国会报告工作，对总统及下属的行政部门独立行使监督权。它担负着审查，监督美国联邦政府的所有收入、支出以及政府项目运作的效率、效果等重要职能，被誉为"国会守护神"（Congressional Watchdog）。

第十一章　美国政府决算与审计管理

一、美国立法审计模式的确立

第一次世界大战以来，受不断攀升的国家负债的困扰，国会寻求更好的信息获取和对政府支出的更强控制。1921年的《预算和会计法案》要求总统发布年度联邦预算和建立GAO作为一个独立机构调查联邦支出。1921年通过制定的《预算与会计法案》，美国审计署作为立法机关的独立机构被设立，其负责人审计署审计长对国会负责，该法明确规定审计总署为政府设置的独立机构，超然于行政部门之外，受国家审计长的指挥监督。《预算及会计法案》第301条具体规定："依法设立一个政府部门——审计总署。该署独立于行政部门，在美国审计长的监督和领导之下。"第312条规定："无论是在政府所在地还是在其他什么地方，审计长都有权调查所有与公共资金的收入、支出和运用有关的事务并在总统要求时和每次国会例会召开时，分别向总统和国会递交有关会计总署工作的书面报告……审计长在接到国会两院或两院中负责管理收、拨款或支出的任何某个委员会的指令时，应进行上述调查和报告……审计长有义务向国会报告任何联邦部门或政府机构的违法开支和违法签订合同的情况"。1945年，国会通过了新的组织法，该法规定，审计总署及其负责人的任免不在总统权限范围内，从而使得国家审计进一步摆脱了行政干预。1980年，美国国会通过了《美国审计总署人事法》，将署内的人事权授予审计总署自行决定，进一步增强了其政府审计的独立性。

在早年间，GAO主要做票据审计。审计人员审查成堆的记录着机构支付和购买的文件。第二次世界大战以后，GAO开始从事更加综合的资金审计，调查政府运行的经济性和有效性。在1960年，这个机构开始承担起和今天相同的职责——项目评估——评估政府项目是否达到其目标。最近GAO的工作包括，处理恢复法案（Recovery Act）和TAPP funds，抵押贷款问题，在伊拉克及阿富汗冲突，食品安全，气候变化，邮政改革，国界安全，州和地方政府的财政压力。GAO作为世界领先的会计组织赢得了美誉——一个足以应对国会极度困难任务的合格机构。

二、美国政府审计的组织保障

（一）国会会计总署（GAO）使命与任务

国会会计总署（GAO）的使命是支持国会履行其宪法赋予的责任，协助提升国会绩效，以及确保联邦政府的职责是以美国人民的福祉为出发点的。GAO为国会提供及时的信息，客观，以事实为依据，非党派，非意识形态，公正和平稳。在立法机构中，GAO是独立的，因为其报告通常使用原始数据并从广泛领域得出的专业分析。

国会会计总署（GAO）的核心价值是责任、正直和可靠，在其所有工作中均有所体现，严格专业审查和引用标准；所有事实和分析均需经过对准确性的全面检查。

国会会计总署（GAO）的工作需根据国会委员会或下属委员会的要求，或由公共法律或委员会报告授权，也在总审计官的领导下承担调查任务。GAO 通过以下方面支持国会监督的职能：（1）审计机构运行以判断联邦资金是否被充分和有效使用；（2）调查违法和不当活动的指控；（3）报告政府项目和政策实现目标的程度；（4）进行政策分析和为国会决策提供可选项；（5）发布法律决策和观点，如对竞标反对的裁定和机构规章的报告。

（二）国会会计总署（GAO）机构设置

1. 审计长。GAO 的最高行政长官是审计长，为了保证审计长的独立性，国会给予其很重要的地位。审计长的任免，先由国会两院和两党议员组成一个特别委员会，推荐 3 名候选人，由总统从中确定 1 人交参议院表决通过，最后总统根据参议院的最终选举结果正式任命。审计长每届任期 15 年，不能连任。在任期内，其职位不受政府更迭和国会换届的影响，只有在参众两院联合决议后才能被罢免（这种联合决议只有在审计长因某种原因导致其永久性丧失能力，工作无效率、失职、渎职，犯罪或有道德堕落行为的情况下，才有可能做出）。截至目前，会计总署还尚未发生审计长因国会做出联合决议而被罢免者。自 1921 年成立至今，已经经历了 8 位审计长，其中有 3 位任期满 15 年，现任审计长基恩·L·多达诺（GeneL. Dodaro）于 2008 年 3 月 13 日履新任职。由于审计长所具有的独特地位及较长任期，使得总统无法对审计长构成威胁，从而保证了审计长能够独立开展工作。审计长不能连任的规定也在一定程度上保证了审计长的独立性、公证性和客观性。在审计长提名下，设副审计长 1 人和审计长助理 4 人。

2. 机构设置。GAO 的机构设置分为两大部分：一是人事和行政机构等辅助性职能部门，二是两大业务工作系统，包括由 3 个局级单位组成的计划和审计报告系统和由 7 个局级业务机构组成的审计作业系统，分别负责对联邦政府有关部门进行审计和提供审计作业服务。GAO 的内设机构和人员均由审计长决定，不受其他部门或个人的影响，GAO 在国内外还设有多个派出机构，现包括 11 个国内地区分部和 3 个国际分部。GAO 与州或地方审计局之间不存在任何指导关系。

（三）州和地方政府审计局

美国的政府审计在审计机构的设立上采用了分级分权制的建制形式。美国的政府审计机关分为联邦、州和地方三级。在联邦，美国最高国家审计机关——国家审计总署，向国会报告工作，负责联邦政府及其各部门的审计工作；在各州和地方，分别都设有审计长办公室，负责所辖区内的审计事务。国家审计总署与州、地方的审计机构之间相互独立，不存在上下级以及领导与被领导的关系。州和地方政府审计局对州议会负责，有权对该州的任何官方事务进行监督和审查。州政府审计局长由州长提名，州议会表决通过后由州长任命。其职责是负责对州政府各部门进行审计。州下属的各地方政府审计局局长由各地方政府行政首长任命，负责对该地方政府及其部门进行审计。

三、美国政府审计的范围

国会会计总署（GAO）处理的政府审计事务，主要包括以下大类：

1. 调查公共资金的使用情况。总审计长必须：（1）调查有关收支和使用公共资金的一切事宜；（2）估计为满足特定限制而进行的专项拨款的成本，并将其制作成报告，并向国会提出总审计长认为合适的建议；（3）分析各执行机构的支出，其依据是总审计长认为这将有助于帮助国会认定该项支出是否高效使用；（4）根据对支出、收入、专项拨款有管辖权的 the house of congress 和 a committee of Congress 的要求进行调查并制成报告；（5）为对支出、收入、专项拨款有管辖权的 a committee of Congress 提供他们所需要的信息。

2. 对内部收入服务、税收、贸易署、酒精署、烟草署、火警署和爆炸物品监督署进行审计。

3. 对金融机构检查委员，联邦储备委员会，联邦储备银行，联邦存款保险公司以及货币监管办公室进行审计。董事会和联邦储备银行的审计可能不包括：（1）与外国中央银行，外国政府，或者非私有的国际金融组织的交易；（2）审议、决定或者对货币政策的行动，包括贴现窗口操作，会员银行，证券的信用，存款利息，以及公开市场操作的储备；（3）根据联邦公开市场委员会的指示进行的交易。

4. 对哥伦比亚州政府的账户和日常运行进行审计。总审计长应向国会和市长和哥伦比亚特区的议会提交审计报告。该报告应包括审计信息，总审计长认为有必要向国会、市长通报业务的审计范围，总审计长认为可取的建议。

5. 提供信息和检查记录。支持国会是 GAO 的基本责任。落实这个目标，需要执行多种服务，其中最突出的是政府的计划和活动的审计和评估。大多数这些评论针对国会提出的请求。在回答国会委员会和委员询问时，总审计长对涉及政府的计划和活动的法律问题提供咨询意见。总审计局可协助起草立法和审查国会立法。提供其他法律服务，包括解决申办抗议质疑政府合同和相关协助政府部门解释公共资金的法律。①

6. 对美国政府的活动和方案进行评估。

7. 提供报告草案。在一份报告草案提交给一个机构征求意见，总审计长可根据参众两院国会议员就某些事项的要求下提供报告草案。总审计长的最终报告应包括：（1）调查结果，结论或建议；（2）进行更改的理由。

8. 总审计长的报告。

9. 提供机构报告。

---

① 资料来源：http://usgovinfo.about.com/cs/uscongress/a/aboutgao.htm。

专栏 11-1　国会会计总署（GAO）跨领域工作的分类

1. 财政前景和负债（FISCAL OUTLOOK & THE DEBT）

GAO 的联邦模拟指出随着回避政策的变化，联邦政府面临着快速增长且无法支撑的负债。对州和地方政府的模拟显示，不只联邦政府面临着在未来十年对政府产生巨大影响的财政挑战。健康护理费用和老龄化使得收支愈发不平衡，反过来又引发退休和健康项目的支出增加。

鉴于上述挑战，GAO 为国会和公众提供关于联邦政府、州和地方政府部门财政前景的最新分析，以及关于联邦负债的应对措施。

（1）联邦政府长期财政前瞻。通过阐明采取行动的重要性和改变国家路径所需的必要步骤，GAO 对联邦政府长期财政前景的模拟能够为政策选择提供广泛信息。

（2）州和地方政府的财政前瞻。GAO 的模拟显示了州和地方政府所面临的财政挑战，强调了部门的主要财政压力。

（3）赤字测算：现金 vs 利息。这解释了如何同时运用两个主要指标提供一项更综合的联邦政府财政状况的图景。

（4）联邦负债。提供关于联邦负债的基础，债权人，国库如何管理负债和主要政策考虑。

2. 高风险项目（HIGH RISK LIST）

每两年一次的新国会组建伊始，GAO 呼吁机构和项目地区注意由于他们易受欺诈、浪费、滥用和误导，或急需改革所产生的高风险。

3. 复兴法案评估（RECOVERY ACT）

在美国，至今为止，国库已经在复兴法案基金支出 2 720 亿美元。其中，16 亿美元在 2014 财年伊始被支出。教育部根据复兴法案建立 RTT 为改革 K-12 教育提供激励，如改善低水平学校和培养高素质教师。在 2010 年，教育部在 RTT 项目资助了 12 个州近 40 亿美元。

4. 技术评估（TECHNOLOGY ASSESSMENT）

GAO 的技术评估提供重要技术革新如何影响我们的社会，环境和经济。这部分工作阐明每种技术对联邦机构和部门的影响，以及对美国社会的更广泛影响。

第十二章

美国政府预算信息化与公开

■ 本章导读

政府收支分类是政府预算管理的基础环节,是编制政府预算、决算、组织预算执行以及预算单位进行会计明细核算的重要依据,也是了解政府具体收支活动和内容的重要窗口,还是满足不同级次、不同类别预算管理的基础。本章介绍了国际货币基金组织和美国政府的收支分类管理办法。同时,介绍了美国的预算信息公开制度,包括美国预算信息公开的法律依据、公开方式、公开内容、公开途径及预算公开的例外事项处理等相关内容。

第一节　政府收支分类与预算信息化管理

政府预算收支分类，是指在政府预算管理中，按照一定的标准，将庞杂的预算收支项目进行划分和归类，以准确体现各类收支的性质、运行规律，为政府预算的编制、执行和决算服务。如何对政府预算收支进行科学分类，涉及政府预算管理的各个环节、层次，关系着预算管理的水平与质量。

政府预算的具体分类通过预算收支科目反映，政府预算收支科目是政府收支的总分类，在我国由财政部统一制定，全国统一执行。预算科目按层次分为类、款、项、目等，其关系是：前者是后者的概括和汇总，后者是前者的具体化和补充。它是编制政府预算、决算、组织预算执行以及预算单位进行会计明细核算的重要依据，也是了解政府具体收支活动和内容的重要窗口，还是满足不同级次、不同类别预算管理的基础。

一、国际货币基金组织收支分类方法

（一）收入分类

国际货币基金组织在《2001年政府财政统计手册》中，将政府收入划分为税收、社会缴款、赠与、其他收入四类，具体情况如下：

1. 税收收入。包括：对所得、利润和资本收益征收的税收，对工资和劳动力征收的税收，对财产征收的税收，对商品和服务征收的税收，对国际贸易和交易征收的税收，其他税收等。

2. 社会缴款。包括：社会保障缴款和其他社会缴款。其中社会保障缴款又按缴款人细分为雇员缴款、雇主缴款、自营职业者或无业人员缴款、不可分配的缴款。

3. 赠与。包括：来自外国政府赠与、来自国际组织赠与和来自其他广义政府单位的赠与。

4. 其他收入。包括：财产收入，出售商品和服务，罚金、罚款和罚没收入，除赠与外的其他自愿转移，杂项和未列明的收入等。

（二）支出功能分类

按国际货币基金组织政府财政统计标准，政府支出功能分类主要包括：

1. 一般公共服务。包括：行政和立法机关、金融和财政事务、对外事务，对外经济援助，一般服务，基础研究，一般公共服务"研究和发展"，未另分类的一般公共服务，公共债务操作，各级政府间的一般公共服务等。

2. 国防。包括：军事防御、民防、对外军事援助、国防"研究和发展"、未另分类的国防等。

3. 公共秩序和安全。包括：警察服务、消防服务、法庭、监狱、公共秩序和安全"研究和发展"、未另分类的公共秩序和安全等。

4. 经济事务。包括：一般经济、商业和劳工事务，农业、林业、渔业和狩猎业，燃料和能源，采矿业、制造业和建筑业，运输，通讯，其他行业，经济事务"研究和发展"，未另分类的经济事务等。

5. 环境保护。包括：废物管理、废水管理、减轻污染、保护生物多样性和自然景观、环境保护"研究和发展"、未另分类的环境保护等。

6. 住房和社会福利设施。包括：住房开发、社区发展、供水、街道照明、住房和社会福利设施"研究和发展"、未另分类的住房和社会福利设施等。

7. 医疗保障。包括：医疗产品、器械和设备，门诊服务，医院服务，公共医疗保障服务，医疗保障"研究和发展"，未另分类的医疗保障等。

8. 娱乐、文化和宗教。包括：娱乐和体育服务，文化服务，广播和出版服务，宗教和其他社区服务，娱乐、文化和宗教"研究和发展"，未另分类的娱乐、文化和宗教等。

9. 教育。包括：学前和初等教育、中等教育、中等教育后的非高等教育、高等教育、无法定级的教育、教育的辅助服务、教育"研究和发展"、未另分类的教育等。

10. 社会保护。包括：伤病和残疾、老龄、遗属、家庭和儿童、失业、住房、未另分类的社会排斥、社会保护"研究和发展"、未另分类的社会保护等。

（三）支出经济分类

按照国际货币基金组织政府财政统计分类标准，政府支出按经济性质分类主要包括：

1. 雇员补偿。包括：工资和薪金（分现金形式的工资和薪金、实物形式的工资和薪金）和社会缴款（分实际的社会缴款和估算的社会缴款）。

2. 商品和服务的使用。

3. 固定资产的消耗。

4. 利息。包括：向非居民支付的、向除广义政府外的居民支付的和向其他广义政府单位支付的。

5. 补贴。包括：向公共公司提供的（分向金融公共公司提供的和向非金融公共公司提供的）和向私人企业提供的（分向金融私人企业提供的和向非金融私人企业提供的）。

6. 赠与。包括：向外国政府提供的（分经常性和资本性两种）、向国际组织提供的（分经常性和资本性两种）和向其他广义政府单位提供的（分经常性和资本性两种）。

7. 社会福利。包括：社会保障福利（分为现金形式的社会保障福利和实物形式的社会保障福利）、社会救济福利（分为现金形式的社会救济福利和实物形式的社会救济福利)、雇主社会福利（分为现金形式的雇主社会福利和实物形式的雇主社会福利)。

8. 其他开支。包括：除利息外的财产开支和其他杂项开支（分为经常性和资本性)。

二、美国地方政府预算收支分类方法

美国同一地方政府所有政府收支、所有政府预算单位均应使用统一的政府收支科目，但不同政府间的收支科目略有不同。政府收支分类体系一般由"收入分类"、"支出功能分类"、"支出经济分类"三部分构成。

（一）收入科目

所有政府收入统一纳入一个收入分类体系中，按统一的标准进行分类。按照经济性质分为税收收入和非税收入两类。由于地方政府开设税种的权限有限（主要集中在联邦政府和州政府），地方政府的主要税种都比较相近，只是在税率方面稍有不同。地方政府的主要税种主要有：财产税、个人所得税、销售税。非税收入一般包括收费收入、罚没收入、投资收入、政府间转移支付收入、各种基金间调剂收入、债务收入等。

（二）支出科目

1. 支出功能分类体系。政府各项支出按功能划分，一般设置"一般公共服务"、"公共安全"、"公共健康"、"文化体育"等。各功能科目涵盖的范围很完整，如"一般公共服务"反映政府为支撑各项功能目标的实现而必须提供的各种一般性管理及服务方面的支出。美国地方政府部门大部分也按此功能设置。

2. 支出经济分类体系。相当于我国的"目级"科目，支出经济分类涵盖政府所有支出，并区分经常性支出与资本性支出。经常性支出包括工资福利、办公费、印刷费、差旅费、培训费、维修费、设备购置费、合同服务、债务利息支出等。

三、美国财政数据管理

美国是典型的联邦制国家，实行的是"权力相对分散又相互制衡"的政治体制，总统、国会、司法之间相对独立，联邦、州、地方政府之间也相对独立。没有全国统一的财政数据行政管理机构。各级政府分别负责本级政府财政数据，联邦政府只负责联邦政府财政数据，州政府负责州政府财政数据，地方政府只负责地方政府财政数据。州政府没有义务向联邦政府报告财政数据，地方政府也没有义务向州政府报告财政数据。虽然各部门、各级政府之间没有一种数据报送制度，但是美国财政数据的管理却是有条不紊，公众很容易获取财政数据。究其原因，主要是美国财政数据管理有一套良好的做法。

（一）依法管理财政数据

美国没有专门的财政数据管理法规，而是散见于有关的法律法规之中。比如，在广义政府收支操作方面，1985年9月制定的《联邦注册登记录》中规定了"主要经济指标编制、发布和评估的统计政策指南"，该"指南"明确了广义政府收支数据编制、发布和评估的政策；"资金量账户指南"规定了金融账户的统计方法；《美国法典》3513（a）第31条也明确规定了"国库部需要给总统、国会和美国公众提供报告"。

（二）明确划分部门职责

美国没有全国性的数据管理机构，但各部门、各级政府之间都明确的职责分工。国库部和总统管理与预算办公室（OMB）负责收集财政数据，收集到的数据被直接用于各种预算文件和财务会计报告中。总统管理与预算办公室（OMB）负责编制总统预算，并向公众公布预算报告及预算年度前两年的财政执行数据和后三年的财政预测数据。国库部负责编制并发布月度、季度和年度财政收支数据及每日国库现金数据。联邦储备委员会负责编制债务融资数据。商务部下属的经济分析局和联邦储备委员会负责编制国民经济核算和向国际货币基金组织报送的政府财政统计数据，在这方面经济分析局与国库部有协议，经济分析局运用国库部的财政数据，进行国民核算估算，编制政府财政统计数据。其他数据统计由其他很多联邦机构收集，比如人口普查局和劳动统计局等。国会在总会计局的帮助下，对统计活动进行独立监督。

（三）遵循国际货币基金组织成员国统计数据特殊标准（SDDS）的要求

美国是国际货币基金组织的数据公布特殊标准（SDDS）[①]的接受国，不仅在数据公布范围方面，完全符合SDDS的要求，而且在频率及及时性方面还高于SDDS的要求。比如，SDDS对接受国在广义政府和公共部门操作方面的公布频率要求是年度，而美国达到了季度；SDDS对接受国在中央政府债务方面的公布频率要求是季度，美国的公布频率是月度（见表12-1）。

---

① 1995年10月，国际货币基金组织理事会临时委员会（后改名为国际货币与金融委员会）批准建立两个数据公布标准，一是为已进入国际资本市场或寻求进入国际资本市场的国家提供指导的特殊标准（即后来的SDDS）；二是为所有成员国提供指导的通用标准（即后来的GDDS）。IMF执行董事会在1996年3月29日批准了数据公布特殊标准（SDDS），并在1997年3月考虑建立另一级标准（GDDS）。

表 12-1　　　　　　　　美国财政数据管理的有关情况

范围	数据内容	数据编制和公布机构	数据来源	频率	及时性
广义政府或公共部门操作	预算内外收支、赤字/盈余	商务部经济分析局	联邦财政数据来源于联邦政府预算、会计和管理信息，州和地方政府数据主要来源于五年一次的普查、政府的年度普查和各州及地方政府的税收报表	季度（财政收支及收支差额数据）；年度（非金融公共企业的总盈余/赤字）	1个月（基本支出和总投资）；62天（第二季度基本收入数据，广义政府盈余/赤字）；92天（第四季度数据）；7个月（非金融公共企业赤字/盈余数据）
	赤字融资	联邦储备委员会	主要元数据来源于国民收入产出账户表（NIPAs）、"月度国库报告"和其他不同报告	季度	9~11周
中央政府操作	预算内外中央政府收入、支出、盈余/赤字和融资	国库部	数据基于实际决算，数据主要来源于联邦拨款机构的月度会计报告和来自于联邦储备银行的每天报告	月度	一般来说是14个工作日，不迟于下一个报告月的月末。每一财年最后一个月—九月的报告受制于年度报告要求，不迟于10月31日公布
中央政府债务	预算内外联邦政府显性债务（按债务工具类别和期限分类）	国库部	数据收集系统称之为公共债务会计和报告系统（PARS），主要基于联邦储备银行和国库部公共债务局的每日报告	月度	"美国公共债务月度报告"：月度的4个工作日，不迟于下一个报告月度结束后的8天；"美国国库月度报告"：月度的14个工作日，不迟于下个报告月末

　　美国联邦国库现金管理数据的透明度是相当高的。国库部每天的现金状况都要在第二天下午4：00公布在互联网上。① 国库部每日公布的内容包括五张表格，表一是现金余额表，内容包括账户的种类、期末余额、期初余额（本日、本月和本年度）；表二是现金流入和流出表，内容包括科目分类、本日流量、本月累计、本年累计；表三是债务表，又分为A、B、C三个表，A表是债务交易表，公布发行和偿还债券的数据；B表是现金收付情况，公布债券溢价和折价发行和偿还的数据；C表是债券余额持有人情况，内容包括期末余额、期初余额（本日、本月和本年度）。

---

① 网址为：http://fms.treas.gov/dts/index.htm/。

每日的现金余额不能低于 50 亿美元，低了就要到市场上去融资。在公布每日现金状况的基础上，还要公布每月的预算执行情况。联邦政府每月的预算执行情况都要在第二个月的第 8 个工作日公布在互联网上。① 公布的内容包括收支总表、收入明细表、支出明细表、融资表、月度收支表、联邦信托基金表、收入来源表、支出功能分类表。

（四）方便公众获取数据

负责编制和公布财政数据的商务部经济运行局、国库部和联邦储备委员都会定期在自己的外部网页上公布数据，并在每个财年结束的月份公布有关下一年度财政数据公布日期的日程表。比如，经济运行局每年 9 月份在网页上公布"年度经济运行局数据估算的公布日期"报告；国库部每天公布国库现金流量表，供公众参考查阅。此外，在 IMF 的数据公布公告版（DSBB）上，公众可以很容易地找到相关数据的链接。从 1999 年 2 月份起，总统管理与预算办公室开始在新闻发布会上向公众通告数据公布渠道；从 1999 年 9 月份起，总统管理与预算办公室开始公布"主要经济指标发布日期日程表"。洛杉矶市政府的财政数据也可以方便地从其外网上获得。

第二节 政府预算信息公开制度

一、美国预算公开的法律依据

（一）《宪法》

一直以来，美国实行三权分立的政治制度，秉持着依法治国的理念，倡导信息的公开和透明。美国法制社会的建设迄今为止已历经两百多年，美国预算的执行也是通过一系列法律制度保障的，从而确保了预算的公开透明。在美国宪法第一条第九款中明确规定："一切公款收支的报告和账目，应经常公布。"该条款为预算公开提供了基本的法律保障，成为制定诸多相关法律的基础。同时，宪法还对预算管理进行了一定限制，美国《宪法》赋予国会以征税权和预算拨款权，只有经过国会批准，总统和行政机构才能有权利使用预算资金，为预算公开创造了良好的条件。而在预算的编制、执行和审计方面，联邦政府也出台了相应的法律依据，并按照既定的法律法规开展预算管理工作。政府预算一经批准即成国家法律，具有一定权威性，对政府的活动进行约束和限制。如果没有政府预算授权，政府不能擅自进行财政收支，因为其各项收支在预算中都要有详细的计划。资金的使用范围确定之后便不能再挪作他用，任何与预算计划不符的资金收支必须要有预算调整草案，并要经过总统和国会的批准，政府的收支必须接受权力机关监督。

---

① 网址为：http://fms.treas.gov/mts/index.htm/。

虽然预算的公开透明有宪法作为指导，但是若想保证财政预算的真正透明化和公开化，只有一部宪法是远远不够的，仍需要其他较为详细的法案和条例对预算公开的内容、程序和规则等规定。预算公开需要整套法律法规的支持。

（二）法律

虽然宪法具有最高法律效力，但由于宪法本身所具有的原则性的特征，其对预算公开的规定大都比较概括，需要普通法律来进行具体的规定和调整。美国的预算信息公开制度由1946年的《行政程序法》、1966年的《信息自由法案》、1972年的《联邦咨询委员会法》、1976年的《阳光下的政府法》、1974年的《隐私权法》和1996年的《电子情报自由法》等一系列法律组成，内容丰富，体系完备，成为各国效仿的典范。

1. 1946年《行政程序法》。第二次世界大战前，美国政府机构的活动是否公开由政府机构自由裁定，公民无权要求政府公开行政活动的依据和理由，唯一的例外就是在诉讼中公民可以要求有关行政当局公开必要的法律依据和理由。第二次世界大战后，随着民主政治的发展，美国于1946年制定了《联邦行政程序法》（APA），该法第3节规定了公众有权得到政府信息，同时规定，政府为了公共利益或其他正当理由，可以拒绝公众公开信息的请求。

2. 1966年《信息自由法案》。1955年，美国国会众议院政府工作委员会成立了"政府信息小组委员会"，这个委员会由众议员莫斯担任主席，因此又简称"莫斯委员会"。莫斯委员会的职责在于对美国政府信息公开状况进行调查和立法准备工作。莫斯委员会成立后，随即展开了大量细致的准备工作。他们取得了新闻界和学术界的支持与合作，听取了社会各界对政府信息政策的意见与建议，进行了广泛的调查并取得了大量的第一手数据。在此基础上，莫斯委员会举行了一系列的听证会。到1960年，莫斯委员会有关政府信息公开化的一系列听证会共产生了17卷书面材料和14卷调查报告。在听证会的基础上，莫斯委员会全体成员达成了一项共识，即《行政程序法》的保密条款必须给予明确的界定，并且需要制定一部更加系统的有关政府信息公开的法律。有研究人员建议，新的信息自由法案应将知情权推及所有要求查阅政府机关公务记录的公民或法人，而不问其是否具有提出查阅申请的"正当理由"；同时，还应保证申请人在遭到拒绝时有寻求司法救济的权利。1966年，出台了《信息自由法》，由传统上的政府信息以保密为原则转变为以公开为原则，不公开为例外，旨在促进联邦政府信息公开化。《信息自由法案》最初由美国第89届国会提出，于1966年通过并于次年实施。该法案规定了民众在获得政府信息方面的权利和行政机关在向民众提供政府信息方面的义务：要求联邦政府的记录和档案原则上向所有的人开放；公民可向任何一级政府机构提出查阅、索取复印件的申请；政府机构则必须公布本部门的建制和本部门各级组织受理信息咨询、查找的程序、方法和项目，并提供信息分类索引；公民在查询信息的要求被拒绝后，可以向司法部门提起诉讼，并应得到法院的优先处理。该法案的公布是政府财政预算信息公开的里程碑事件，对预算信息公开的深度和范围均有突破性的要求。

《信息自由法》在初期带有明显的妥协色彩，它规定政府信息公开的范围主要限于联邦政府行政部门，而不适用于州政府或地方政府、联邦选举产生的官员、各类司法机关、私人组织、私营企业以及联邦政府的合同方或受资助方等。此外它在信息公开的决定上赋予了行政部门较大的自由裁量权，并且关于申请信息公开收费的有关规定也在一定程度上妨碍了其具体实施。

之后美国对《信息自由法》进行了数次修订。美国国会于1974年通过了一系列修正案，要求政府机构对《联邦登记》（FederalRegister）上没有公布的文献做出索引，划定必须依法公开的信息，允许公民查阅联邦机构掌握的有关本人的信息。1976年，作为阳光下的政府法案的一部分，《信息自由法》第3项豁免公开事项做出了修订，对在其他法律中不予公开的信息能否适用于《信息自由法》作出了规定。1986年《信息自由法》的修订是《反药物滥用法案》的一部分，此次修订对《信息自由法》中的收费标准做出了修改，规定政府机构在一定的情况下应减免信息服务的费用。随着信息技术和互联网技术的发展，公众获取信息的手段发生了巨大的变化，这对政府财政预算信息的公开也提出了挑战和机遇。基于1966年《信息自由法案》信息公布的原则和精神，1996年美国时任总统克林顿签署了《电子信息自由法修正案》，要求采取更多方式公布政府信息。该修正案推进建立了政府预算公布的互联网主页，与联邦政府信息实现了链接。有关联邦政府预算的大量文件和数据，都在网上予以公布。2002年，由于"9·11"事件，布什签署了《情报机构改革法案》，《信息自由法案》对外国机构获取美国情报机构的信息做出了限制。通过不断修订和完善，《信息自由法》更加符合保障公众知情权的要求，美国公众申请信息公开的数量逐步上升。

但是《信息自由法案》也规定了九种例外情况，来解决那些文档不该披露的困境，其主要包括加密信息、内部人事事务、其他法律授权不予公开、机密信息、内部决策、个人隐私、法律执行和其他特殊规定。在此规定下，如果预算没有特殊情况，则应该由美国国会预算办公室进行公开，否则将会有司法部门介入，强制执行。毋庸置疑，《信息自由法案》为美国政府透明制度做出了巨大的贡献，主要体现在公开范围的普遍性，申请公开的便捷性和廉价性两大方面。宪法层次下相关法律的保障，使得美国"预算民主"制度初步形成，而以公开为前提的公共预算也成为美国财政制度稳健运行的重要保证。

3. 1972年《联邦咨询委员会法》。根据《联邦咨询委员会法》，咨询委员会一词是指任何委员会、理事会、会议、专家组、工作小组和其他类似团体，或任何其分委员会或其他分团体，该团体是由法律或重组计划所设立的，或由总统设立和利用的，或为使总统或联邦政府的行政机关或官员得到建议或推荐而由一个或多个行政机关设立或利用。

从塔夫脱委员会开始，直到之后的布鲁金斯学会，美国财政预算制度的发展一直就未离开专家委员会的身影，包括国会预算委员会。这也是预算本身复杂的专业性要求决定的，其编制、审查和审计等过程必须要由专业人士进行。为监督由专业委员会主导的咨询性质的预算过程，美国于1972年通过了《联邦咨询委员会法》，该法案建立了一套咨询团体设立、运行、监督和终止的机制并设立委员会管理秘书处（Committee Management Secretariat），保证各种形式的专家咨询机构建议的客观性以及公众在专家咨询过程中的知情权。其中，该法案的"开放性要求"规定：涉及专家咨询过程的所有文件、会议，除在立法上获得豁免情形外，都应无条件向公众公开。这样通过对整个专家咨询全过程的信息加以公开公示，可以让公众对专家参与决策的行为进行有效监督，从而促使专家利益无涉、地位中立，同时也大幅降低了行政机关或利益集团为谋求私利而意图控制专家咨询委员会的可能性。

4. 1976年《阳光下的政府法案》。在实现政府财政预算文件公开后，政府财政预算制定过程的公开成为下一步改革的重点，在此背景下，美国于1976年通过了《政府阳光法案》。由于政府和国会编制预算的程序已经确定，通过该法案保证程序公开是必然选择。依据该法，公众可以观察预算会议的进程，取得会议的文件和信息。除符合《阳光下的政府法》规定的豁免公开举行会议的10种情况以外，合议制行政机关举行的每次会议，包括其中的每一部分都必须公开，听任公众观察。公众根据这项规定取得出席、旁听和观看等观察权。合议制行政机关举行公开的会议时，应尽量选择适当的房间以便容纳更多的公众。为了方便公众观察，可以散发或张贴公开会议的指导手册，记载机关的主要人员，他们的职务，投票的程序，专门术语的解释，以及该机关根据该法所规定的程序。具体会议是否公开，需由机构成员投票表决确定，表决结果供公众查询；不论会议公开与否，机构应至少提前一周公告会议的时间、地点和主要议题，以及该机构负责公众咨询的官员姓名和电话号码；上述情况以及公开与否的变更均应尽早公告，并在《联邦登记》上刊载；对依豁免条款不对外公开的会议，该机构应能向公众提供由法律顾问出具的书面证明以及注明会议时间、地点和出席人员的详细说明书；除非认定讨论或证言含有豁免公开的信息，该机构应使公众能在方便的地方迅速得到关于讨论议程任何一项议题或会议上听取的任何一项证言的会议记录、正式文本或录音磁带。

5. 1974年《隐私权法》。美国在推进政府信息公开的同时亦十分重视隐私保护立法，作为对《信息自由法》的重要补充，美国于1974年制定了《隐私权法》，限制联邦政府部门向他人公布特定个人的有关信息。并在随后的时间里陆续制订实施了《财务隐私权法》、《联邦电子通信隐私权法》等法规，形成了较为成熟完备的隐私保护立法体系。

（三）行政条例

美国联邦政府对于预算信息公开的要求除了有上述所提及的《宪法》、《联邦预算法》以及《信息自由法案》以外，还有一些行政性的条例来规范其预算信息的公开。这些行政性条例包括总统令（presidential document）、建议规则（proposed rule）、规则（rule）以及通知（notice）等。基于1966年《信息自由法案》信息公布的原则和精神，1996年美国时任总统克林顿签署了《电子信息自由法修正案》，要求采取更多方式公布政府信息。该修正案推进建立了政府预算公布的互联网主页，与联邦政府信息实现了链接。有关联邦政府预算的大量文件和数据，都在网上予以公布。

例如美国行政总裁办公室（Executive Office of the President）在 2013 年 5 月 9 日下发了由美国总统奥巴马签署的行政命令 13642 号，要求政府必须公开并提供政务信息（Making Open and Machine Readable the New Default for Government Information）。在此项行政命令中要求提供公开数据信息的单位就包括管理和预算办公室（OMB），对其在政策发布之后 30 天、90 天及 180 天要完成的工作都做了具体明确的规定：30 天内签发数据开放政策，90 天内发行公开数据政策要求多方进行技术支持并与总统管理委员会保持密切联系，180 天后要求机构报告进度并且要求数据要保持每季度更新一次。这对政府预算信息的公开做出了更为细致的时间规定。

（四）地方政府预算公开的法律依据

在联邦体制下，联邦政府和州政府、地方政府是各自独立的政府，联邦政府对地方政府预算公开没有具体规定和要求，有关预算公开的事项由各州自行决定。州和州以下政府通过的《阳光政府法案》和《公共记录法案》是州政府和地方政府公开预算信息的重要依据。本项目以亚利桑那州为例进行分析，其余各州的情况与亚利桑那州类似。亚利桑那州的《公共记录法案》（Arizona Public Records Law）规定"亚利桑那州并不存在信息公开的豁免机构。每个政府工作人员（officer）和公共机构（public body）都有保持、维护公共记录的责任和义务"，在亚利桑那没有特定的预算信息是不能公开或例外的。

二、美国预算公开的方式

在国外的政府信息公开立法中，美国的《信息自由法案》无疑是一颗最具特色的明星。它将行政机关信息的公开规范化、法制化，法律的强制力度是其保证信息公开落实的有力武器。美国的政府信息公开具有高强制性的鲜明特点，这也是它能够较好地实行和运作的保障。美国布什政府对电子政府的建设非常重视，2001 年提出"以公民为中心"的工作服务理念，并提出三项具体目标：（1）方便公民与联邦政府实现互动；（2）提高政府的工作效率，改善其绩效；（3）改善政府对公民的反馈能力。信息自由法案对应当公开的信息获取权设置救济程序，即当信息公开的申请被拒绝，公民有权提出申诉程序。一般来说申诉的第一步是要求持有信息的政府机构自身对申请进行复议，第二步就是到独立的申诉机构进行申诉。规定政府机构应该在规定的时间内向公民提供其所要求的信息，不能无故拖延公开信息的时间。[①]下面详细介绍一下美国政府信息公开的方式、申请程序、申请范围及条件。

1. 主动公开。主动公开是指行政机关必须公开某些信息，这些信息包括两部分。一部分面向一切公众，必须及时地在《联邦公报》上予以公布；另一部分必须

---

① The Freedom of Information Act, 5 U.S.C. § 552 As Amended By Public Law No. 110 - 175, 121 Stat. 2524.

以其他方式予以公布。根据1996年的"电子化信息自由法案",这两部分必须公开的信息,各行政机关都必须全部及时地放到网站上,让公众自由调取、查询,这既方便政府公开信息,节约行政成本,又可以更好地保障公民知情权的实现。

2. 依申请公开。另一种是依申请的公开。行政机关必须主动公开的信息仅占政府所掌握的信息的一小部分,还有大部分信息不具有普遍适用性,不要求行政机关将其主动公开。但是,任何人都有权请求行政机关公开。行政机关收到信息公开的申请后,应在10个工作日内做出是否公开的决定。如果拒绝公开,应当详细说明其理由。如果申请人不服,可向机关首长申诉。机关首长应在收到这种申诉之后的20个工作日内做出裁决,如若不服裁决,则可向法院提起诉讼,要求司法审查。

3. 美国预算公开的申请程序。根据美国的信息自由法,"任何人"均可以提出信息申请,包括个人(包括外国公民)、公司、协会、外国与国内的政府机关。"任何人"也可以通过律师或者其他代理人提出信息申请。根据法律,联邦政府机关不属于"任何人"之一,因此,不能提出申请,但州与州政府机关可以提出申请。唯一的例外是逃犯,他们不能提出申请,也得不到法院的保护。提出信息申请可以根据任何理由,也可以没有任何理由。法律并不要求申请者必须具有特定的利益或者理由,正因为这样,民事与刑事诉讼实践中,信息申请者往往能够成功地以信息自由法的手段来代替或者补充证据。美国联邦最高法院在判例中认定,某人比其他普通公众对信息具有更大的利益并不能增加或者减少其获得该信息的权利。但是,这种利益在确认某些程序问题时有一定的关系,如快速获得信息、收费减免、提供胜诉方律师费等。

根据信息自由法申请政府材料的第一步是确定拥有材料的政府机关。一个申请必须向特定的机关提出,联邦政府没有统一受理信息自由法申请的综合性机关。如果申请人不知道应该向哪一个机关提出申请,可以向一个以上的机关提出。申请可以向机关内设的信息自由法办公室提出,也可以向机关首长提出。大的政府机关可能在不同的具体工作部门内设有各自的信息自由法办公室,各自有其工作规则。每个政府机关均需在联邦登记簿上公布其信息申请的程序,包括如何以及在何处提出申请、如何收费、减免费标准、复议程序等。行政机关不得超出这些公开的规定另外设立不合理的程序要求。

申请书通常包括三个方面的内容:一是说明申请的根据是信息自由法,二是具体描述申请的材料是什么;三是注明申请人的姓名与地址。根据1986年对信息自由法的修正,申请人的身份与申请目的的不同决定了收费标准的不同,因此,申请人可能还要在申请中提供另外的信息以便政府机关决定如何适用收费标准。申请书中有几项内容是选择性内容,由申请人决定是否提供给政府机关。一是申请人的电话号码,二是申请人愿意支付的费用最高限,三是申请人申请减免收费的申请,四是申请材料的保存形式,五是申请人有急需时申请加速程序。

4. 预算公开申请的范围和条件。如果申请人申请的材料属于信息自由法规定的九类例外(保密文件、机关内部人事规划与制度、根据其他法律作为例外的信息、商业秘密与商业财务信息、政府的内部联系、个人隐私、执法文件、金融制度、地址信息）之一，则政府机关可以拒绝公开政府文件。当然，如果公开政府文件并不会对国家利益或社会造成损害，政府机关也可以公开例外范围内的某些材料，但不能是国家秘密或商业秘密。

三、美国预算公开的内容

美国政府向公众公开的财政信息主要由政府年度预算报告（内含部门预算）和年度综合财务报告组成。

（一）联邦政府预算

美国联邦政府向社会公开的预算文件包括预算指导方针文件、功能分类和经济分析文件、部门分类文件（联邦预算报告按政府机构列出了23个联邦政府部门和机构的部门预算）等，其中在部门预算的附属文件中预算内容细化到每一个具体的支出项目。预算包含了大量的"预算偏好"，展示了总统已经完成的计划以及承诺要实现的目标，强调了主要的政策建议与变化，并以职能、机构与账号的方式展示支出数据。预算案为每一年度的拨款账户提供了现有拨款以及变更建议的说明、一份对该账号内项目及绩效的简要项目描述、一份项目与财务明细表、各账号支出目标表和雇员概述。下面以2014年度的联邦政府预算为例说明美国中央政府预算的主要构成：①

1. 美国政府预算。2014年度的政府预算（the budget）总共244页，包括总统向国会提交预算时的咨文、对总统预算优先考虑问题的说明、按照政府机构组织的预算支出概要以及简要的预算表格。

美国预算报告包括2014年度美国政府预算的主体部分、分析部分、历史表格和附录四大部分。主体部分包括总统对预算的概述、总统预算、各部门预算概述和总结表；分析部分主要是强调一些特殊项或者是通过预算数据透彻的提供一些重要的分析，这部分还包括一些补充材料，包括按机构、功能、子功能和计划分类展示的预算表；历史表格通常是提供1940年或更早年份到2014年或2018年的预算收入，支出，盈余或赤字，联邦债务和联邦职务等信息；附录中就是一些更详细的信息，关于各种拨款和基金，主要是由拨款委员会使用。

2. 预算分析书。美国2014财政年度政府预算分析展望书（Analytical Perspectives）总共508页，包括针对专门领域的一些分析，或者对预算数据提供非常有意义的解释，具体包括经济和账户分析、联邦收入分析、联邦支出分析、联邦借贷和债务分析，以及其他的技术性解释。

3. 附录。与其他预算文件相比，附录（Appendix）包含更加详细的项目和拨款账户信息。2014年度预算附录总共1381页，包括构成预算的不同拨款项目和基金的详细信息，主要是供国会拨款委员会使用，对于每一个机构都列出了预计的拨款

---

① 《2014年度的美国联邦政府预算报告》，来自http://www.whitehouse.gov/omb/budget。

环境、每个账户的预算计划、法律建议、应该完成的工作说明、所需要的资金，以及计划运用的拨款条款等。很多数据既有绝对数，又有增速、占GDP比重等相对数，非常简单易懂。

4. 历史图表。2014年度的历史图表（Historical Tables）总共376页，展示了关于收入、支出、盈余或赤字、联邦债务和联邦雇员发展趋势的年度数据，有些事例中的数据不仅可以回溯到1940年甚至更早，一些指标还提供今后五年（至2018年）的预计数。并且这些数据已经尽最大可能地被调整过，使其与2014年的预算保持一致性和历史可比性。

除上述主要内容外，美国联邦政府预算还包括6页纸的总统预算咨文（the budget message of the president）、72页纸的对2013~2023年预算收支的中期展望（Mid-Session Review）、预算概况（Budget Overview）、补充资料（Supplemental Materials）和主要问题的事实表格（Fact Sheets on Key Issues）等。

部门预算包括的内容有：(1) 部门的预算摘要，介绍部门改革、项目评估和战略目标等；(2) 分项列明部门承担的各项职能以及预算资金数的详细说明；(3) 本部门内的预算支出，如雇员津贴、部门管理费用等；(4) 表格形式的各项数据。支出报告按功能分类，每一个部门的支出被划分为三个部分：政府经营支出、对地方政府的补助和资本项目支出。政府经营性支出是维持政府各部门正常开展工作的支出，它列出了在该部门工作人员的总数，并按开展的不同项目进行细分。政府部门的经营性支出按功能划分为五个部分：人员经费（工资福利支出）、差旅费、设备购置费、合同服务费和设备维护费。对地方的补助是上级政府收入向地方政府的转移支付，可划分为不同的项目，还可以细分到每个具体政府拨款援助项目的金额。资本项目支出是相对于经营性支出而言，这部分支出又被细分为不同的项目，每个项目都有更具体的信息。预算文件还列出与以上三部分支出相对应的所有政府基金收入来源，包括一般基金、特殊收入基金和资本项目基金。每项收入来源的详细信息包括所有的税收、收费、联邦政府的拨款、为资本项目的发债收入、数年来每项收入来源的变化趋势、每项收入来源的法律依据和立法过程、每项收入所属的政府基金信息。税收信息包括个人所得税按不同收入水平的纳税人分类缴纳的税收收入分布信息，企业所得税按行业集团分类缴纳的税收收入分布信息。

美国联邦政府部门预算除国家机密不得公开的信息外全部向社会公开，其中国防部、外交部和国家安全机构（2010年首次发布完整预算信息）的公开的预算信息内容与其他部门完全类似，在公开时间、内容、细化程度上没有丝毫差别。联邦政府机构的部门预算由财政部门统一负责公开，各个部门在预算批复后也会在各自官方网站的专门模块上公开，以便公众查询。

（二）联邦政府财务报告

美国政府财政信息不仅包括年度收支预算信息，还包括资产、负债及所有者权益等财务信息以及统计信息。有关政府资产负债的信息都可以在政府年终《综合财政报告》中获得。

第十二章 美国政府预算信息化与公开

在每个财政年度（每年的 9 月 30 日）结束的几个月后，单独的部门财务报告和作为一个整体的美国政府财务报告会向公众公布，以反映一年来政府财务业绩和年底财务状况的全景。根据政府会计准则委员会的 2006 年的规定（Codification of governmental accounting and financial reporting standards），综合年度财务报告由简介、财务与数据三部分组成。简介部分包括一封介绍政府交易与一般信息的介绍信，其中会列出主要官员并提供一张组织结构图说明相关部门的职责与责任。财务部分包括了各种财务报表，由于政府对基金的多种使用形式，每种基金都有几种不同的报表形式。为方便公众了解不同基金间的转账情况，财务报告需要清楚地标出转账——说明收入的来源与转移的收入。统计数据部分会提供一些数据的历史发展趋势情况，如最近 10 年不同来源的收入。

在 2012 年的联邦政府综合财务报告中，提供的报表本身的内容其实并不多（11 页纸），但随后有非常详细的注释。净成本表（Statement of Net Cost）、运营与净资产变动表（Statements of Operations and Changes in Net Position）、净运营成本和统一预算赤字协调表（Reconciliations of Net Operating Cost and Unified Budget Deficit）、统一预算和其他活动现金余额变动表（Statements of Changes in Cash Balance from Unified Budget and Other Activities）、资产负债表（Balance Sheets）、社会保险表（Statements of Social Insurance）、社会保险金额变动表（Statement of Changes in Social Insurance Amounts）。其中"净成本表"和"运营与净资产变动表"与企业财务报表中的损益表相对应，"统一预算和其他活动现金余额变动表"与企业财务报表中的现金流量表相对应，"资产负债表"与企业财务报表中的资产负债表相对应，"净运营成本和统一预算赤字协调表"则解释了应计赤字数目（净运营成本）和现金赤字数目（统一预算赤字）的差异。

表 12 – 2　　　　　　　　　　美国政府净成本报表

	总成本	收入	净成本	假设变更的损益	净成本
卫生部					
国防部					
……					
国库					
其他机构					
总计					

"净成本表"的主要目的是告知美国人民关于联邦政府提供的福利和服务的成本。在 2012 财年净成本表中，各个部门的总费用单独地进行报告，并与其出售产品和服务的收入相匹配，该表的净成本计算表明了特定受益和普通纳税人的负担程度。

表 12-3　　　　　　　　美国政府 2012 年资产负债表

		2012 年	2011 年
资产			
	现金与其他货币性资产		
	净应收税款		
	净应收账款		
	净资产投资		
	净存货和相关资产		
	净不动产、工场、设备		
	国有企业投资		
	其他资产		
	资产总额		
	国家预留土地与文化遗产		
负债			
	应付账款		
	公众持有的联邦债券		
	应付联邦雇员和退伍军人的福利费		
	环境和处置负债		
	保险和政府担保项目负债		
	贷款担保负债		
	其他负债		
	负债总额		
	承诺和或有费用		
净额			
	指定用途的基金		
	未指定用途的基金		
	总净额		
	总负债与净额		

联邦政府的年终资产负债表报告了确认为资产的经济资源和确认为负责的财务责任与余额。当然，资产负债表本身不包括自然文化遗产等资产和或有负债，但这些内容会在附注中加以解释说明。

四、美国政府预算公开的途径

现代预算公开的途径主要分为传统途径和网络途径。传统途径对应传统媒介，美国比较著名的媒体有 CNN、美联社新闻等，这类媒体会在第一时间发布美国预算报告以及进行相关解读。除此之外，美国公民还可以通过美国国会图书馆进行查询。

然而，在电子政务做得比较成熟的国家，公民查阅政府财政预算已是稀松平常的事，除了传统公开方式，美国公民越来越多地利用网络监督美国的预算公开。在美国，从联邦政府到州政府、再到下一级的地方政府，其预算报告都可以在网站上进行下载。即使是完全不具备相关知识的人，也能便捷地查询政府预算情况。美国的预算报告大部分是由美国政府财政部（United States Department of the Treasury）和美国行政管理和预算局（Office of Management and Budget）发布。当然，除了这些官方的网站，人们还可以通过社交网络对预算进行监督。

美国的预算报告一般都是 PDF 格式的，体积非常小巧，最多也就 1~2M，内容却非常丰富和专业。在各种表格中，往往都有和上一财年，甚至于上几个财年的数据对比，直观公开。

（一）美国财政部（United States Department of the Treasury）

美国财政部是美国政府一个内阁部门。它是由美国国会于 1789 年建立，作为管理美国政府的收入。1775 年，美国司库办公室由大陆会议创建，是美国财政部的前身。1789 年 9 月 2 日，美国财政部正式创立。亚历山大·汉密尔顿成为第一任财政部部长。美国财政部处理美国联邦的财政事务、征税、发行债券、偿付债务、监督通货发行，制定和建议有关经济、财政、税务及国库收入的政策，进行国际财务交易。

（二）美国管理与预算办公室（Office of Management and Budget）

美国管理与预算办公室，美国总统办事机构之一，是美国总统维持对政府财政计划控制的机构，原名预算局，1970 年改为现名。是协助总统编制和审核国家预算的机构。主要职责是：汇总各部门的属于联邦开支的项目及方案，进行初步研究审核然后提交总统核准；负责协助总统检查行政部门的组织机构和管理状况并向总统提出改善管理工作的建议。管理与预算办公室在最近几届总统管理的机构中，权力有逐渐增大的趋势。

美国管理与预算办公室的职责：协助总统协调政府活动，指定和管理预算计划，研究该机构政府管理工作，改进会计工作，就财务立法协调各部意见；协助总统编制联邦年度预算并监督预算的执行；研究联邦政府的组织结构和管理程序，提出提高政府行政效率的建议；制定协调政府各项工作的措施，扩大机构间的合作；对政府各项工作作出评价，协助总统估价政府计划的执行情况和效率；提出改革政府部门规章制度的建议和减少文书工作的计划;审核拟议中的行政命令和公告,并在必要时起草这些文件。

(三) 社交网络

当然,除了专门的政府财政部网和预算机构网站,美国的社会大众还可以在民间的网络上查找政府预算信息,主要有 YouTube、Flickr、Twitter 等一系列民间信息网站的发展。

1. Flickr。Flickr 是一个以图片服务为主的网站,它提供图片存放、交友、组群、邮件等功能。通过图片信息,公众可以更直观了解政府信息,尤其是预算信息。在美国预算解读过程中 Flickr 发挥了极其重要的作用,它更快捷且更容易被公众所理解。

2. Twitter。Twitter 是一个社交网络和一个微博客服务,它可以让用户更新不超过 140 个字符的消息,这些消息也被称作"推文(Tweet)"。我国的新浪微博就是类似于推特的社交网络,在中国,微博的力量是众所周知的,同样的在国外,推特也发挥着同样的作用。Twitter 被形容为"互联网的短信服务"。网站的非注册用户可以阅读公开的推文,而注册用户则可以通过 Twitter 网站、短信或者各种各样的应用软件来发布消息。Twitter 是互联网上访问量最大的十个网站之一。各大政府部门会注册推特的账号并通过社交平台与公民互动并发布相关信息,相比于政府的官方网站,其影响力更巨大,影响方式更直接,作用效果更快,作用范围更广。

3. YouTube。YouTube 作为当前行业内最为成功、实力最为强大、影响力颇广的在线视频服务提供商,YouTube 的系统每天要处理上千万个视频片段,为全球成千上万的用户提供高水平的视频上传、分发、展示、浏览服务。随着 2005 年 YouTube 的开站后,提供了简单的方法让普通电脑用户上传影片。而科技发达、宽带和摄影器材的普及,使得短片信息大行其道。凭借其简单的界面,使得 YouTube 可让任何已上传至网络的视频在几分钟之内使全世界观众观看,这令网民由传统的接收信息者,变成信息发布者。

正是由于 YouTube 在欧美巨大的影响力,使得 YouTube 也成为政府推行政务的工具。美国政府在 YouTube 上发布了一系列预算演说,讲解当年的预算报告,以便于民众更加容易理解预算案。

五、美国政府预算公开的例外事项处理

(一) 预算公开例外事项的确定原则

美国预算公开属于美国政府信息公开的范畴,美国政府信息公开豁免事项的确定原则也作为预算公开例外事项的确定原则。

美国的政府信息公开事项主要是根据美国的信息自由法确定的,而信息自由法的立法原则是要公布一切对国家公共利益没有伤害的信息。所以预算中凡是有可能

伤及国家公共利益的事项都在公开范围之外。这种确立原则太过空泛，所以国会为了不让信息公开原则的例外被用作扣留信息的口实，因而狭隘规定了具体的免除事项。《信息自由法》具体规定了九条可以不公开的信息。

一是与国家机密有关的信息，主要是基于国际安全考虑。二是内部管理信息，是避免披露一些和公共利益关系不大且公众一般并不关心的行政机构内部调控或简单杂务。第三类豁免适用于其他立法有明确规定的情形。四是金融与贸易领域内的"商业机密"，所谓机密是指其披露将造成两个后果之一："（1）妨碍政府未来获得必要信息之能力，或（2）对信息所有者的竞争地位产生实质性伤害"。第五类豁免是所谓的"内部文件"（internal documents），就是对行政机构外部不产生直接约束力的普遍政策阐述或对个案的非终极性意见（opinions）。之所以要免除内部文件，目的是保护机构内部或不同机构之间的交流，从而使官员能够畅所欲言，毫无顾忌地表达自己的真实想法。第六类豁免涉及政府档案中的个人信息。它突出代表了两种不同价值的潜在冲突：个人对隐私的权利和政府信息公开的公共利益。作为这两种利益的平衡，《信息自由法》免除对个人隐私构成"明显不正当侵犯"的披露。第七类豁免是关于政府的"执法文件"或"调查记录"（investigatory records），主要是刑事调查过程中所获得的记录。最后两条分别是金融制度和地质信息。

（二）预算公开的例外事项

政府信息公开，目的在于保障公民的知情权；公开，是政府向公民和社会公开信息的原则，限制公开的范围则是例外。"例外"是政府信息公开的界限，在许多国家又被称为政府信息豁免公开。例外的明确即意味着公开范围的明确，例外不明确则意味着公开的范围亦不明确，反而会吞噬原则。

政府信息公开的例外是对公民知情权的反向界定，节制公民的知情权是为了保护其他重要的法益，如国家安全、政府的有效运作、商业秘密、个人隐私等。政府信息公开的例外就是要通过法律的规定来协调公民知情权与其他重要法益之间的冲突，使之在合理范围内得以充分地实现。超出了合理范围，政府过度公开信息，会带来严重的政治和社会后果，损害公民知情权的法律意义和法律实践。因而，归根结底，政府信息公开的例外本质上是因为存在着公认的重要法益，不应该受到公民知情权实现的损害，必须以法律规定的方式确立政府信息公开豁免的范围。

1966年美国国会通过《信息自由法案》（Freedom of Information Act，简称FOIA，也译作《信息自由法》），由总统签署生效，彻底改变了美国的行政信息公开制度。根据该法，公众有权向联邦政府机关索取任何材料，政府机关有义务对公众的请求做出决定，如果政府拒绝公众的特定请求，必须说明理由，任何政府决定都可以被提起复议和司法审查。预算公开信息作为美国联邦政府机关提供的材料之一，也受到该法律的制约。

《信息自由法案》规定了信息公开和不公开的标准，该法（b）条列举了9种例外情形政府得以豁免公开信息，但政府机关负有举证责任，证明不公开的材料属于"例外"。这标志着行政信息由传统上的以保密为原则转变为以"公开为原则，不公开为例外"。"9·11"事件之后，尽管《信息自由法案》未作实质性修改，但美国司法部长于2001年10月12日发布了实施信息自由法案新的备忘录，提出只要行政机关有合理的法律根据，就可以对9类例外信息予以保密处理，并相继出台了《美国国土安全法》等一系列法律法规。

此外，美国政府信息公开体系的其他两项法律也对例外事项做出了规定：1974年的《隐私权法》规定了个人记录向本人公开原则和对第三者限制原则，并规定7种个人记录免予对本人公开；1976年的《阳光下的政府法》规定合议制行政机关的会议公众可以旁听，取得会议的信息，但有10项免予公开。

根据法理和世界各国的法律实践，以节制公民知情权为目的设置的政府信息公开的例外大致可以分为以下五类：国家秘密、行政需要、商业秘密、个人隐私、其他特别规定。而在预算公开的范畴，政府信息公开的例外主要体现在以下三个方面：

1. 国家安全与国家机密。美国一直没有形成统一的国家秘密概念，其秘密大致可分为三类：一是国家安全信息，包括国防和外交领域需要作为秘密加以保护的信息，"秘密"、"机密"、"绝密"三级密的分类专门针对这类秘密而言；第二类是限制使用资料和先期限制使用资料，指涉及原子能开发、应用的信息；第三类是特别接触方案和敏感隔离信息，指通过三级密的方式仍难以达到保密的目的，从而考虑采取更为严格的措施加以保护的秘密信息。

保密文件则属于《信息自由法案》（b）条规定的第一类例外。在美国，保密制度由总统根据行政命令明确划定，即如果一个文件根据总统行政命令被划为保密文件，则可以不予公开。此外，第九条"关于矿井的地质和地球物理的信息"，也可以视为保障国家安全。

由于政府机构有可能滥用行政保密制度，规避法律的公开信息规定，1974年国会修改了《信息自由法案》，授权法院秘密审查政府对具体档案和文件的保密决定是否恰当。但该修正案规定的是法院可以进行审查，而不是规定必须进行审查。而且在实践中，美国法院也普遍不愿意对政府对具体档案和文件的保密决定是否恰当进行审查，因为它们认为法官缺乏进行这种审查的专业知识。

虽然《信息自由法案》明确规定了豁免条款，但决不意味着政府对含有豁免事项的信息一律不予提供。该法规定了"可分割性"（Severability）原则，即凡是可以从含有豁免公开的信息中分离出来的非保密信息，都应毫无保留地予以提供。

综上可见，在以国家为核心的政治体系下，国家安全和政治方针仍然影响着一国信息公开与保密平衡关系临界点的确定，即便是在民主政治高度发达的美国，信息公开也因此遭遇了很多困境，在公开与保密的制度关系上镌刻着国家安全和政治需要的烙印。

2. 国防、外交、公共安全等部门预算公开的处理。国家秘密成为政府信息公开的例外，主要是出于维护国家安全和国家利益的考虑。国家秘密一般包括国防、外交、尖端科技、重大决策过程等信息，它们一旦公开，将会对国家安全和国家利益造成重大损害，因而世界各国都将国家秘密列为政府信息公开的头号例外。承认国家秘密是政府信息公开的例外，享有当然的豁免公开权，并无太多争议，这里的关键问题是什么是国家秘密、如何对国家秘密进行法律界定、国家秘密的范围有多广。

美国至今为止并无统一的国家秘密的法律概念。根据信息自由法第522条第2款第1项，涉及国防和外交政策的文件豁免公开，需具备两个条件：一是根据总统的行政命令保密的；二是行政机关实际上已经恰当地将此文件归入到保密文件的。总统将文件列入国家秘密是总统的行政特权，法院无权干涉；行政机关执行行政命令，在程序合法性上则受到法院的管辖。

涉及国家机密、国防和外交利益等与国家安全相关的政府信息，这些政府信息的公开往往会危害国家安全或者干扰一国的国际交往，因此各国政府信息公开立法都禁止公开此类政府信息，美国《信息自由法》规定："为了国防或外交政策的利益而依据总统行政命令确立之标准特别授权应予保密的事务，不适用信息公开条款"。同时规定该不予公开的信息是"根据实际情况可以恰当地按此中行政命令归入此类的事务"，美国联邦采取总统命令确定的标准，并且根据实际情况由行政机关根据标准具体确定。

由于政府信息公开例外事项内容繁多且随时产生新的信息，除了对例外事项进行详细的列举外，对例外事项的界定采取一定的标准也成为一个理想的选择。例如《美国法典》第5编第552条规定：国防和外交信息为了国防和外交的利益应当保密的信息不予公开，但应当具备两个条件："根据总统的行政命令所规定的标准明确批准为了国防或者外交政策的利益必须保密的"；（2）行政机关实际上已经恰当地将此文件归入此类保密文件的。第一个条件是只有总统的行政命令才能规定成为保密文件的标准；第二个条件是行政机关已经正确地执行了总统的行政命令，将该文件作为保密文件归档了。

（三）预算公开的例外事项的法律依据

1. 美国宪法（Constitution of the United States）。美利坚合众国宪法简称美国宪法，是美国的根本大法，也是世界上首部成文宪法，奠定了美国政治制度的法律基础。该宪法于1787年9月17日在费城召开的制宪会议上获得批准，并于1789年正式生效。

根据宪法第1条第一款"本宪法授予的全国立法权，属于由参议院和众议院组成的合众国国会"，将所有的立法权授予国会，这为各种法律的出台提供了组织基础。

宪法第1条第五款第3节规定，"每院应有本院会议记录，并不时予以公布，但它认为需要保密的部分除外。"可以看出，宪法的基本精神是强调公开，但同时规定了公开的豁免条款，从而授予美国行政管理部门保密事权。

2. 信息自由法（Freedom of Information Act）。《信息自由法》是美国1966年颁布的旨在促进联邦政府信息公开的行政法规，系《美国法典》第五编"政府组织与雇员"第552条的通称。依此法规定，美国联邦政府的信息和档案，原则上向所有美国人开放，除非这些记录和档案属于FOIA中列举的九类豁免公开的政府情报信息。这九种例外情况分别为：(1) 根据总统行政命令明确划定的或实际上已被行政机关恰当地归入保密文件的国防或外交秘密；(2) 纯属行政机构内部的人事规章和工作制度；(3) 其他法律明确规定不得公开的信息；(4) 第三方的商业秘密以及第三方向政府机构提供的含有特惠或机密情况的金融、商务与科技信息；(5) 除了正与该机构进行诉讼的机构之外，其他当事人依法不能利用的机构之间或机构内部的备忘录或函件；(6) 公开后会明显地不正当侵犯公民隐私权的人事、医疗档案或类似的个人信息；(7) 为执法而生成的某些记录和信息；(8) 金融管理部门为控制金融机构而使用的信息；(9) 关于油井的地质的和地球物理的信息。

3. 隐私权法（Privacy act）。《隐私权法》于1974年12月31日由美国参众两院通过。1979年，美国第96届国会修订《联邦行政程序法》时将其编入《美国法典》第五编"政府组织与雇员"，形成第552a节。该法是美国行政法中保护公民隐私权和了解权的一项重要法律。就政府机构对个人信息的采集、使用、公开和保密问题作出了详细规定，以此规范联邦政府处理个人信息的行为，平衡公共利益与个人隐私权之间的矛盾。

《隐私权法》规定了禁止公开的原则：行政机关在尚未取得公民的书面许可以前，不得公开关于此人的记录。但有无须本人同意的12种例外情况：(1) 为执行公务在机关内部使用个人记录；(2) 根据《信息自由法》公开的个人记录；(3) 记录的使用目的与其制作目的相容、没有冲突，即所谓"常规使用"；(4) 向人口普查局提供个人记录；(5) 以不能识别出特定个人的形式，向其他机关提供作为统计研究之用的个人记录；(6) 向国家档案局提供具有历史价值或其他特别意义值得长期保存的个人记录；(7) 为了执法目的向其他机关提供个人记录；(8) 在紧急情况下，为了某人的健康或安全而使用个人记录；(9) 向国会及其委员会提供个人记录；(10) 向总审计长及其代表提供执行公务所需的个人记录；(11) 根据法院的命令提供个人记录；(12) 向消费者资信能力报道机构提供作为其他行政机关收取债务参考之用的个人记录。

为了在公共利益与个人利益之间寻求平衡，除了前面提到的12种"例外"情况，《隐私权法》还作出了"免除"的规定。行政机关在一定的情况下，可以不适用《隐私权法》的某些要求和限制。即在一定的条件下，保有个人记录的行政机关，对被记录的个人可以免除公开的义务，可以不提供他所查询的记录，不进行他所要求的修改，或者免除法律为行政机关规定的某些义务和要求。法律在免除行政机关适用某些保护个人权利的条款的同时，给予行政机构一定的自由裁量权，不限制行政机关适用这些条款。免除分为两种，即普遍免除（general exemptions）和特定免除（specific exemptions）。

普遍免除。"普遍免除"是指《隐私权法》中的全部规定，除了法律所排除的几项基本规定以外，其余各项规定，行政机关均可免受限制。(1) 免除范围。能够适用普遍免除的行政机关对其保有的个人记录系统，除下列必须履行的基本义务和要求外，可以免除《隐私权法》对行政机关规定的绝大部分限制和要求：①被记录人的同意权；②登记公开的数目和保存登记的义务；③在《联邦登记》上公布的义

第十二章 美国政府预算信息化与公开

务；④保持记录正确性的要求；⑤对保有涉及宪法修正案第1条公民基本权利的个人记录的限制；⑥建立保护个人记录安全的行政与技术措施的要求；⑦改变常规使用时进行公告的义务；⑧违反法律的刑事责任。（2）适用机关。普遍免除只适用于中央情报局和以执行刑法为主要职能的机关所保有的个人记录。

特定免除。"特定免除"是指行政机关只能免除法律特别规定的几项限制。（1）免除范围。特定免除只能免除适用《隐私权法》中的少数条款。行政机关对本机关中可以适用特定免除的个人记录系统，免除适用《隐私权法》中规定的下列限制或要求：①个人查询和获取本人记录的权利；②个人查询和获取本人记录公开情况记载的权利；③行政机关只能保有与执行公务相关和必需的信息；④行政机关在《联邦登记》上公布个人查询该机关记录系统中是否含有、如何取得关于本人信息的办法，以及该系统中的各类信息来源；⑤行政机关规定个人取得、要求修改本人记录的办法。上述5项免除的共同特点是免除行政机关对被记录的个人公开关于他的记录。（2）适用记录。特定免除不限制适用的机关，但只能适用于行政机关记录系统中以下7种关于个人的记录：①涉及根据总统的行政命令明确划定为国防或外交秘密的个人记录；②以执法为目的而编制的个人记录；③以保卫总统、副总统、其他重要官员、外国来访元首为主要任务的安全机关所保有的个人记录；④人口普查记录和其他纯粹以统计为目的而编制和使用的个人记录；⑤以决定个人是否宜于任用、签订合同、接触保密资料为目的而编制的调查材料；⑥文职官员在使用和晋升过程中的考核材料；⑦可能暴露信息来源的军官晋升考核时所用的资料。

4. 阳光下的政府法案（Government in the Sunshine Act）。《阳光下的政府法》是一部规定美国合议制行政机关会议公开举行的法律。该法"赋予公众取得关于联邦政府决策过程中的最充分的可以使用的信息的权利"。依据该法，公众可以观察会议的进程，取得会议的文件和信息。该法于1976年9月13日由美国第93届国会参众两院通过，1976年国会修订《美国法典》第五编"政府组织与雇员"时，将其列为第552b节。

有些会议讨论非常敏感的问题，公开举行所产生的损害，可能远远超过由此带来的好处。《阳光下的政府法》规定，在10种情况下，会议的全部或一部分可以豁免公开举行。分别为：（1）会议讨论的事项涉及根据总统行政命令明确划定的国防或外交秘密；（2）会议讨论的问题纯粹属于机关内部的人事规则和习惯；（3）会议讨论的问题或文件已被法律规定为保密事项；（4）会议讨论的事项属于贸易秘密，或者是从第三方得到的含有特惠或机密情况的金融、商务与科技信息；（5）会议讨论某人的刑事犯罪案件或者正式指控某人；（6）会议讨论的问题属于个人私事，公开后可能不正当地侵犯公民的隐私权；（7）会议讨论的事项涉及为执法目的而制作的调查记录；（8）会议公开会暴露金融管理部门为控制或监督金融机构的行政机关而产生的检查报告、工作报告或情况报告中的信息；（9）会议讨论的信息如果过早披露，对货币、证券、商品或金融管理机关而言，会在货币、证券、商品方面引发投机活动或严重危及金融机构的稳定；对其他机关而言，会严重地妨碍其执行预定的公务；（10）会议讨论的问题是关于该机关发出的传票、参加民事诉讼、参加在外国或国际法庭中的诉讼、参加仲裁，或者提出、进行、决定一项正式程序的裁决。

5. 联邦咨询委员会法（Federal Advisory Committee Act）。为监督由专业委员会主导的咨询性质的预算过程，美国于1972年通过了《联邦咨询委员会法》，保证各种形式的专家咨询机构建议的客观性以及公众在专家咨询过程中的知情权。

该法第6节（c）条提出"总统应当在每年的12月31日前向国会提交有关上一财政年度内现有的咨询委员会的活动、状况、变化和人员组成的年度报告……总统也可以根据其判断出于国家安全的理由而保留任何信息，并应在该报告中包含对所排除信息的说明"。

第10节（a）（2）提出"除非总统出于国家安全的考虑所作的决定，此类会议的提前通告均应在联邦登记上公开，局长应当制定规章规定其他类型的公共通告方式以确保利害关系人能在该会议之前得到通知"。

6. 国会预算与扣留控制法。美国1974年国会预算与扣留控制法在第203条"公众获取预算数据"部分也特别说明了例外条款。"公众复制预算数据信息不适用于以下信息、数据、估算和统计资料：（1）法律特别规定不予公开；（2）由于国防原因需要保密的事项，或美国外交中的秘密行为；（3）与某个特定的人相关的交易秘密信息和特殊财务或商业信息，且这类信息是政府以秘密方式获取的，而非该人为获得某项财政或其他津贴而申报的，为防止对该人的竞争地位造成不恰当的伤害，应予以保密；（4）一经公开就会构成对人身隐私权明显侵犯的人事、医疗数据及类似数据；除非包括以上事项、信息或数据的部分已经被删除"。

7. 行政程序法（Administration Procedure Act）。《联邦行政程序法》，由1946年6月11日第七十九届国会通过，1966年9月6日编入《美国法典》，1978年第九十五届国会修订。

《联邦行政程序法》第552条公共情报、机关规章、裁决意见、裁决令、记录和活动有以下规定：

"乙、本条规定不适于用下列文件：

（一）（1）根据总统规定的标准，为了国防与外交政策的利益，经特别许可予以保密的文件；（2）事实上按总统命令正确地划定为保密的文件；

（二）纯属于行政机关内部的人事制度和工作制度的文件；

（三）法律（本编第552条之二——"政府机关会议公开法"除外）明确规定不向外提供的文件，但该法律必须：（1）对向公众保密的文件规定得十分明确、具体，因而没有自由裁量的余地；（2）对应予保密的文件规定特定标准，或列举应予保密的文件的特定种类；

（四）属于贸易秘密和由某人提供的并且具有特许权或机密性的商业和金融情报；

（五）在机关作为一方当事人的诉讼案件中，法律规定不得向非机关当事人公开的机关内部或机关之间的备忘录和信件；

（六）人事、医疗方面的档案，以及那些透露出去会明显构成对私人秘密的不当侵犯的类似档案；

（七）为执行法律而编制的调查档案，但此档案的公开应以不产生下列情况为限：(1) 干扰执行程序；(2) 剥夺一个人受到公正审判或者公正裁决的权利；(3) 构成对私人秘密的不当侵犯；(4) 暴露秘密情报的来源；暴露刑事执法机关在刑事侦查中根据秘密情报来源制作的档案中的秘密情报，暴露机关合法地从事国家安全情报调查时根据秘密情报来源而制作的档案中的秘密情报；(5) 泄露调查技术和程序；(6) 危害执法人员的生命和身体安全；

（八）记载有或者有关以负责管理或监督金融机构的机关制作的或以其名义制作的，或以供此机关使用为目的而制作的检查报告、工作报告或情况报告的文件；

（九）地质和地球物理情报、资料、包括有关矿井的地图。任何档案可合理地分割的部分应任何人之请求予以提供，但应删去本条规定应予保密的内容。"

第十三章

美国政府预算制度的启示与借鉴

■ 本章导读

　　本章为全书的启示与借鉴部分。在介绍完美国政府预算的编制、审查、执行、决算、审计、预算信息公开的基本内容和管理流程后，剖析美国预算管理中的制度设计特色。结合中国政治、经济体制特征、历史、文化等因素，在预算编制制衡机制构建、中期预算改革、预算绩效管理、国库收支管理、人大审查政府预算能力提升、政府会计改革、预算信息公开等七个方面归纳美国政府预算制度对我国未来预算改革的启示与借鉴价值。本书的核心观点为：行政序列强化控制和绩效导向下的预算管理机制构建；强化预算与规划的结合，试点中期预算编制工作；立法序列的提升人大审查监督政府预算的能力；最后，配合以政府会计对预算收支执行、财务状况的记录与反映，循序渐进地、有步骤地推进预算信息公开。从而最终实现"预算编制科学完整、预算执行规范有效、预算监督公开透明"三大目标，打造现代预算制度，使预算成为建设现代财政制度的重要支撑。

第一节 美国政府预算制度的特色

美国是一个行政、立法、司法三权分立的联邦制国家，在权力的分配中强调权力的相互制衡。归纳美国政府预算制度设计的特色，可以从编制环节、执行环节、会计记录与反映、政府预算信息公开、法律体系构建五个层次来展开。

一、美国政府预算编制制度的特色

（一）预算管理机构健全，分工明确，相互制衡

美国预算管理职能由行政部门和立法部门分享，即预算编制和执行职能在行政部门，而预算审批和事后审计职能则在立法部门。OMB 负责美国联邦政府预算的编制；国会预算办公室（CBO）则协助国会审查和批准预算，而预算收入立法则主要由两院筹款委员会负责，并起草税法经国会批准后执行；财政部负责具体执行预算；预算的监督则由国会中的会计总署负责。美国预算管理模式的分权色彩最为明显。美国立法机构和行政机构各有一套参与预算的编制和审核的机构，在立法机构和行政机构内部，不同部门分别行使各自预算管理权，形成比较彻底的分权管理模式。这样，预算的编制、执行和监督就分别由不同的机构负责，这些机构间既相互独立，又相互制约、密切配合，保证了预算管理体系的高效运转。

从 1921 年的《预算与会计法案》，确立了当前美国预算管理的基本框架，到 1974 年《国会预算与扣押法案》的实施，国会序列建立了与行政序列平行的预算编制机构，以及 20 世纪 90 年代通过的多部与预算相关的法律规范，美国预算管理涉及多部法律规范的约束。从预算程序上看，从总统提出的预算要求的编制程序、时间确立，到总统提出的预算要求向国会的提交，到国会收到总统预算决议，各个程序和各个环节，法律上都有明确的规定。美国部门预算的编制，从总体方案的确立到每一项目的变动，都可以找到其法律的依据，即使新遇到的问题，也会在解决的过程中形成法律，从而做到有法可依。这种完备的法律，可使预算监管的有关各部门监管有据，从而保证预算编制过程中的效率，以及执行中的严肃性。

（二）预算编制周期较长，预算编制过程是一个立法过程

美国预算编制过程基本上是一个立法过程，程序非常严格，充足的时间和严格的程序是保证预算质量的重要条件。从时间上可把一个预算周期划分为四个阶段：编制、审批、执行、审计。美国预算编制和国会审批阶段 18 个月，预算执行阶段 12 个月，决算的汇总和审计阶段 3 个月。美国联邦政府的预算程序较为规范，每一个环节都要经过详细论证，哪一个阶段做什么，哪个部门做什么，各有什么权力等，

均有明确的规定。预算编制是预算管理工作的基础环节,直接影响到预算执行和决算的效果。美国联邦政府的预算程序中,预算编制与审批的时间长达18个月,为预算编制的科学化、规范化创造了条件。

(三) 绩效理念逐步引入到政府预算管理中来

1993年美国国会颁布的《政府绩效与结果法案》(GPRA),不同于其他预算管理文件的突出之处在于它是一部法案,而其他的规定都是以总统直接授权的形式实施的,从而使绩效理念充分融入到部门的预算管理中来,将绩效评价与项目预算紧密结合,改进了预算管理。该法案的主要目的是通过设定政府财政支出的绩效目标,比较绩效目标和实施成果,进行年度绩效评价,提高联邦政府的工作效率和责任心,同时要求政府各部门每年向国会提交年度绩效报告。《政府绩效与结果法案》的最终目标是使用绩效评价信息和结果指导有关政府资源分配的决策,提高政府资金的使用效益。目前,美国已经基本形成了较为完善的绩效评价工作体系,并成为政府加强宏观调控、增强公共支出科学性、提高公共支出效果的有效手段。

(四) 引入中期预算概念框架,提高预算管理的科学性与精细化

美国联邦预算包含较多的中期因素。比如政府预算里包含对下一年以及往后几年的支出与收入预测,一般要对以后40年的财政收支进行预测,对个别项目如社会保障支出进行70年的预测,一些中期拨款包含在特定资本项目的预算中等。为确保政府政策建议不超出未来几年预测的支出限额,总统预算议案包含反映未来几年的政府项目与政策的中期支出预测,以及反映基于当前税收政策的税收和收入预测结果。

以2014财政年度为例,美国联邦政府预算编制机构除了要列示2012预算年度的实际数,2013预算年度的批准数,2014预算年度的预算数外,还列示以后四个预算年度的预测数。这样做有利于将现在与过去和将来进行比较,反映政府收支发展的趋势,有利于政府用长远的、发展的观点来考虑问题,保证财政的可持续发展,也有利于财政收支计划与中长期经济发展战略相衔接。

二、美国政府预算执行制度的特色

(一) 推行国库单一账户体系,保证分类账户每日结清

美国国库单一账户体系由单一账户和分类账户组成。前者由财政部门在中央银行设置,用于管理所有政府资金,反映收支状况和余额,是现金管理账户;后者则以部门预算为基础,用于记录各部门预算支出,反映各部门预算支出的执行情况,每日结清,保持"零余额",它由国库根据预算单位的性质设立,并置于单一账户统辖之下。预算单位无权在中央银行或商业银行开立自己的账户。

第十三章 美国政府预算制度的启示与借鉴

(二) 设置国库现金低限，确保收益最大化

美国财政部除在央行开立存款账户外（在央行账户的日终现金余额基本保持在 50 亿美元左右），其余大量现金则存入几家大型商业银行，即"税收与贷款账户"。根据每天国库收支预测，当央行账户日终现金余额可能低于 50 亿美元时，财政部在当天或次日上午 11 时以前，从商业银行"税收与贷款账户"调入现金补足；当央行账户日终现金余额可能高于 50 亿美元，财政部即将多余现金转入"税收与贷款账户"，赚取利息收入。

(三) 财政资金支出全部通过单一账户

美国所有政府现金资源（包括税收和其他预算收入）集中在单一账户的银行内，所有政府收支都通过这唯一的账户办理，各预算单位不再设置单独账户。支出程序是，财政预算审批通过后，预算单位根据预算支出计划安排支出；如购买商品或劳务，则由财政部门开出支付凭证，报经国库部门审核无误，通过银行资金清算系统或政府支出信息管理系统，从国库单一账户中划拨资金。与集权化政府支出模式相适应，在财政部门设立专门履行国库现金管理和支付职能的执行机构，对财政资金流向全程监控，确保财政资金在支付行为实际发生前都保存在国库单一账户中，中间环节不发生支付业务。

实际支付方式主要有三：工资支出，由支付机构通过签发个人支票或通过银行直接汇入职工个人账户；购买商品或劳务支出，各预算部门提出付款申请，连同采购合同等有关资料汇总后交支付机构审核并签发支付令，将资金直接支付到收款人；其他支出，预算部门零支费用则一般保留极少数量的备用金。如洛杉矶市给各预算单位 500 美元的备用金用于支付停车费等零星支出，差旅费支付则一律通过支付机构发放旅行信用卡处理。

(四) 专设财政资金支付机构

美国各地都设置有专门负责支付财政资金的机构，如洛杉矶市支出控制中心，各预算单位设有自己的会计部门，负责本部门的支出控制。市支出控制中心的负责人由公众选举产生，并直接对公众负责。中心主要设立财政预算、采购管理、资金拨付、会计核算、审计监督、信息管理等部门。主要职能是根据议会审议通过的年度支出预算，负责各预算需求审计、采购管理、资金拨付和会计核算，对预算支出进行审计和信息收集、整理，向公众公布年度预算执行情况。

(五) 充分运用电子计算机系统

20 世纪 70 年代后，美国电信拨款系统就被电子计算机系统所取代，形成了全国范围内的电子支付系统。通过这个系统，联邦储备银行可以快速地转移政府资金与完成政府债券的交割。由此逐渐建立起了技术先进、操作可靠、管理科学的财政管理信息系统和全国性的政府支付系统。此外，计算机网络系统还应用在各级预算

的执行和管理上面，这样可以最大化财政资金的使用效益，对每项财政收支都能很简便地监督控制。

三、美国政府会计制度的特色

综合美国联邦政府、州和地方政府在政府会计管理方面的改革历程以及管理的有关现状，美国政府会计管理和改革主要具有以下几方面的特点：

（一）美国政府会计改革的渐进性

美国的政府会计改革无论从改革的阶段历程，还是每一阶段改革的具体措施都是采用渐进的方式。美国联邦政府、州和地方政府的政府会计改革都经历了较长的时间，是随着政府对加强自身管理、强化政府受托责任，以及公众对政府信息的完整性、透明性要求的提高而发展起来的。美国政府会计改革在整体发展的过程中也是遇到一些问题的。如州和地方政府的有关会计原则从 20 世纪 30 年代就陆续开始制定，但由于缺乏对各政府的法律约束，因此各地方政府在具体财务管理中也并不是完全遵循原则的要求，因此也就出现了 70 年代纽约等城市的财务危机，这也为后来进一步的会计改革创造了条件。联邦政府的政府会计改革，在准则制定机构的问题上就前后争执了几十年，而在联邦政府会计基础是否采用权责发生制的问题上，虽然国会早在 50 年代就通过了有关法律规定，但一直未真正执行，直到 70 年代中期才开始试编财务报告，这也是一个不断统一思想、解决问题的过程。美国的政府会计正是在渐进式的发展过程中，完成了从最初用于加强预算控制、加强政府内部财务管理向反映政府受托责任的转变。

（二）外部因素对改革发展的推动性

美国有 50 个州，大约 87 000 多个地方政府，而政府会计准则委员会（GASB）是一个非营利组织，其颁布的准则能在各州和地方政府获得执行，具有较强的约束力，除政府会计准则委员会（GASB）本身是一个各政府间的契约，是政府部门、会计与财务专家以及其他利益集团之间的一个协调性机构外，美国注册会计师协会（AICPA）对其准则的认可以及政府债券市场的发展和规范对其财务报告质量的影响等外部因素也是美国政府会计改革不断发展的动力。美国注册会计师协会（AICPA）对政府会计准则委员会（GASB）的准则予以认可，标志着 GASB 的准则成为州和地方政府的公认会计原则，也是独立审计人员进行审计时的依据，而审计人员的意见是财务报告使用者的主要参考。因此，各州和地方政府为获得无保留意见的审计报告都会积极地执行 GASB 的准则。而各州和地方政府之所以非常重视审计意见，除议会党派、利益集团以及社会公众对政府受托责任的监督外，最为现实的原因是财务报告的质量以及政府财务信息的披露情况直接关系到政府债券发行的成本。美国州、地方政府根据其法律规定基本都具有发债的权力，政府财务信息质量高、财务状况好，债券评级机构就会评级较高，债券的利息及有关发行费用就会较低。因此，

第十三章　美国政府预算制度的启示与借鉴

正是在债券市场的不断推动下，各州和地方政府能够严格地执行政府会计准则委员会（GASB）的准则。

（三）重视非财务信息的披露

美国政府财务报告的主要目标是向公众反映政府的受托责任，而政府履行受托责任的情况是不能仅仅通过财务报表中净资产（net balance）或者收支相减后的净额变动（net position）来反映的。因为在资产负债表中，政府的有些资产如土地、自然资源、历史遗产等虽然明确是政府受公众之托管理的资产，但由于计量方面的问题而没有纳入财务报表，又如有些负债如社会养老保险，虽然按照目前的会计准则社会养老这项政府承担的责任尚未纳入政府整体范围的资产负债表，但政府受公众之托是有责任担负这项责任的。因此，在联邦政府的财务报告中就有一部分专门反映政府承担的受托资产和责任，这部分是不需经过审计的。又如在运营情况表中，净额的变动也并不是像企业财务报告中那样盈余越多越好。因为政府为了履行其受托责任，收到纳税人缴纳的税收是要用于向纳税人提供更多服务的活动中，政府的首要任务是履行政府职能为公众服务而不是考虑如何使净额最大化。

为了更全面、客观、准确地反映政府履行受托责任的情况，目前美国联邦政府、州和地方政府的财务报告越来越注重非财务信息的披露。政府会计准则委员会（GASB）目前正在研究制定关于有关统计信息披露的准则，对统计信息采取更规范、统一的披露。政府会计准则委员会（GASB）还一直致力于服务绩效报告，在第2号概念公告中就为服务绩效报告标准提供了框架，通过绩效评价反映政府提供服务所使用的资源及非财务资源来衡量服务努力程度，政府服务的产出及效果以及产出的成本效果分析来衡量服务努力度及成果间的关系。联邦政府不但反映政府的托管资产和责任，而且将财务信息放在更广泛的反映政府整体活动信息的绩效和受托责任报告中反映，使报告使用者结合财务信息和非财务信息对政府履行受托责任的状况有一个更全面的了解。

（四）妥善处理预算管理与政府会计的关系

美国联邦预算管理制度是根据1921年《预算与会计法》建立的，该法案促成了美国现代行政预算体系的建立。美国预算管理目前基本是采用收付实现制，实行年度预算。而美国政府会计的发展已经由原来的主要用于真实反映预算收支信息过渡到用于加强政府内部财务管理，然后又过渡到反映政府的受托责任，由收付实现制过渡到修正的权责发生制，目前又在某些报表层面采用完全的权责发生制。由于预算管理与政府会计管理的基础不同，反映的重点不同，因此美国各级政府在实际管理中注意妥善处理预算与政府会计的关系：如何既满足预算管理的需要，及时、准确、充分地反映预算信息，同时又能够按照政府会计准则的要求，反映政府整体的财务状况以及长期运营的累计情况。

在实际工作中，美国州和地方政府在日常会计核算中采用与预算基础一致的核算基础，一般是收付实现制（个别事项同时采用收付实现制和权责发生制），每旬、每月、每季都可以提供以收付实现制为基础的收入支出报表，然后在财年末按照政府会计准则委员会（GASB）的准则要求对有关数据进行调整编制以权责发生制为基础的财务报告并对外公布。不过由于从收付实现制调整到权责发生制所需要的工作量较大，州和地方政府一般在财政年度结束后的4~6个月才能完成财务报告的编制工作。联邦政府在实际工作中采用双分录的方式（dual track），对一笔会计事项既按照预算会计的需要又按照对外报告的需要以不同的会计基础做两笔账务处理。

四、美国政府预算信息公开的特色

（一）预算公开的法律层次与实施细则比较完备

美国宪法首先保证了政府预算信息的公开，美国宪法第一条第九款规定："一切公款收支的报告和账目，应经常公布。"1966年通过和实施了旨在促进联邦政府信息公开化的行政法规《信息自由法案》（Freedom of Information Act，FOIA），这一法案规定了与预算相关的除国防与国家安全有关的九大例外事项外，其余例外事项都要公开，这极大地扩展了可以向公众披露的政府信息的范围。1972年通过了《联邦咨询委员会法》，保证各种形式的专家咨询机构建议的客观性以及公众在专家咨询过程中的知情权。美国于1976年通过了《政府阳光法案》，从而使法律层次和实施体系上，构建了比较完备的预算公开法律体系。在联邦政府的引领下，州和州以下政府也通过了《阳光政府法案》和《公共记录法案》等。

（二）立法部门、行政部门、司法部门在预算公开的职责分工比较明晰

立法部门的主要职责制定预算公开的相关法案，联邦政府制定联邦的《阳光政府法案》和《公共记录法案》，州政府各自制定各自的《阳光政府法案》和《公共记录法案》。审计部门隶属于立法部门，属于典型的立法型审计。审计机构在预算公开中的职责是负责审查预算信息公开的真实性等，但不负责政府预算公开方面的内容。不过，审计机构需要公开财政审计信息。各级政府负责公开各级政府的预算。每级政府的预算办公室（BUDGET OFFICE）负责本级政府所有预算信息公开，预算单位不负责预算信息公开，但一些部门的网站也会主动公布本单位的部门预算信息。司法部门的职责是在政府机构违背相关法律时强制要求政府公开预算信息，比如公民在向行政机构申请预算信息公开受阻时接受公民诉讼并做出裁决。在联邦制国家，美国联邦法院接受要求联邦政府公开预算的诉讼而不接受要求州政府公开预算的诉讼。

（三）预算公开的内容有比较细化的规定

美国的《信息自由法案》和《政府阳光法案》，都明确规定了政府预算信息公开的内容与范围、信息披露的格式以及公开的方式和其他规定等。政府预算报告和

财务报告是政府财务信息内容披露的主要载体，预算报告披露的内容应尽可能全面，包括所有政府的收支应包括所有对财政状况具有现时或未来影响的决策，诸如财政直接支出、或有负债、贷款、税式支出和其他准财政支出。预算文件应反映财政政策的目标、宏观经济的框架、预算的政策基础和可识别的主要财政风险，提供预算的主要假设，明确描述年度预算中实行的新政策，应在总额基础上报告预算数据，区分收入、支出和融资，并根据功能类别和经济类别对支出进行分类应在同样的基础上报告预算外活动的数据应说明主要预算项目所要达到的目标。无论是联邦政府还是州政府与地方政府，各个部门预算公开内容不因财政经费保障程度的差异而有变化（联邦政府的情报部门等涉及保密事项除外）。

（四）对于预算公开的例外事项做出特殊处理

美国《信息自由法》规定了九项豁免公开的政府信息：（1）根据总统行政命令明确划定的国防或外交秘密；（2）纯属行政机构内部的人事规章和工作制度；（3）其他法律明确规定不得公开的信息；（4）第三方的商业秘密以及第三方向政府机构提供的含有特惠或机密情况的金融、商务与科技信息；（5）除了正与该机构进行诉讼的机构之外，其他当事人依法不能利用的机构之间或机构内部的备忘录或函件；（6）公开后会明显地不正当侵犯公民隐私权的人事、医疗档案或类似的个人信息；（7）为执法而生成的某些记录和信息；（8）金融管理部门为控制金融机构而使用的信息；（9）关于油井的地质和地球物理的信息。

五、美国政府预算法律体系的特色

美国是一个法律体系比较完备的国家，从美国联邦预算法律体系的演变中，我们也可以发现美国联邦预算过程中对法律至上原则的恪守和权力分配的相互制衡。

（一）预算管理的法治化，强化法律至上的原则

美国联邦政府的预算管理过程中充分体现了法律至上的原则，从预算编制、预算执行、预算审计的全过程，都可以找到相应的法律依据，并且严格按照既定法律准则约束下开展预算管理各项工作。美国的预算法律法规确定了预算编制与执行的各个程序和各个环节以及各项内容。从预算程序上看，从总统提出的预算要求的编制程序、时间确立，到总统提出的预算要求向国会的提交，到国会收到总统预算决议，各个程序和各个环节，法律上都有明确的规定。从预算编制的内容上看，预算法律对预算功能项目的分类、每一类别中的不同特点与不同的规定，以及编制过程中对于项目的细分、预算编制的要求等，也有明确的法律规定。可以说，美国部门预算的编制，从总体方案的确立到每一项目的细微处的变动，都可以找到其法律的依据，即使新遇到的问题，也会在解决的过程中形成法律，从而做到有法可依。这种完备的法律，可使预算监管的有关各部门监管有据，从而保证预算编制过程中的效率，以及执行中的严肃性。

（二）通过预算法律完善不断完善联邦预算资金分配机制

美国《宪法》授予了国会征税和授权拨款的权力，如果没有国会的授权批准，总统和行政机构是没权力进行预算支出的，同时也赋予了国会掌管"钱袋子"的绝对权力。1921年的《预算与会计法案》规范了总统向国会提交预算的过程，杜绝了各行政部门直接与国会发生申领关系的可能，使总统成为了真正意义上的总统，这一法律也确立了美国现行预算管理体制的基本框架。1974年的《国会预算和扣押法》建立了国会审议预算草案的机构和过程，同时对预算执行过程中出现财政资金被总统扣押的问题强化国会的控制力。1985年的《平衡预算和紧急赤字控制法》和1990年的《预算执行法案》开始向巨额的财政赤字宣战，规定了削减财政赤字的目标和要求。1993年的《政府绩效与结果法案》，强化建立一种"结果导向型"的预算资金分配机制，并将这一机制贯穿于预算管理的全过程。因此，从美国联邦预算法律体系的演变来看，其发展演变也是联邦预算管理体制、分配机制不断完善的过程。

（三）美国联邦预算法律体系的演变充分体现了权力的制衡原则

美国宪法的制定者认为国会是代议制民主的最重要的体现，是立法、行政、司法三部门中最重要的部门。从宪法对美国权力结构的规范来看，国会处于权力体系的重要位置，而且事实上，自宪法产生到20世纪初的绝大部分时间里，国会在美国政治生活中确实居于主导地位，美国的政治体制曾被称为"国会政体"。总统虽然被赋予了广泛的行政权力，但总体说来，他更多地被视为国会所制定法律的执行者。国会通过立法权、预算权、任命批准权、弹劾权、条约批准权和调查权等宪法手段对其进行制约。但是自从20世纪以来，总体来说，国会的权力已大大削弱。随着现代行政管理事务的日益专业化、复杂化，委托立法现象大量增加，总统已成为实际上的"主要立法者"。但国会作为三个重要的部门之一，依然是制衡总统的最重要的力量。虽然国会的总体权力已被削弱，但预算权仍然是它的一项实质性权力。甚至可以说，预算权已成为美国国会最重要的一项权力。

（四）预算权是国会制约行政权力扩张的重要砝码

总统参与预算过程的正式角色始于1921年的《预算和会计法案》，但是总统仍然只是预算的建议者，国会有完全的自由去修改总统的预算。随着应对1929~1933年大萧条的"罗斯福新政"的实施和20世纪60年代福利国家的建立，总统的预算权力得到空前扩张，国会的阵地不断被挤压。但是预算权一直都是国会所坚守的阵地，每一次规范、改革预算权的法律通过，都是国会为了加强对预算的控制，强化国会的预算权力。虽然总统可以依法对国会通过的预算案行使否决权，但是，总统只能否决整个议案，而国会可以通过一篮子议案，将大量的立法捆绑在一个议案里面，以使总统由于不想失去他特别想要的东西而不能否决它们，这一方法也成了国会对付总统的重要策略。

第十三章　美国政府预算制度的启示与借鉴

第二节　美国政府预算制度对我国建立现代预算制度的启示与借鉴

预算权力是国家公共权力的核心之一，也是国家治理体系中各种利益矛盾最集中的地方。预算制度的核心是预算权力的分权和制衡，建立公开、透明的预算制度，实现从财源管理上对行政权力的硬约束。现代政府预算制度是现代财政制度的基础。预算编制科学完整、预算执行规范有效、预算监督公开透明，三者有机衔接、相互制衡，是现代预算管理制度的核心内容。在建立我国现代财政制度的过程中，结合中国现实国情，借鉴美国政府预算管理制度中的合理因素，在预算的编制管理、执行管理和会计管理中，提升财政部门作为核心预算机构的权力，强化财政部门对各预算单位使用财政资金的控制和绩效导向，提高财政资金使用的效率和透明度。同时，发挥人大、审计的外部监督功能，强化人大、审计对预算权力的控制与监督。

一、控制导向下的预算编制、执行、监督制衡机制的构建

预算制度的核心就是财政的分权和制衡，它与其他非公共机构财政收支计划改革的本质区别就在于它有着强烈的政治性和法治性。因此，从财源管理上建立起行政管理的硬约束机制，进而建立公开、透明、高效的行政体制才是切实可行的，然后才能渐次达到建立高度完善的社会主义民主政治，否则上述所有的改革蓝图都或早或晚地在由于缺乏独立制衡的预算权下而回归原貌。

当前我国的预算编制权、执行、监督权较为集中，尽管符合管理上的效率原则，但不利于权力间的相互制衡。我国预算决策的核心部门是各级政府财政部门，预算过程中的分离与制衡机制也主要体现为财政部门内部业务司局或处室间的内部分离。尽管其已在一定程度上体现了权力分离和制衡的色彩，但与预算编制、执行、监督三权分离并以法律的形式予以保证的内在要求相比，仍存在较大差距。这种权力的过度集中，不仅容易滋生各种腐败行为，也导致财政部门作为预算资源配置核心部门本应具有的预算资源配置主导权，因与其他政府部门在行政机构序列中处于"平级"的地位，各种利益冲突也往往难以得到有效协调。

崇尚"立法、行政、司法三权分立，相互制衡"的美国，在行政内部的预算权力配置上，也实现了编制、执行与监督的制衡。1921年，《美国预算和会计法》规定美国总统应向美国国会提交美国年度预算，为此成立美国预算局以协助其工作。该法案奠定了美国现行的预算管理模式，即各部门预算经预算局汇总后，提交总统审核后再提交立法机构审议。1939年，富兰克林·罗斯福总统意识到该部门的重要性，将预算局从财政部内部分离出来，划归总统直属机构，改名称为总统预算办公室OMB（Office of Management and Budget）。其职责定位是协助总统编制和审核国家

预算的机构，汇总各部门的属于联邦开支的项目及方案，进行初步研究审核然后提交总统核准；负责协助总统检查行政部门的组织机构和管理状况并向总统提出改善管理工作的建议。

当前预算法修订工作之所以陷入僵局，主要原因之一就是人大和财政部门陷入争当核心预算部门的权力之争。预算法与其他法律的一个重要区别，就是预算法涉及人大和政府两个执法主体。当前政府财政部门集预算编制和执行权力于一身，构成了"强势预算部门"。这种权力的过度集中，不仅容易滋生各种腐败行为，也导致财政部门作为预算资源配置核心部门本应具有的预算资源配置主导权，因与其他政府部门在行政机构序列中处于"平级"的地位，各种利益冲突也往往难以得到有效协调。因此，为更好地实现"依法用好百姓钱"的政府理财目标，构建并完善预算编制、执行和监督"三权"分离的预算分离制衡机制是现实的较好选择。

二、在年度预算基础上，引入中期预算改革

我国现行的年度预算管理机制中存在大量的财政纪律松弛、预算与政策脱节、债务危机、财政机会主义等弊病，并不是产出预算或绩效预算就能解决的。党的十八届三中全会《关于全面深化改革若干重大问题的决定》中，提出要"建立跨年度预算平衡机制"。预算审核重点由财政收支平衡状态向支出政策拓展后，收入预算从约束性转为预期性，预算执行结果有别于预算预期的平衡状态将成为常态。为实现跨年度预算平衡，中期预算是财政管理中的较好的工具，可以增强财政政策的前瞻性和财政可持续性。因此，在我国的政府预算改革中，强化改革的顶层设计和统筹规划，分步引入中期预算管理框架。

（一）提高政府预算收支预测的科学性和独立性，建立跨部门的预测咨询机构

美国预算编制过程中的未来经济预测主要由美国总统经济顾问委员会（CEA）、国家经济委员会（简称NEC）和美国财政部（United States-Department of The Treasury）组成的"经济三角"来完成。中期预算首先要解决未来若干年（五年）政府预算收支的科学性和准确性问题。宏观经济（与政策）框架为今后（中长期）建立政府预算提供了基础，它阐明政府的政策目标及其优先性，以及选择这些政策目标所基于的经济环境，并对可支配的总财力水平进行预测。它应该是全面的、可靠的和量化的，并且提供影响预算总量数据的经济假设和关键参数—例如测算预算收入所需要的有效税率。除了提供经济和财政预测外，宏观经济框架还必须阐明财政政策对宏观经济的影响，以及财政政策与其他宏观经济政策之间的协调。

宏观经济框架通常包括预测支出余额、实际部门（即生产部门）余额、财政账户余额和货币部门的余额。宏观经济框架是一种工具，可用于检查与下述各项有关的各种假设和预测的连贯性：经济增长、财政赤字、支出余额、汇率、通货膨胀、信贷增长、私营部门和公共部门的比例、外债政策等。建立宏观经济框架应当是一

种持续性活动。这一框架需要在各预算循环周期的一开始建立,为部门提供充分指导。如前所述,在预算编制的整个后续阶段,考虑到经济环境可能对宏观经济框架造成影响的变化,宏观经济框架必须更新。在预算执行过程中,宏观经济预测需要频繁更新,以评估外部变化或预算执行过程中可能出现的移位所带来的影响。

在我国现有的组织架构下,选择何种结构或者部门来承担这一项重要的前瞻性工作是引入中期预算过程中必须明确的重要问题。结合我国实际国情,建议设立以财政部为主导,国家级智库(中国社科院、国务院发展研究中心、国家信息中心、中国国际经济交流中心等)、高校、银行研究机构构成的宏观经济预测协调委员会。具体的架构和职能说明见图 13 – 1。

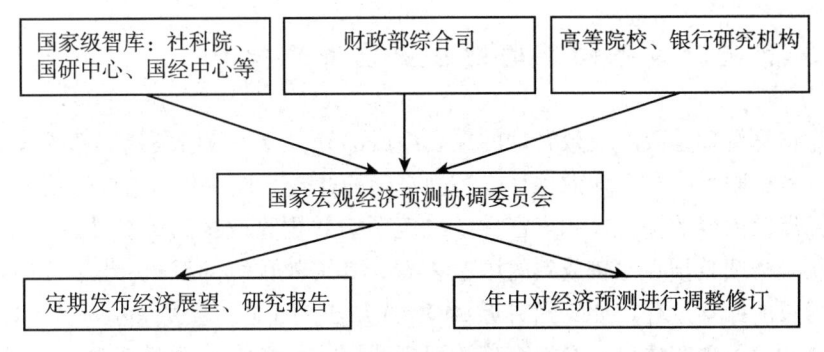

图 13 – 1 国家宏观经济预测协调委员会的组织框架

(二)协调好年度预算、中期预算和国家五年发展规划的关系

年度预算、中期预算、国家发展五年规划三者之间既有联系又有区别。这三者之间的联系可以理解为:中期预算可以指导和约束年度预算的制定,有利于实现年度预算的控制力;年度预算的严格执行有利于实现中期预算的战略目标;中期预算可以对国家发展五年规划提供更好的经济预测支持;国家五年发展规划则为中期预算提供了战略性发展方向。它们的区别主要体现在下面两点:首先,从实质上看,年度预算是经过法律确认的,主要用于优化资本结构和降低成本,保证国民经济正常的支出和运转。中期预算是财政系统连同其他部委机构协作产生的,主要用于有效地实施总量控制和风险管理。国家发展五年规划是我国未来五年的发展规划,具体规划了未来五年我国的发展方式、发展方向和发展重点,主要阐明国家战略意图,明确政府工作重点,引导市场主体行为,是未来五年我国经济社会发展的宏伟蓝图,是全国各族人民共同的行动纲领,是政府履行经济调节、市场监管、社会管理和公共服务职责的重要依据。其次,从发展程度上看,年度预算、国家五年发展规划在我国都已经具备了严格的理论基础和操作规则,而中期预算还是一个较新的概念,它是现代经济国家从长远战略规划和风险控制的角度分析财政状况而引入的一个概念,代表了现代财政资本管理的前沿,还处于探索期,其设计规则、操作流程以及使用方法等各个方面在很多实践中的国家都存在着不一致。

目前来讲,我国年度预算和国家五年发展规划正在经历一个互动、磨合、协调、收敛的过程。但是，年度预算并没有很好地体现出国家五年发展规划的战略高度。因此，有必要引入中期预算，作为一种媒介，将国家五年发展规划和年度预算紧密地联系在一起，体现出更多的科学性和可持续性发展性。从财政部门的角度来看，中期预算的引入为合理监管财政资本的确定提供了参照；从国际经验的角度来看，财政部门通过一定的参数转换，可以在中期预算、国家五年发展规划和年度预算之间建立起联系，使其对财政资本的配置和对财政资本的管理融为一体，并符合现代财政发展的要求。实施中期预算管理后，中期预算与年度预算之间的关系是：年度预算构成中期预算的第一个年度的预算，年度预算是中期预算的有机构成部分，而中期预算有效地指导年度预算编制。

三、推进绩效导向下的财政支出管理改革

绩效预算管理是政府绩效管理的重要组成部分，并与政府绩效管理的各项内容、各个环节紧密联系。实行绩效预算是一项复杂的社会工程，并非简单的技术性改革。绩效预算涉及内容的综合性和丰富性，决定了绩效预算改革的综合性、艰巨性和长期性。从实行绩效预算比较成熟的国家来看，其绩效预算的试验、推广和发展都经历了相当长的探索过程，如美国有近60年的历史。因此，通过深入分析绩效预算的本质内涵和我国现实情况，必须充分认识到我国实行绩效预算管理改革的艰巨性和长期性，设定好改革的思路和步骤，明确各阶段的目标和任务。

（一）我国实行绩效预算管理改革的基本思路

我国实行绩效预算的基本思路应当确立为：根据政府绩效管理改革和公共财政改革的总体部署和要求，把绩效管理理念和方法引入我国政府管理和财政预算管理之中，以改革和规范现行预算管理制度为基础，以健全和完善政府绩效管理制度为保障，以实施预算支出绩效考评、建立绩效预算评价体系为突破口，按照统一规划、积极稳妥、先易后难、多头共抓、循序渐进、分步实施的原则，逐步实现实行绩效预算的改革目标。

（二）我国实行绩效预算管理改革的近期目标及主要工作

我国实行绩效预算管理改革的近期目标是：广泛树立绩效预算管理理念，加快推进各项体制和制度改革，初步建立预算绩效评价体系，夯实实行绩效预算的基础。这一阶段可谓实行绩效预算的打基础阶段，主要任务是奠定好实行绩效预算的体制、制度和人力资源基础，需要着力做好以下几个方面工作：

1. 大力培育有中国特色的绩效管理理念和文化，奠定实行绩效预算的思想基础。良好的绩效管理理念和文化是推行绩效预算的思想基础和重要条件。从政府及其工作人员到社会公众，如果没有对政府绩效的广泛认知和认同，就不可能将推行绩效预算管理化为自觉的行动。为此，一是要加大宣传力度，使更多的人了解绩效管理和绩效预算的价值、理论知识和实际操作办法。二是要强化领导支持和组织保

第十三章　美国政府预算制度的启示与借鉴

障。政府高层领导的重视、支持和大力组织推动，是实行绩效预算的关键因素。三是要努力培养一批掌握绩效预算管理知识的人才队伍。应通过加强培训，使更多的政府工作人员掌握政府绩效管理的理论知识、实施程序和操作技能，以胜任实行绩效预算改革实际工作的需要。

2. 大力实行公共管理体制改革，建立政府绩效管理制度，夯实实行绩效预算的政治体制和制度基础。绩效预算改革不可能独立进行，改革公共管理体制，建立政府绩效管理制度，是实行绩效预算的重要条件。温家宝在《2005年政府工作报告》中明确提出要"抓紧研究建立科学的政府绩效评估体系"，这为推进我国公共管理体制改革，探索政府绩效管理制度指明了方向。为此，第一要继续深化行政管理体制改革，明确划分政府与市场、政府之间及政府部门之间的职能界线；第二要根据职能优化政府组织结构，确立政府及政府部门的行政责任，逐步实现绩效目标管理；第三要逐步建立政府内部激励约束机制和问责制度；第四要加强政务公开和民主监督，提高政府行政的公开性和透明度。

3. 深入推进财政预算改革，夯实实行绩效预算的财政体制和制度基础。继续深化财政预算改革，是实行绩效预算的重要财政体制和制度保障。一是要进一步完善税制和财政管理体制，合理划分各级政府事权，建立财力与事权相匹配的财政管理体制，增强地方政府特别是基层政府的财政独立性；二是要推进非税收入管理改革，逐步实现政府预算的完整性、统一性；三是深化部门预算、国库集中支付、政府收支分类、收支两条线管理等预算管理改革，增强预算编制和执行的科学性、规范性，提高预算管理人员的工作水平和能力；四是大力加强财政制度建设，完善预算管理法律制度和监督机制，强化预算执行的外部控制和约束。同时，借助于上述改革，逐步建立实行绩效预算所需要的信息管理系统。

4. 逐步扩大预算绩效评价试点的广度和深度，初步建立预算绩效评价体系。预算绩效评价是绩效预算的核心，也是培育绩效预算文化和培养绩效预算管理人才的重要途径。这一阶段，应继续采取中央和地方双管齐下的办法，逐步扩大预算绩效评价试点范围，从行业管理部门逐渐扩大到其他部门，同时，考虑到地方政府提供公共服务涉及的范围小，更加贴近社会实际与人民生活，容易用指标衡量和收集数据等因素，要特别注重地方预算绩效评价工作的推广和发展。在评价目标上，应着力于兼顾支出的合规性和效率性。在评价对象上，逐步由项目支出绩效评价扩展到涵盖项目支出和基本支出的综合性评价。在评价指标体系设计上，这一阶段的指标体系、评价标准和计量方法应力求有效可行，不宜强求尽善尽美。在评价主体上，应继续以政府内部评价为主。在评价结果应用上，应将绩效考评结果作为以后年度编制和安排预算的重要参考依据，不宜强求预算绩效评价结果与预算安排的连接。

（三）我国实行绩效预算管理改革的中期目标和任务

我国实行绩效预算管理改革的中期目标是：从项目预算管理入手，逐步过渡到产出导向的绩效预算，进一步完善预算绩效评价体系，实行修正的权责发生制会计，健全绩效预算管理的法规制度。这一阶段可谓实行绩效预算的关键阶段，面临着制度、技术和管理等多方面的挑战，需进行的主要工作有以下几项：

1. 制定科学的部门事业发展规划和中期财政预算计划，建立预算与政策的连接。绩效预算不仅涉及预算编制、执行和控制方式的改变，而且要形成以绩效为核心的预算管理系统，战略规划是其中不可分割的部分。各部门应根据国家经济社会发展总体战略规划，科学制定本部门事业发展规划。在此基础上，制定科学、合理和可操作的年度绩效目标和工作计划，并细化形成具体的项目目标和可测量指标，将中长期战略规划与具体的目标设定联系起来。政府财政部门则应建立中期财政预算计划，形成联系政策制定与预算安排的有效机制。即通过中期财政预算计划，预测和框定跨度为3年左右的可用于公共支出的总资源，并据此结合国家和部门发展战略规划和绩效目标，预计该时间跨度内政府未来支出的成本，平衡和确定部门、单位总体的与年度的分配限额，通过建立支出先后顺序和根据实际可运用资源总量调整部门的实际分配额度。由此逐步建立起预算与政策之间的连接和互动，为下一步实现以结果导向的绩效预算奠定基础。

2. 从项目预算管理入手，逐步过渡到产出导向的绩效预算。在部门预算改革的基础上，按照先易后难的原则，从具体项目的预算管理着手，运用绩效预算的原理来充实部门预算，建立"部门绩效项目库"，由部门根据本部门事业发展规划和绩效目标，确定项目内容及实施滚动管理，具体选择拟实施的项目，编制和执行部门年度预算，并将预算绩效评价制度与部门预算管理结合起来，实现部门预算的绩效优化。在完善项目预算的基础上，逐步实现从关注投入、有效控制财政资源，转换到关注产出、注重资源分配和使用效率及有效性。在管理机制上，应在建立更为有效的部门内部控制制度和机制的基础上，逐步放松外部控制，赋予部门更多的预算管理自主权，增强各部门在具体配置本部门资源时的灵活性。

3. 完善适应产出导向绩效预算的预算绩效评价制度，积极探索绩效评价结果与预算安排的联系。这一阶段，预算绩效评价在评价目标上，应实现从关注预算支出的合规性到更加关注预算支出的使用效率及有效性的转变。在评价对象上，实现对各个政府部门预算支出效益的综合评价。在评价指标体系设计上，逐步形成多层次、多因素的立体结构的评价指标体系，同时形成以通用标准为主导、专用标准为辅助、其他标准为补充的立体结构的评价标准体系。在评价主体上，逐步实现内部评估和外部评估相结合。在政府内部评估方面，实行部门自我评价、财政评价与审计部门评价相结合；在外部评估方面，加强社会评估机构建设，充分发挥社会评估机构作用，并探索引入社会公众评价机制。在绩效评价结果运用上，积极探索绩效评价结果与预算安排的联系方式，实现在预算编制过程中积极地、系统性地使用绩效评价结果信息。

4. 引入权责发生制会计，实行部门绩效报告制度。现行的收付实现制会计方法存在可通过提前或延迟支付，人为地操纵各年度的支出，忽略投资的机会成本等缺陷，不适应绩效预算管理要求，因此，在此阶段应着手加以改革，逐步引入权责发生制会计，由收付实现制逐步过渡为修正的收付实现制及修正的权责发生制，以便更加正确、全面地反映一定时期内政府提供产品和服务所耗费的总资源成本。同时，要探索实行部门绩效报告制度。在年度终了时，由各部门根据年度预算执行情况向政府和人大提交部门绩效报告。部门绩效报告是由部门行政首长负责的、代表部门工作结果的具有法律效力的文件，应说明本部门年度工作计划及绩效目标的执行情况，比较实际取得的绩效成绩和年初预期目标的差异，分析没有达到绩效目标的原因，提出进一步完成或改进绩效目标的计划。具体可从项目绩效报告开始，逐步扩大为对整个部门绩效情况的报告。通过建立部门绩效报告制度，可以从根本上强调执行主体的责任，提高部门预算资源使用的透明度，为下一步实现政府绩效报告制度奠定基础。

5. 健全绩效导向型预算管理的法规制度，完善管理监督机制。在总结上述项目预算、产出预算等绩效导向型预算改革实践的基础上，政府应适时制定和不断完善有关规范绩效导向型预算编制、执行和管理的行政法规，规定绩效导向型预算的目标、原则、主体、内容、方法和程序，以及预算绩效评价体系的相关制度内容，明确实行绩效导向型预算及预算绩效评价涉及的各方主体的权利和义务，完善绩效导向型预算的管理监督机制。

（四）我国实行绩效预算管理改革的远期目标及主要工作

我国实行绩效预算管理改革的远期目标是：全面实行结果导向的绩效预算，实现政策决策、预算安排和绩效评价结果的紧密结合，实行完全的权责发生制会计制度，健全完善绩效预算法律制度体系。这一阶段可谓为绩效预算全面、深入实施的高级阶段，需进行的主要工作有：

1. 全面实现政府绩效管理，为实行结果导向的绩效预算提供空间。一是要更加科学、准确地制定政府及部门的发展战略规划和计划，更加清晰地反映政府及部门的绩效目标和政策措施。二是要实现政府组织机构及管理流程的再造，以便适应政府绩效管理和绩效预算管理要求，实现对目标结果的关注和评价。三是积极引入市场化的管理理念和方法，如将政府提供的部分公共产品和服务通过招标等竞争方式承包给私人部门负责，从而扩大政府绩效管理成果。四是要全面建立问责制度，正确界定和强化政府及部门管理者的责任，实现管理主体权利与义务的对等，等等。

2. 继续拓展绩效预算实施的深度，全面推行结果导向的绩效预算。产出导向的绩效预算在部门内部构建起绩效预算管理体系，但仍未完全解决财政部门从源头上真正实现财政资源高效配置等问题。因此，应继续拓展绩效预算实施的深度，逐步实现结果导向的绩效预算。即将绩效管理扩展到整个政府预算范围，以政府投入应产生的绩效目标（这些目标应当尽量量化或指标化，以便编制预算和考核效果）为出发点，在充分进行成本效益分析的基础上，结合可分配的资源量和绩效评价结果，来确定政府预算资金分配，在投资决策上寻求以最小的成本获得绩效目标最大的效益，使"绩效"的观念贯穿于整个预算编制与执行过程的始终，逐步建立起综合性的绩效预算管理体系，真正实现预算安排和资源使用这一"过程"与社会公共需要这一"结果"的更加紧密的结合，最终达到在政府整体层面上实现按效益和效果拨款，从源头上真正实现财政资源高效配置的效果。

3. 完善适应结果导向绩效预算的预算绩效评价体系，实现政策决策、预算安排和绩效评价结果的更紧密连接。这一阶段，在评价目标上，应由关注预算支出的效率和有效性，转为注重预算支出的效益、效果和影响。在评价对象上，实现对政府预算支出整体效益的综合评价，即对各部门财政支出效益进行综合反映。在评价指标体系上，形成更为科学的评价指标体系和标准体系，以实现对财政支出绩效结果的评估。在评价主体上，更加强化客观评价，完善具有独立性的社会机构和公众参与评价的机制和制度。在政府政务公开、预算公开的基础上，全面实现由政府内部评价向政府与社会相结合的综合评价机制的转变。在评价结果应用上，实现政策决策、预算安排与绩效评价结果更加直接的联系，利用绩效评价结果判断政策及绩效目标设定和财政资金配置的合理性，调整和完善政策及绩效目标、财政资金使用方向和结构，奖惩和问责预算部门、单位及其人员，实现绩效预算按照"结果"拨款的原则。

4. 全面实行权责发生制会计制度，完善政府绩效报告和财务报告制度。结果导向的绩效预算，要求实行权责发生制会计，在条件成熟时，应将权责发生制扩展到整个政府活动范围，更好地将预算确认的成本与预期的绩效成果进行配比，从而支持管理者的有效决策，完整地反映政府受托责任，促进全面的绩效管理改革。在完善政府会计制度的基础上，实行政府绩效报告和财务报告制度。在每年的人代会上，各级政府不仅要报告年度预算情况，还要报告政府绩效目标完成情况，包括列明绩效目标和绩效结果，并将两者进行比较，通过绩效指标详细描述绩效目标的完成程度，分析说明未达到目标的原因及改进的措施等。同时，还要报告政府的财务状况，包括现金流量、资产、负债和权益状况等。

5. 制定绩效预算管理法律，健全完善绩效预算法律制度体系。在评估前一阶段各时期制定的绩效导向型预算管理法规制度实施情况的基础上，总结绩效预算实践发展的经验成果，适时制定规范结果导向绩效预算管理的法律，并以法律为依据对绩效预算法规制度进行全面修订，形成健全完善的绩效预算法律制度体系，从制度上强有力地保障和促进结果导向绩效预算全面、深入的实施和管理效果的充分发挥。

四、强化国库资金使用的监督制衡机制构建，提高国库现金管理水平

美国财政性资金支出管理的主要特点是分工明确、相互制衡。预算的制定权和批准权、国库资金的使用权和监督权严格分开。这样一种平衡约束机制，可以有效地保证国家预算和国库的透明度和合理性，减少浪费和腐败的产生，并具有预算刚性强、执行严肃和审计监督机制严密健全等特点。

（一）国库集中支付，支出决策者与支出办理者相分离

资金统一集中于国库单一账户，并根据单位的指标直接向商品或劳务供应商支付款项，所有财政支出，无论预算内还是预算外支出，均根据预算从财政的国库账

户中直接支付给商品或劳务供应商。具体地说,各预算单位具有项目投资的支出管理权,但自己不能签发支票办理支出,即不能在银行开立自己的账户和享有签发支票权,必须通过另一个机构即国库支付机构签发支票,办理支出。该原则下,按有关法律明确划分国库支付机构和预算单位财务责任,并明确对支付人员奖惩办法,确保国库资金安全。支出管理决策权与支出实际办理者相分离可以加强两者之间的相互监督,从而提高财政资金的使用效率。

(二) 严格的职责划分和明确的责任机制

有关国库资金的使用、支付和监督过程中各部门负担的责任和权力都有明细的规定,建立分工明确的国库资金责任体系,国库支付机构和各部门、各单位的财务责任都是由有关的法律法规明确划分的,并用规范的监督程序和明确的奖惩措施,来有力地保证责任的履行和权利的实现。议会除对预算进行严格审查外,对预算执行过程也严密控制。

(三) 构建现代化电子信息网络系统,满足国库集中支付

建立有发达的银行支付清算系统和政府支付系统。政府支付系统大致包括:政府部门分类账户管理系统、与银行支付清算系统连接的政府部门会计核算信息系统、各支出单位使用的信息输入系统、财政及国库部门管理的信息输入控制系统和为宏观经济形势分析和财政政策制定提供依据的信息、收集和处理系统等。对各级预算的执行和管理,都使用先进的计算机网络系统,利于财政资金使用效益最大化,且易于对每项财政收支监督控制。

(四) 改变国库现金管理的模式,加强国库留底资金预测

我国现行的国库现金管理还处于中央银行把持大部分国库存款的阶段,近年来,我国进行国库现金管理的方式几乎都为商业银行定期存款,但参与管理的资金所占总的国库现金比重很低,2013年第一期中央国库现金管理商业银行定期存款为400亿元,而中央和地方国库的库存余额超过了3万亿元,与实际留存于央行的国库资金余额相比,商业银行中的存款额简直是九牛一毛。而相比较美国等经济发达国家,财政都有事先预算测定一个最优库底余额,例如美国的最优库底余额为50亿~70亿美元,英国的为5亿英镑等,中国的国库库底留存余额显然过大,国库资金的大部分仍然被放置在中国人民银行的账户下,这种模式虽然保障了国库资金的决定安全性,具有极高的安全指数,但从另一个角度上讲,这种绝对的安全管理方式使得国库资金大量沉积,缺乏合理的流动性,使其创造的收益大大减少,因此这种模式使我国国库现金管理难以达到投资效益最大化的目标。具体来讲可以借鉴美国的国库现金管理模式,在每个预算周期前,为国库库底留存余额进行有效测算,在为财政留足合适的安全性资金的基础上,将剩余的国库资金一部分存放于信用良好,资金雄厚的商业银行,另一部分资金在货币市场上进行短期投资,以提高我国国库现金的收益性。

（五）建立短期国债发行机制，有效连接国债与现金管理体系

从美国的国库现金管理经验来看，而短期国债发行期限短，灵活性强，财政掌控绝对的主动性，这些优点使建立短期国债发行机制显得非常重要。正如前文所述短期国债是美国财政部在调整实际财政支出与财政预算情况平衡的重要举措，通过发行短期的现金管理券定期调整预算赤字和借贷数量。反观我国，国债的种类以中长期居多，利用国债进行季节性的资金余缺调整能力弱，因此急需建立短期国债的发行机制。具体做法有：（1）建立完善的短期国债市场，增发短期债券，利用短期债券收入调节财政收支季节性余缺，减小国库存款余额的季节性波动，减低筹资成本。（2）协调国债发行与现金管理的关系，在国库资金充足的时期，如果财政部不减少债券的发行数量或者从市场上买回大量债券，那么继续发行的国债会增加国家债券余额和政府的利息支出，提高政府筹资成本，积累大量闲置资金，使得现金管理转变为国债资产管理。因此，保持国库资金的稳定性就要求财政部在国库资金有结余的时期减少短期债券的发行，提前买回部分国债，在财政出现赤字的时期增加发债规模。

五、加强人大审查政府预算的能力提升建设

2013年11月党的十八届三中全会《关于全面深化改革若干重大问题的决定》（以下简称《决定》）中，对财政预算改革和加强社会主义民主政治制度建设均做出了部署，提出：要实施全面规范、公开透明的预算制度和健全"一府两院"由人大产生、对人大负责、受人大监督制度；健全人大讨论、决定重大事项制度，各级政府重大决策出台前向本级人大报告；加强人大预算决算审查监督、国有资产监督职能等。因此，为全面提升人大参与部门预算审查监督的效果，有必要对人大参与部门预算审查的机制、程序、内容等进行顶层设计，构建多主体、全口径、全流程的预算审查监督机制，完善相关法律法规体系与组织机构、人员保障等建设。

（一）完善人大审查监督政府预算的法规体系

市场经济发达的国家，预算监督的最大特色就是通过法律、法规形式约束政府施政行为，预算管理和监督具有完备的法律、法规作为依据，并规定了严密的、可操作性强的处罚，法律约束性强。为进一步强化预算法治意识，理顺相关关系，有必要从以下层次对预算审查的法律法规体系进行完善。

1.《预算法》修订中，完善人大审查监督部门预算的相关条款。法制原则是预算管理所必须坚持的一项重要原则。对我国的政府预算而言，法制原则要求进一步细化已有的法律规定，填补预算法规空白，使预算的监督管理有法可依，增强其权威性。地方人大预算审查监督的主要依据是《预算法》。现行的《预算法》制定于1994年，在过去的十多年时间里，中国的财政收入已经增长了20余倍，而现行《预算法》作为规范政府预算活动和预算监督活动的母法，却保留着大量计划经济

第十三章 美国政府预算制度的启示与借鉴

体制的痕迹。

2. 完善人大审查监督部门预算过程中发现问题的惩戒机制建设。有效控制各种违法行为，要加大执法的力度，强化预算的编制、执行过程中的法律责任，加强处罚措施的操作性，通过加大处罚力度来最大限度的保证各项法律法规的权威性。具体建议是：（1）对故意隐瞒事实和虚列收入、支出，造成预算、决算失实的，未经法定程序调整预算的，对所存在的问题不及时纠正的，违反人大及其常委会有关预算、决算、预算调整的决议、决定等，人大常委会不仅有权力责令有关政府予以纠正调整，而且还有权力去追究直接责任人员的法律责任。（2）对直接或间接阻挠人大及其常委会行使监督职权的行为，应明确其相应的法律责任。

3. 推动人大审查监督部门预算向实质性审查转变。针对预算法与其他部门法规在预算支出安排规定中相抵触的情况，有必要对其他法律法规部门法的相关条文进行修改，预算安排的有关法律规定依据只能来自《宪法》和《预算法》，其他法律不宜做出硬性规定。赋予人大预算案修正权，才能实现人大对预算的审查监督由程序性审查转向实质性审查。预算法应明确规定人大修正预算的程序和表决程序。比如明确人大审议预算期间，人大常委会委员、各专门委员会、几个代表团或一定人数的人大代表联名，可对政府提交的预算草案提出修正案。同时，将目前一揽子表决方式改为逐项表决。对具体项目的预算收支，会议期间按程序提出的修正案，大会应在整体表决前，先对预算修正案逐项表决，最后再整体表决。因为按照现行的做法，虽然预算整体表决通过了，但代表对预算的不同意见，并没有被采纳，人大参与部门预算审查还停留在程序性审查层次。

（二）加强人大审查监督政府预算的制度建设

1. 建立和完善制度，实现人大对政府和部门全口径预决算的审查监督。政府预算的全口径预算管理，实质上也就是对全部政府性收支（包括满足实现政府职能并提供公共服务的资金、社会保险类资金和国有企业的经营性资金等），实行统一、完整、全面、规范的预算管理，从而使预算成为能够加强行政层面内部管理与立法层面外部监督的重要手段，最终使政府部门作为一个整体能够以预算为媒介接受人大监督并对人大负责，进而确保政府能够认真履行受托责任，对公民负责。尽管经过部门预算的改革及后续的预算管理领域的一系列制度性建设，中国部门的全口径预算管理有很大的突破，但提交人大审查的部门预算还未做到真正的全口径，更多是预算内财政资金的口径范围。因此，有必要通过完善法规和制度，实现人大对政府和部门全口径预决算的审查监督。

2. 注重事前介入，把好预算初审关。通常认为，计划审查监督与预算审查监督相比较缺乏硬约束。只有不断创新监督方式，赋予计划审查监督新的内涵，使人大工作与政府工作相互促进，相得益彰，计划审查监督和预算审查监督才有生命力。因此，有必要把计划审查监督、预算审查监督工作与听取政府专项工作报告等其他监督形式有机结合，将事后监督延伸为全程监督。

按照监督法对预算监督的规定和要求，提前介入、预先审查，使预算在政府合理分配集中性财政资金中的作用更加显现。人大财经委、预算工委要在政府"定盘子"前,积极参加政府及财政部门有关预算编制方面的会议,听取政府新增财力初步安排情况汇报,了解预算编制的指导思想、主要依据、财政政策和经济、社会事业发展主要指标。通过提前了解有关情况,一些问题在会前得到有效的沟通解决,确保提交会议的预算能顺利通过。

3. 注重事中审查,加强对预算执行监督。一是开展专题调研。预算工委要深入到财政、国税、地税、审计和重要经济部门了解年度部门预算编制情况,提高预算审查监督的针对性。在调查分析的基础上,撰写出具有实质内容、针对性强的调查报告,供人大常委会审议时参考。二是开展专项检查。选择一些重要部门或涉及民生的专项资金进行检查,及时、准确地了解预算执行情况,发现存在的问题,确保预算资金均衡足额到位。三是听取和审议预算执行情况的报告。对预算草案要进行分析研究,着重围绕预算编制的指导思想是否符合落实科学发展观的要求、指标安排是否合理、收支是否平衡、法定支出是否达到要求、重点是否突出、各项措施是否可行、重点支出项目安排是否合理。四是完善事中审查程序。将预审专家分为合法合规性审查组、政策审查组和数据分析组,采取"分工负责、各组联动"的方式,从不同角度对同一本预决算进行三次审查,每本预决算都要经过"三关"。这样,专家们能集中精力专注某方面的问题,减少了专家个人因素对预审结论的影响,使预审意见更加客观公正。在预算审查过程中增加部门汇报环节,增强了部门负责人的预算认识,进一步提高了人大监督的权威性。

(三) 明确人大审查监督政府预算的原则、程序、内容

要解决当前预算审查监督的问题,必须明确预算审查的内容,优化预算审查监督的程序,形成制度化的预算审查流程、工作方案与问责机制。

1. 明确政府提交人大审查的预算内容。为了弥补预算信息的不对称,预算编制应该更加通俗、细致,让使用者能看得明白。香港的预算报告很通俗,对于难以理解的地方还配以漫画,这样就能给人大代表提供更多的易懂的预算信息,有助于提高监督的质量。一份科学有效的预算报告首先应有一个预算文件指南,指南介绍预算文件的基本内容和法律依据。然后是预算文件,共有四部分:(1) 是财政负责人的说明,大概对预算情况进行介绍;(2) 宏观分析,为政府宏观决策提供资料,包括财政政策的目标,经济形势分析和展望,预算情况分析,以及政府资产负债情况乃至风险分析等;(3) 部门财政支出信息,重点是各部门下一个预算年度要提供的支出详细情况报告书;(4) 财政报告书,包括政府总体财政情况、评估报告书,各部门财政报告书和有关报表、税收和财政统计,还包括修订的上年度预算情况。此外,还应由各部门提供一个总结性的预算概要,可以为人大代表、公众等监督主体提供丰富的信息,便于开展监督和质询,并开展讨论或是辩论。

2. 规范预算草案的初审工作。初审属于专职的预算工委专业人士对政府预算的审查,其审查意见会对预算的完善产生很大的影响,初审工作可以把问题整改在初

第十三章 美国政府预算制度的启示与借鉴

始环节。为了尽可能多的发现预算草案中的问题，必须规范初审环节，从以下几个方面入手：第一，将人大预算的外围调查纳入前置环节。开展外围调查时候，要坚持听取汇报与深入了解基层情况相结合，坚持条块结合，既听取主管部门的意见，又听取相关联部门的意见，坚持全面了解情况与重点调查相结合，及时了解和掌握预算编制中的情况和问题。第二，扩充多方人员参加预算审查工作。以预算工委为核心，吸收其他各专门委员会和人大代表参与初审，也可以吸收院校专家参与，或者可委托审计部门在编制和初审阶段参与工作，为人大相关机构审议服务，把初审推向纵深。第三，明确初审结果的效力。对于初审结果，政府财政部门必须认真研究，做出明确答复，不予采纳的要说明理由。预算工委初审时做出的初审意见，财政部门必须认真研究处理。人代会上财经委或预算工委综合代表审议意见做出的审查修改意见，如无与法律抵触或不合理的情形，政府各部门必须认真不折不扣的执行。

3. 保证人大预工委初审和人代会审议的时间。审查时间的长度是有效监督的一个必备的条件，所以必须保证初审和人代会的审议时间。在初审环节：必须保证在人代会召开前1个月，将预算草案提交地方人大初审，把这1个月作为人大相关机构初审的时间，初审时吸收部分人大代表参加，弥补人代会审议时间不足的问题。同时，建议在此期间由常委会把预算草案印发本级未能参加初审的人大代表，征求意见。这有利于代表提前准备人代会审议意见，也便于反馈代表一些重大意见。

关于人代会会期短暂，预算审批仓促的问题，建议改革我国的预算年度，可以考虑从7月1日至次年的6月30日，并且一年召开两次人代会。具体方案是：一是每年1到2月召开人代会，作为年度总结和安排来年工作的会议，在这次人代会上向代表提交下财政年度的财政预算草案，请代表们审议，但不在当次会议上通过，而是请代表们通过调研提出意见；二是在6月上中旬再召开人代会，专题审议财政预算草案，这样代表们审查的时间由几天延长为几个月，也有利于预算审查委员会对预算草案进行充分的审查。另外，也可以考虑召开专门的人大常委会预算审查会议，受人民代表大会的委托，代理人代会行使政府预算的审查权，通过集中几天的会议，专题讨论下一财政年度的预算草案。这样有利于减少会议成本，节省开支。

4. 预算审查过程中引入辩论、听证程序。立法机关要表达公众的利益诉求，所以需要在地方人大审议政府预算时引入辩论、听证程序，以及就某些不合理预算项目针对政府部门的质询程序，并且允许代表在闭会期间就预算提出修正议案。辩论程序是现代民主制度的核心，现行的对预算案审议的一次性表决方式，使持不同意见的人大代表的审议意见在表决时很容易被忽视。也只有引入预算辩论程序和分项表决制度，人大代表对预算的批评才不会停留在说的层面上，而是转化为实质性的监督，同时这也有利于各个利益团体表达意愿，使预算尽可能吸收各种意见。

听证制度是行政机关运用听证会的形式来听取各种意见的一种程序，也是一种正式的组织形式。把听证制度引入到预算监督中,也是为社会公众更好的参与政府预算政策的制定提供十分重要的参与渠道。将听证制度引入到预算中的确存在有一定的难度,因为:(1)预算涉及许多的利益相关者,在举行听证的过程中,会存在听证时间过长,以及参加人的选择难度大等问题;(2)预算具有极其强的专业性,普通的民众并不能完全理解预算制定的所有意义。除此之外监督听证后的结果的严肃性和意见的落实情况如何,或许又是举行预算信息听证后的另一个非常尖锐的问题。

(四)强化人大审查监督政府预算的组织保障建设

预算审查监督工作的法律性、政策性、技术性都非常强,因此缺乏专业的机构和人员,就难以对预算进行实质性的审查监督。从预算审查效果的影响因素来看,立法机关内部的能力建设是重要的影响因素,所以应该从机构和人员两个方面来加强地方人大的审查监督能力。

1. 建立、健全人大审查监督部门预算的工作机构。建立人大专门的预算审查监督工作机构,辅助人大行使权力,不仅是制度方面的配套需要,更是弥补我国人大代表预算专业知识缺陷的现实需要。在我国人大代表的选举过程中,虽然名额分配充分考虑政治上应具有广泛的代表性。但是,作为立法机构和经济决策机构,需要高度的业务能力和相关的制度配套才能够正常运行。预算的审批是一项政策性、法律性、技术性都非常强的工作,审查批准预算不仅需要政治立场和觉悟,而且更需要精通预算方面的专业知识。而就总体而言,我国人大代表在这些方面的业务素质是参差不齐的,目前部分还停留在凭着对党和政府的信任而对政府预算直接举手通过的阶段,缺乏对相关问题的深入研究。根据宪法和人大组织法的规定,各级人大在繁忙而短暂的会期中既要进行政治和经济决策,又要从事各种立法,还要履行预算审批职责,在我国人大会议制度暂时无法改变的情况下,如果没有专门机构的辅助,人大的预算审查监督很可能陷入表面化。

借鉴市场经济国家的经验,我国应在县级以上各级人大中设立预算委员会,协助各级人大及其常委会行使预算审批权、预算调整审批权和决算审批权。预算委员会职责是,利用预算信息管理系统,审查各预算部门收支的合法性、科学性、合理性。预算委员会可以建立专门小组,与预算支出的各个部门相对应,负责对该部门收支预算的专门审查。

2. 优化人大代表结构组成。人大代表是政府预算监督工作的主体,代表的素质高低和结构的合理性是地方人大充分发挥地方国家权力机关作用的重要影响因素,关系到人大职权的充分履行和各项工作与活动的有效开展。加强地方人大预算审查监督,应当进一步优化人大代表的结构,选举一些财经法治观念强、工作经验丰富、政策水平高的专业人员成为人大代表,以提高人大预算审查监督的效率和权威。同时要大力加强人大代表的预算审查监督培训,优化人大代表的知识结构,使之掌握必要的预算审查监督知识,成为预算审查监督的主体。

3. 提高人大常委会专职成员比例。根据国际代议民主制的一般原则,为更好推进社会主义民主政治、完善权力制衡机制，需要增加常委会专职成员的比例，逐步实现委员专职化。(1) 减少兼职委员，增加常委会专职成员的比例。(2) 建立常委会成员学习培训制度。(3) 完善委员联系代表制度、深入选区会见选民制度、视察制度、参与监督制度，以及激励机制。全面推行专职代表制，有利于将一批职业的管理家、政治活动家吸引到人大代表中来，使我国人大代表实现由"劳模型"型向"政治科学型"转变，使人大代表身份实质化，提高人大代表的参政议政能力，进而提高人大的决策水平。

4. 积极推进人大专门机构成员专业化。一支政治思想素质高、业务能力强的专业监督队伍是地方人大执行高质量预算审查监督工作的基本条件。在选拔预算监督人员时，首先要注重他们的思想品德品质，要着重关注他们的专业水平和业务能力；队伍的专业结构也要合理，既要有熟悉经济、统计、审计和财政工作的同志，也要有熟悉法律和人大制度的同志；既要有理论研究水平，又要有研究调查的能力和一定文字水平。通过聘请财经专家讲授专业知识等多种形式，积极组织学习法律、经济理论和工作制度，加强培训，不断提高人员的政治觉悟、法律素养、专业理论知识和工作水平，为履行监督职责打下良好基础，建设一支政治过硬、法律素质高、业务能力强的工作队伍，努力达到规范高效、监督有力的目标，更好地协助地方人大常委会行使好法律赋予的职权。

5. 设立人大预算专家咨询机构。2001年广东人大成立预算监督咨询室等类似部门，提高了预算审查监督的专业化水平，近年来的实践经验表明，这种借助外力的做法很有效果。一些地方人大机关现有专业人员数量偏少或不能胜任的情况下，可由常委会或财经委从审计部门、财经院校、会计师事务所等单位聘请专家或经验丰富的实践部门工作者，充实预算监督咨询室，由其为代表提供与预算审议或监督有关的、甚至是提出预算修正案的服务，接受代表的咨询，进而借助他们的专业知识加强预算监督。当然还可以利用其他方式，利用社会专业人员的优势，发挥他们的专长，协助人大加强监督，提高监督实效。

六、构建中国的政府会计体系

政府会计作为确认、计量、记录和报告预算及其执行情况的会计，是一个收集和传达政府财政状况信息的制度，是政府的神经系统，信息疏通则政府财务运作自如，信息堵塞则使政府作业有瘫痪之虞。如果政府不能对财政支出规模、类型和资金流向做出明确记录，那么财政资金使用的效率、效果和效益就难以有效衡量。政府会计应当为财政决策提供有用的管理信息，防范潜在的财政风险。在1890年到1928年之间，美国进行了一场伟大的进步时代的改革。当时美国改革的目标是使政府更加负责，建立法治化的现代预算制度，要让政府变得透明，而政府财政透明度的提升离不开政府会计体系的支撑。在初步建立起控制与绩效导向的现代预算制度之后，紧接着改革的一环就是反映与监督导向的政府会计制度改革。

(一) 中国政府会计改革的原则

1. 与财政管理改革相适应的原则。政府会计是财政管理的一个基础手段,是服务于财政管理的,财政管理模式构成政府会计特定的运行环境。不同的财政管理模式对政府会计的信息要求是不同的,在以投入管理为主的财政管理模式中,反映财政资金运动合规性状况的会计信息需求会在政府会计目标中占据重要地位。在以产出和结果为导向的财政管理模式下,政府会计信息不仅要反映预算资金使用的合规性情况,更要反映政府资金使用的绩效情况。从国际经验来看,财政管理中的控制重点、分权程度、竞争性、公众参与程度等因素都会影响政府会计和财务报告目标和内容的变化。

我国当前正处于经济体制转轨和社会发展转型时期,财政管理改革正在逐步深入,政府会计改革应当与财政管理改革的阶段相适应,并有一定的超前性。一方面,如果政府会计和财务信息在数量上和质量上不能够满足财政管理改革的要求,会导致财政管理的改革障碍;另一方面,如果政府会计和财务报告的目标与信息的提供超出了财政管理的需要,也会造成信息过度的负担,加大财政管理成本,降低政府的工作效率。特别是在借鉴国际经验的过程中,要注意对发达国家完善详备的会计信息内容进行分析,根据我国的国情和财政管理的实际需要进行取舍。此外,我国和欧美国家不同,由于我国的市场经济体制及政治体制改革正在逐步进行中,在选择我国的政府会计管理和改革目标模式时,需要有一定的前瞻性,考虑到我国中长期公共管理和财政管理改革对政府会计的影响。

2. 透明度原则。良好的财政透明度有助于保障社会公众对政府事务和财政活动的知情权、参与权和监督权,有助于提高政府财政管理的公平性和效率性,有助于防范潜在的财政风险和金融风险,保持宏观经济的持续稳定发展。政府会计信息的充分提供和规范披露是提高财政透明度的重要内容。长期以来,我国财政透明度较低的结果与政府会计方面的改革滞后存在一定的关系,因此,新的政府会计目标模式必须有助于政府财政透明度的提升,包括扩大信息供给的内容,提供更为全面和多样的政府会计信息;建立规范、公开的信息披露渠道,使政府外部的信息使用者能够方便地获得有关的政府会计信息;保证政府会计信息的真实性和可理解性,新的政府会计模式应当确保其产生的会计信息能够反映预算收支和政府财务的真实状况,并且容易被信息使用者获得和理解。

3. 成本效益、循序推进原则。政府会计改革是一项系统性工程,改革的波及面比较广,需要耗费大量的人力物力财力等公共资源,因此,在选择改革目标模式和进行制度设计时,需要考虑改革的成本效益原则,以及改革的潜在影响。贯彻成本效益原则不仅需要考虑到改革成本,还要考虑到新制度建立后的运行成本,新的政府会计制度必须尽可能简便易行,便于操作。

(二) 中国政府会计改革概念框架

尽快构建我国政府会计概念框架。首先,政府会计概念框架有着非常重要的意义。它能有助于具体政府会计制度与会计准则之间的相互协调,对于增强准则的可理解性和全面实现政府财务报告目标具有重要的意义,同时,也将有助于政府会计准则发展和演化的连续性。其次,在构建政府会计概念框架时,应当把握和坚持先进性、协调性原则。政府会计概念框架的构建中,政府财务报告目标的界定是研究其他政府会计概念的前提,而政府财务报告目标的界定又直接受制约于政府范围的界定及政府治理理念的变化。这就要求政府财务报告目标的界定必须要紧紧把握政府治理理念的研究成果。随着市场经济的完善和政府职能的转换,政府治理理念应当定位于服务而不是掌舵,而这也与我国政府职能转变的理念相吻合,也与西方国家的公共治理理念的变化方向一致。再次,在构建政府会计概念框架时,要注重解决政府财务报告主体、政府财务报告基础、政府财务报告信息质量特征、政府财务报告要素设置以及政府财务报告的模式等重要问题。政府财务报告主体可借鉴国际公共部门会计准则委员会(IPSASB)的做法将其定义为政府以及由政府控制的所有受控主体组成的一组主体。政府财务报告基础应当采用权责发生制,这是基于政府财务报告基础改革的趋势,以及在适应政府治理理念的变化上,权责发生制与收付实现制对比以后表现出的优点得出。政府财务报告信息质量特征的规定方面,应该强调政府财务报告四项主要的信息质量特征,即强调信息的相关性和可靠性,并同时注重可理解性和可比性,具体来说就是信息质量应当符合可理解性、相关性、重要性、可靠性、真实性、实质重于形式、中立性、审慎性、完整性、可比性、及时性等。在政府财务报告要素的确定方面,应当适应权责发生制的要求,确定为资产、负债、净资产权益、收入和费用。在政府财务报告模式的确定方面,要依据政府财务报告的对象,采用以政府财务报表为主体,多种财务报告手段相结合的模式,披露政府财务报告主体受托资源的信息。

(三) 构建"准则加制度"的政府会计规范体系

摒弃现行总预算会计、行政单位会计和事业单位预算会计制度不统一的做法,制定和执行统一的政府会计制度、政府会计准则体系,保证政府会计信息能够正确合并,编制政府整体的财务报表。

作为会计规范的具体形式,会计准则和制度各有利弊。政府会计准则从会计要素和业务的角度出发,侧重于各项会计要素和各项会计业务的确认、计量和报告,而会计制度则从会计主体和报告主体的角度出发,侧重于单位全部业务的会计记录和报告编制的具体说明。从当前和今后一段时间我国行政事业单位财务会计管理水平来看,行政事业单位及其会计人员普遍适应目前的预算会计制度管理方式方法,熟悉简单明晰的业务操作规范。因此,可根据我国企业会计规范体系的建设经验,在制定政府会计准则的同时,制定适应政府会计新模式要求的政府会计具体制度。"准则+制度"模式比较符合我国政府会计改革的实践需求,能够适应我国当前行政事业单位的财务会计管理水平,改革推行的阻力比较小,从而减少广大会计人员在准则接受方面的阻力。

在"准则+制度"的政府会计规范体系中,准则具有指导性的原则和作用,特别是基本准则部分，应当在政府会计的基本理论和原则上统领全局，对政府会计制度的建设起指导和协调作用。政府会计制度的构建和变革应当遵从基本准则所构建的理论框架，并且保持和具体准则的协调一致性。考虑到事业单位各个行业的业务特点，可以有针对性的制定不同的行业会计制度，以便于操作，但必须贯彻相同的准则要求。

在制定政府会计准则时，要考虑以下几个方面的问题：首先就是政府会计准则的制订模式。根据我国的政治体制，可以由财政部保留制订权，制定统一、规范的政府会计准则，适用于各级政府的所有政府单位。其次，在制定政府会计准则的步骤上，不可能一蹴而就，应采取由简到繁，逐步完善。再次，就政府会计中有关会计主体、核算对象、核算范围、会计要素、记账基础、核算原则、计价方法、财务报告的基本要求等重大的、基础性事项进行明确。以此为基础，根据不断发展变化的公共财政体制的要求，补充和完善政策性较强和技术性比较复杂的准则项目，最终形成完备的政府会计准则体系。最后，就是在准则的内容含量上，应该尽可能避免"准则超负荷"，即准则公告数量过多、准则规定过于详尽、准则要求过量的披露或过于复杂的计量程序等。

（四）明确中国政府会计目标定位

我国政府会计改革的目标是要根据社会主义市场经济体制的要求，全面提升政府会计信息的生产和供给能力，建立一个能够有效地为各方面的政府会计信息使用者提供预算收支运行及合规性情况下、政府财务状况和绩效、政府持续履约能力等会计信息的政府会计体系。不同的信息使用者有着不同的财务信息需求，概括地说，主要有以下几个方面的原因：

1. 公共受托责任履行情况的信息需求。社会公众、投资者与债权人向政府提供财政资源，立法机构授权政府管理和使用这些财政资源，政府作为资源的受托方，一旦接受了管理和使用这些资源的权利，他就承担了向委托方报告其受托责任履行情况的义务。其所提供的信息应当包括：（1）财政资源的来源、管理和运用情况等用以评价、监督政府预算执行的合规性信息；（2）政府整体财务状况和资源使用效果等评估政府持续运作能力信息；（3）反映政府提供服务努力程度、成本和业绩的信息。

2. 加强政府内部管理的信息需求。政府及其内部管理机构需要了解和掌握全面的会计信息，不仅包括预算执行报告信息，还包括各类资产、负债的相关信息以及所提供服务的成本信息等，以便进行内部管理，并为政府决策者进行决策和控制提供参考。

3. 预测政府财务能力的信息需求。债券评级机构、经济师、财务分析师等需要了解政府整体财务状况、现金流量等会计信息，以评价政府的信用等级、预测政府的偿债能力等，为政府潜在投资者和债权人等进行投融资决策提供建议。

4. 衡量经济影响的信息需求。经济全球化使得各国政府和国际组织之间的联系更紧密，他们需要通过政府会计信息来了解各国政府财政活动的性质、范围、程度和结果等方面的信息，以衡量其对国际经济的影响，进而做出政治、经济决策。

从上述分析可以看出，政府会计信息的使用者或侧重于了解公共部门受托责任履行情况的信息，或倾向于获得有助于做出资金提供决策的信息，信息需求越来越复杂化和多样化。为了满足不同信息使用者的信息需求，这就需要重新定位我国政府会计目标。

基于上述分析，本文将从总体目标和具体目标分别来定位我国政府会计目标，如图所示。其中具体目标是总体目标的具体化，而总体目标则需要通过具体目标来实现。政府会计的最高目标要有利于反映政府的公共受托责任，具体目标包括有利于提升财政透明度、有利于加强预算管理、有利于政府决策等（见图 13-2）。

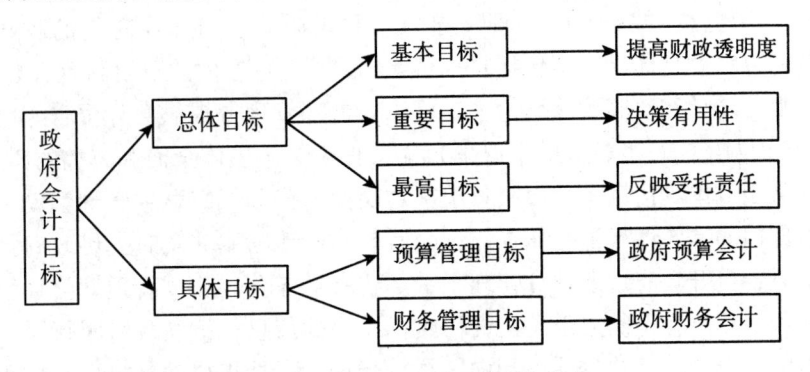

图 13-2 政府会计目标的定位

政府会计的总体目标可以分为三个层次，第一个层次是基本目标，它是整个总体目标层次的起点，也是后两个目标得以实现的基础。在这个目标下，预算编制及其执行情况、政府内部的政策和管理职能、各种公共财政法律法规等信息都应予以公开披露，以提高政府财政透明度，增强公众对政府的监督。第二个层次是以全面反映政府的公共受托责任为重要目标。公共受托责任是政府会计存在的基础，政府会计提供的信息不仅要能帮助政府解释组织内部的受托责任，而且也应有助于解释其对社会公众的外部受托责任。第三个层次是最高目标，该目标下，政府会计应该提供有助于信息使用者进行决策的信息，包括有助于内部使用者作出有效管理决策的信息和有助于外部使用者作出政治、经济等决策的信息。

政府会计的具体目标应当兼顾两个方面：一是预算管理目标。该目标下，政府会计信息主要是对预算收支的全流程控制与反映，包括预算资金的来源、分配和使用的信息、预算预定目标与实际结果的比较信息、预算资金与相关法律法规的符合程度的信息、未来的预算资源信息等。二是财务管理目标。该目标下，主要是反映政府的各种财务信息，包括政府资产的存量及其变动信息政府承担债务的规模、结构与偿还能力公共产品与服务的数量、质量和持续提供能力政府公共资金的使用效率等。

（五）规划中国政府会计改革的战略框架与改革次序

1. 建立预算会计、财务会计分立并存的多功能政府会计体系。对政府及其代理部门合规性行为受托责任的强调，要求选择和建立"控制取向"的政府会计模式，使会计系统能够作为一种控制机制来约束和控制政府及其代理部门在取得和使用公共资源过程中的行为。从世界范围的政府会计改革来看,在政府会计中引入权责发生制基础,可以很好地满足这一要求。它不但可以改善政府财务报表的信息质量,而且可以在完全权责发生制基础的财务会计系统之上建立成本会计,为公共部门财务管理和外部绩效评价提供成本等定量信息。

财务会计提供的相关信息能较好地满足公共部门财务管理的要求,从而促进政府绩效性受托责任的履行,但无法对政府预算执行的全过程进行反映、监督和控制;相反,预算会计能够对政府预算执行的全过程进行反映、监督和控制,但无法为资产管理、负债管理、成本管理等完善的公共部门财务管理提供完整、全面、连续的相关信息。为建立"控制导向+管理导向"并兼顾"透明度导向"的政府会计体系,最好的方法就是建立一个包括财务会计和预算会计在内的双轨制政府会计体系。

政府财务会计和政府预算会计也都可以向内部管理者提供会计报告。财务会计(特别在权责发生制程度较高的情况下)能够提供关于主体全面和完整的财务状况、财务业绩甚至成本等信息,从而服务于微观层面的公共部门财务管理活动,促进政府和政府部门的绩效性行为受托责任;政府预算会计则能够及时提供政府预算的执行情况信息,提升政府财政预算管理水平。政府财务会计和政府预算会计也均能向政府外部利益相关者提供关于受托责任履行结果的信息,帮助政府履行报告受托责任,此时的政府会计是"透明度导向"的。但两者所能提供的信息各有侧重,政府财务会计重在提供财务状况和财务业绩信息,而政府预算会计重在提供预算执行信息,特别是预算和实际的比较信息。①

2. 确定适合国情的政府会计和财务报告主体范围,提供不同层次的政府会计信息。政府会计和报告主体范围的确定受政府会计报告目标的影响,我国政府财务报告的目标主要是向相关使用者提供评价政府受托责任的信息,会计报告主体的选择应当有利于界定各级政府及有关机构的受托责任。目前,我国的预算会计主体是各级预算单位。在总预算会计中,它是国家各级政府的财政部门;在行政和事业单位预算会计中,它是各级行政单位和事业单位。这一模式的好处是:政府会计主体和预算执行单位存在组织上的一致性,在管理上具有一定的效率优势。但是缺陷在于目前在政府整体层面只提供预算收支报告,并不提供政府财务报告。资产负债表等财务信息的报告主体仍然限于各级预算单位,政府整体并不完全是会计报告主体,因此,政府会计信息不能很好地反映政府整体的受托责任。

第一个层次是以各级政府整体作为会计和报告主体。按照我国一级政府一级预算的原则,各级政府向同级人民代表大会负责。因此,为了履行政府的受托责任,必须要有各级政府整体的决算报告和财务报告,反映这一级政府的预算收支的执行结果、完成相关政府职能所花费的成本费用以及这一级政府的资产、负债情况。同时,由于全国政府部门在当年集中和使用预算资金的问题和结构对于宏观经济运行

---

① 路军伟:《政府会计改革:战略次序、框架设计和冲突协调》,载于《中央财经大学学报》2011 年第 7 期。

和国民收入分配格局有着重要的影响，因此，通过汇总和合并反映并提供全国的政府预决算数据是十分必要的，并且预算收支数据的汇总合并在技术上比较容易实现。

第二个层次是以各级政府组成部门作为会计和报告主体。与部门预算相对应，政府部门应当反映各部门的预算收支执行结果和为履行相应职责所获得的资源及成本费用情况、资产负债情况，因此，需要编制各级政府组成部门的决算报告和财务报告。各级政府组成部门的决算报告和财务报告是政府整体决算报告和财务报告的直接基础。

第三个层次是以使用公共预算资源的政府机构或相关组织（预算单位）作为会计主体。为满足预算资金管理的要求和履行受托责任，各预算单位应提供本单位的决算报告和财务报告，反映各预算单位的预算收支执行结果和为履行相应职责所获得的资源及成本费用情况、资产负债情况。各预算单位的决算报告和财务报告是各级政府组成部门决算报告和财务报告的直接基础。

除了以上三个层次之外，对于一些有严格限定使用用途的基金，如社会保险基金、政府性基金等应以基金为主体进行单独的核算和报告，以利于资金使用的控制和管理。

3. 逐步实现政府会计确认基础由收付实现制向权责发生制的转换。随着公共管理环境的剧变，收付实现制明显表现出了对新体制的种种不适应性，尤其是难以提供符合新公共管理要求的相关财务信息，不能显示财务状况及财务绩效的全貌，而低质的财务信息又导致低水平的财务管理和预算管理。与之相比较，权责发生制基础表现出了明显的优越性。第一，权责发生制会计为社会公众充分提供了如实评价政府财务状况和运营绩效的信息；第二，在改进公共部门服务质量和效率，增强政府竞争力方面，权责发生制为量化计划和活动的效率水平，以及评价其随时间变化的情况提供了一种机制；第三，在新公共管理环境下，权责发生制能提供增强财政长期支持能力方面的信息，优化了政府的中长期决策，拓展了公众受托责任的要求，增强了财务透明度。从政府会计的国际趋势来看，权责发生制的采用是必然的趋势。

然而，在考虑实施完全权责发生制会计之前，必须考虑以下几个限制性因素：（1）完全权责发生制会计要求对资产及其价值进行全面的记录，同时需要一个良好的成本计量系统，因此，在政府层级上实施这一系统需要大量数据、技能、资源和时间；（2）如果是在支出机构层次上引入绩效导向方法，那就应在机构层次上进行成本计量，同时也要求在机构层次上提取和确认资产折旧，因此，如果折旧数据由保持核心记录的国库部门在年末简单地加以估计，采用权责发生制会计可能获益不多，权责发生制会计的运用需要在政府内部和外部配备许多高技能的会计人员，并且只有当政府领导和社会公众能深刻领会权责发生制政府会计的基本精神时，权责发生制会计才能改进透明性，而发达国家并没有这方面的证据。因此，在采用权责发生制的同时，保留了一定程度和范围的收付实现制做法，从而形成了多种修正的权责发生制模式。

表 13-1　　　　　　　不同会计基础满足财务报告的能力

目　标	收付实现制		权责发生制	
	收付实现制	修正的收付实现制	修正的权责发生制	权责发生制
与预算的符合性	是	是	是	是
与法律、合同要求的开支限制的符合性	现金需求和限制	现金和现金等价物的需求与限制	现金与财务资源的需求与限制	现金和经济资源的需求与限制
资源、分配和财务资源的使用	现金资源	现金和现金等价物资源	现金和财务资源	现金和财务资源
提供基金和现金需求	现金资源	现金和现金等价物资源	现金和其他财务要求	现金和其他财务要求
为活动提供基金和偿付负债和责任的能力	来自于现金	来自于现金和现金等价物	来自于财务资源	来自于经济资源
财务状况及其变化	现金状况	现金和现金等价物状况	财务资源	财务和经济资源
根据财务成本确定的财务业绩	未报告信息	未报告信息	有限的信息报告	提供评估业绩的必要信息

资料来源：《2003 中国财政发展报告》，上海财经大学出版社 2003 年版，第 684 页。

在我国的政府会计改革中，引入权责发生制会计基础是政府会计的改革方向。但是根据世界各国权责发生制会计改革的进程来看，以及上述制约性因素，转变我国政府会计核算基础，总体思路应当是积极稳妥，逐步过渡，宜采用修正的权责发生制基础。具体的做法可以如下，资产和负债的确认范围可以包括现金和财务资源，流动负债和长期负债。例如国债还本付息费用按权责发生制原则分期确认，担保贷款的担保责任和借出债权确已坏账的，按权责发生制入账，以达到充分揭示政府隐性债务，防范财政风险的目的。对于收入，可以借鉴国际上的一般做法，采用接近收付实现制的做法，只对一部分有政府政策承诺的、可计量的负收入补贴采用权责发生制。

（六）建立权责发生制基础的政府财务报告制度

1. 明确政府财务报告目标。政府财务报告改革起点就是确定政府财务报告目标。在我国政府财务报告改革中应将"全面受托责任"引入政府财务报告目标，以决策有用观为主体，结合受托责任观。我国政府财务报告目标目前只考虑各级政府、财政部门以及内部管理部门对政府会计信息的需求。并没有充分考虑提供诸如受托资源管理情况的信息，政府工作绩效的信息、对社会、经济发展影响的信息以及政府财务状况的信息等。由于政府与社会公众之间存在着广泛的公共受托责任，这种受托责任代表着信息提供方—政府与拥有权力方—公民及其代表之间的一种关系，

第十三章 美国政府预算制度的启示与借鉴

即政府有责任向公民报告他的活动及成果，公民有权利知道政府的活动是否遵循了有关的要求并取得了成绩。"全面受托责任"应包括政府接受国家和人民的委托并按《预算法》的规定履行预算管理责任、公共财政管理体制责任、国有资产管理责任、社会保障基金等信托基金运营责任、政府债权债务管理责任等经济责任，以维护社会治安、提高公民素质、保护环境的社会责任和政治责任。将"全面受托责任"引入政府财务报告目标则有助于完善政府财务报告的内容。在这一思路的引导下，政府财务报告目标的制定应有利于提高财务信息的质量，有利于使用者评价政府整体财务状况和政府绩效，满足实际使用人和潜在使用人的需要，从而帮助政府有效履行其公共治理职能。

在具体设计政府财务报告目标来看，政府财务报告目标又可以分解为总目标、基本目标和具体目标三层。政府财务报告的总目标就是上述所提到的目标提供有助于广大使用者对资源分配做出决策和评价决策的有关主体财务状况、业绩和现金流量的信息。政府财务报告基本目标是总目标的集中体现，主要是促进政府部门主体建立健全财务管理机制，以助于使用者做出决策和评价具体政府部门的受托责任。政府财务报告具体目标则是总目标的具体化或者说是基本目标的补充，主要是保证公共财政资源使用的合理性和合法性，防范舞弊，保护财政资金的安全，再有就是评价受托责任的履行情况。

2. 扩展政府财务报告内容。在明确政府财务报告目标的基础上，为了能更好地达到政府财务报告目标，必须扩展现有政府财务报告的内容，由原来报告预算资金运动扩展为新公共管理下的价值运动。政府财务报告内容的确定既是一个会计理论问题，又是一个会计实务问题。它规定了报告主体进行会计确认、计量、记录和报告的范围。在过去，政府财务报告的内容主要是反映政府当期预算资金的运动情况，包括政府当期预算资金的来源、运用及结果等内容，这是与政府所承担的主要责任是财政性资金收支管理的受托责任相适应。它能够清楚地反映政府当期受托资源的运用情况，也能较好地反映政府运用受托资源是否遵守了相关法律等信息。

但是，在新公共管理运动中，政府所承担的责任不仅仅是财政性资金收支管理的受托责任，而且政府承担的受托责任更加广泛。不仅包括经济的受托责任，还包括政治的、社会的、文化的等方面的受托责任。而就其经济的受托责任来说，按照现行的政治体制，各级人民政府除了承担财政性资金收支管理的受托责任外，还承担着社会保障资金、债权债务、国有资产产权及收益权管理等受托责任。因此，政府除了对当期的财政收支情况承担受托责任以外，还应当对整个财务收支情况及财务状况承担受托责任。即政府财务报告的内容不仅要报告当期的预算资金运动的情况，而且还应当报告如国有资产、社会保障资金和政府债权债务等各方面的价值运动。而在现行的政府财务报告中显然未能将全部受托资源的信息反映出来。

在新公共管理运动的背景下，将政府财务报告的内容由原来的预算资金运动扩展为价值运动，可以更好地反映政府管理国家事务活动和履行受托责任的连续性，把预算资金活动的前因后果联系起来，提供连续、全面、完整的财务信息。此外，把国有资产产权及收益权的价值运动纳入政府财务报告，还有利于督促各级政府履行国有资产保值增值的责任,防止国有资产的流失,从而建设高效、廉洁、透明的政府。

在财务报告内容的设计上,可以通过财务报表要素的设计得以体现。依据政府财务报告目标的设定,可以将政府财务报告要素设计为资产、负债、净资产权益、收入、费用等。将上述除预算资金以外的价值运动具体化到各要素中加以体现。如将国有资产产权及收益权具体化为资产中的不动产、房舍、设备等,同时将其纳入净资产权益,对于其带来的收益则可以纳入收入,发生的费用纳入到费用中。只要能够将政府财务报告内容作具体化的处理,分解到各个财务报告要素中,就可以实现将政府财务报告的内容由预算资金运动扩展到价值运动。在此过程中,合理设置财务报告要素是关键。

3. 完善政府财务报告体系。为了向公众提供更加充分和相关的政府财务信息,我国应完善现行主要反映预算执行情况的政府财务报告体系,以扩大财务报告的信息容量。

政府财务报告是政府对一定会计期间政府财务活动乃至整个政府的各项活动进行系统、全面的总结和报告。由于政府承担广泛的受托责任,因此在披露政府财务活动信息时,应当通过多种财务报告种类来反映,即通过各种财务报告种类形成的政府财务报告体系来反映。美国财务会计准则委员会(Financial Accounting Standard Board,FASB)在1978年发表的 SAFAC No.1 中就明确指出,"财务报告的编制不仅包括财务报表,还包括其他传输信息的手段,其内容直接地或间接地与会计系统所提供的信息有关。"在政府财务报告体系中,政府财务报表应该占据主要地位,披露政府的主要财务信息,并且通过政府财务报告的其他手段来补充和完善财务报表中未能反映出的一些信息包括一些非财务信息。

具体设计我国政府财务报告体系时,可以借鉴的做法如下:首先,在财务报表的设计上,国际公共部门会计准则理事会(IPSASB)在其公布的《国际公共部门会计准则——财务报表的列报》中指出,"一套完整的财务报表由以下几部分组成:(1)财务状况表;(2)财务业绩表;(3)净资产权益变动表;(4)现金流量表;(5)会计政策和财务报表注释。这里的财务状况表也可以称为资产负债表,财务业绩表也可以称为收入支出表、收益表、业务活动情况表或损益表。财务报表注释也可以包括附表。"其次,在政府财务报告的其他手段设计上,应当充分考虑政府承担的广泛受托责任,由于许多受托责任的履行情况及结果并无法用财务的信息表达,如社会治安、公民素质等,所以,可使用统计报表或其他形式来披露这些信息。在政府财务报告体系的设计上,具体可以通过图13-3来反映。

其中,财务状况表、财务业绩表、净资产权益变动表、现金流量表构成了财务报表体系的主体部分。

财务状况表也可以称为资产负债表,它主要反映报告主体在报告日的资源和义务。在资产负债表的内容设计上,可以参照企业资产负债表的内容设计。其具体应该报告的内容主要包括以下几方面资产、负债及净资产权益。而在资产方面,按照财务报告的目标以及采用的权责发生制报告基础,可以将资产区分为流动资产与非

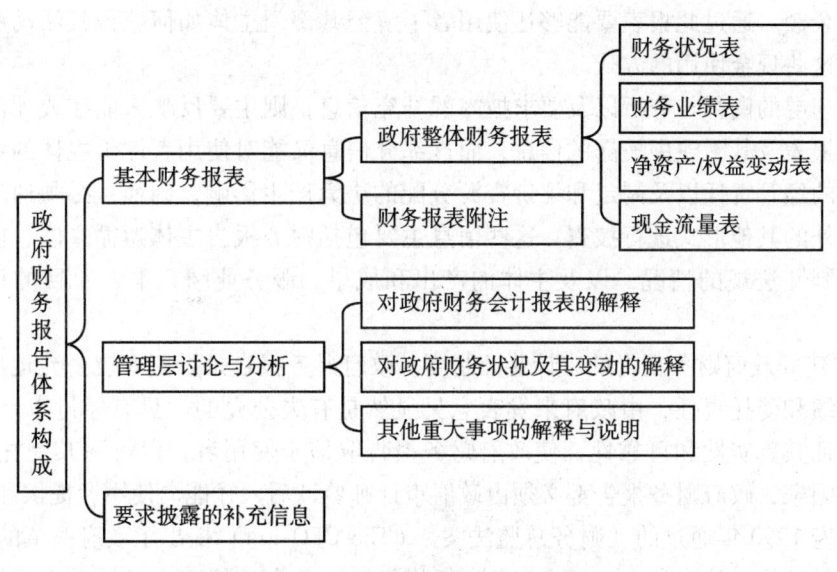

第十三章 美国政府预算制度的启示与借鉴

图 13-3 政府财务报告体系构成

流动资产两大类其中流动资产主要包括现金和现金等价物、应收款项、存货、预付款、短期投资等，非流动资产主要包括长期应收款项、长期投资及其他金融资产、基础设施房舍和设备、土地和建筑物、无形资产等。

在负债方面，可以参照资产分类方式，分为流动负债和非流动负债两大类。其中，流动负债主要包括短期应付款、短期借款、长期借款的流动部分、准备项目中的短期部分、雇员福利的短期部分、养老金中的短期部分，非流动负债主要包括长期应付款、长期借款、准备项目中的长期部分、雇员福利的长期部分、养老金中的长期部分等。而在净资产权益方面，则应当反映已投入资本、累积盈余和赤字、所有公积等内容。

财务业绩报表主要反映财务报告主体在一定时期受托资源运营的业绩。其主要内容也可参照企业利润表来设计，在具体内容设计上，主要包括收入和费用两个要素。其中，收入可以分为经营收入和非经营收入。经营收入是指财务报告主体为达到其主要目标而从事的经营活动所产生的收入，例如地方政府所取得的财产税收收入等。非经营收入则是指除经营活动取得收入以外的其他收入，如出售不动产、设备等取得的收入。与此相对应，经营费用则是指财务报告主体为达到其主要目标而从事的经营活动所产生的费用，非经营费用则是指除经营活动产生的费用以外的其他费用，如财务报告主体融资或出售不动产等所发生的费用。在格式上，可以采用多步式，以详细反映财务报告主体正常经营活动和非正常活动的收入及费用情况。收入和费用的比较结果就是财务报告主体本期净资产权益的变动，它应当包括在财务状况表净资产权益中。

净资产权益变动表则要反映两个报告日之间主体的净资产权益变动，以披露当期主体财富的增加或减少。

现金流量表则要反映报告日期内现金流入的来源、支出现金的项目以及报告日的现金余额。通过此报表要能够让使用者了解公共部门主体如何获得其活动所需的现金和这些现金使用的方式。

管理层的阐释与分析以及要求披露的补充信息，则主要反映未能在或无法在主要财务报表及其附注中披露的信息，而这部分信息又能对使用者评价主体的业绩和对资产的经管责任以及制定和评价资源分配的决策产生影响，因而，必须通过财务报表以外的其他形式进行披露。这些信息主要包括财务报告主体遵循立法、监管或其他强制性法规的情况，以及主体的产出和成果、服务业绩、重大项目的审核等信息。

4. 建立政府财务报告的审计鉴证制度。政府财务报告是否能客观公允地反映政府的业绩和受托责任，由政府来发表意见显然是有失公允的。只有经过审计鉴证，才能保证其真实性和可靠性，使政府财务报告取信于使用者，以解除其受托责任。在西方国家，政府财务报告都必须由政府审计师鉴证后，才能向使用者提供和公布，美国政府1990年通过的《财务总监法案》（The CFO Act）提出了政府改革的要求，各类机关根据公认会计准则（GAAP）每年编制财务会计报表，且报表必须经过审计。也就是说，审计报告已成为政府财务报告不可缺少的组成部分。但我国基本上还没有做到这一点，以往我国的政府财务报告没有经过审计就直接向社会公众和使用者公布，削弱了政府财务报告的可信度。这也是我国政府会计与财务报告需要改进的一个方面。

通过对政府财务报告的审计鉴证，有利于提高公共财政资金使用效率和效果，监督政府官员及政府行政管理部门高效、廉洁地开展工作，保证政府履行受托责任，促使政府及其官员通过提高政绩来取得社会公众、立法机构的信任。这不是一道可有可无的程序。

七、实施全面规范的预算公开制度

借鉴国际经验，从我国实际情况出发，注重顶层设计、明确实施步骤，积极稳妥推进预算公开。逐步扩大公开范围、细化公开内容，不断完善预算公开工作机制，强化对预算公开的监督检查，逐步实施全面规范的预算公开制度。

（一）明确预算公开的原则

1. 依法公开原则。依法公开是指财政公开必须由财政公开的主体在法定权限范围内按照法定程序进行公开。具体来说，财政公开主体、范围与内容由法律规定，公众获得政府财政信息的权利由法律授予，财政公开义务的履行、财政责任的追究必须依据和遵守法律法规。亦即做到主体合法、依据合法和程序合法。强调依法公开，不仅是依法治国、依法行政的要求，而且也是规范财政行为，提高财政透明度，防止滥用权力以维护公众利益的需要。明确规定民众有获得政府财政信息的权利，而不是政府的一种恩赐与施舍。

2. 以公开为原则，不公开为例外。世界各国信息公开法律制度的一个共同原则就是：政府信息公开是原则，不公开是例外。财政信息是政府的一项重要信息，因此，财政公开是原则，不公开是例外，公开原则是社会主义市场经济法则和社会主义经济体制的内在要求，也是财政公开法律制度的一项基本原则。这一原则所表达的意思是：凡是政府预算信息都应当公开，除了法律规定例外的信息。财政公开规定行政行为必须及时全面公开，只有法律明确规定的例外情况可以免除公开之责任。

3. 免费原则。所谓免费原则是指除法律另有规定，政府提供预算信息不得收费。免费原则有三层含义：第一，不得谋取利益。随着信息社会的来临与信息经济价值的凸显，政府部门借手中垄断的信息寻租的现象已经非常普遍。如果放任政府机关借信息牟利，或者变相抬高获得信息的成本，都会影响预算信息公开制度的实施，增加公众获得财政信息的成本，因此，世界各国均将免费作为一项原则确立下来。第二，收取成本费用。任何自由的实现都是需要费用的支出，获得政府财政信息权利的实现或许还要比其他权利需要更多费用的支出。政府为了提供财政信息，必须检索、复制被申请公开的信息，处理公开信息的申请的确会增加政府的负担。为了减轻政府机关的负担，也为了杜绝各种不合理的申请行为，必须由申请人承担检索、复制与寄送信息的成本费用。

4. 救济原则。救济原则是指如果政府不履行财政公开义务或者履行公开义务不当，申请人认为其知情权受到侵犯时，那么公众有权通过诉讼等途径获得救济。救济原则，是为了体现没有救济就没有权利的思想，使申请人可以依法维护自己的知情权。申请人与政府相比是个弱者，面对强权的政府如果没有救济制度，申请人的合法权益就会得不到保障，财政公开就只能流于形式。在所有制定了信息公开法的国家，均赋予申请人请求行政复议、司法审查救济的权利。所不同的是，各国往往需要根据自己的国情，使救济制度的设计更容易实现，而不仅仅是将一般的救济机制搬到知情权领域。

（二）完善预算信息公开的多层次法律体系

2007年《中华人民共和国政府信息公开条例》颁布后，财政信息公开法制化进程进一步加快，有关规章相继明确界定了我国财政信息的范围、属性、公开方式与程序等内容，并对预算信息公开做了具体说明。但与发达国家相比，我国目前的财政信息公开立法还不够细化，如在公开内容方面，简单罗列了九条，没有将其归纳整理后再加以细化；另外，公开的时限规定也难以满足保证财政收支统计数据及时性的要求。因此，推进政府预算信息工作，首先要完善预算信息公开的多层次法律体系。

1. 提升《政府信息公开条例》的法律层次，由全国人大制定颁布《政府信息公开法》。现行的《政府信息公开条例》虽然明确规定预算信息时政府信息公开的重要内容，但对于如何判定预算中的内容是否属于国家秘密并没有给出明确的标准。现实中，《政府信息公开条例》实施以来，各级人民法院受理的政府信息公开案件逐年增长，不仅成为人民法院行政审判的一个新的增长点，也成为一个新的热点、难点。由于政府信息公开行政案件是一种完全新型的案件，直接的法律依据不多，也非常原则，导致在受理、审理、判决等各个环节面临无规则可依、标准难统一的问题，迫切需要最高人民法院制定司法解释予以指导和规范。2011年8月12日颁布了《最高人民法院关于审理政府信息公开行政案件若干问题的规定》，作为对《政府信息公开条例》中规定的："公民、法人或者其他组织认为行政机关在政府信息公开工作中的具体行政行为侵犯其合法权益的，可以依法申请行政复议或者提起行政诉讼。"尽管条款的具体司法解释，将在很大程度上解决上述一些矛盾，从而有利于推动政府信息公开和财政透明度的提升。但还仅仅处于国务院发布的条例的层次，而没有上升到人大立法的层次。因此，有必要提升《政府信息公开条例》的法律层次，由全国人大制订颁布《政府信息公开法》，在此法案中明确政府信息公开的方式、范围、内容、形式和步骤，规定政府有主动对外发布非国家秘密信息的义务，并对信息的真实性、及时性和完整性负责，对发布不合格信息的部门或责任人追究法律责任。

2. 修订《预算法》，明确财政信息公开的细节条款。财政预算法是调整国家机关、社会组织、公民在预算资金的筹集、分配、管理和使用过程中所发生的预算关系的法律规范的总称。在预算法总则中将预算公开明确规定为预算法的基本原则，并在预算法的其他相关各章中作具体规定。

（1）强化预算管理与审批的公开性与透明度原则。一部好的预算法，应该能够充分体现公开透明的原则，以此约束政府权力和保障公民对于预算的知情权、参与权和监督权，以及确保公民和立法机关对预算决策和执行过程的最终控制。我国1995年开始实施的现行《预算法》囿于当时的认知水平和社会状况，对预算公开的问题没有做出明确规定。

借鉴国际货币基金组织推荐的良好做法，在《预算法》的修订中把握以下原则：第一，在编制预算文件方面，年度预算应包括对财政目标的声明和对财政可持续性的评估；应明确编制预算所奉行的财政规则；在全面、一致和量化的宏观经济框架内编制和表述年度预算；向公众提供编制预算所采用的主要假设；明确表述年度预算所体现的新政策；识别并尽可能量化主要的财政风险。第二，在表述预算文件方面，在总量基础上报告预算数据，区分收入、支出和融资，并根据经济、职能和行政类别对政府支出进行分类；申明主要预算目标所要达到的政策目标；反映政府财政状况的指标应当是广义政府的总体差额；当非政府公共部门进行重大的准财政活动时，应报告其收支差额状况。第三，在披露预算执行程序方面，建立全面、统一的会计制度，为评估支付拖欠提供可靠的基础；有关政府采购和就业的规定应当标准化，并为有关各方所了解；对预算执行情况进行内部审计，审计程序应经得起检验；税收征收机关应受到法律保护，免受政治影响，并应定期向公众汇报其活动。第四，在编制和发布财政报告方面，向立法机关提供有关预算发展情况的年中报告还应更频繁地（至少每季度一次）公布其报告；在财政年度结束后一年内向立法机关提供决算账户；应每年向立法机关报告主要预算项目目标的实现情况。

（2）明确财政预算公开的主体、范围、程度等内容。在预算法实施条例中明确规定预算公开主体及其义务与责任，即各级政府财政部门负责本级政府总预算的公开，各部门负责本部门预算的公开。同时明确规定公民、法人或者其他组织有权根据自身生产、生活、科研等特殊需要向各级政府财政部门申请获取预算信息。此外，还明确规定不履行预算公开义务的法律责任。三是明确规定预算公开的范围，增强预算的完整性。财政信息应该包括收支信息、债务信息、绩效信息、风险信息等。除目前已经和将要向人大提供的一般公共预算、国有资本经营预算、政府性基金预算、社会保障基金预算外，通过深化改革预算管理制度，提供有关政府债务信息及或有负债的信息，政府预算的绩效信息及税式支出的信息等，以满足社会获取政府有关收支、负债、绩效、风险等全面信息。四是明确规定预算信息的具体化程度，增加透明度。例如作为财政信息公开透明的基础性制度安排的政府收支分类改革，关系到内行人是否说得清和外行人是否看得懂。目前的支出分类体系分为两层，即按功能分类和按经济分类，功能分类解决的是政府行使了哪些职能，如国防、教育、医疗等；经济分类解决的是财政的钱到底花到什么具体用途上了，如工资福利、公用支出、基本建设等，改革的目的是要通过两层分类实现"多维定位"，以准确真实地反映预算信息。但是存在的主要问题一是如何使分类归口进一步科学规范。如按现行科目分类不能清晰准确反映政府的行政管理支出；二是细化经济分类并予以公开。目前社会公众反映比较强烈的"三公"支出主要通过经济分类科目反映，但由于经济分类的不具体和不公开引起社会公众的不满，也不利于人大监督。

(3) 提升人大和社会公众对预算信息的可获得度。将列入人大会议议程的预算草案文本以及预算编制的一些背景文件于会议举行前一段时间发给人大代表，并公开向社会征求意见，以便人大代表有足够的时间就准备通过的预算事项进行调查研究或者征求选民意见。人大及其常委会会议准备审议的文件应当于会前以适当形式公开，这也是人大信息公开的核心。社会公众只有在对上述情况享有知情权的情况下，才有可能进行有效监督。

(4) 明确政府财政信息的公开频率。从法律形式上明确"预算透明"、明确政府发布预算信息的受托责任、界定和限制预算过程的自由裁量权，有了这些还远远不够，还应从法律上规范预算信息的公开频率等。逐步实现预算信息公开法定化，改变目前预算信息公开由政府甚至是财政部（厅、局）说了算的不正常状况，从法律上明确由预算的审查和批准机关来决定预算公开的内容、形式和频率。

(5) 界定和限制预算过程的自由裁量权。为约束政府，法律中很重要的一项内容就是要明确界定预算过程的自由裁量权的范围和内容，并确保行政部门与公共官员对自由裁量权的行使始终处于一个透明和受监督的环境之下。比如，要对预算草案的主要内容做出具体规定；对预算在什么情况下调整，调整的内容和范围有多大，应报人大常委会审批等，都应该做出明确的规定和法律解释。[①] 我国的政府部门和公务人员在征税、预算和其他方面拥有的各种正式和非正式的自由裁量权，其程度和范围达到了惊人的地步：所拥有的自由裁量权使其实际控制的资源远远大于他们

---

① 彭健：《政府预算理论与制度创新》，中国财政经济出版社 2006 年版，第 410 页。

理论上的权力。① 与滥用税收权力相比，我国在预算支出上的自由裁量权问题更为严重，大量的预算支出处于"黑箱"之中。代表民意的立法机关对预算过程的实际控制要么严重不足，要么流于形式。其结果是政府部门与工作人员的浪费行为愈演愈烈，预算资金的分配并不能反映政府的战略重点和政策目标。建立法治需要适当的自由裁量权，但一定要有"度"。对此，哈耶克有着非常精辟的表述：不管任何人，只要他享有过量的自由裁量权，都必将导致人治而非法治；但是，法治的目标，不是去消除自由裁量权，而是去寻找最佳的自由裁量权水平，使其受到限制并且具有可预见性。

（三）加强政府与公众之间的交流，增强公众的参与程度

当前各国允许公众参与预算的主要途径就是听证。听证制度最初源于英美法律中的自然公正原则，已成为很多国家公开预算的措施之一。目前在我国行政管理中已经引入了听证制度，但专门对政府预算进行听证还非常少，未来可以考虑进一步加大政府预算听证制度的运用。从长期看，为提升公众参与预算的程度，可以考虑推广参与式预算。目前巴西、美国、德国、北欧国家和我国温岭、哈尔滨、焦作、无锡等地方政府都在积极推动参与式预算。实践证明，参与式预算能够更好地表达公众的利益诉求，减少和降低各种预算请求之间的矛盾冲突，有利于促进预算资源分配的公开、公平和公正。

以人为本的服务型政府就是要建立政府与公众之间的平等关系，公众不再是政府信息的被动接受者，政府也不再是公众行为的当然控制者。增强公众参与程度，才能及时了解民意，围绕民众需求来确定政府目标，规范行政程序。在目前，公众仍然难以便捷、低成本地获取所需要的各类信息，获取信息的高昂成本仍在很大程度上阻碍公众对政府财政信息的获取。有关部门应当充分利用网络、报纸等手段，降低公众获取政府信息的成本，并提高政府信息更新的频率，从而更加及时、方便地向公众披露有关财政信息以及其他相关信息，以帮助公众评价政府的受托责任履行情况。实际上，对于多数公众所需要的信息，政府应当主动地对外公开，而不应当要求公众自己承担相关成本进行查阅。

（四）改进财政预算报告公开制度

1. 及时向社会公布政府预算报告。预算的审查过程和人大批准的预算应逐步公开，通过媒体向社会传播。在人民代表大会批准通过预算后，编写一份年度预算情况简介，图文并茂，短小简洁，通俗易懂。主要包括当年财政收支形势、政府主要工作目标和相关财政政策简介，并附有预算收支变动趋势、主要收入来源、主要支出构成的图解，通过政府网站、和纸质彩页文本的形式向公众发布，提高预算透明度。让人们关注政府新一年要做的事。最后由人大批准的预算文本应逐步向社会公开。

---

① 王绍光：《中国政府汲取能力下降的体制根源》，载于《战略与管理》1997年第4期。

第十三章　美国政府预算制度的启示与借鉴

2. 细化预算报告内容。按照政府收支分类改革的要求改进财政报告制度。按照政府收支分类改革要求，积极构建新的以政府收入分类体系、支出功能分类体系和支出经济分类体系为主要内容的财政统计体系，清晰地反映政府收支全貌和履行职能的详细情况，充分体现国际通行做法与国内实践的有机结合。要改进预算报告方式，在收入方面，预算报告要按照资金来源和性质，全面反映预算内、外收入的完整的政府收入情况；在支出方面，预算报告不仅要按政府职能获得开展情况和应取得的成效，还要从政府支出资金的具体用途，分析政府的运作成本。"三公经费"作为细化预算报告内容改革的重要内容，也应尽量细化，使公众能"看得清"。

3. 建立标准信息披露制度。借鉴国外的经验，财政部应当定期公布预算内容，公布预算指导原则、财政政策目标、采用的财政规则和新政策，以利专家在更为广泛的基础上论证预算；同时，在预算文件中，披露主要财政风险与确立对经济或财政环境变化做出适当反应的责任感是一致的，因此是政府预算透明度的一项基本要求，作为最低要求，所有被鉴别和量化的财政风险需要通过财政风险报表予以报告，并随预算文件一并呈递，风险报表覆盖影响政府收入和支出估算数的所有重要的财政风险类别，但那些已经被特别允许建立了预算或有储备的风险除外。风险报表中阐述的风险可以是积极的，也可以是消极的，应尽可能予以合理地量化，以便评估预算的可行性，为可能的财政执行结果提供指导。

主要参考文献

[1] Agarwala, Ramgopal, China: Reforming Intergovernmental Fiscal Relations, Washington D. C.: World Bank, 1992.

[2] Allen Schick. The Federal Budget, Politics, Policy, Process. (third edition). Brookings Institution Press, 2007.

[3] Alesina, Alberto, and Roberto Perotti, 1996, "Fiscal Discipline and the Budget Process," American Economic Review, Vol. 86 (May), 401 - 07.

[4] Alesina, A., R. Hausmann, R. Hommes, and E. Stein. "Budget Institutions and Fiscal Performance in Latin America." Journal of Development Economics 59, 1999, 233 - 253.

[5] Anwar Shan, Shen Chunli, Fiscal Federalism and Fiscal Managements Zhongxin Press, 2005.

[6] Austin, D. A. 2010. "The Debt Limit: History and Recent Increases." CRS Report for Congress.

[7] Fox, Justin. 2005. "Government Transparency and Policymaking". Working paper, Yale University, March.

[8] Berly A. Radin. The Government Performance and Results Act and the Tradition of Federal Management Reform: Square Pegs in Round Holes?

[9] Bill Heniff Jr. Coordinator, Megan Suzanne Lynch, Jessica Tollestrup. Introduction to the Federal Budget Process. Congressional Research Service. 2012 (12).

[10] Bordo, M and James, H., 2009. "The Great Depression Analogy." NBER Working Paper. No 15584.

[11] Brima Turay, Local Government Debt Risk Early-warning System and Empirical Analysis.

[12] Bryan D. Jones, Frank, R. Baumgartner, James L. True Policy Macropunctuations:——How the US Budget Evolved [J] Center for American Politics and Public Policy Department of Political Science University of Washington Seattle, WA 98195.

[13] Caballero, R J., 2010. "The 'Other' Imbalance and the Financial Crisis." NBER Working Paper. No. 15636.

[14] Cecchetti, S. Mohanty, M S and Zampolli, F., 2009. "The Future of Public Debt: Prospects and Implications." BISWorking Paper. No 300.

[15] Charles StewartIII, Budget Reform Politics: the Design of the Appropriations Process in the House of Representatives, p237 - 238.

[16] Coven M, Kogan R. Introduction to the federal budget process [J]. on the Center on Budget and Policy Priorities (CBPP) website. Retrieved from http://www.cbpp.org/3 - 7 - 03bud.htm, 2006.

[17] D. Andrew Austin, Mindy R. Levit, The Debt Limit: History and Recent Increases, CRS report for Congress, 2010. 1. 28.

[18] Danny S. L. Chow, Chiristopher Humphrey, Jodie Moll. Developing Whole of Governmental Accounting in UK [J]. Financial Accountability and Management, 2007 (23).

[19] Du Fang, Theory and Practice of Intergovernmental Fiscal Transfers, Economic Science Press, 2001.

[20] Electronic Freedom of Information Act Amendments of 1996.

[21] Fulton, Trish, Jinyan Li and Dianqing Xu, China's Tax Reform Options Singapore, River Edge, NJ: World Scientific, 1998.

[22] GAO - 13 - 217R. Financial Audit: U. S. Government's Fiscal Years 2012 and 2011 Consolidated Financial Statements (http://www.gao.gov/products/GAO - 13 - 271R).

[23] Ginsberg W R. Federal Advisory Committees: An Overview [C]. Library of Congress Washington DC Congressional Research Service, 2009.

[24] Government Printing Office., 2010. "Budget of The U. S. Government: Historical Tables Fiscal Year2011." htp://www.gpoaccess.gov/usbudget/fy11/hist/html.

[25] Governmental Accounting Standards Board (GASB), Codification of Governmental Accounting and Financial Reporting Standards as of June 30, 1999 Appendix F, Page F3 - F23.

[26] Government Performance Audit Committee (GPAC), 1992, Performance Audit of Planning, Budgeting, and Program Evaluation Processes: Final Report (Background and Current Situation), December 1992 (Raleigh: North Carolina General Assembly). Available via the Internet: http://www.ncga.state.nc.us/GPAC/planbud.html.

[27] Hodges, M., 2009. "America's Total Debt Report." http://mwhodges.home.att.net/.

[28] http://www.whitehouse.gov/sites/default/files/omb/budget/fy2013/assets/concepts.pdf.

[29] International Monetary Fund, 2009. "The State of Public Finances Cross-country Fiscal Monitor: November 2009." IMF Staff Position Note. SPN/09/25.

[30] James A. Thurber. The Dynamics and Dysfunction of the Congressional Budget Process: From Inception to Deadlock.

[31] John F. Bibby. Governing by Consent: An Introduction To American Politics

[M]. Washington, D. C: Congressional Quarterly Inc., 1992.

[32] L. R. Jones. Counterpoint Essay: Nine Reasons Why the CFO Act May Not Achieve Its Objectives [M]. Public Budget & Finance 13 (Spring 1993).

[33] Martha Coven and Richard Kogan. Introduction to the federal budget process [J]. Center on budget and policy priorities. August 9, 2007.

[34] Michael Nelson. The Presidency And The Political System [M]. Washington, D. C: A Division of Congressional Quarterly Inc., 1988.

[35] OECD, 2009. "The Effectiveness and Scope of Fiscal Stimulus." OECD Interim Economic Outlook. March.

[36] Office of Management and Budget. Government Performance and Results Act of 1993 [EB/OL]. [2013-5-10].

[37] Paul Ryan. The Federal Budget Process——A Brief History of Budgeting In The Nation's Capital. Budget. House. gov.

[38] Reinhart, C. and Rogoff, K., 2009. "Is The 2007 U. S. Sub-prime Financial Crisis So Different? An International Historical Comparison." NBER Working Paper. No 13761.

[39] Robert D. Lee, Ronald W. Johnson, Public Budgeting Systems. (seventh edition) [M]. Jones and Bartlett Publishers, 2007.

[40] Stephen J. Wayne. The Road to the White House 1992: The Politics of Presidential Elections. New York: St. Martin's Press, Inc., 1992

[41] The 2011-12 Budget: Overview of the Governor's Budget.

[42] The National Security Archive, FOIA Legislative History, http://www2.gwu.edu/~nsarchiv/nsa/foialeghistory/legistfoia.htm.

[43] United States General Accounting Office. GPRA Has Established a Solid Foundation for Achieving Greater Results [EB/OL]. [2013-5-10].

[44] Allen Schick 著，苟燕楠译：《国会和钱——预算支出和税收》，中国财政经济出版社 2012 年版。

[45] 楼继伟：《中国政府间财政关系再思考》，中国财政经济出版社 2013 年版。

[46] 阿尔伯特·C·海迪等著，苟燕楠、董静译：《公共预算经典——现代预算之路》，上海财经大学出版社 2006 年版。

[47] 邢俊英：《基于政府负债风险控制的中国政府会计改革研究》，中国财政经济出版社 2007 年版。

[48] 赵早早、牛美丽编译：《渐进预算理论》，重庆大学出版社 2011 年版。

[49] [美] 阿伦·威尔达夫斯基、内奥米·凯顿著，邓淑莲、魏陆译：《预算过程中的新政治学（第四版）》，上海财经大学出版社 2006 年版。

[50] [美] 爱伦·鲁宾著，叶娟丽等译：《公共预算中的政治：收入与支出，借贷与平衡》，中国人民大学出版社 2001 年版。

[51] 樊勇明等编著:《公共经济学(第二版)》,复旦大学出版社 2007 年版。

[52] 高嵩编著:《公共选择经济学导论》,经济管理出版社 2007 年版。

[53] [美] 萨巴蒂尔编,彭宗超等译:《政策过程理论》,上海:生活、读书、新知三联书店 2004 年版。

[54] 陈家刚:《参与式预算的理论与实践》,载于《经济社会体制比较》2007 年第 2 期。

[55] 於莉:《预算过程的政治:使权力运转起来》,载于《武汉大学学报》2009 年第 11 期。

[56] 门淑莲、颜永刚:《政府收支分类改革及其对我国财政管理的长远影响》,载于《经济理论与经济管理》2008 年第 10 期。

[57] Richard Allen 和 Daniel Tommasi 著,章彤译:《公共开支管理——供转型经济国家参考的资料》,中国财政经济出版社 2009 年版。

[58] 王晨明:《政府会计环境与政府会计改革模式论》,中国财政经济出版社 2006 年版。

[59] 李剑鸣:《大转折的年代——美国进步主义运动研究》,天津教育出版社 1992 年版。

[60] 马骏:《公共预算:比较研究》,中央编译出版社 2011 年版。

[61] 马骏:《中国公共预算改革的目标选择:近期目标与远期目标》,载于《中央财经大学学报》2005 年第 10 期。

[62] 马骏、刘亚平主编:《美国进步时代的政府改革及其对中国的启示》,上海人民出版社 2010 年版。

[63] 李建发等著:《政府财务报告研究》,厦门大学出版社 2006 年版。

[64] 高培勇:《中国财政政策报告 2006/2007——为中国公共财政建设勾画"路线图"》,中国财政经济出版社 2007 年版。

[65] [美] 乔纳森·卡恩著,叶娟丽等译:《预算民主:美国的国家建设和公民权(1890 - 1928)》,上海人民出版社 2008 年版。

[66] 杨志勇:《论法治化财政》,载于《财贸经济》2006 年第 10 期。

[67] 楼继伟:《建立现代财政制度》,载于《人民日报》2013 年 12 月 16 日。

[68] Jim. Chen 著,白彦锋译:《论美国重大的联邦预算法》,载于《经济社会体制比较》2008 年第 1 期。

[69] 周军华、杨红伟:《论美国国会预算权的运作过程及功能》,载于《安徽大学学报》(哲学社会科学版) 2006 年第 3 期。

[70] 彭健:《美国联邦政府预算管理模式及启示》,载于《山东财政学院学报》2002 年第 6 期。

[71] 赵早早:《美国公共预算改革的途径:管理、政治和法律》,载于《当代经济管理》2005 年第 12 期。

[72] 王淑杰:《美国联邦预算组织设置及其借鉴》,载于《地方财政研究》2007 年第 2 期。

[73] 财政部预算司:《中央部门预算编制指南》(2009),中国财政经济出版社2008年版。

[74] 林玲:《美国现行联邦政府预算编制机制》,载于《人大研究》2006年第2期。

[75] 熊伟:《预算执行制度的改革与中国预算法的完善》,载于《法学评论》2001年第4期。

[76] 杨华、肖鹏:《日本解决地方财政困境的改革措施与启示》,载于《经济理论与经济管理》2011年第10期。

[77] 李元:《国外政府会计改革研究述评》,载于《当代财经》2008年第7期。

[78] 姜明:《基于公共受托责任视角的政府会计目标优化》,载于《山东社会科学》2009年第3期。

[79] 陈志斌:《政府会计概念框架整体分析模型》,载于《会计研究》2009年第2期。

[80] 陈志斌:《政府会计概念框架结构研究》,载于《会计研究》2011年第1期。

[81] 路军伟、李建发:《政府会计改革的公共受托责任视角解析》,载于《会计研究》2006年第12期。

[82] 张曾莲:《公共财务与政府会计的研究历程与趋势》,载于《南京审计学院学报》2008年第2期。

[83] 刘玉廷:《我国政府会计改革的若干问题》,载于《会计研究》2004年第9期。

[84] 海南省财政厅课题组:《关于我国政府会计改革的研究报告——政府会计的规范模式》,载于《预算管理与会计》2007年第5期。

[85] 陈小悦、陈璇:《政府会计目标及其相关问题的理论探讨》,载于《会计研究》2005年第11期。

[86] 财政部会计司:《政府会计研究报告》,东北财经大学出版社2005年版。

[87] 王晨明:《政府会计环境与政府会计改革研究:回顾和展望》,载于《中央财经大学学报》2007年第5期。

[88] 陈志斌:《公共受托责任:政治效应、经济效率与有效的政府会计》,载于《会计研究》2003年第6期。

[89] 蔡芳宏、匡小平:《对公共预算改革与政府会计改革协调推进的思考》,载于《当代财经》2009年第1期。

[90] 肖鹏:《政府会计视角的中国财政透明度提升研究》,中国财政经济出版社2012年版。

[91] 肖鹏、阎川:《中国财政透明度提升的驱动因素与路径选择研究——基于Panel Data的28个省级数据的实证分析》,载于《经济社会体制比较》2013年第4期。

[92] 肖鹏、李燕：《基于 luder 政府会计环境评估模型的中国财政透明度研究》，载于《公共行政评论》2011 年第 4 期。

[93] 肖鹏、李燕：《预算透明：环境基础、动力机制与提升路径》，载于《财贸经济》2011 年第 1 期。

[94] 肖鹏：《基于防范财政风险视角的政府会计改革研究》，载于《会计研究》2010 年第 6 期。

[95] 肖鹏：《预算透明：理念、动力机制与制度建设》，载于《财政研究》2010 年第 12 期。

[96] 肖鹏：《财政透明度国内外研究文献综述》，载于《中国财经信息资料》2011 年第 4 期。

[97] 肖鹏：《财政透明度提升的政府会计视角分析——基于 Lüder 政府会计环境评估模型的视角》，载于《地方财政研究》2011 年第 1 期。

[98] 肖鹏：《财政透明：概念、环境基础与对策建议》，载于《学海》2010 年第 5 期。

[99] 肖鹏：《中美政府预算编制机制设计差异与启示》，载于《中央财经大学学报》2009 年第 11 期。

[100] 肖鹏：《美国联邦预算管理法律体系演变与启示》，载于《财贸研究》2009 年第 6 期。

[101] 肖鹏：《政府预算编制环节问题与完善思路探讨》，载于《经济管理》2008 年第 9 期。

[102] 肖鹏：《财政职能定位提升，现代财政制度启航》，载于《湖南财政经济学院学报》2013 年第 6 期。

[103] 阿曼·片恩，W. 巴特利·希尔德雷思编，韦曙林译：《公共部门预算理论》，格致出版社，上海人出版社 2010 年版。

[104] 爱德华·科尔尼、杰弗里·格瑞、罗丹尔·费尔南德斯、科尼利厄斯·蒂埃尼著，张苏彤、高锦萍、陈刚译：《联邦政府审计法律、规则、准则、实务》，中国时代经济出版社 2009 年版。

[105] 财政部国库司赴美政府会计培训班：《美国政府会计改革及其对我国的启示》，载于《财务与会计》2007 年第 9 期。

[106] 财政部预算司：美国《政府绩效与结果法案》的内容及实施情况，http://www.mof.gov.cn/pub/yusuansi/zhengwuxinxi/guojijiejian/200810/t20081007_80367.html。

[107] 财政部预算司课题组：《美国地方政府债务危机处理》，载于《经济研究参考》2009 年第 43 期。

[108] 陈立齐：《美国政府的财务报告》，载于《预算管理与会计》2010 年第 9 期。

[109] 陈立齐：《美国政府会计的原则和重大变化简介》，载于《会计研究》2004 年第 9 期。

[110] 陈立齐：《美国政府会计准则研究》，中国财政经济出版社 2009 年版。

[111] 陈平泽：《美国联邦政府财务报告编制与审计研究》，载于《审计研究》2011年第3期。

[112] 陈俞闽：《中美政府间财政关系中支出问题的比较》，载于《经济管理论坛》2005年第21期。

[113] 刁大明：《国家的钱袋：美国国会与拨款政治》，上海人民出版社2012年版。

[114] 高新军：《美国地方政府预算中的权力制衡》，载于《中国改革》2007年第3期。

[115] 葛洪：《略论美国1993政府绩效与结果法案》，载于《中国行政管理》2004年第5期。

[116] 哈维·S·罗森：《财政学》，中国人民大学出版社2003年版。

[117] 胡安明编译：《会计总署——美国国会的"看门狗"》，载于《国外审计》1999年第10期。

[118] 胡锦光、张献勇：《预算公开的价值与进路》，载于《南开大学学报》（哲学社会科学版）2011年第2期。

[119] 康明纯：《政府公共预算管理的中美比较》，黑龙江大学硕士学位论文2010年。

[120] 李翀：《财政赤字观和美国政府债务的分析》，载于《经济学动态》2011年第9期。

[121] 李道揆：《美国政府和美国政治》，商务印书馆1999年版。

[122] 李将军：《美国预算制度变迁及对我国预算改革的启示》，载于《经济论坛》2010年第5期。

[123] 李京桦：《权力的相互竞争、合作、平衡与依赖——浅析美国联邦制的发展》，载于《人民论坛》2012年第20期。

[124] 李璐：《美国政府绩效审计方法的变迁及启示》，载于《中南财经政法大学学报》2009年第6期。

[125] 李云驰：《美国，英国政府信息公开立法的比较与借鉴》，载于《国家行政学院学报》2012年第3期。

[126] 李珍、柯卉兵：《美国政府间社会福利权责划分及其转移支付》，载于《经济体制改革》2007年第5期。

[127] 刘威、周恺：《中美两国政府审计制度的比较与借鉴》，载于《财贸研究》2007年第1期。

[128] 刘喆：《美国联邦政府预算的编制方法及特点》，载于《财经科学》2006年第2期。

[129] 陆晓明：《美国公共债务的可持续性及其影响》，载于《国际金融研究》2011年第8期。

[130] 罗伯特·D·李、罗纳德·约翰逊著，曹峰、慕玲等译：《公共预算体系》，清华大学出版社2002年版。